普通高等教育经济与管理类规划教材

个人理财规划

（第 3 版）

柴效武　编著

清 华 大 学 出 版 社

北京交通大学出版社

·北京·

内 容 简 介

赚钱花钱、投资理财、生涯规划、财商教育,这些是生活在市场经济环境下的人们密切关注的社会热点话题。个人理财规划也理所当然地进入了大学教育的殿堂,成为大学生进入社会、组建自己小家庭之前的一门必修课程。

本书囊括了家庭、个人每日亲身经历却又熟视无睹的理财生活,并运用较为独特的语言、特殊的体例编排方式,以期望对未来的国家公民、社会精英、家庭管理者们介绍这项具有鲜明特色的知识和技能。希望本学科特有的自我经营的思想理念、浓郁的生活知识与投资理财的技能,使莘莘学子终身受益。

图书在版编目(CIP)数据

个人理财规划/柴效武编著. —3 版. —北京:北京交通大学出版社:清华大学出版社,2018.1(2021.9重印)

普通高等教育经济与管理类规划教材

ISBN 978-7-5121-3390-7

Ⅰ. ① 个… Ⅱ. ① 柴… Ⅲ. ① 私人投资–高等学校–教材 Ⅳ. ① F830.59

中国版本图书馆 CIP 数据核字(2017)第 265162 号

个人理财规划

GEREN LICAI GUIHUA

责任编辑:韩素华

出版发行:清 华 大 学 出 版 社   邮编:100084   电话:010-62776969
　　　　　北京交通大学出版社   邮编:100044   电话:010-51686414

印 刷 者:北京鑫海金澳胶印有限公司

经　　销:全国新华书店

开　　本:185 mm×260 mm   印张:23.75   字数:614千字

版　　次:2018 年 1 月第 3 版   2021 年 9 月第 4 次印刷

书　　号:ISBN 978-7-5121-3390-7/F·1745

印　　数:11 001~14 000 册   定价:59.80 元

本书如有质量问题,请向北京交通大学出版社质监组反映。对您的意见和批评,我们表示欢迎和感谢。

投诉电话:010-51686043,51686008;传真:010-62225406;E-mail:press@bjtu.edu.cn。

前　言

个人理财规划是指包括金融保险机构、理财事务所等在内的各种专业理财机构，为个人/家庭提供的有针对性的、专业化的综合性全面理财服务。其活动范围涉及个人/家庭整个生命周期全过程的各方面财务需求，具体包括个人/家庭收入、支出消费、财产分析、养老保险、社会保障、投资赢利、员工收入福利、税收筹划、房地产规划、退休养老、遗产规划及相关的金融保险工具等各个方面。

个人理财规划得以广泛兴起，首先同个人经济资源的急剧增长相联系。随着生产力的不断发展，我国城乡居民生活水平大幅度提高，一大批新富阶层相继出现，城乡居民的储蓄存款也在大幅度增加。个人理财规划的兴起，还在于今日的劳动者个人已经拥有了相当的自主独立支配的人力或物力、财力资源，并开始运用所拥有的资源为谋求自己经济利益的最大化而组织相关的经济活动。

个人是否拥有应有的经济意识和理财技能，在遇到种种商机时，能否对其拥有的经济资源给予合理配置，是大家所关心的。但面对日益复杂的市场环境和法律法规体系，个人/家庭所掌握的专业和技能，很难使他们从生命周期的角度，对个人/家庭财务进行全面的、综合的规划。财商教育暨个人理财规划，就很现实地摆在了大众的面前。

个人理财规划或称个人金融理财，是今日社会经济生活中出现的新事物。出现伊始就得到社会各界的积极关注和主动参与，这一事物也必将成为今后经济金融界的热门讨论话题。但对此的理论探讨与实践操作的研究，却远远落在后面。理论的先导作用远未得到有效的发挥。经济学不仅应关注国计，还应关注民生，不仅是理论知识体系的深层次探讨，还应是普及实用的致用之学。财经类院校及各类教育机构培养的学生，不仅要成为经济学家，为国民经济发展出谋划策，更多的是到单位担当实际的经营管理工作，更为普遍的是要组建自己的家庭，考虑家政管理、投资理财、就业福利、保险保障、住房养老、子女生育教育等各方面事项。大、中、小学的课程设置及人才培养目标等，都应当考虑这一社会现实。

为了普及国际先进的金融理财专业知识、传播规范的现代国际金融理财服务理念，尽快引入国际通行的金融理财的从业资格、标准及认证体系，推动注册国际金融理财师（CFP）行业在中国内地的发展，北京、上海、深圳等地先后举办了CFP专业课程的培训，目的是为中国内地培养一批既懂国际规则又具备金融专业知识的高级人才，实现中国金融业的制度创新和业务创新，更好地为公司和个人客户服务。

本书具备以下优点。

（1）内容全面。涉及个人理财应予包括的一切方面，内容广泛而全面。包括个人理财师应对个人家庭提供的各项理财服务，并对个人家庭的自主理财、生涯规划、财商教育等给予相应的介绍。

（2）内容新颖。本书深入家庭内部，对家庭特有的代际关系、赡养抚养、婚姻生育、遗产继承等给予专门的探讨。特别是将"以房养老"视为一种高级的金融理财形式，给予专门介绍，论证了"以房养老"理念的推出，将会对金融理财的各个方面发生的影响等给予特别介绍。

（3）资料翔实。本书在写作过程中参阅了大量的有关资料和文献，对国内外有关金融理财的种种好的经验和思想，给予较为全面的介绍，以为我所用，并对来自国外的优秀理财思想和做法给予相应的本土化改造。

对个人金融理财涉及的众多理财工具，如股票、债券、投资基金、信托期货、外汇、黄金等的具体介绍，鉴于相关书籍对此已有较多说明，本书仅一笔带过而已，不作为重点，但如上所述的金融工具在个人理财中所起到的基本功用，编者并不漠视。同时，本书作为教科书，是建立在学生已经对金融理财、会计财务、经济学及相关的法律法规等基础知识有了一定理解的基础上，故对这些内容不再做刻意介绍。而个人/家庭作为一种社会生活的组织形式，家庭特有的婚姻生育、子女教育、买房买车、生涯规划、养老保障、遗产继承等，因我国相关课程知识的缺乏，故此给予了较多的描绘。

本书在写作中搜集并借鉴了众多前人的研究资料，获取了有益的帮助，在此特表示衷心的感谢。

本书涉及的内容是个全新领域，相关的体系结构还没定型，"个人理财规划"这门课程包括内容等还有许多争议。本书的撰写也较为肤浅，内涵也需要得到大家的认定。为此，本书的出版正可以起到"投石问路"的作用，衷心希望得到来自各方面的批评指正。

本书适合高等院校师生的个人理财知识技能的学习，适合理财规划师的日常学习和教学培训、考前辅导，适合投资专家、理财顾问、金融保险从业人员，适合有志于此的工商企业管理、财务人员，以及对金融理财、理财规划有兴趣的广大家庭和个人阅读参考。本书的出版也将对个人理财的理论研究、知识普及和教育培训工作，发挥积极的功用。

在本书的撰写中，浙江大学经济学院何赛飞硕士在搜集资料、结构组织等方面做了较多工作，特此说明并致谢。

本书在第 2 版的基础上，增加了最新的理财信息，与时俱进，希望使广大读者得到最及时、有用的理财资讯，使人人成为理财家，建设和谐幸福的新生活。

编 者
2017 年 9 月于求是园

目　　录

引　子

小陈今年 23 岁，小美 22 岁，两人是大学同学，相恋多年，现已临近毕业，工作已经找好，计划毕业后即结婚成家。

小陈和小美大学毕业之后，整个一生中将需要做的事，如就业、结婚成家、生育教育子女、买房买车、税费缴纳、子女结婚成家、退休养老、遗产传承，等等，不一而足。而这些事情又应当怎样做，安排在什么时间并按照何种标准来做，就是将来要整日面对，现在须考虑精心筹划的。

面对两人的未来人生和家庭，小陈和小美做了多种考虑，特对他们的整个人生提出以下构想：

（1）他们希望不依靠父母的力量，自己简单办婚事，结婚后预计无积蓄，也无负债，婚房、婚车俱无，即俗称的"裸婚"；

（2）就业后两人的薪资状况预计为：小陈月薪 4 000 元，每年奖金至少 12 000 元，估计未来薪资成长率可达 5%；小美月薪 3 000 元，每年奖金约 6 000 元，薪资成长率约 3%，单位将交纳"五险一金"；

（3）婚后他们自行租房，每月估计需要付出租金 1 500 元，预计今后的房租将会每年上涨 5%；

（4）计划结婚 5 年后生小孩，小陈和小美都是独生子女，按规定可以生养 2 个孩子，每个小孩每月的生活费大致为 1 000 元；

（5）计划将两个孩子都培养到硕士研究生毕业，孩子的教育费用估计为：幼儿园每年 15 000 元，小学至中学每年 10 000 元，大学及国内研究生阶段每年 20 000 元；

（6）打算结婚后 10 年内购买自己的三居室房屋，目前该类住房的价值为 60 万元；

（7）希望每个年度能孝敬双方父母各 5 000 元，将来再视经济情形适度增加；

（8）新婚后，他们每月的吃穿行用、文化娱乐等生活费用开销大致为 2 000 元，预计将来每年会增加 5%；

（9）希望能购买一些保险，防范未来可能发生的种种风险以保障安全，尤其是在晚年养老生活能得到较好的保障；

（10）双方父母的养老保障都有了一定的安排，但医疗健康保障尚有较大的缺口，针对此问题应当有所考虑；

（11）每年计划国内长途旅游一次，预算为 4 000 元，将来视经济状况，条件许可时，再计划到国外旅行；

（12）两人打算 60 岁退休，退休时希望每个月有现金 4 000 元可供使用。

小陈和小美希望了解的是：

（1）两人整个人生的规划安排是否合适，还存在哪些缺陷，需要做哪些改进和完善？

（2）计算两人整个一生的收入与支出开销状况，收入能否满足各项开销的需要，两者有多大的差距，如收不抵支时应当作何打算？

（3）两人整个一生中将要安排做哪些事项，预计需要花费多少钱财，预计在何种档次和标准上做这些事情，能否应对预期的计划安排？

（4）人生规划中需要的这些钱财应当如何获得、投资运营和筹划安排，如何合理利用自身的人力资源和财力资源，达到所设想的个人生涯和理财目标？

小陈和小美还有一些事情筹划不太清晰：

（1）他们马上要面临就业找工作，是到京、沪等一线大城市工作，还是留在自己的二线城市，或者干脆图安逸，到一个小县城度过整个人生呢？

（2）他们是只要一个孩子，将其精心培养成才，还是养育两个孩子，后种情况下自己是否有足够大的经济实力呢？

（3）在目前房价飞速上涨的状况下，房子是现在贷款买还是按计划10年后再买，如现在贷款买房需要向父母伸手要首付款，这样做是否合适呢？如安排在10年后买房，届时的房价又会达到多少呢？

（4）小陈出生于农村，小美生长在大城市，尽管两人感情颇佳，但总有某些价值观念不大相投，婚后双方应当如何磨合这些差异，同双方的父母又应当如何相处呢？

（5）小陈和小美希望在60岁时退休颐养天年，并趁手脚灵便时到处走走看看，这一目标能否实现呢？

应当指出，小陈和小美在面临大学毕业、就业和结婚之前，能够围绕未来生活提出种种构想，是十分值得赞赏的。这种种构想正涵盖了人从出生到死亡整个一生的全过程，包括生涯规划、现金预算管理、结婚成家规划、生养教育子女规划、买房买车规划、税费筹划、保险规划、退休养老规划、遗产传承规划等内容。

当今是市场经济社会，有关金钱的一切，如就业、赚钱、花钱、攒钱、投资、消费、理财等，这些内容都是大家非常关心的，却又在目前大学教育的知识结构体系和素质观念培育中，难以得到合理科学的解答。本书的编撰正可以在这方面达到拾遗补阙之功效，人们围绕整个人生生涯中理财生活所要关心的诸多话题，正是本书所要着重介绍和认真回答的。希望通过本书的学习，每个读者都能从中受到理财意识和观念的相应启迪，学到有用的理财知识和方法，培育好个人持家理财的技能和才干，使自己未来的人生安排得幸福美满。

第 1 章
个人理财规划概论

学习 目标

1. 了解个人理财规划的定义、内容和形式
2. 了解个人理财规划兴起的经济社会背景
3. 了解个人对理财服务的需要
4. 了解个人理财师的定义、任务与服务内容
5. 了解个人理财规划环境——以浙江省与杭州市为例

1.1　个人理财规划的概念

1.1.1　个人理财的起始与演进

国际金融理财师（certified financial planner，CFP）作为一种国际认可的职业资格，目前在欧、美、日等使用频率很高。它又是"financial planner"的略写，即理财师。前者偏重工作角度，是根据个人的生活愿望与目标，围绕存款、保险、继承等金钱的综合使用，在专门、中立的分析基础上，从经济层面加以分析诊断，提出计划和对策；根据客户的年龄、家庭构成和家庭收支状况等，提出相应的生活目标设计。后者则偏重职业角度，是从事个人理财服务的专家，即中国国内俗称的"理财师"，国外则形象地称其为家庭金钱使用的"保健医生"。

1. 个人理财的起始

理财乃至个人家庭理财，作为一个古老的字眼，可源于 2 000 多年前，古希腊经济学家色诺芬（约公元前 430—前 354 年）撰写的《经济论》。希腊文中的"经济学"，由家务和管理两词组成，意为家务管理的科学。实质上，这部《经济论》或《家庭经济论》

主旨是探讨奴隶主如何管理家庭财务，增加家庭财富，培养家庭管家，训练仆人奴隶，是一部研究、组织和管理奴隶主家庭经济的指南。

亚里士多德在其著作《政治学》中明确指出：经济学就是研究家务。这一基本思想符合了当时的社会经济活动实际，最初为奴隶社会的罗马所接受，后来又为西方封建时期的许多国家所继承，在西欧流行了两千多年。

在我国漫长的封建小农经济社会里，家庭是基本的经济生活组织，家庭理财贯穿于家庭生活的各个方面，有着多种理财思想和方法。现代意义的个人理财，出现于 20 世纪 60 年代末期的美国，自从 20 世纪 90 年代末期在我国萌芽，直到 21 世纪初正式兴起，并成为今天的热点话题。

人类社会自从有了剩余产品，就有了理财的萌芽。但早期的理财主要局限于如何节约开支、勤俭持家等，理财范围和深度十分有限。随着进入现代社会，人们的生活水平有了极大的提高，基本温饱得到满足后，有了更多的追求，希望能更好地规划自己的财务状况，乃至规划自己的整个人生，以达到未来更高的生活目标和期望。

社会进步带来了丰富的财务策划工具，个人理财需要在范围上不断扩展，时间跨度上也开始扩展到人的整个生命周期，普通的理财服务已不能满足人们的需要，社会迫切需要综合、全面的专业理财服务。个人理财正是顺应客户的这种深层次需要而产生的专业活动，它源于财务规划，但又高于普通的财务策划活动。

2. 个人理财的演进

个人理财，最早出现在 18 世纪的英国和瑞士。"二战"后，随着各种金融衍生产品的开拓，个人理财业务开始被银行界视为低风险、高收益的"黄金业务"而得到全面发展，并将银行服务中介的特性发挥得淋漓尽致。美国个人理财服务最为发达，服务商有传统的商业银行如花旗银行集团，还有专门从事理财服务的机构如忠诚理财信托投资公司和专业理财师等。

20 世纪 70 年代以来，全球商业银行在金融创新浪潮的冲击下，个人理财业获得快速发展。从发达国家银行的发展趋势看，个人理财业务具有批量大、风险低、业务范围广、经营收益稳定等优势，正日益得到大家的青睐，在商业银行业务发展中占据着重要位置。我国的香港特别行政区，个人理财的贴身服务也成为近年来银行业竞争的焦点，花旗、汇丰、渣打、恒生、东亚等银行纷纷推出自己的理财套餐，针对不同收入的客户提供差异化服务，推动了港岛整体理财服务水平的不断提升。

从 20 世纪 80 年代开始，一些欧美国家和我国香港、台湾地区，都先后兴起了商业银行利用专业信息、设备和人才等优势，为客户提供私人理财业务，实现"个人财务合理化"。理财服务提供商致力于发展客户份额，科学细分市场，并根据实际情况给予相应定位。

花旗集团全球理财服务首席执行官托德·汤姆森，于 2005 年 5 月接受美国媒体采访时认为，未来几年，个人理财业务将是全球银行业最为重要的增长领域。"理财服务是一个非常分散的市场，即使世界最大的私人银行巨头，目前也仅分享了 1.5%～2% 的市场份额。"

个人金融业务已成为发达国家商业银行的主要中间业务和利润增长点。统计资料显示，过去的数年里，美国银行业个人理财业务年均利润率达到 35%，年均盈利增长率为 12%～15%，远优于一般零售业务。美国前 20 家大银行的中间业务占银行总业务的比例高达 70%。1994 年，花旗银行 34 亿美元的总收入中，有 18 亿美元来自个人金融业务。德国商业银行

60%以上的收入来自个人金融业务。英国最大的商业银行巴克莱银行，从事个人金融业务的员工占员工总数的 47.5%，1998 财政年度，该行实现利润的 46%来自个人金融业务，可弥补全部业务支出的 73%。亚太地区（日本以外）的私人银行业务在未来 5 年中会以每年 20%～30%的速度增长。汇丰国际在全球的个人理财业务，已占到该行年度利润的 40%。

3. 个人理财规划的含义

个人理财规划这一概念于 20 世纪 90 年代中期在我国出现，直到 21 世纪初才正式兴起，并成为今天的热点话题。个人理财规划的确切名称，目前业内说法不一，有个人理财策划、家庭财务规划及个人金融理财等多种。

2005 年 11 月 1 日，《商业银行个人理财业务管理暂行办法》正式施行，其中第二条即指出，"本办法所称个人理财业务，是指商业银行为个人客户提供的财务分析、财务规划、投资顾问、资产管理等专业化服务"活动。这个概念站在银行的角度讨论向个人或特定客户群提供金融产品和金融服务，对目前最为流行的第三方理财机构未予评论，对个人的自行金融理财活动也未予涉猎。

普华永道会计师事务所（Price Waterhouse Coopers）对个人金融理财的定义是："由一个训练有素的个人银行家、专业金融理财师、个人专家团队，向个人或机构提供包括银行业务、资产管理、保险及税收计划等全套服务，提供专业的理财建议咨询（理财计划、投资的建议、税收安排、资产组合安排等）或直接受客户委托管理资产投资，并按照所提供的服务收取一定的理财费用。"这是从银行及第三方理财机构的角度，向个人客户提供各种金融理财服务来看待个人理财，同普华永道会计师事务所在理财中作为第三方理财机构的定位是区分不开的。

根据美国金融理财师资格鉴定委员会的定义，个人理财规划是指如何制定合理利用财务资源、实现个人人生目标的程序；个人理财规划的核心是根据个人自身的资产状况与风险偏好来实现个人的需求与目标；个人理财规划的根本目的是实现人生目标中基础的经济目标，同时降低人们对于未来财务状况的风险和焦虑。

新浪网曾经刊载了一篇文章，从经济学的角度对个人理财规划予以界定，认为个人理财规划是以"经济学"追求极大化为精神，以"会计学"的客观记录为基础，以"财务学"的动作方式为手段，以实现个人理想、提高生活品质、丰富家庭生活为目标，是这三门学科综合运用的具体表现。将这一定义概述为"个人/家庭"、"金融"和"理财"三者加总或有机组合更为确切。"个人/家庭"反映了理财服务的主体，"金融"体现了其依托的证券、保险、信托、期货、基金等主要理财工具。"理财"本身包含了会计记录核算的意味，反映了资金筹措、资源合理配置，并遵循最大收益与最小耗费的经济原则，将经济活动状况及结果给予记录反映，实现生活目标的内涵。

香港某著名个人理财师认为：理财是科学和艺术的结合，科学体现在懂财务、会分析，艺术体现在能够察言观色地阅读投资者的心理。投资理财是在充分了解社会规则的基础上，以各种投资工具为语句，以投资组合为段落去描述世界的变化，特别是财经世界的变化。认识世界越清晰，描述得越精准，理财的效果就会越好。所以，投资理财是一种文化。

如上面的介绍，可以看出个人理财规划的涉及面非常广泛，包括了客户财务需求的所有方面，并与客户个人及其家庭的经济财务状况紧密联系在一起。本书认为，个人理财规划是指个人或家庭根据客观情况和财务资源（包括存量资源和预期资源增长）而制定的旨在实现人生各阶段目标的包括从出生到死亡的一整套相互协调的理财规划。个人理财规划不仅包括个人财务需求的各个方面，还与个人生命周期紧密联系在一起，具有系统性和连续性。

1.1.2　对个人理财的理解

理财是个大范畴，对个人理财的详细解释，首先可以望文生义，从"个人/家庭"、"金融"和"理财"3方面分别加以说明。

1. 什么是"财"

理财首先要有财可理，"财"有3种含义，从广义角度衡量，个人家庭拥有的财富包括票子、房子、消费类资产和人力资产，都有着资源优化配置和价值保值、增值事项，是个人家庭理财要考虑的大问题；从中义角度来讲则单指财产，指能给其主人带来经济利益流入的有形资产和无形资产；从狭义角度来讲则仅指票子，即货币金融资产。

有形资产包括房屋、汽车、家具、衣物、黄金、珠宝等实物资产，包括各种本外币现金、存款、股票、债券、基金、期货等货币资产；无形资产一般不会通过某种方法刻意度量，却是家庭整体财富的一部分，可间接转化为普通意义的钱财。如依靠健康和智慧，再加上努力工作和创造，就能转化为财富；或者合法利用广泛拥有的人际关系，以期更为便捷地创造价值。许多人努力把普通财富转化为无形意义的财富，从某种意义上来说，拥有这些无形的精神财富比普通的物质财富更为重要，更能代表个人的成功，更具有成就感。

目前所指财产一般仅局限于货币金融资产，对人力资源、房产等未作全盘考虑，使得个人理财的内涵和功用发挥大为减弱，应予纠正。至于住宅内的陈设器具、家用机械电器、衣物乃至生活器具用具等，也属于家庭的重要财富，对于家庭消费生活至关重要，却与这里谈到的理财服务增值等关联度不大，故一般不予考虑。从广义角度而言，家庭拥有的各项资产可以如表1-1所示。

表1-1　广义家庭资产一览表

大类	内　　容	状况与特点
货币金融资产	储蓄贷款、股票债券、保险、基金外汇、期货股权等	目前我国城乡居民拥有各类货币金融资产，已达到六七十万亿元之多，在家庭拥有财富中占据较大份额
人力资产	家庭中最重要的财富，个人家庭理财的出发点和依托点	"要理财先理人"，包括人的财商意识培养、职业技能培育、知识才干提升、体力智力增进、理财技能提高、生涯规划安排等
住房资产	目前城市家庭拥有的最大一笔财富，占据家庭财富总额比例达到60%之多	巨额价值凝结在住房上难以很好地发挥其自身效用。住房资产的打理，诸如将大家拥有的住房不动产从价值上实现流动化，积极开拓住宅除居住以外的包括投资、融资、养老保障在内的多种功能，做好住宅的运营获益工作
消费类资产	住宅内的陈设器具、家用机械电器、衣物、生活器具用具等	家庭的重要财富，对于家庭消费生活至关重要，却与这里谈到的理财服务增值等关联度不大，一般不予考虑
无形资产	个人拥有的专利、著作权等知识产权。人际关系、智慧、荣誉、地位、健康、知识、理念、经验、才干、形象等	本部分资产的实际价值几难以计量，却是家庭拥有的重要财富，对家庭的社会形象提升等，有重要关系。物质财富满足后，大家就需要在无形资产的积累、增长上下较大功夫

2. 个人理财与家庭理财

个人理财与家庭理财可做连带考虑，但其涉及范围、理财内容和结果并不完全等同。西方国家崇尚个人主义、个体经济独立，通称个人理财，与他们尊重个人自由、崇尚个体独立有关，或者从理财服务中介的角度来说，他们面对的只是家庭成员中的个体而非家庭整体。美国出版的《财务管理手册》一书，专章谈到"个人财务管理"，并对该名词特别解释道："在西方国家，因传统的生活习惯与法律制度的特点，每个家庭中的各个不同成员的经济生活具有相对的独立性。我们在这里称这门学科为个人财务管理，而非称为家庭财务管理。"

国内以家庭为理财主体的行为十分普遍，称为家庭理财更为合适。个人理财需要考虑自身生命周期及所处的不同阶段，如接受教育、就业寻职、退休养老直到最终死亡、遗产传承等种种事项；家庭理财则还需要考虑结婚成家、子女生养教育、家人抚养、老人赡养乃至可能发生的家庭解体、分家析产等内容。

家庭经济活动的规模较小，范围有限，较易管理，但其中也有众多科技知识、经济常识需要认真学习，有一定的活动规律、管理原则和科学方法值得探讨。总结家庭经济运行、家务管理中具有规律性的原则方法，引导广大家庭及其成员科学有效地组织经济生活，提高持家理财的能力。如何在现有经济条件下，尽力组织较多收入；如何用尽可能少的货币支出、时间耗费取得尽可能多的经济效益，改善家庭生活水平和品位，实现家人幸福等，正是个人家庭理财的现实意义之所在。

3. 金融理财

金融理财通常是指金融保险机构运用各种金融工具和技术方法，面向个人/家庭提供所需要的各种金融产品与服务。理财主体是金融保险机构，理财工具是储蓄、信贷、证券、保险、信托、基金、期货、租赁等现代金融工具与产品构筑平台；理财方法主要是资产组合、资源配置、记账核算、获益评价、风险防范、金融工程、保险精算等。具体包括以下内容。

（1）理财规划类：提供房屋贷款、汽车贷款、教育贷款、消费贷款、旅游贷款、抵押贷款、个人创业贷款、信用卡、外汇宝、黄金投资、寿险、意外险、医疗险、车险、家财险等理财产品，机构包括中外银行、中外保险公司、证券公司、基金公司、信托投资公司、期货公司等。

（2）金融投资类：股票、基金、国债、企业债、期货、信托投资产品、分红险等；投资型公寓、商铺、别墅、写字楼、产权式酒店、特色商业街、专业市场、房产咨询等；典当、拍卖品；艺术品、钱币、珠宝、邮票、地铁卡、电话卡、贵金属等收藏品。

（3）创业致富类：投资创业项目、连锁加盟特许经营、教育投资机构、风险投资机构、工商税务咨询等。

（4）理财服务类：投资理财咨询服务机构、理财软件、理财教育培训、法律咨询机构、财务咨询机构、金融设备、理财媒体、理财产品研发等。

（5）综合服务类：家庭理财规划、人生理财计划、保险服务规划、个人投资理财咨询等。

目前我国乃至世界各国的个人理财，首先都是从金融保险业界做起，发挥其直接面对企事业单位和个人家庭提供服务的优势和契机，并借此将理财的理念推向企业和个人用户。这种状况符合目前的理财生活现实，但会因此形成某种误区。当今的金融保险部门谈及个人金融理财业务，总是将其同产品研发简单等同，认为只要多开发面向个人家庭理财的金融保险产品即可。而这些所谓的个人理财产品简单而雷同，且并不一定符合个人家庭全方位理财活动的需要，尤其是大大限制了个人理财活动的范围。这固然是对理财行为的误读，却也极大地反映了现实社会对个人理财的理解。

4. 理财规划

计划是家庭理财成功的关键，设置的理财方案合理可行，是个人/家庭理财成功的关键。没有计划就会像一艘没有帆或舵的船飘荡在大海，不知道将会漂向何方。

规划同计划相似却不等同，计划是规划的具体实施，规划则是对未来长期事项的一种概略设定，包括方案制定、目标确立、指导思想遵循、组织调控等种种事项。没有规划就难以建立前进的目标，无法有效指导经济主体的经济行为组织与运营。

个人理财是家庭经济与金融顺利运营的关键。个人家庭金融资产的运行，客观上需要遵循资源合理配置、有效运用的原则。能否达到这一点，需要从个人/家庭、金融及政府3方面分别予以评析。在个人家庭的狭义范围内，运用其拥有的有限资源，实现资源的合理配置和有效运用。如组织收入、运用支出、储蓄保险、投资、安排生活消费等，决定家庭拥有的有限资源（如拥有劳动力、劳动时间、经营能力等的状况），如何配置得到较多的收入。收入又如何在支出购买消费和储蓄投资保险的活动中，给予合理分配，以形成生活费支出和资本性支出。在储蓄投资与保险的参与内容中做进一步区分，分别用于储蓄、股票、债券、保险等的份额，最终使得家庭财富合理运用，促成家庭生活幸福，金融资产得以合理配置并实现增值保值。

个人理财的内容较多，制定个人理财方案之前，必须先了解其内涵为何。根据个人理财的定义，个人理财尤其是个人生涯理财是针对客户的一生或某重要阶段发生财务事项的预先安排，包括个人家庭生活打理中必定会出现的结婚成家、生育子女、子女接受教育、家人抚养、赡养老人、就业寻职、退休养老乃至可能发生的家庭解体、分家析产，直到最终死亡等种种事项。

国计有严格的规划，如"十三五"规划、教育事业发展规划等，家计也应当有自身的规划安排。具体事项将在后文细致说明，这里从略。

1.1.3 个人理财规划的解释

对个人理财的详细说明，还可以从狭义、中义和广义角度，对个人理财活动主体、内容、属性加以理解。

1. 狭义的个人理财

狭义的个人理财是指商业银行或其他金融保险机构举办的，以拥有一定资产和意愿的个人为服务对象，主要为其销售各类理财产品，办理财产代理、信息咨询、投资顾问等金融中介服务，并从中收取一定的手续费和佣金。

某篇文章谈道，"真正的个人理财指的是银行不断调整存款、股票、基金、债券等投资组合，以使客户取得最好的回报。每个人只要将自己的财产规模、生活质量、预期目标和风险承受能力告诉银行，对方就能为你量身定制理财方案。银行还代理操作，同时跟踪、评估绩效，并不断修正。即使是对理财一窍不通的人，只要委托银行进行操作，就能获得理想的回报"。

2. 中义的个人理财

中义的个人理财，从客户个人的角度讲，就是确定自己的阶段性生活与投资目标，审视自己的资产分配状况及承受能力，在专家建议下调整资产配置与投资，并及时了解自己的资产账户及相关信息，达到个人资产收益的最大化。

个人理财又是在对个人收入、资产、负债等数据分析整理的基础上，根据个人对风险的承受能力，结合预定目标运用诸如储蓄、保险、证券、外汇、收藏、投资等多种金融手段管理资产和负债，合理安排资金，从而在个人风险可接受范围内实现资产增值最大化。

一般而言，个人理财是指确定阶段性生活和投资目标，审视个人的资产分配状况和承受能力，根据自己的资产账户和相关信息，及时调整资产配置与投资，以达到个人收益的最大化。而个人理财服务则是指金融机构利用掌握的客户信息与金融产品，通过发掘客户需求，帮助客户分析自身财务状况，制订个人财务计划，选择金融产品的系列服务过程。

具体地讲，我国当前的个人理财业务，是专家根据客户的资产状况和风险承受能力，为客户提供个人投资的专业建议，帮助客户合理而科学地将资产投资到股票、债券、保险和储蓄等金融品种，以实现个人资产的保值增值，从而满足客户对投资回报与风险的不同要求。

3. 广义的个人理财

广义的个人理财，是指包括银行保险公司、理财事务所等在内的各种专业理财机构，为个人家庭提供有针对性的、专业化的综合、全面的理财服务，其活动范围涉及个人整个生命周期各个阶段财务需求及满足的全过程。具体而言，个人理财包括个人生命周期各个阶段的资产负债分析，以收入、消费与财产为内容的现金流量预算和管理，个人风险管理与保险规划，证券投资计划，职涯规划，结婚成家规划、子女养育及教育规划，乃至住宅投资与居住规划、个人税收筹划、保险规划、员工福利规划、退休养老规划及遗产传承规划等。

中国金融理财师标准委员会的首任主任委员刘鸿儒指出，金融理财是一个评估客户各方面财务需求的综合过程，由专业理财人员，通过明确客户的理财目标、分析客户的生活和财务现状，帮助客户制定实现其目标的理财方案。

个人理财是一种综合服务，是针对客户整个一生而不是某个阶段的规划，客户需要的是一个"理财规划的过程"，也越来越倾向于购买该服务过程，而非单一的理财产品。这一定义表述是科学的，得到了民众的公认。

个人/家庭理财规划，严格围绕个人家庭的特色和需要进行，这同一般的企业单位理财是完全不同的。它涉及客户财务需求的各个方面，并与客户个人及其家庭的生命周期和财务状况紧密联系在一起，具有系统性和连续性。个人理财的具体内容，将在以后章节中详细说明。

1.1.4　个人理财的外延和内涵

1. 三大理财主体解说

理财主体与经济运行的主体紧密相关，目前我国的经济运行主体有国家、企事业单位和个人/家庭三大主体，理财层面同样包括国家与社会公共理财、企事业机构单位理财和个人/

家庭理财三大主体。

1) 国家与社会公共理财

从宏观层面来说，理财包括国家理财与社会公共理财，如国家对数百万亿元国有资产的优化配置与运营获益，每年十数万亿元财税收入的征收、预算与分配，数十万亿元的水电路气、通信等公共基础设施的投资建造与运营等，其间都涉及资源优化配置、运营管理等事项，都应当搞好理财。

2) 企事业机构单位理财

从中观层次来看，理财包括金融保险机构和广大企事业单位的理财，如金融保险机构对聚集金融资产的进入与放出；广大企业公司生产经营、投资活动中的资源配置与运营、获取收益；学校、医院等事业单位的事业活动中的资产运用、配置消费等，都属于企事业机构单位理财。

3) 个人/家庭理财

从微观层面来讲，我国约有 13.8 亿人口，4 亿多个家庭单位，为组织好个人经济生活的顺利运行，科学管理好家庭的经济活动，需要相应的理财事项。我国目前的家庭仍是重要的社会经济组织，个人生活的种种方面往往以家庭为单位来组织，个人行为离不开家庭的整体运营，两者紧密相连，难以分割。

个人理财与家庭理财并不完全等同。前者需要考虑自身的生命周期及所处的不同阶段，如接受教育、就业寻职、退休养老直到最终死亡、遗产传承等种种事项；后者还需要考虑结婚成家、生育子女、家人抚养、赡养老人乃至可能发生的家庭解体、分家析产等，以家庭为主体组织理财更加普遍。

2. 理财规划与人生规划

人生规划是最近几年来民众关注的话题，从某个层面而言，理财规划是整个人生规划的重要组成部分，人生规划具体包括以下 3 方面内容。

1) 个人职涯规划

个人职涯规划过程中重点需要考虑：我是谁，我的年龄、性别、身心健康、性格特征、居住地域、家庭背景，我的知识结构、能力才干及所受的文化教育，我拥有的优势特色资源、核心竞争力及目前尚存的缺陷等，然后据以明晰"社会目前的状况如何，未来发展的趋向何在，社会最需要何种人才"，明晰"我最喜欢做什么事项""我做什么事可以做得最好，最能发挥个人强项，做出最大成就"等，最终将个人状况和社会需要最好地链接在一起，追随社会的发展而发展自己，据以选择自己中意的职业，规划自己的职业生涯。

2) 个人生涯规划

个人生涯规划过程中重点需要考虑：我的整个一生将如何安排度过，如就业择业、结婚成家、子女生育教育、买房买车、纳税缴费、退休养老、遗产分配等。总之，是"从摇篮到坟墓"一切重要事项的预先筹划安排，如这些事项发生的状况、时机、时序和所需费用的筹措运用等。

3) 个人理财规划

个人理财规划过程中重点需要考虑：赚钱、花钱、攒钱等各类投资理财事项安排。出生、死亡、就业、残疾、退休、纳税、教育、赠予、遗产、应急、保险等内容，都是人生需要做出的重大决定，都需要巨额的资金支持，这些事项又同个人理财事项紧密结合在一起。

就以上 3 方面的关系而言，个人生涯规划是立足于人生全过程的主体规划；个人职涯规划则是整个人生活动的先导，并为个人理财规划的运行提供所需要的源源不断的资金；个人理财规划则在于为顺利度过人生而尽可能奠定较为雄厚的财力基础。

3. 个人理财的三种形式

具体到个人理财活动而言，大致可以包括以下 3 方面内容。

1）个人消费理财

个人消费理财又称个人生活理财，主要指个人家庭的赚钱、花钱等事项的合理组织，可称为"老太太、家庭主妇"式的理财。如日常生活中的吃穿住行用、柴米油盐酱醋茶的安排到位，都是几千年人类社会流传下来的，但时至今日，又显得内容较为浅显，可发挥功用远远不足，需要予以大力拓展。

个人消费理财最终目标是日常生活安排合理，勤俭节约和生活消费品位提升等。

2）个人金融理财

个人金融理财又称个人投资理财，是指个人家庭生活中运用各种金融投资的工具和手段，包括储蓄、贷款、保险、股票、债券、外汇等，打理安排好家庭拥有的货币金融资产。这是目前大家最为关注的话题。

个人金融理财最终目标是投资、赚钱、盈利，钱财保值、增值，同时防范可能出现的风险。

3）个人生涯理财

个人生涯理财是个人一生全过程财务活动的全方位打理。家庭生活特有的结婚成家、子女生育教育、抚养赡养、就业寻职、薪酬福利、购房买车、退休养老、家庭解体、分家析产、最终死亡等事项的运行，都离不开资源配置和优化运营事宜，需要严格围绕个人家庭经济特色和生涯周期活动的需要进行。它将个人的整个生涯活动同财务安排紧密结合在一起，动用各种金融产品和服务的工具与手段，为个人整个生涯活动的各方面事项奠定基础。

个人生涯理财最终目标是个人理财意识的培养和生涯目标的设定，个人自身生活的科学安排，是个人家庭一生拥有资源合理配置优化，实现家庭多功能活动和目标、利益的最大化。

个人消费理财是家庭理财的传统形式，是沿袭家庭生活数千年来的家庭主妇式理财，大家每日都在施行，目前仍应大力发扬，但又需要与时俱进，向更高层次趋进。个人金融理财是目前市场经济时代的产物，金融保险服务高度发达，人们对赚钱谋利的需求旺盛，金融理财服务模式正在我国大力推行，并得到社会公众的积极认同和大力参与，广大金融理财师正在这方面积极做出工作。个人生涯理财关注的并非短期赚钱、盈利，而是人们"从出生到死亡"的生命全过程、全方位的理财服务，目前在社会中正初露端倪，方兴未艾。

人生在世的过程，就是个人运用并支配所拥有的各类资源，以实现优化配置和效用最大化的过程。相比较通常的个人金融理财，个人生涯理财将有更为广阔的价值和功用，需要在全社会广为普及。本书所讲述的内容，正属于个人生涯理财。

1.1.5　个人理财规划的内容

个人理财规划是针对个人/家庭的整个一生或某个重要阶段的财务活动安排和资源配置的规划，号称是"从摇篮到坟墓"的全过程的规划。鉴于个人家庭生活过程中出现的结婚成家、子女生育、子女教育、家人抚养、赡养老人、就业寻职、退休养老乃至可能发生的家庭解体、分家析产，直到最终死亡等种种事项。个人理财规划除一般理财主体基本包括的现金规划、投资理财规划、保险规划及税收规划外，还包括了婚姻生育规划、教育规划、购房规划、生涯规划、抚养赡养规划、退休养老规划等特殊内容。

以上各项具体理财规划的详细说明，是本书所要研究的基本内容，将在后文一一说明，这里不予赘述。

1.2　个人理财兴起的经济社会背景

个人理财在今日广泛而又普遍地兴起，有着深刻的经济社会背景，又突出地表现在以下方面。

1.2.1　我国国民经济的持续高速增长

理财首先要有财可理，个人拥有财富的状况及增长水平，又紧密地取决于国民经济的发展状况及增长水平。我国自 1979 年经济体制改革以来，国民经济持续 30 多年的高速增长，已成为世界上经济增长最快的国家。从 2010 年第二季度开始，中国的经济总量已超越日本，成为仅次于美国的第二大经济实体。

随着社会进步和经济的快速发展，我国城乡居民的收入和生活水平显著提高，居民的私人财富快速积累，大批新富阶层迅速出现，对个人及家庭财富的运营将成为新富阶层的迫切需求。根据国家统计局提供的数据，中国城市居民人均可支配收入由 1978 年的 344 元、1989 年的 1 374 元、1997 年的 5 160 元，增长到 2007 年的 13 785 元，又增长到如今的 3 万余元。30 多年间提高了近百倍（名义增长）。2009 年，上海等若干大城市人均 GDP 已超过 1 万美元，达到世界中等收入国家的水平，2015 年又超过 1.6 万美元。

我国个人收入分配的新格局，对金融资源的总量和对金融活动的广泛需求，发生了很大的变化。从长远发展趋向看，个人拥有的各类经济资源，不只是绝对数和相对数都有了大幅增长，除满足基本生存需要外，还有了较多剩余财力供自主选择，为发展我国的个人理财业务奠定了雄厚的物质基础。

国内生产总值及其增长状况，是衡量一个国家和地区经济社会发展状况的重要指标。1953—2016 年，中国名义国内生产总值年均增长速度为 11.6%；其中 1978—2013 年的名义国内生产总值年均增长速度为 15.4%，实际国内生产总值的年均增长速度为 9.8%。现将1978—2016 年国内生产总值的状况，列示于表 1-2。

表 1-2 1978—2016 年国内生产总值一览表 单位：亿元

年份	额度	年份	额度	年份	额度	年份	额度
1978	3 645.2	1988	15 042.8	1998	84 402.3	2008	314 045.4
1979	4 062.6	1989	16 992.3	1999	89 677.1	2009	340 902.8
1980	4 545.6	1990	18 667.8	2000	99 214.6	2010	401 512.8
1981	4 891.6	1991	21 781.5	2001	109 655.2	2011	472 881.6
1982	5 323.4	1992	26 923.5	2002	120 332.7	2012	519 322.0
1983	5 962.7	1993	35 333.9	2003	135 822.8	2013	568 845.0
1984	7 208.1	1994	48 197.9	2004	159 878.3	2014	635 910.0
1985	9 016.0	1995	60 793.7	2005	184 937.4	2015	676 708.0
1986	10 275.2	1996	71 176.6	2006	216 314.4	2016	744 127.0
1987	12 058.6	1997	78 973.0	2007	265 810.3		

注：本表按当年价格计算，又称为名义的国内生产总值，未考虑通货膨胀因素。

2011—2016 年国内生产总值及其增长速度如图 1-1 所示。

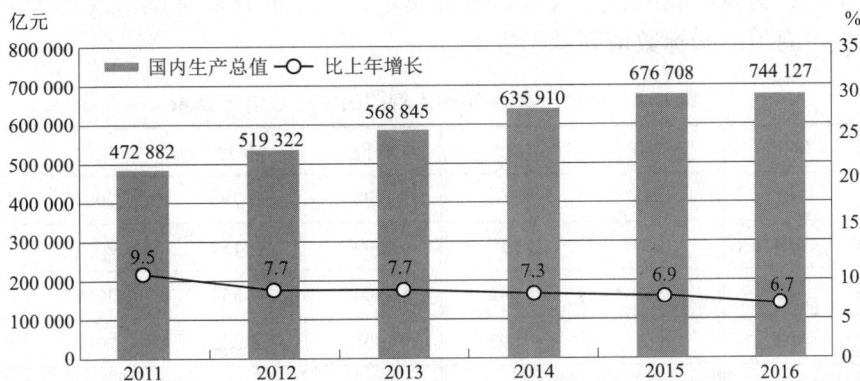

图 1-1 2011—2016 年国内生产总值及其增长速度

国民经济发展的状况、水平与结构等，对个人家庭的收入与财富的增长状况有着决定性的作用，具体在这里不予详细评论。

1.2.2 个人拥有丰厚的经济金融资源并较快增长

市场经济是以市场作为资源配置基础的经济形式，这一资源不仅包括企业、国家乃至社会公共拥有的资源，还包括居民个人家庭拥有的资源。家庭拥有资源的配置及抉择导向，必将对经济社会生活产生重大影响。

1. 个人拥有自主独立支配的人力或物力、财力资源

个人理财在今日的兴起，首先在于个人家庭拥有自主独立支配的人力、物力和财力资源，并运用所拥有的资源为谋求自身经济利益最大化组织相关的经济活动。这是个人家庭作为经济主体组织经济活动，享有经济权利，承担经济责任必须具备的物质基础，是个人从事经济行为主体资格的首要因素。离开这一物质基础，经济主体应当具有的经济主权、经济利益及组织决策的权利等，就只能是一种空谈。如某公民拥有较多的财力、物力资源时，可以选择实业经营、证券运作等多种投资途径。如该公民除自身的劳动力资源外别无所有，就只能通过就业受雇的形式参与某单位的经济活动，取得工资报酬收入。如果连自身的劳动力也丧失殆尽时，如孤寡无依的老人、身患重病或身心缺陷的残疾人，就只好依赖于政府和社会、家人的救济了。

2. 个人收入总量急剧增长，家庭金融资产数量庞大

个人理财事项的广泛兴起，同个人家庭拥有丰厚经济金融资源的急剧增加区分不开。随着国民经济的持续快速增进，国民收入快速增长，城乡居民拥有房产、货币财富迅速积累，生活水平大幅提高，大批新富阶层迅速出现，越来越多的人走向小康和富裕。由此而来的对这些资源和财富的筹划与管理，就成为新富阶层乃至整个家庭群体的迫切需求，成为个人理财事业迅速兴起并较快增进的重要理由。

中国工商银行副行长张福荣在"理财规划在中国"的国际论坛上发表讲话指出：随着我国国民收入水平的提高，城市居民家庭拥有财富已成为社会财富构成的重要议题。个人拥有财富占据全社会财富的比重急剧提高，个人拥有金融资产的状况及在全部金融资产中占据的比重迅猛增长，为发展我国的私人理财业务奠定了雄厚的物质基础。现将 1978—2016 年的人均国内生产总值的指标数值列示于表 1-3。

表 1-3　1978—2016 年的人均国内生产总值一览表　　单位：元

年份	额度	年份	额度	年份	额度	年份	额度
1978	381	1988	1 366	1998	6 796	2008	23 708
1979	419	1989	1 519	1999	7 159	2009	25 608
1980	463	1990	1 644	2000	7 858	2010	30 015
1981	492	1991	1 893	2001	8 622	2011	35 181
1982	528	1992	2 311	2002	9 398	2012	38 459
1983	583	1993	2 998	2003	10 542	2013	41 908
1984	695	1994	4 044	2004	12 336	2014	46 490
1985	858	1995	5 046	2005	14 185	2015	49 473
1986	963	1996	5 846	2006	16 500	2016	54 118
1987	1 112	1997	6 420	2007	20 169		

注：本表的额度按当年价格计算的国内生产总值再除以当年人口数得出，又称为名义的人均国内生产总值，未考虑通货膨胀因素。

图 1-2 为我国全国居民人均可支配收入增长图。

图 1-2 说明我国全国居民的收入最近 5 年来增长较快，每年均比上年呈增长态势。

3. 个人拥有货币金融资产急剧增长

居民个人拥有各项货币金融资产的急剧增长，是我国改革开放 30 多年来经济社会生活

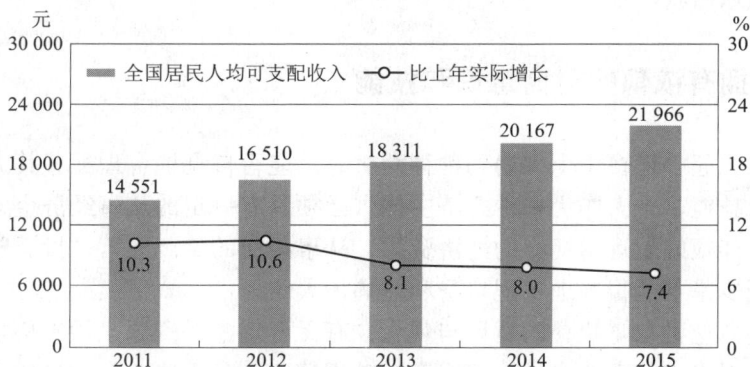

数据来源：国家统计局 2016 年 2 月公布的《中华人民共和国 2015 年国民经济和社会发展统计公报》。

图 1-2　我国全国居民人均可支配收入增长图

中不容忽视的大事。个人金融资产在全社会金融资产中增速迅猛，保有量大。截至 2016 年年中，我国城乡居民个人拥有金融资产已高达近 70 万亿元，占据全社会金融资产的比重也由 20 世纪 90 年代初的 40% 左右增长到 50% 以上，形成了半壁江山并在不断地快速拉升。这就使得居民有了理财意识赖以存在并充分发挥功用的物质基础，且种类增多，内容丰富。

4. 居民拥有金融资产结构原始单一，需要多元化

随着居民家庭手中富余资金的增多，特别是中高收入阶层财富的快速积累，必然会引起居民财富观念的变革和投资理财意识的增强，金融资产形态渐渐趋于多元化，投资工具的要求愈益升高，客观上需要金融部门为个人家庭提供更多的理财工具和金融产品。

国内个人金融资产这块大"蛋糕"中，资产集中化的趋势也更加明显，传统的储蓄种类远远不能满足客户保值、增值的要求，不能满足资金使用日益多样化的需要。目前，国内可供居民选择的投资工具主要有储蓄、债券、保险、股票、基金和期货、信托、外汇等，但仍集中于稳定而低效的储蓄存款，占到全部金融资产总量的 70% 之多。同金融发达国家的居民金融资产结构相比，过于稳定和保守。

目前，个人资产正在加速向股票、债券和基金等投资领域转移。以国债为例，个人拥有国债余额与储蓄存款余额的比值，储蓄存款比重有所下降，投资性资产增速快于金融资产增速。这表明个人家庭对各种投资的风险、收益和利率水平愈益敏感，他们渴望金融机构提供流动性、安全性和盈利性俱佳的金融产品，提供形式多样、方便灵活的金融服务。

5. 金融投资理念成熟，个人金融服务带来巨大市场需求

目前，个人正逐渐成为社会经济活动的主要力量之一，成为社会财富的重要支配者和金融服务的对象。开拓个人金融理财业务具有巨大而又迫切的社会需要，而非可有可无。鼓励居民家庭将间接投资转化为直接投资，成为当前经济金融体制改革的基本目标。可断言，个人家庭将成为未来银行的重要客户，个人金融业务成为银行主要业务之一。

亿万客户的金融理财需求是一大商机，金融保险机构必须把握这一商机，尽快设计出各类个人金融理财产品及相关服务，满足居民家庭丰富多样的理财需求，达到提升自身盈利水平、强化竞争实力的目的。从目前国内银行业本身来看，各商业银行发展个人金融业务可谓不遗余力。中国银行曾做出发展大公司批发业务和个人零售业务齐头并进的战略，各个非国有商业银行也凭借自身"船小好调头"的优势，有计划、有步骤、有目的地将工作重心向个人金融理财领域倾斜。

1.2.3 个人拥有浓郁的财商意识和技能

个人理财的兴起，还在于个人遇到种种商机时，能否自觉地合理配置其拥有经济资源的财商意识和理财技能。个人作为一种经济主体，必须具有一定的从事经济金融活动的知识技能，否则就不可能很好地运用拥有的经济资源，从事相应的生产经营、投资理财、生活消费的经济活动，至少是不能很好地实现自身利益的最大化。

个人是否拥有这种自觉抉择的意识与观念，有无合理配置资源，做出科学决策、正确选择的知识技能，对未来的事业有成、家庭幸福美满等，十分重要。个人自觉主动地投入各类经济活动，自主独立地参与并控制其资源配置与经济运行，有意识地运用手中掌握的经济资源，在面对各种经济行为前，依法做出自主抉择与决策，实现经济资源配置的合理化。但限于理财技能不足或无暇理财，目前个人家庭的资产运作及获取利益的状况并非很好，这就对个人理财的广泛兴起提出了强烈需求。

富人何以能在一生中积累巨大的财富，穷人和富人的差距为何日益加大？有个经常被运用的事例，答案之一无非是投资理财知识与技能的具备与否。对此的细致评说，将在第 3 章个人理财价值观与财商教育中探讨。

1.2.4 经济社会环境为个人理财提供法律保障

个人理财在今日的兴起乃至大力发展，还依存于外部经济社会与法律道德环境的具备。如社会大力支持个人经济权利的发挥，金融部门积极开发家庭理财需要的众多金融工具与产品；或是有意无意地设立种种清规戒律，将一切经济活动都完全纳入自己的计划范围，统筹统管，限制个人经济权利的自主发挥，两种做法的差异是很大的。

我国正处于经济体制改革的过渡期，个人理财起步较晚，相关金融体系的法律法规不够系统和健全，存在很大不足。这在一定程度上加大了居民投资理财的不确定性和交易成本，还导致投资者对金融机构的不信任及市场信息透明度的怀疑，进一步导致居民宁愿把钱放在银行也不敢、不愿参与其他投资，严重阻碍了各类金融衍生工具的使用效率，不利于个人理财业的发展壮大。

著名经济学家刘伟教授，在全国理财师的研讨会上指出：理财师要引入中国，至少需要从根本上努力营造和完善以下 3 方面条件。

第一，财产制度。财产主体、财产权利应得到经济制度的明确安排，得到法律制度上清晰的保护，否则不可预期。

第二，法制精神。一个国家可以有法律，但未必是法制，可能会缺乏法制的精神。当一个国家有法律，大家却以违法能不被追究而自豪，违法而不被发现而侥幸，没有法制精神的社会，财产制度规定得再严密，恐怕更多的只能表现在基本形式上。在没有法制和法制精神支持的社会里，理财规划恐怕会出现某些骗局，而非真正地让人们有足够的信心和安全感。

第三，道德支撑。市场的道德核心是诚信，缺乏诚信切中了问题的实质。如果一个人骗了他的朋友、他的消费者一次，他人会向这个人终生关闭钱袋。无论是社会整体还是每个行为个体，理财规划在中国的顺利运营与发展，诚信有着生死攸关的意义。

1.2.5　个人理财业务发展新趋势

纵观各国状况，个人理财业务具有以下特点及发展趋势。

1. 理财环境复杂化

进入 21 世纪以来，科学技术迅猛发展、信息大爆炸，各种经济联系日趋国际化，市场瞬息万变，竞争趋于白热化。个人处于这种社会、技术、经济剧变的环境中，只有居安思危、不断创新，具备更强的快速反应能力，才能适应形势的需要。个人理财决策的重点将转向科学化，合理利用财务杠杆，降低资本成本，提高经济效益，正确评估和适度降低理财风险。

所谓面向市场，包括 3 层含义：一是面向金融市场。个人通过与金融市场联网，将理财活动渗透到筹资、投资、消费、分配等各个方面，使其成为个人创造经济效益的主要手段；二是面向国内市场，个人进入市场掌握第一手信息，自主进行理财决策；三是面向国际市场。随着我国外向型经济的发展及加入 WTO，个人可走出国门参与国际投资理财，甚至足不出户借助网络直接在国际资本市场上参与投融资理财活动。

2. 理财观念现代化

在市场经济和信息技术力量的合力影响下，个人的金融意识不断增强且呈整体化趋势。现代金融意识包括：① 效益意识；② 战略意识；③ 市场意识；④ 改革意识；⑤ 竞争意识；⑥ 发展意识；⑦ 时间意识。金融意识反过来又进一步推动市场经济水平的提升，形成良性互动的循环机制。

与此相适应，个人应以全新的、现代化的观念参与理财，包括：① 搜集并注重信息；② 知识就是资本；③ 认知风险并防范；④ 竞争与合作；⑤ 对外开放；⑥ 积极创新；⑦ 持续学习。

进入信息社会后，人们的工作主要是知识型工作，学习成为个人生活的重要内容。美国彼得·圣吉博士 1990 年出版的《第五项修炼：学习型组织的艺术与实务》指出：学习型组织必须具备 5 项修炼技能：一是自我超越，二是改善心智模式，三是建立共同愿景，四是团队学习，包括深度会谈和讨论，五是系统思考。家庭也可以视为一种学习型组织，个人理财同样可以借鉴上述观点。

3. 理财方式多元化

据国家统计局 2013 年对 11 个省（区、市）5 000 户城镇个人家庭的消费意向调查，对于今后收入增加的部分，城镇个人家庭支出意向的选择是：用于投资为 67.1%，用于消费为 26.5%，用于储蓄为 6.4%。调查表明，个人理财方式呈现多样化趋势，但个人储蓄在未来较长时期内仍然占据着主导地位。

4. 服务追求差异化

差异化服务的兴起，是基于对当前消费者需求的认知，鉴于依存背景、收入、学历、年龄、性别等的差异，消费者的理财需求会有较大不同。从便捷高效的自助理财，到客户经理的"一对一"专业理财，各家银行的理财中心针对不同层次的理财群体及需求，有了清晰的服务功能定位，配置了有针对性的理财服务，如中国银行的"理财经营顾问团"、交通银行的"个人理财业务系统",众多中资银行相继开设的 VIP 理财等,都是面向一定目标群体,含有差异化服务的理念。

5. 理财方法科学化

随着经济社会发展和人们生活水平的提高,理财渠道愈益宽广,理财技巧日益复杂,没有科学的理财方法,就无法保证客户资产的保值增值。变幻莫测的社会技术经济环境,多样化的理财方式及丰富的信息来源,必然会促进理财方法的改善。为提高自身的理财水平,不仅要强调人、财、物要素的配备协调,且更加重视信息、知识、经验等软要素的集聚,实现科学化的功能聚变。

6. 个人理财信息化

21 世纪是以信息网络技术为主导的信息时代,理财知识及相关信息成为共享资源。网络经济时代,计算机成为处理和传递信息的主要手段,功能全面的个人理财软件、网上理财、手机理财等工具,愈益适合个性化的理财需要。银行将网络技术运用于理财,通过互联网的连接,个人统一调度资金,调剂余缺,整合个人财务资源,实现个人资源的整体全面管理。

7. 理财服务全方位拓展

除商业银行大力发展个人理财业务外,证券公司、保险公司、信托公司、会计师事务所、法律事务所等视个人理财业务为不断开拓的经济增长点。电视台、广播电台、报纸、杂志、书籍、网站争先恐后地推出个人理财栏目,向人们普及理财知识,传播财经信息,以吸引广大民众的注意力。从我国资本市场的发展,包括国内资本市场的壮大和与国际资本市场接轨来看,有赖于个人理财顾问业的发展。

8. 理财师将成为理财新兴力量

个人理财师通过对理财决策的影响,提高了资本市场资源配置的效率,构成资本市场的重要基石,其专业水准是资本市场深化的指示器。可以预见,伴随着资本市场的深化,个人理财活动的范围将会逐步扩大,个人理财业务作为新兴行业向更加专业化、标准化的方向发展,个人理财服务队伍将不断成长与壮大,迎来美好的明天。

1.3　个人对理财服务的需要

1.3.1　居民对金融理财服务的迫切需要

个人理财规划是中国经济发展和财富增长后的首要选择,如何解决经济发展和国民财富增长之后的个人理财问题,已经成为当前国人生活中的一件大事。

1. 居民面对经济生活的众多不确定性需要理财服务

居民收入及拥有金融资产数量的大幅增长,是我国经济体制改革 30 年来最伟大的成就之一。但在居民财富不断积累的同时,随着医疗、失业保险、退休养老等社会保障体制及教育、住房等制度改革的深化,各类支出中个人/家庭承担的比例逐年增加,未来预期支出的不确定性因素增长,居民们必须为子女教育、改善生活条件、安置退休生活和预防不确定事故而增加储蓄，并期望通过商业银行和其他金融机构的优质服务，实现已有资产的保值与增值。

经济发展和各项体制的改革，使人们不得不更多地关注自己的财产状况，通过综合安排以确保日后生活在财务上实现独立、安全和自主的境界，这些想法在最近几年逐渐深入人心。居民对个人资产保值增值的愿望越来越强，参与金融理财的方式日益趋向多样化。从过去单一的银行存取款向支付、理财、融资、投资一体化延伸。

2. 居民经济状况的变化对金融理财服务提出新要求

目前，金融保险机构面对的不再是前来存款、投保的普通储户，而是要求享受存、贷、结算、汇兑、投资、外汇等全方位金融服务的客户群体，不仅需要银行、保险公司提供进入证券、基金、保险等投资领域的手段，还希望在理财资讯、投资顾问和投资组合等方面享受优质、便捷、高效的服务；不仅需要银行为其购物消费、公共服务、经商办事等进行结算汇兑，而且有强烈的信贷要求。这对金融机构既形成压力，又为其适应市场、开拓业务、寻找新的效益增长点提供了广阔的机遇。

我国居民已具备了多元化投资的能力，随着股票、债券、投资基金等金融产品不断涌现，个人金融投资的机会不断增多，同其保值增值的潜在欲望发生相互作用。这使得商业银行开办以代客投资理财为主的、个人金融中介服务的需求市场不断壮大。老百姓迫切希望银行能延伸服务领域，广泛开展各类理财业务。

3. 推出个人理财规划业务满足居民理财的需要

巨大的金融资产保有量，是个人金融业务开办的无穷潜力所在。在个人金融服务市场需求总量不断扩大的同时，居民金融服务需求的层次也正在发生深刻变化。它要求金融部门能够开办与之相适应的金融服务与业务品种，特别是在现阶段我国银行业和证券业向市场化过渡，股票、债券、基金、保险等融资工具日渐丰富，从以往简单地通过储蓄存款获息并保障安全，发展到目前的支付结算、外汇买卖、透支、贷款融资、经营投资和综合理财等全方位、多层次的金融服务。

银行开展个人金融服务是广大居民的迫切期望，那些拥有高额资产和稳定高收入的个人群体，尤其需要专业的金融机构为其提供全方位、专业化、个性化的资产管理服务，以确保私人资产在安全的前提下不断增值。这为商业银行拓展个人金融服务市场提供了广阔的前景。

1.3.2　个人理财服务推动财富增值

1. 丰富多彩的业务品种、投资组合和硬件服务，增强公众的财富观

随着居民个人货币收入增加，进入小康甚至富裕的家庭越来越多，人们的消费观念、投资观念随之发生了深刻的变化。对金融理财提出了许多新的需求，从而为商业银行开展个人金融服务创造了极好的条件。

个人金融业务是商业银行以自然人为服务对象开展的综合性金融服务，有着广泛的群众基础和创新压力。经济快速发展的同时推动了金融的发展，理财市场上可供人们选择的金融工具日益增加，但老百姓对此仍感到十分茫然，除了储蓄存款外，能够熟练地参与各类金融交易活动的个人并不多见，将理财咨询服务教育工作提上议事日程，就成为当前应引起重视的一件大事。

2. 个人理财业务将对富裕阶层开展强大攻势，借其核心示范作用带动大众消费投资

目前，随着经济社会发展不平衡的加剧，社会财富呈现不均衡分布的态势，富裕阶层和平民的财富分布有着明显的"二八效应"。20%的富人掌握着80%的金融资产，已在我国商业银行的众多调查中得到证实。国外成功的商业银行一般都把中上层客户作为个人金融的主要营销对象，这些客户包括企业家、公务员、律师、医生等社会名流和专业人士。把这些人服务好，就相当于做了最好的广告，容易在客户中引起良好反响，带动社会新潮流。如香港的汇丰银行，原来提供个人金融服务对客户存款门槛的要求很高，在广大"薄有家财"的客户的要求下，已将门槛放低至20万港元，目前这一业务十分红火，许多客户为拥有汇丰的个人账户为荣。

3. 通过提供和享受个人理财业务，使社会公众的金融意识逐步建立起来

大力开展金融理财业务，目前还存在诸多障碍。本书认为，公众缺乏健康的、科学的金融意识和消费观念，是导致金融理财业务发展缓慢或误入歧途的重要原因。这项于国于民都有利的新的金融产品，应当如何推动，才能使其形成星火燎原之势？首先可以借鉴国外的先进经验，从商业银行开展个人金融业务入手，在银行与个人的双向交流中，增强公众对财富保值增值的能力和个人信用意识，增强公众的经济与金融意识，使理财成为人们一种自觉关注的行动。开展个人理财服务，不仅是金融机构开拓新兴业务的需要，还是居民增加财富、防范风险的迫切要求。

1.3.3 客户对金融理财服务需要状况的调查

居民是否需要金融理财服务，银行在这方面都做了哪些工作，这些工作是否让大家感到十分满意，居民对金融理财服务还有哪些进一步的要求等，这些问题是研究金融理财服务首先应当给予极大关注的。为此，需要组织大量的家庭进行社会调查。下面简要介绍我国最近几年曾经组织的两次相关调查的状况。

1. 国家景气监测中心的调查

国家景气监测中心公布的一项调查结果表明，我国城乡家庭拥有金融资产已经高达30多万亿元，但对其的配置运作却并不是很好。全国范围内约有70%的市民希望自己的金融理财有个好的个人理财师。原因主要是：① 自身缺乏必要的金融知识，难以制定适合自身特点的理财方案（38%）；② 按照自身的水平，很难获得更大的投资受益，必须借助专业金融人士的帮助（30%）；③ 专业金融机构在信息、设备方面有优势，能为自己提供便利（25%）；④ 由专业机构指导个人理财规划，符合现代社会的要求（7%）。另外36%的被调查者由于收入水平较低、对个人理财服务缺乏信任感等方面的原因，表示不需要个人理财服务；还有23%的被调查者表示，目前不需要个人理财服务，但将来有可能需要；另外，有11%的被调查者表示对此不感兴趣；有15%的被调查者表示"无所谓"。

2. 其他权威机构的调查

中国社会调查事务所曾就个人理财服务问题，在北京、天津、上海、广州四地作专项问卷调查。调查结果表明，在问及是否需要个人理财服务时，有 74% 的被调查者对个人理财服务感兴趣，有 41% 的被调查者认为需要这一服务。他们希望了解个人理财服务的具体内容，希望由专业机构提供关于存款、股票、债券、基金、保险等金融资产的最佳组合方案。

据中国消费者协会最新公布的一项调查显示，目前有 36% 的消费者已经购买保险，有 64% 的消费者没有购买保险。在已购买保险的被访问者中，有高达 45.4% 的人表示不清楚合同的免除责任条款。在不买保险的被访问者中，有近 10% 的人拒绝买保险的原因是"看不懂合同"。

根据以上调查资料表明，居民对个人理财服务具有迫切需要，在中国开展个人理财服务具有广阔的发展前景。

1.4　个人理财师

近几年来，个人理财与个人理财师正成为人们关注的焦点。业内人士认为，如果 2003 年被称为是信用卡元年，2004 年是个人理财产品元年，2005 年则被认为是个人理财元年。

1.4.1　个人理财师的含义

国际金融理财师，通常又称为注册金融理财师、个人理财规划师、金融策划师等，是国际上最为权威的理财职业资格。它是由各国注册个人理财师标准委员会向那些经过规定的培训，具有所要求的工作经验，通过专门考试的专业人士发放的职业资格证书。

伴随着国内金融领域的国际化，大量具有个人理财师证书和规定标准的专业人才将成为新宠，而且，获得个人理财师的资质意义重大，可为将来的职业升迁竞聘、待遇提升等增添重要的砝码，是专业金融从业人员提升专业职能，肯定自我价值实现的最佳途径。本方面课程涉及财务、保险、投资、税务、会计、家庭等多个领域，考取了个人理财师的资质证书，将有资格为客户制订具有标准的理财规划，成为理财规划行业的专家。

个人理财师证书如同个人理财行业的通行证，成为银行、保险、证券等从业人员实现自我价值增值的最佳选择，也成为金融机构提升专业服务水准，对客户展示专业形象、取得公信、追求卓越的金字招牌。与此相类似的还有兴起于美国的注册金融理财师等。

个人理财师是对客户今后个人生活中所有各种金钱方面的问题进行咨询的人，是通过明晰客户的理财目标、分析客户的现实生活情况和财务现状，按照客户的有关生活计划和目标，整理客户生活各方面所需的资金，从而帮助客户制定出可以实现其目标的理财方案，并通过长期的资产管理帮助客户执行并实现这一理财方案，为客户的理想计划和生活目标的实现提供支援和帮助。

中国金融教育发展基金会金融理财标准委员会颁发的《金融理财师资格认证暂行办法》规定：金融理财师是从事金融理财并取得资格认证的专业人士。金融理财师是在达到标准委员会所制定的教育（education）、考试（examination）、从业经验（experience）和职业道德（ethics）标准（以下简称"4E"标准）后所获得的专业称谓。金融理财师工作的最终目标是，在客户既定的条件和前提下，运用专业知识与技能，最大化地满足客户对财富保值和增值的期盼及其人生不同阶段的财务需求。

人的长相各有不同，每个人的生活方式和家庭构成、生活经历、工作收入等，也都存在巨大的差异，这就需要个人理财师针对客户的实际情形量身定做适合的理财方案。

1.4.2　个人理财师的职业界定

个人理财师在个人家庭理财生活中担负的角色，可从以下几方面加以评定。

1）个人理财师——家庭经济顾问

1969 年，国际财务规划协会提出了"关注客户理财目标和需求，比关注单一产品推销更重要"的服务理念和专业精神，由此而兴起了理财顾问这一职业，并推动涉及客户生活方方面面"财务规划"的概念和方法。个人理财师会考虑顾客的财务、家庭、文化背景、业务及产品周期等因素，按照个别需求和目标进行评估，仔细分析现有的投资组合，为顾客设计以个人需求为基准的财务方案，以确保达到顾客的理财目标，维持顾客的投资风险与回报相平衡。一旦制订初步投资策略后，个人理财师将尽全力了解顾客投资组合的最新表现，并应顾客要求提供金融市场、经济领域、市场动态的相关信息。

2）个人理财师——家庭经济生活规划的专家

个人理财师是制订综合资产设计等理财规划的专家，提供综合性的专家群服务是个人理财师的重要特征。这是一个包括律师、税务师、注册会计师、社会保障、不动产及金融等各方面人士在内的专家群体。他们会根据客户的生活方式，为实现客户的理想和生活目标，动用一切必要的专家群体，做全方位的支援和规划，这是金融理财服务区别于其他服务的特别之处。个人理财师一旦接受客户的委托，就会立即开始收集客户的相关财务信息，对客户的整体财务状况给予全面、客观的评价，并在此基础上为客户量身定做理财规划建议。

3）个人理财师——"家庭财务医生"

在个人家庭经济生活的运行中，大部分人限于知识技能的不足，时间精力的缺乏，以及个人财商状态的差异，不可避免地会出现不适当行为。个人理财师可以形象地比喻为直接面对"财务患者"的"家庭医生"，对个人家庭理财生活中出现的种种问题咨询诊断，然后对症下药，开方治病，提出应采取的相应措施。

4）个人理财师——家庭理财博士

个人理财师是家庭理财的博士，是包括资产设计等在内的制订人生规划的专家。他们会帮助客户进行合理理财，回避或转嫁风险，详细掌握客户的资产负债情况。分析客户个人的净资产负债比有多大，当收入与负债比超过一定范围时，应该引起个人理财师的注意，建议客户适当减少个人债务，以免造成债务压力。要根据债务的偿还期限和偿还能力，尽量将长、中、短期债务相结合，避免还债期限集中在一起，到时无能力偿还。当客户遇到理财的烦恼，就会找个人理财师进行咨询。

按一般常规而言，个人理财师并没有男女的限制。女性细心、谨慎，不容易出差错，人际交往能力强，更容易赢得客户的信任感，能为客户提供更为细致耐心服务的优点。不过，这个职业又是一个非常理性的职业，需要男性通过自己明晰的逻辑推理和分析判断能力，在面对市场动荡时仍能保持冷静理智的头脑，在行业运作中如鱼得水。

1.4.3　个人理财师服务

1. 个人理财师的"管家"式服务

（1）整体理财规划。个人理财师必须以个人、家庭的幸福生活为出发点和依归，从收入、支出、投资和风险规避 4 个方面全方位地精心设计与规划，最终实现财富的保值增值、实现幸福的生活。

（2）渗透理财理念。个人理财师必须在理财行动中不断地向客户渗透最合适的理财理念，只有从观念上更新客户的理财理念，才能得到客户的有益配合，从而实现整体的理财规划。

（3）"授之以渔"。理财行动中有家庭记账核算、财务分析、判断市场大势、识别冲动消费等大量的理财技巧与方法，理财顾问必须为客户提供好这些理财之"渔"。

（4）"授之以鱼"。在个人投资理财与风险规避等方面，想要具备专业的金融知识、丰富的投资经验，需要耗费大量的时间精力，不是一朝一夕就能达到的，也不是每个人都能达到的。理财服务既要"授之以鱼"，更要"授之以渔"，为客户提供实实在在的回报。

（5）长期贴身的辅导与服务。个人理财师在对客户的长期服务中，与客户建立了密切的联系，甚至深入客户的婚姻家庭生活之中，帮助客户排忧解难。如果专业家庭理财行业能及早出现，也许就能避免无数的婚姻悲剧。

2. 个人理财师对高端客户的营销①

个人理财师对高端客户的理财营销，主要有以下 4 种营销模式。

1）理念加产品

个人理财师进行营销时应该改变只有产品、没有理念，遇到客户就只顾推销产品的做法，这是最令客户反感的。个人理财师学到了新的理财理念，应当把它运用到实践操作中去。部分个人理财师常将理财只作为一种技术性内容，着重于具体的金融产品运用，但提供的这些理财产品具体贯彻了什么样的思想，遵循何种理论，却不大清楚。这样是不可能做好理财服务工作的。

2）理财原理加产品服务营销

理财原理包括家庭利益最大化（理财目标最大化）、家庭目标导向、家庭风险管理（生命周期理论）等。个人/家庭拥有的资源很多，即使经济无法自立的大学生也拥有一定的劳动力或知识技能资源，对这些资源的经营运用虽不能马上致富，至少可以确立对未来生活的信心，走上新的人生之路。再者，人生有不同阶段，每个阶段都有不同的目标需求。个人理财师不应该只关心理财产品的推销，更应关心客户人生目标的策划定位和风险偏好，并利用理财的相关原理和技术方法，为客户做好拥有各项资源的整合与规划工作，为客户推荐理财产品，最终达到自己的产品销售目的。

3）制定标准的理财作业流程即理财建议书

很多客户都希望看到为自己专门制定的理财建议书，他们会从保险公司、银行索取不同的建议书来参考。个人理财师如不能做好这样的建议书，就无法做好自己的工作。制定理财

---

① 毛丹平，梁锋. 理财规划师如何面对高端客户进行营销. 私人理财，2005（8）：61-62.

建议书需要花的时间如太多，可以先做一些适用于不同家庭的标准版本，再有的放矢，引用到类似的家庭或个人身上。

4）"一对一"专门化服务

个人理财师为客户提供服务，是以"一对一"的形式出现的，甚至是很多人联手为某一个人制定理财规划建议书，可称之为私人银行业务。如大企业家、富豪阶层等都拥有大量的经营资产、个人金融资产和其他实物资产，需要多人为其提供投资、保险、融资、避税、保险、个人财务等多项服务。

3. 个人理财师应做的工作

1）推广理财规划概念

个人理财师把推广理财规划概念的工作视为自己的使命，他们努力地去做面对面的介绍、讲座、研讨会及在报纸、杂志上推介，同时借此提高自己的社会影响。

2）分析客户的需要，认清客户的目标

在收集了有关客户背景、可用资金及负担的资料后，个人理财师便可协助客户制定个人理财目标。

3）解释整个理财计划

个人理财师会根据客户的生活方式和价值观、快速变化的经济环境，围绕客户的家庭情况，收集和整理有关客户的收入和支出的内容、资产、负债、保险等一切数据，听取客户的愿望，分析现状，并根据分析结果，为保证实现客户生活上的目标制订投资方针、对风险进行控制、规划纳税等。他们对客户的全部资产进行设计，并随时对这种设计方案的运行进行反馈和帮助。

4）分析客户的状况及设计恰当的理财计划

细心分析客户的财政状况后，个人理财师会向客户设计一个既合适又可行的理财计划。个人理财师会提供多个方案给客户考虑，并会详细解释每个方案的优劣，再加上自己的意见，协助客户作出最恰当的选择。

5）实行理财大计

每当客户作出决定后，个人理财师便会协助客户，根据早期订立的计划及方向，通过各种投资工具实践理财计划。

6）监督计划的进行

个人理财师会密切关注经济情况及法制的变动与更改、客户个人财务的状况及需要的变化与计划方面的表现。资本市场千变万化，一个精心、尽职的个人理财师，会不断调整客户的投资组合，精心调整既定的财务策略，以较好地满足客户的各种需求。

4. 个人理财师可具体承担事项

投资理财具有高度的复杂性，个人理财师的作用不能忽视。单单从金融机构提供的理财服务产品和服务而言，每个银行都有不同的理财服务产品和项目。在投资方面，个人理财师可发挥的功用具体有以下几方面。

（1）咨询顾问服务：个人理财师会根据专家分析意见给客户提供建议，包括一系列金融、投资产品。

（2）全权委托投资：客户可选择委托个人理财师作为全权代理，负责管理全部或部分投资组合。有关投资将根据客户的风险承受力、预期回报和时间要求等进行。

（3）投资基金：通过个人理财师提供一系列有良好业绩的投资基金，帮助客户进入最有经济效益的全球股本及债券市场，同时通过多文化的投资使投资风险分散。

（4）另类投资：个人理财师还可提供另类投资产品，包括对冲基金、私人股本投资及特别设计产品，为客户的投资组合提供有用的多样化服务。

（5）信托及信托基金：为达到把资产的法定拥有权最优化，个人理财师可以设计出融合复杂的财务及法律奥妙的独特信托结构，也可以为客户设立慈善信托基金。两者均可纳入客户的产业计划及财富管理的框架。

（6）信贷服务：通过对客户的投资组合保证，个人理财师可向客户提供广泛的信贷咨询服务，以优化客户资源，为客户的投资实力提供"杠杆效应"。

（7）外汇及金融衍生产品：个人理财师可提供综合的外汇投资顾问及交易服务，比如处理货币期权、期货及衍生产品等。

1.4.4　个人理财师的素质

1. 具备多种特性

个人理财师的职业同时跨越了雇员、投资人、自由职业者和经理人 4 个行业的特点。

（1）由所就职的金融保险机构或第三方理财机构提供综合福利待遇，这是雇员的典型特征。

（2）依靠专业知识获取佣金，自己决定工作的节奏和目标，时间和头脑自由支配，是自由职业者的典型特征。

（3）不断扩大的客户群，即使离开一段时间也会有稳定收入，这是经理人经营自己事业的优势特征。

（4）个人理财师在金融市场为客户提供理财服务的同时，也为自己的金钱寻找最好的出路，具有成为投资人的先天优势。

很难再有其他社会职业具有如此的优势和发展机遇。目前，在很大程度上，个人理财师还仅仅是作为一个概念炒作，相信在不久的将来，优秀的证券经纪人、保险代理人、期货经纪人等，必将成为个人理财师的集聚地。

2. 个人理财师的服务

个人理财师将联络各类专家为客户提供特定的理财协助和建议：

- 会计师主要负责税务和理财文件；
- 银行家提供各类理财服务和信托；
- 信贷咨询专家提供各种减少开支、消除信用问题的方法；
- 注册理财规划师将各种理财决策整理成一个计划；
- 保险代理人出售各种保障客户的财富和房产安全的保险计划；
- 投资中介提供股票、债券及其他投资的信息，并代理交易；
- 律师提供遗嘱准备、遗产传承规划、税务问题及其他法律事务问题；
- 房地产中介协助客户购买或出售住房等房地产；
- 纳税准备人专门进行所得税申报及其他税务事项。

各类专家提供各类理财规划服务。理财师的背景或代表的公司是衡量理财专业领域的很好尺度。会计师很可能最了解税法，而保险公司代表可能会强调如何利用保险达到理财目标。积极参与经济事务能够减少对理财规划师的需求。随时了解投资、保险及税务方面新发现的意愿，减少花在理财咨询方面的费用。这种意愿需要客户不断投入时间和精力，同时也使理财师能够控制自己的理财决定。

3. 个人理财师应当具备的素质

一名优秀的个人理财师应具备以下素质。

（1）良好的人品及职业操守。客户是理财师的"衣食父母"，理财师应以客户的利益维护和最大化为服务宗旨，时时刻刻为客户着想，而非以单一向客户推销金融产品，自己多多赚取手续费为目的。同时，信誉是理财师赖以生存的重要基础，今后社会上一定会出现一批具有良好口碑的"名牌理财师"。客户选择这些理财师，应该会得到更优质的理财服务和业绩。

（2）丰富的金融、投资、经济、法律知识。理财规划师应是"全才+专才"。这就是说，理财规划师应全面、系统地掌握经济、金融、投资、法律等知识，同时在某一方面，如保险、证券、房地产、遗产传承规划等上，又有自己的特长。

（3）丰富的实践经验。理财结合实际紧密，空头理论不能帮助客户达成理财目标，理财师的实践经验是否丰富，是客户选择的重要标准。

（4）骄人的理财业绩。理财师理财后的业绩如何，是客户关心的，真正拿出骄人的业绩，使得客户感觉到理财或不理财差异很大，就会很高兴地前来要求理财服务。如果理财师为客户出的众多财务建议都只能导致亏本，该理财师的一切状况和素质再好，也难以长期跻身于理财服务市场。

（5）良好的心理素质。金钱是客户的隐私，理财是大家谈论的敏感话题，理财规划师会遇到很多提供服务被客户拒绝的情况。理财规划过程中涉及很多客户隐私，或者客户有意识地对理财师"打埋伏"，不讲实话，作为客户的私人理财顾问，应对此严守机密，勿使外泄。优秀的理财师应该在顺境时出现，在逆境时也不离弃。

（6）相对的独立性。在银行、证券、保险公司工作的理财师，为客户理财服务的同时，或多或少都会有推销产品的内容，这是客观存在的。但推销产品应以客户的利益为出发点，而非"为推销而理财"。今后社会上会出现很多"独立理财公司"，或称为理财事务所，这些理财机构的独立性强，不依附于某些金融机构，真正是从客户的角度出发，帮助客户选择投资产品，实现既定的理财目标。

1.4.5 个人理财师的任务与服务目标

1. 个人理财师的服务内容

个人理财师作为负责个人理财的专家，向客户提供完整的理财服务，并帮助客户做出财务管理的完整规划，有关个人理财规划的服务大致可以包括以下内容。

1）判断分析

针对客户的财务状况及需求进行完整的理财分析，帮助客户学会如何设定人生的目标与理财优先目标，了解其自身或家庭的实际财务状况。

2）提出对策

帮助客户学会如何设定投资理财的实际执行步骤。针对前述的财务状况分析，提出理财方案，如减少存款，增加证券投资或增加人寿保险，或者建议针对某个理财目标做出每月几千元的定期定额投资等。

3）资产配置

配合前述的分析与理财方案，为客户做资产的分配。如存款、证券投资、房地产、寿险等在所有资产中该做怎样的分配，以及每个项目应具有何等比重等。

4）产品搭配

针对前述的资产分配，搭配适当的理财产品，如定期存款、债券基金、股票或股票型基金、人寿保险、健康保险、外币存款、房地产等。

5）相关服务

如售前售后的相关咨询、资料提供、疑难解析，提供售后服务报表（以对账单为主），提醒资产组合调整并协助进行。这些可通过人员及电子系统（包括语音、网站等）搭配提供。

6）提供个人资产负债表与个人损益表的模板

帮助客户学会自己编制资产负债表和损益表，登记收入与支出记账，并科学地分析自己的财务状况，从中得到有用的信息。

7）不定期提供最新的个人理财的资料信息

帮助客户学会监控每日投资理财的执行结果，每月提供理财计划的复查分析报告等。

2. 个人理财师的任务

个人理财师的任务，是以专业化的金融知识，指导人们理财和制订投资计划，做到合理投资，规避金融风险，确保人们在长期、复杂环境中的财务独立和金融安全，以满足客户长期的生活目标和财务目标。没有很好的各类专业知识，根本无法从事这一职业，也并非在银行、保险公司或证券公司做了几年就可以胜任的。

个人理财师的主要职责是为个人提供全方位的专业理财建议，通过不断调整存款、股票、债券、基金、保险、动产、不动产等各种金融产品组成的投资组合，设计合理的税务规划，满足客户长期的生活目标和财务目标。个人理财师可以全面分析客户的财产状况，然后依据客户需要提供理财建议，或者依据客户整体情况针对某个单独问题进行理财建议。个人理财师帮助客户分析全部或部分理财问题，然后提出一份综合客户全部理财目标的专业理财计划，或者根据需要提供某方面的具体建议。理财计划并非一定以书面文件形式呈现出来，也可以是一种理财建议。

持有综合理财观的人认为，个人理财师必须全面考虑客户的财务状况，包括客户的所有财务需求及其目标，并运用综合手段来实现这些财务需求和目标。综合理财规划的两个本质特征是：① 包含了所有可能获取的个人信息和财务状态；② 综合运用单目标理财规划所用的各种专业技巧和技能，系统解决客户的财务问题。综合理财规划需要广泛的专业技能，通常需要一个专家队伍才能完成有效的理财规划，综合个人理财师的主要任务是协调团队成员的工作，并发挥各自领域的专业技能。

3. 个人理财师的培训目标

个人理财师的培训目标是通过相关理论讲授、案例研究和项目分析、研讨，为学员提供个人理财规划主要领域的专业知识，使学员成为具有国际水准的人才。学习个人理财师课程的学员应该能够达到以下目标。

（1）洞悉现代理财规划理论，熟练掌握金融策划的基础知识和技能。

（2）熟练掌握各项理财工具的基础知识并能熟练把握。

（3）熟悉与理财相关的法律法规。

（4）了解金融策划业的国际发展状况。

（5）洞悉中国金融理财业的发展趋向。

（6）提高运用投资工具的综合技巧，提高为客户服务的综合技能。

（7）具备较高的理财规划的职业道德素养。

（8）运用金融策划知识开展理财服务和个人金融营销服务，成为中国本土化的个人理财师。

1.4.6 注册会计师与个人理财师的比较

要想对个人理财师职业有更好的理解，可将其同注册会计师予以比较。注册会计师与个人理财师两者有较多的共同性，但后者在职业服务界定、考试入门、工资待遇及职业风险等方面，则要远远好于前者。差异表现在以下方面。

（1）注册会计师的考核主要为专门财务会计知识与审计查账能力，涉及会计、审计、税法、经济法等内容，知识专业而深奥。个人理财师的考核除知识能力考核外，还涉及众多政策法规、伦理观念，涉及个人理财所需要涵括的方方面面，主要是为个人客户提供咨询、规划等事项，涵盖知识面宽、量大，但每个方面又不需要过于深奥。

（2）注册会计师的考试已经推出十多届，考试科目逐渐增加，考试难度渐渐加大，通过率逐年降低。如最近几年各门课程的通过率都只有10%，七门课一次性通过的比率还不到0.1%。个人理财师的考试则是刚刚推出，进入的门槛自然较低，考试通过率也较高，如近几年来金融理财标准委员会开办的金融理财师和国家人力资源和社会保障部举办的理财规划师的考试，通过率大都在70%～80%。

（3）注册会计师考试的前期培训工作做得并不太好，很少有考前辅导，考生大多需要自己学习知识。个人理财师的考试，按规定则必须通过正规的考前辅导培训，然后才具备参与考试的资格。当然，这种教育培训所花费的时间与金钱的代价也是很高的。

（4）注册会计师的工作成果尤其是审计报告，要面向全社会公开发布，并具备法律效力，特别讲求独立、公正、权威、真实。目前，有些会计师执业环境并不是很好，存在假账、假报表的现象，有一定的执业风险。个人理财师在我国是刚刚兴起，市场巨大，有执业资格的从业人员尚很少，能够早日进入这一行业将具有较好的职业前景。个人理财师主要是面对个人客户提供咨询顾问和策划参谋，工作成果需要严格保密，不需要向社会发布，也不具备法律效力，只要客户充分认可就宣告终结。除非个人理财师的职业道德极差，有意对客户实施误导或不法侵占、剥夺客户资产，否则不会存在任何职业风险。

（5）注册会计师目前是人多事少，竞争激烈，事务所间相互压价，服务质量和声誉在降低，社会影响力在减弱，工作报酬也大大减少。有些注册会计师年收入仅仅为3万～4万元，同其付出的工作量远不相当。而发达国家及我国的香港地区，金融理财师的起薪收入都在 50 万元人民币以上，被称为"金领"阶层。根据美国《职业评等年鉴（2002）》，过去数年针对美国各种职业的评等，结果发现理财顾问连续两年被评选为美国最佳职业的前三名，与生物学家及保险精算师等量齐观。他们认为个人理财师的工作具有压力不大、待遇优厚、独立自主性高、市场需求大四大优点。这些都是金融从业人员争取认证理财规划资格的好理由，这一概念已经为全球金融业所认同，也是世界发展的潮流。

案例：

　　某个人理财师在为客户提供理财服务时，发现该客户拥有的财富中有大量非法取得的收入。在这种状况下，个人理财师是根据所查到的资料向国家举报，履行自己作为国家公民的应尽责任呢，还是严格遵循保密原则，按照原定合同，不动声色地继续为客户提供应有的服务呢？显然这是一大难题。

　　有人以律师为犯罪嫌疑人辩护为例，认为个人理财师应当严格遵循保密原则，按照原定合同继续为客户提供理财服务；有人则认为行业法规要服从国家的法律，个人理财师应当首先尽到作为国家公民的责任。

　　两种观点谁对谁错都有较大的争议，也难以得出定论。尽管在一般情况下，个人理财师要对客户的私人信息绝对保密，但在某些特殊情况下，个人理财师必须提供相关信息。这些特殊情况包括：① 为了执行客户的某项交易，或者默认为已经获得授权，需要建立经常账户；② 按照恰当的法律程序需要提供；③ 个人理财师针对不当行为的控诉进行辩护；④ 涉及个人理财师与客户之间的民事纠纷。

1.5　个人理财规划环境——以浙江省与杭州市为例

　　个人理财服务业能否蓬勃兴起，不仅要看"天时"，即社会是否形成理财业务的热潮；还要看"人和"，如居民是否拥有较多需要打理的钱财；重要的还要看"地利"，即某个地域是否有较好的理财文化底蕴。下面以浙江省与杭州市为例，看个人理财规划的环境与个人理财服务业之间的关系。

1.5.1　浙江省与杭州市的历史背景和文化

　　理财氛围的兴起，需要相当的历史背景和文化的长期铺垫，这里首先对浙江省与杭州市的理财历史背景和文化作简要介绍。

　　（1）在金融理财方面，浙江省与杭州市是得天独厚，其他地域难以望其项背。浙江商人正作为一个新范畴，发展速度快，运作效益高，经营活力强，令世人为之惊叹。这并不在于大自然给浙江蕴藏了多少可以大力拥有借鉴的资源，而完全在于凭借浙江人的聪慧头脑和无处不在的市场意识。杭州乃至浙江最大的资源优势，就在于城乡居民的意识观念，尤其是对待财富、创业的意识观念，天然地同市场经济合拍。

　　（2）浙江省以浙商为代表的区域文化群体，其体现出来的睿智、内敛、财商、不张扬、精于计划，是天生的理财高手。浙江省有着浓郁的历史渊源和适合生长的土壤。理财作为一种新兴的产业，不经意之间就会成长出像娃哈哈、阿里巴巴、恒生电子、万向、青春宝这样的大企业，甚至成为行业的巨头。浙江省和杭州市无论是从人均 GDP、人均可支配收入、民营经济发达的程度、杭州城市的文化特征，都无愧于中国金融理财中心城市的称谓。

（3）浙江省的省情同其传统文化底蕴，如与以叶适为代表的浙江永嘉学派的思想有密切相关。叶适反对专讲义不讲利，认为"古人以利与人，而非自居其功，故道义光明。既无功利，则道义乃无用之虚语耳"；还认为"道义见于功利之中，谋利而不过重其利，计功而非自居其功，便是道义"。这与长期封建社会流行的"重义轻利"观有较大差别。

（4）杭州总体战略向高新技术产业和现代服务业发展的背景下，也有几许远虑，杭州市与浙江省的整个产业结构相似。目前，支撑杭州市经济发展的，还是靠先发优势和劳动力成本优势发展起来的产业，甚至有很大一部分是靠牺牲环境为代价发展起来的企业，过分依赖出口且技术含量不高的企业也不在少数。从经济结合旅游作为一种城市产业来看，杭州远没有西安的厚重和北京的大气；历史文化产业，杭州望北京、西安的后背；金融保险业尚需要等待来自上海的辐射。

1.5.2 浙江省金融理财环境的得天独厚

对个人及家庭财富的管理目前已成为新富阶层的迫切需求。单以浙江省而言，其金融理财的研究、市场前景、教育培训的状况等，应当走在全国各省份的前列。原因很多，理由充沛。具体包括以下几方面。

（1）浙江省尤其是温州的经济活跃，民间资本充足，社会游资殷实，社会对个人理财规划有着广泛的需求。浙江省有雄厚的民营经济、民营金融的背景，强劲的发展势头，极强的经济活力。浙江的企业单位大多是民营民有，自主支配，较少约束，活力强，能够推动金融部门的工作向前推进。

（2）浙江省的城乡居民普遍富裕，个人雄厚的经济基础和金融资产、收入急剧扩张。企业老板等高资产、高收入人士比比皆是，浙江民众更愿意通过更多的金融理财活动来打造自己的财富，过上较好的生活。以人均可支配收入为代表的新富群体，要高于全国 10 个百分点。

（3）浙江省城乡居民的观念新颖，思路活跃，敢想、敢干、敢为天下先，乐意创新，乐意接受新生事物，公众的市场意识、创新精神、投资理财的意识浓厚，有着较强的理财经商的知识与技能，理财创业的愿望很强，同市场经济天然合拍，有全国不可替代的浙江商人和财商文化。

（4）浙江省的金融保险业界的业绩、利润、金融资产的质量，在全国各省份中名列前茅。金融部门的经营业绩好，在全国的同类金融机构中的业绩靠前，从而在总行、总部机构中有着较多的话语权。

（5）个人理财规划及企业金融理财的相关研究与实践运作，目前已有长足进展，已经在浙江省各金融保险业界有较多推出，金融保险、投资证券部门已经对此做了较多工作，并形成了自己的知名品牌，激发了居民金融理财的热情，传授了金融理财的知识技巧。杭州市可以作为金融理财产业的龙头城市。

1.5.3 理财中心城市应具备的条件

理财中心城市的内涵，不仅表现为金融保险机构的实力，如机构个数、资产拥有量及业绩效益等硬件条件，还更多地表现为政府、企业和整个社会公众层面的理财理念、财商意识培育的状况、理财能力与才干等各方面。作为一个理财中心城市，应当具备的基本资格可大致设想如下。

（1）一地的金融总量及增长状况，在相当的程度上依存于该地经济总量的持续高速度的增长，有较强的经济活力和后劲。

（2）该地金融保险机构门类齐全，数量多，质量好，不良金融资产占比低，金融生态环境好，金融资产质量高。最好是有金融机构的总部所在地，能够不断地开发并推出新的金融产品。

（3）当地企业的资金运用效果好，周转快，经济活力强，效益高，对金融部门有强烈的融资需求，能为金融部门的业务开展提供所需要的大量资源。

（4）政府层面对理财有相当多的认识，能给予金融理财以大力支持并倡导。法规制度健全并遵循规范，从法规制度上对金融理财以相当的推动和法律保障，各种金融违法现象极少出现。

（5）城市开放，凝聚力强，对外辐射效应广阔，能够不断推出新型金融工具和产品，将他地的经济金融资源大量快速地吸引到本地。商业产品能够"买全国，卖全国"，金融产品同样能够做到这一点，且可以做得更好。

（6）金融理财的交易成本低，制度创新的阻力小，能随时根据客户的需要，大力推出新型金融保险产品，并迅速为社会公众所接受。

（7）居民有关金融理财的意识观念较新，能够接受新的金融工具与产品，对金融部门推出的各种新产品能密切配合，理财意识浓厚，理财技能较高。

（8）有众多的金融工具可利用，金融部门能够随时在金融创新方面做较多的工作。金融机构提供的各项金融服务到位，制度完善，在客户心目中有较好的口碑，客户乐意同金融保险机构交往。

（9）历史文化传统中有关理财、财商的底蕴浓厚，居民热衷于经营核算、创业致富，金融理财的意识浓郁。

（10）该地具有丰富的金融资源，或者能够在短时间内迅速动员众多的金融资源。

综合以上提出的各种条件，杭州市金融总量稍差于上海等地，国际金融机构总部大都不在杭州外，其他条件还很不错。可以说，杭州市已基本具备了作为"理财中心城市"的资格。

杭州先后提出"住在杭州、游在杭州、学在杭州、创业在杭州"等口号，获得了"生活品质之城"和"东方休闲之都"的美誉，在各方面都取得了不俗的成绩。杭州市委、市政府提出发展"金融理财产业"，并把杭州定位为"理财中心城市"，这些构想是很值得赞许，并为此大做文章的。

1.5.4 将杭州市打造为中国的金融理财中心城市应做的工作

如何打造金融理财中心城市，为此需要学界研发、政府倡导、社会推动和金融创新等多个方面的共同工作，将杭州市打造为中国理财中心城市的口号给予积极认同，并携手做好这一篇大文章。

1. 学术界应做的工作

金融理财的理论探讨、学科建设，金融保险的产品研究等，都有大量的工作要做。为此学术界要做的工作如下。

（1）大力宣传金融理财的意识理念，探讨金融理财的技艺方法，并向大众做广泛传播，将理财意识、技能向全社会做广泛普及。

（2）充分发挥浙江大学作为研究性大学的优势，在金融理财的理论探讨、学科建设及金融保险产品的研发和金融理财服务实践等方面，积极组织力量，积聚队伍，早出成果，使这项工作走在全国高校的前列。

（3）大力加强有关金融理财的学科建设，在全国首先为本科生和研究生开设有关金融理财、财商教育的课程，设立金融理财本科专业和硕士点，使其成为新的学科。理财学科的建设和相关课程的开设，将开拓学生就业的渠道，增强自主创业的才干，立足社会的资本，更好地适应经济社会发展的能力。

（4）搞好金融理财的研究与开发教育，使高校学术研究同市场经济接轨，为社会公众提供广泛服务的新平台。

2. 银行保险业应做的工作

政府应大力扶持浙江省内银行的产品创新活动，使其研发出更多更好的金融产品，并争取将这些新型产品推向全国各地。积极运用、配置好相关资源，为企业、居民及金融机构提供优质服务。

目前杭州市金融理财业务的发展状况很好，金融资产的质量好，效益高，经济活力强，将来可望发展的潜力大。目前，杭州市距离金融理财中心城市还有较大差异。不能只依托上海的金融辐射，还存在与上海"错位竞争"的问题。上海是国际性的金融都市，浙江省要打造金融强省，杭州市理应成为金融理财的中心。浙江省与杭州市在金融机构的数量和对外辐射效应上无法与上海比拟，但可在提供金融产品服务、金融创新和拥有金融资产的质量上，确立自己的特色。

3. 政府应做的工作

杭州市是否具备了作为理财中心城市应当具备的资格，是大家所关心的。首先需要考察和衡量杭州市作为理财中心城市已经具备的优势资源在哪些方面，还有哪些欠缺之处，如何给予弥补，思考政府为此应当做些什么。

为金融理财中心城市的推出，政府应从体制和法规建设上打破制度上的禁区，为企业、个人搞好理财服务，提供更为便利的通道，减少其间的制度束缚，为新金融产品的推出给予更多的宽松环境和实质性的支持。政府在理财层面应当做的工作很多，如政府在公共基础设施上每年都有大量的资金筹措与耗费，如何在这些基础设施建设上得到最大的经济社会效益，得到社会各界的广泛认同，为建造和谐社会、以人为本理念的实施做好工作，同样是理财规划的重要内容。

4. 传媒业界应做的工作

舆论倡导，观念认识，促使公众对金融理财有充分的认识和注重。传媒业的措施具体包括推出大容量、重分量的文章，向社会宣传理财的理念和思想；推出金融理财博览会、金融产品评比、理财方案评奖、理财嘉年华等大型活动，培育公众的理财意识；组织公众的理财经验体会的征文大赛，理财知识竞赛等事项；在学界、金融界和企业界之间构架互动的纽带，争取企业和居民对金融机构开展理财服务的支持，创建公众人人理财、为大众理财的良好氛围。

附录:

为赚钱和理财正名

在各类词典中，赚钱总与各种歹毒和邪恶的词汇联系在一起，成为一大历史悲剧。聪明的投资者应具备理智的心态。《易经·卜封》指出：当陷于军困中，往往难以忍受，必须明智，坚持原则，极端隐忍，不可浮躁，过度衰败或富绝，都会再次陷入穷困，必须警惕，不可得意忘形。对照这一要求，个人投资者要在自我控制方面做到"铁石心肠"，亏损不懊丧，认定失败是成功之母；赚钱不轻狂，以防"满则招损"；个人得失方面得之泰然，失之亦泰然，心静如水，经常用理智来控制感性的草率判断，不凭意气办事。特别是在投资领域，处处布满陷阱，孤注一掷的赌徒行为势必成为牺牲品。

想要避免失败，必须不断地积蓄获取财富的能力、知识和社会经验。广博的知识尤为重要，聪明的投资者应懂得经济学、市场学、营销学、会计学、统计学、心理学方面的基础知识，了解相关的专业知识。想要投资股票，就要了解股票的分类、内在价值确定、股市行情等相关专业知识；想投资古玩字画、邮票珍品、期货市场，就必须了解相应的专业知识。这对减小投资风险、增大投资效益、保证投资回报率等，都是极为重要的。

知识的积累不是一蹴而就的，需要极大的耐心和毅力。"书山有路勤为径，学海无涯苦作舟"，在投资理财领域同样适用。没有知识的积累，没有博览群书的嗜好，就没有投资理财的功底。光靠碰运气绝不会有长期良好的收益，以知识武装起来的人，本身具有强大的战斗力，投资理财领域尤为如此。

健康的投资心理也应包括坚定的信念。日本著名的企业家和田一夫说："认识真实的世界，要凭善意和信心去努力寻找，你就踏上了一条通往财富的最短路程。"聪明的投资者一旦作出决定，就要相信自己的判断，相信自己一定能成功。无数经验证明，投资者成败的一个颇有决定性的因素，就是决心的程度，缩首畏尾，举棋不定是很难成大气候的。

精湛的投资技巧是个人素质和知识的具体表现。个人投资理财涉及面很广。聪明的投资者应掌握基本技巧，不懂技巧，就会陷于蛮干的境地，最终精力耗尽，财源枯竭，一事无成，离失败就不远了。

个人理财的权利与责任

在计划经济时代，个人/家庭只是一颗"革命的螺丝钉"，是根据需要东南西北任意移动的"一块砖"，个人的择业、就业、工资、消费等乃至住房、教育、医疗、养老等一切事项，都由国家计划安排，甚至连找对象都要汇报并听从领导的审查，几乎没有什么个人权利。在这种情形下，不可能谈到个人的人生规划或理财规划事宜。

在当今的市场经济时代，个人的一切都由自己当家做主，是"我的青春我做主""我的钱财我说了算""我的脑袋由我自己把握"，这就有了个人理财乃至人生规划的充足理由和安排。今日的市场经济社会里，个人对自己未来的人生与理财等种种事项作出预先的筹划和安排，既是个人充分享有的一项权利，又是个人应承担的一项责任。

个人理财是个人对自己未来应当担负责任的正视和承认。人生在世要承担多种社会和家庭角色，相应地就要担负多种社会责任和义务。个人作为国家的公民，应当对国家承担义务和责任；个人作为家庭的一分子，作为父母的儿女，作为儿女的父母，更需要承担为人子女乃至为人父母的相应责任。也就是说，即便某人对一切责任都不乐意承担，至少应考虑对自己本人应当担负的责任。

比如，个人年轻时对自己年老时应当承担的责任，个人健康时对未来可能生病、残疾时应当承担的责任，就必须考虑。许多年轻人号称是"月光族"，月初时恣意挥霍，月底时捉襟见肘，年底时无一积蓄。十年、二十年后同样没有任何的财富积累。孩子不养，年老时自然不能指望儿女养老；房子不买，晚年以房养老的乐趣没法享受；货币不积攒，甚至"五险一金"也设法不交，这样的人到了晚年怎么办呢？自己对自己都极度不负责任，又如何指望他人能对自己作出很好的安排呢？

个人理财规划的"四大器"

在人生的坐标里，如何寻找财富的元素？世界首富沃伦·巴菲特几乎从零出发，开创了他最富传奇色彩的理财人生。随着后理财时代的到来，"你不理财，财不理你"成为经常挂在人们嘴边的一句口头禅，理财规划的重要性日益凸显。那么，理财规划到底有何重要作用呢？

第一，理财规划是收支平衡的调节器。

人们通常要面临收支不平衡的问题：或是收入大于支出的理想状况，但更多的是收入等于支出；或是收入小于支出，生活拮据艰苦。其实，人生的各个阶段都有支付教育款、购房、培育下一代、医疗或养老等大笔支出。客观上要求人们提早做好理财规划，以免出现入不敷出的情况。就此而言，理财规划是调节收支平衡的一大利器，不仅是精心打理所挣到的钱财，更是用心经营我们未来的生活。

第二，理财规划是经济生活的解压器。

面对生活成本的不断攀升，善用理财工具，进行人生阶段的理财规划，可有效地缓解生活压力，提高生活质量。对"月光族"而言，应增强理财意识，养成理财习惯，压缩消费开支，学会从透支到投资的转变。对打工一族，不要以为钱少不必理财或没财可理，其实每天付账、缴保费、到银行存取款等，都是理财。大家无时无刻不在理财，只是理得好不好而已，有规划的理财可以帮助自己顺利累积财富，逐步实现梦想。

第三，理财规划是财富增长的助推器。

在现代生活中，能否进行科学的理财规划，在很大程度上决定了财富收益率的高与低，不同的理财规划，往往会产生两种截然不同的收益。举个例子：小李和小林同年大学毕业，参加工作的时候都只有24岁，两人收入水平差不多，每年都只有2万元积蓄，小李把自己的钱拿去存银行，税后月收益率只有 2‰左右，小林把自己的钱拿去买理财产品，月收益率大约能达到 10‰，当他们都到 60 岁时，小李的总资产为 108 万元，小林的总资产则达到 660 万元，是前者的 6 倍多。从货币的时间价值看，理财规划日益成为财富增长的助推器。

第四，理财规划是规避经济风险的防火墙。

有人认为只要会赚钱就够了，但会赚钱不一定会理财。事实上每个人都有可能遇到财务风险，为了降低风险和实现人生各个阶段的目标，应该有完善的理财规划。现实生活中，大家看中了房产的升值速度与潜力，将积攒不多的现金投入首付支出上，不但用钱告急，甚至背上债务当房奴，影响家庭的正常生活支出，导致无能力支付意外开支。有些人听说股票来钱快，便盲目跟进，几乎把所有积蓄都投到股市，若遇上连续几个跌停板就被套牢。究其原因，是他们缺乏较好的理财规划，没有为规避经济风险设置一道防火墙。

香港公开大学李嘉诚专业进修学院理财师课程内容

香港公开大学李嘉诚专业进修学院理财师的课程大纲如下。

课程一：理财规划概论。

本课程是理财规划课程系列中的第一门，它介绍了个人或家庭在进行理财规划过程中所涉及的基础知识和技能，具体阐述理财规划工具的选择与使用，进行理财规划的具体步骤，成为注册理财师的各方面要求等。在学习了该课程之后，学员将能够了解如何制订理财方案，如何评价客户的财务目标，区分财务资源和财务需求，并选择适当的金融投资工具以帮助客户实现其目标。此外，本课程还结合有关理财师职业道德准则和中国金融市场法规等方面的实际情况进行分析讨论。

本课程的内容主要包括：理财规划基础；理财规划技术——投资计划；理财规划技术——其他计划；理财规划与经济环境；理财规划的程序。

课程二：投资计划。

本课程是理财规划课程系列中的第二门，在第一门课程理财规划概论的基础上，具体介绍金融市场的种类和投资工具及其分析技术，并阐述个体投资者如何通过分析风险和回报的关系对金融资产的价值进行评估。通过学习本课程，学员将了解金融市场各种投资工具的特点和适用对象、投资的风险与基本分析技术；掌握投资组合的概念和理论、投资组合的分析和风险管理技术；最终能够帮助客户进行投资计划，选择和组合金融工具并进行管理，以实现一定的财务目标。

本课程的内容主要包括：投资环境；投资组合理论；股权投资分析和估价；固定收入投资分析和定价；衍生证券投资分析和定价；投资组合管理。

课程三：保险计划。

本课程是理财规划课程系列中的第三门，它全面和详细地介绍了理财规划概论中所提到的保险计划知识。通过学习保险计划的原则和具体技术，学员可以全面地掌握保险计划基础理论和有关风险管理技术；保险合同的制订及其责任范围分析；保险计划过程、功能和作用；保险市场监管及财务评估；保险计划工具：各种保险的适用范围和选择等，从而在对个人或家庭的资金管理上成功地运用保险计划，实现风险规避，增加个人财富。

本课程的内容主要包括：保险计划基础；保险市场；人身保险；财产保险；制订保险计划；保险计划风险管理。

课程四：退休计划与职工福利。

本课程是理财规划课程系列中的第四门，它全面介绍了政府或企业为个人所提供的职工福利。在此基础上，学员还将了解不同社会体系下职工福利制度的原则与实施、社会保障的种类及其特点；掌握保险的背景和有关实务操作；运用理财规划中的投资与保险技术，在现有的职工福利基础上制订和实施退休计划。此外，课程将退休计划和理财规划的其他方面结合起来，使学员对整个策划过程能有一个全面的了解。

本课程的内容主要包括：退休计划概述；社会保障；职工福利；退休计划技术；退休计划风险管理。

课程五：税收计划。

本课程详细论述了税收计划的基本原则和实务操作技术，并介绍在计划过程中如何进行决策。通过学习，学员还将了解中国的税收计划环境，各类税种的介绍，税收计划的一般性实务操作，税收计划风险管理和涉外税收计划等有关知识。

本课程的内容主要包括：税收计划概述；所得税计划；财产税计划；行为税计划；商品与劳务税计划；其他税种；税收计划风险管理；国际税收计划。

课程六：高级理财规划。

本课程是理财规划课程系列中的第六门，课程授课对象是那些希望成为注册理财师的学员。课程在总结理财规划有关理论的基础上，对理财规划知识的各方面进行了回顾，介绍规划的制订、整合与执行技术，并通过案例分析将理财规划的全过程和操作方法加以具体化。在循序渐进地掌握本部分的内容后，学员应有能力为其客户提供有效且全面的理财规划服务。

本课程的内容主要包括：理财规划的知识回顾；理财规划的基本原则；理财规划过程；案例分析。

▶ 小 贴 士 ◀

关于理财的感悟

1. 一个人、一个机构、一座城市乃至一个国家，如果能拥有雄厚的财富和声誉，就必然有其存在的根源和道理，大家都应该思考、理解并学习这些道理，将其运用到自己的理财实践中。

2. 某个城市的富庶和长生可能来自许多方面，但至少包括尽可能地利用所有资源，人定胜天的智慧、进取心和创造力，不断积累和创造财富，并为它们修筑不被外族侵夺的城堡。积累财富也是如此。

3. 任何人都需要也希望得到保护，这是人类天性中固有的愿望，但要使愿望成真，我们就需要不断为自己构筑坚固的城墙并勇敢地守卫它。能世代繁荣并延续千百年，就是因为它完全受到了坚固城墙和英勇战士的保护，任何个人都必须为自己的财富建立妥善保护并顽强守卫。

4. 任何钱财都是"长脚的灵物"，并不断受到他人的觊觎和盘算，如果不能妥善看管和严加守卫，它们随时随地都可能偷偷溜走或被他人巧取豪夺。

5. 人们应该更加聪明地利用保险、储蓄和投资带来的财富，并提出更好的保障措施，从而使拥有的财富、生命和未来免遭劫难。

6. 治国如同治家，要解决一个家庭经济的困顿，虽然可以借钱举债，但关键是要提升增加收入的能力并力求节省支出。即使举债，债权人也会相信你有偿债的能力。

7. 理财的全部秘密在于爱惜钱、节省钱、钱生钱并坚持不懈，只有坚持不懈，才能打开财富的大门。量入为出是理财的第一要务，是理财的基础，养成储蓄的习惯是迈出理财的第一步，只有养成良好的储蓄习惯，才能确保后半生生活无忧。

8. 理财的诀窍是开源节流，开源即增加资金收入，节流即计划消费资金。成功的理财就是有效地实现资金的保值增值，有计划地改善个人家庭生活，并拥有宽裕的经济能力，以储备美好的明天。

9. 理财是人们为了实现自己的生活目标，合理管理自身财务资源并贯彻一生的过程。通俗地说，理财就是以"管钱"为中心，通过攒钱、生钱、护钱，管好现在和未来的现金流，让资产在保值基础上实现稳步、持续增值，使自己兜里任何时候都有钱花。理财的最终目的是实现财务自由，让生活幸福和美好。

10. 大家需要买各类保险，就如同自己每天需要穿衣服；一个没有参与保险的人，就如同赤身裸体，被称为财务裸体。

11. 流动性投资用的是应急钱，安全投资用的是保命钱，风险投资用的是闲置不用的钱。遵循家庭投资理财的原则和方法，使用好储蓄、债券、股票和基金4种投资工具。

12. 理财应该永远伴随着人的一生，为人生添光增彩。每个人在开始获得收入和独立支出的时候就应该开始学习理财，从而使自己的收入更完美、支出更合理、回报更丰厚。

13. 个人理财是一种管理个人财产的艺术，利用这种艺术和技术的结合，使个人的金钱达到最有效的利用。个人理财不是有钱人的专利，也不是入不敷出的人才需要掌握的，而是任何人都需要理财。

14. 个人理财规划是运作金钱并使其满足个人财富需求的过程。理财过程要求每个人能有效控制所拥有的财富状况。每一步的理财实践都需要精心策划，以满足特别的需求和目的。

15. 理财组合能使客户通过不断削减未来需求和资源的方式提升家庭生活质量，满足日益高涨的物质和文化生活的需求。

理财师如何建立与客户的信任关系

理财师在初步建立与客户间的业务关系后，继而面对的就是如何进一步拓展与客户间的相互信任。互信是理财师开展后续工作的基石，能否确立双方的互信关系，关系到理财过程中资料数据的收集、方案的撰写、执行及反馈等一系列工作。

人们的信任是在长期交往中逐步建立的，并受到客户评判。理财师与客户之间的信任关系基于：① 在满足客户理财需求的基础上；② 基于较好理财服务成果的基础上；③ 在提高公司产品或服务信誉的基础上。满足需求是理财师与客户互动的基本层面，也是理财师必须经过的第一道关口。为此，理财师需要询问自己：

- 是否真正深入了解客户的真实需求；
- 提供的理财产品或服务能否满足客户的需求，必要时能否进行调整，以更好地满足客户的特殊要求；

- 提供金融产品或服务的质量能否为客户所接受，服务质量能否像期初承诺的那样好；
- 是否对客户的疑问和担心作出明确反应，直截了当地帮助他们解答这些疑问和担心；
- 所提供的产品和服务的价值、价格是否合理，在理财市场中是否具有竞争力；
- 是否尽到相关义务和责任，能否按时编制好客户需要的财务报告及其他资料；
- 是否迅速并令人满意地解决好客户的投诉和存在的问题；
- 双方拟订的合同中提出的条款和条件是否合理，能否令双方满意。

以上事项是开展理财业务的基本条件，密切关注这些因素，尤其是在与客户的关系处于突破和巩固的阶段。

常见的理财误区

1. 理财就是赚钱，能赚到钱就是一切

错误：理财是要赚钱，但首先要在防范风险的基础之上牟利、赚钱。人生包括的内容很多，赚钱只是其中的一部分。

2. 理财就是投资，投资就是炒股、买基金等

错误：理财不仅仅是投资，还包括了个人从出生到死亡的一系列有关生存、活动、发展中涉及钱财事项的打理。

3. 理财就是对拥有的货币金融资产组织打理

错误：个人家庭拥有的"财"，不仅仅是钱财，还包括了价值更为昂贵的住房资源和构成家庭实体的人力资源，这些资源都需要打理搞活以发挥更大的效用。

4. 理财就是机构对客户个人的咨询服务、推销理财产品等

错误：理财的主体不仅仅是金融保险机构对客户理财，还包括个人/家庭对自己拥有各类资源的自我管理。

5. 理财是富人的专利，穷人谈不到理财

错误：富人需要理财，使得拥有的钱财能够保值增值；穷人更需要理财，才能摆脱生活的困境。前者是锦上添花，后者则是雪中送炭。

本章小结
BENZHANG XIAOJIE

1. 个人理财，是指制定合理利用财务资源、实现个人人生目标的程序。个人理财规划是指个人或家庭根据家庭客观情况和财务资源（包括存量和预期）而制订的旨在实现人生各阶段目标的、一系列相互协调的计划，包括职业规划、房产规划、子女教育规划、税收规划、退休规划等内容。

2. 个人理财规划的形式有自主理财、帮客理财和代客理财3种。

3. 个人理财规划在今日的兴起，有着深刻的经济社会背景，在我国突出表现为我国国民经济的持续高速增长和个人拥有丰富的金融资源并较快增长这两个方面。

4. 个人理财师通常又称为注册金融理财师、金融策划师、个人金融理财师等，是国际

上最为权威的理财职业资格。它是由各国注册个人理财师标准委员会向那些经过规定的培训，具有所要求的工作经验，通过专门考试的专业人士发放的职业资格证书。

5. 个人理财规划的兴起需要"天时、地利、人和"，以浙江省与杭州市为例，介绍了个人理财规划在浙江省兴起的背景和打造杭州市成为金融理财中心需要做的工作等。

思考题

1. 什么是个人理财和个人理财规划？
2. 什么是个人理财师？
3. 简述个人理财规划的主要内容。
4. 简述个人理财规划的主要形式。
5. 简述个人理财师的任务与目标。
6. 论述个人理财规划在中国兴起的社会背景。
7. 请通过网络查询个人理财规划的相关法律知识。

第 2 章

个人理财基础知识

学习 目标

1. 了解个人理财所依托家庭的基本情形
2. 明确家庭规模、结构对个人理财的影响
3. 明确家庭财力支配模式等对个人理财的影响
4. 了解家庭的生命周期及生命周期理论

2.1　个人金融理财的家庭因素

家庭是一种由具有婚姻关系、血缘关系乃至收养关系维系起来的人们，基于共同的物质、情感基础而建立的一种社会生活的基本组织。家庭作为社会生活的细胞单位，作为存在于一定亲属关系范围的人们的生活共同体，有着经济、政治、法律、情感、文化等多功能活动，是具备多种社会关系规定性的综合性社会单位。

个人家庭金融理财的各种模式的确定中，必须考虑家庭因素的种种影响，包括：① 家庭规模和家庭结构；② 家庭权力支配模式；③ 家庭财力支配模式等。

2.1.1　家庭规模和家庭结构

家庭规模通常是指家庭的人口规模。按家庭拥有人口数的多少，可将众多的家庭分为单身之家、小家庭、中等家庭和大家庭。一般情况下，家庭规模对其支出消费事项会有一定的规模效应，大家庭相对小家庭要节约一些。某经济学家甚至指出，人们为什么要结婚成家，原因就在于"两个人在一起过日子，会比一个人的花费要节约得多"。

家庭结构除特别所指，主要是家庭人际关系的结构。家庭结构也就是家庭中各个成员不同位次和序列的组合。家庭的形式结构如何，对其组织开展经济金融生活有着直接的影响。

（1）夫妻两人之家。这种家庭可以是新婚尚未生育、婚后不育，或是儿女婚后独立居住，空余老年夫妇的家庭。

（2）父母和未婚儿女的核心小家庭。这种家庭规模小，关系简单，夫妻是婚姻关系，父母与子女是血缘关系，构成一个稳定的三角形。这种家庭在我国分布最为普遍。

（3）父母和已婚子女的三代同堂家庭。这是典型的三代同堂家庭，人数多，代际稍显复杂，符合中国家庭的传统模式和父母扶助子女，子女赡养父母的实际需求。

（4）父母和多对已婚儿女组成的"联合制"大家庭。这种家庭规模大，人口多，关系复杂，人际关系较难协调。这种家庭形式目前在农村还有少量出现，城市则近乎绝迹。

（5）单身之家、残缺家庭、祖孙家庭等，这是几种较为特殊的家庭形式，在社会中也有一定数量的出现。

2.1.2 家庭财权支配模式

1. 家庭财权支配的一般模式

一个家庭中由谁当家理财，是丈夫当家还是妻子当家，是父辈掌管家政大权，还是子辈掌管家庭经济，父母大权旁落。这些事项同家庭资产形成的额度没有太多的必然联系，却同家庭资产的支配模式，由谁掌管家中资财等密切相关。

家中的收入支出、财物支配、家计安排，各成员既有参与经济决策、管理家政的权利，又负有为搞好家庭经济文化建设做贡献，将自己的收入自觉上缴家庭财政的义务和责任。家庭的经济矛盾，一般集中反映在理财上，即夫妻间对家庭经济收入的集权与分权、信任与不信任、控制与反控制、花钱"民主"与"独裁"、"量体裁衣"与大手大脚、合理积累与适当消费等的矛盾。为缓解这些矛盾，人们提出诸如夫妻间沟通思想，以诚相待，相互信任，经济公开，民主花钱，计划安排等主张。

2. 家庭财权支配的各种类型

家庭财权支配模式需要予以关注，即家中的财物归谁所有，由谁支配。如将家中共同的经济生活喻为"煮大锅饭"，所有制形式就是分析每个人向锅里投入多少米。即家庭的钱由谁供应，开支由谁掌握。通常来说，这种模式可将家庭财力支配状况区分为以下几种类型。

1）绝对集中

这是一种封建家长式的管理经济方式，家庭的家政大权绝对集中于所谓的家长，实行独裁管制。家长拥有绝对的权力，主持家中的一切财产，家长对家中的一切事务，可以仅凭自己的意志、经验和喜好全权处理，而不必考虑其他成员的意愿如何，也不给其他成员一点权力。这种管理方式可能会提高办事效率，但却极大地挫伤和压抑了各家庭成员的个性，更难调动大家参与家庭事务的积极主动性，是家庭理财方式中最糟糕的一种。

2）大集中，小分散

家庭主要财产、主要收入来源交由家庭管理者全权支配，少部分资产、收入则由其他成员自主掌握，根据个人需要自行使用。依其上缴及留用比例，又可分为"大集中，小分散"，"集中分散各半"或"小集中，大分散"几种方法。"大集中，小分散"的理财方式值得提倡，它既有"统"，也有"放"，既照顾家庭整体生活的需要，又兼顾了各成员的个人特殊需要。

3）大分散，小集中

家中的收入除少部分留作共用外，其余部分完全由各成员自行支配、自主使用、自我满足个人的各项消费要求。这种家庭可能是家长对搞好家庭无信心，放弃对家庭的经济支配权，图个自在舒适，其成员也无愿主事者，对家庭建设不愿担负应有的责任。

4）AA 制

这是指虽然生活在同一个屋檐下，却自己挣钱自己花，各人互不干涉，家中共同花费各人分摊，即家庭财务的完全独立制。家中储蓄存款等金融资产，也是各成员自行存储、自行购买互不干涉。倾向于 AA 制的家庭主要见于两地分居型家庭，或者目前的某些"新潮"家庭。一般来说，这是一种过渡性理财模式，不可能永远保持分居或财权完全独立状态。

5）合作制

在这种家庭中，夫妻两人共同工作挣工资，共同生活过日子，两人把每月的经济收入都纳入家庭总预算，按生活需要民主协商，共同使用支配，个人不搞"小金库"。家庭是家人共同的家庭，家庭生活是全家共同组织的生活，关系到每个成员的切身利益。家庭理财也应采取家人合作的方式，共同参与，实行民主化理财。

合作管理家庭经济，并非一切事务都要事无巨细地通过大家讨论，而是实行"大集中，小自由"的原则，小事情各人自行决定，大事则由大家协商制订，分配谁做的事，由他全权处理，对家庭负责，以避免统得太死，反为不美。

6）盘剥型

这种状况见于家中某些有劳动收入的成员，整日"只吃饭，不添米"，剥削其他家庭成员的现象。比如，子女参加工作后，还同父母住在一起，每个月的工资收入全部由自己经管开销，生活费、房费、水电费等分文不上缴，反要父母完全供养；再如，儿女结婚的费用完全靠父母资助、亲友救济，自己贪图小家庭提前实现现代化，却又不为此添砖加瓦。子女婚后建立了小家庭，仍要经常"盘剥"父母，即所谓的"啃老一族"。或者如夫妻某一方获取收入后，只顾自己享用，而不管对方、儿女及家中共同生活开销的需要，这些都属于盘剥型。

无劳动能力，无收入，需要抚养或赡养扶助的未成年人、老人、残疾人等，当不在此列。

2.1.3　家庭财力支配模式

1）民主协商制

民主协商制的主要做法是，夫妻双方根据各自的收入多少，通过民主协商，确定一个双方都能接受的比例，提取家庭公积金、公益金和固定日用消费基金，提供公用后的剩余部分原则上归各自支配。如丈夫买酒、买烟，妻子买服饰品、化妆品及双方各自的社会交往等，在经济条件许可的范围内互不干涉。这种办法是责权分明，比较公道，习以为常，经济矛盾自然会大大减少。它适用于年轻人组成的各类小家庭。

2）轮流"执政"制

轮流执政的主要做法是，夫妻双方的收入集中起来，按月轮流掌管使用。这种办法的好处是，双方可各显其能，取长补短，都能体验当家的艰辛。这一事项往往发生在小家庭初始建立，双方的实际情形包括理财持家的能力如何，尚在发现探索之中，双方的关系处理，究竟是"东风压倒西风，还是西风压倒东风，或者双方平等、平安过日子"等，此时都还是个未知数，故此"轮流执政"。经过一段磨合期后，自然会转移到其他更适合的形态。

3）集权制

这在夫妻有子女的家中实行较好，但怎样集权应仔细探讨。一般的做法是，夫妻一方如妻子集中掌管全家的所有收入，并在民主原则下使用，缘由是女性一般"手紧"，善于积攒和精打细算，从而使家庭收支能在适度的范围内运营，不致出现大起大落或严重亏空。但如掌权者不民主，争夺自主权和支配权的矛盾就容易发生。

4）分权制

这在两地分居的小家庭中实行较合适。其基本做法是双方商定，各自拿出共同接受的数目存入银行的共有账户，剩余部分各自留用，待有孩子或生活在一起时再协商采取相应的办法。之所以用这种制度，是因为双方都为了家庭组建和巩固，实行对对方有效的控制。这种分权制有利于适应分居的实际情形，促成夫妻双方对家庭的责任，保持亲密的感情。

以上 4 种办法，虽各有利弊，但对于家庭如何理财，具有启发和参考作用。

2.1.4　美国家庭理财模式介绍

美国的 3 位家庭社会学家：大卫·舒尔茨、斯坦利·罗杰与福雷斯·罗杰合著了一本《婚姻与自我完善》，这本书提出了家庭理财模式，具体如下。

（1）施舍制，在这种体制中，某一方每次拿出少量的钱分配给另一方伴侣和其他家庭成员使用。

（2）家庭司库制。在这种体制中，每个成员都允许花费一定数目的他本人认为该花的钱；其中一个成员最后决定允许花销的数目，并且掌握家庭收入的其余部分，以便付清账单及购买大多数家庭成员所需要的日用品。

（3）花销分割制。在这种体制下，不同的花销职能以比较合适的比例分配给伴侣双方。比如，丈夫负责抵押、保险和汽车，妻子则负责食物、衣服和娱乐活动，其他一切开销都在联合决定后进行。

（4）统一收入制，所有挣来的钱都存放在一起，每个伴侣都可以随意取出以满足自己需要。

2.2　生命周期与理财

2.2.1　家庭生命周期概念

个人/家庭理财规划中，家庭生命周期是个重要概念。家庭从男女结婚形成、养育教育子女到最终解体、消亡等，是由不同的阶段所组成，每个阶段都有其特殊的财务需求特性。理财是人们一生都在进行的活动，伴随人生的每个阶段。而在每个阶段中，家庭的财务状况、获取收入的能力、财务需求与生活重心等都会不同，理财目标也会有所差异，个人理财师针对不同阶段的客户，应采用不同的理财策略。

家庭生命周期的一般状况如表 2-1 所示，表中的含义是很清晰的，反映了大多数家庭生命周期活动的基本状况。

表 2-1　家庭生命周期表（一般状况）

出生→	上小学→	上中学→	上大学→	毕业→	就业→	结婚→	生育→
0 岁	7 岁	13 岁	19 岁	23 岁	23 岁	25 岁	27 岁
孩子上学受教育→	子女上大学→	子女就业→	子女婚嫁成家→	子女生育孙子女→	退休照管孙辈→	配偶死亡	本人死亡
34 岁	46 岁	50 岁	52 岁	55 岁	60 岁	75 岁	78 岁

2.2.2　个人生命阶段及其理财产品需求

人生的整个发展过程中，不同生命阶段会有不同的需求。就家庭与金融的联系而言，人们从就职、结婚到购房、儿女的培养教育及年老退休后的生活安排等，都和银行有着千丝万缕的联系。作为银行来说，如何有的放矢，针对顾客的不同年龄阶层和生活方式设计、开发出独具特色的金融产品，提供各种优质的金融服务，使客户切身体会到银行是他们整个生涯活动中不可缺少的支持力量，以此确保争取到长期稳定的客户，将成为个人金融理财领域成败的关键。为此有的银行设计出系列化服务种类，它们针对顾客不同的年龄阶层、不同的生活需求，开发出相应的金融产品。

这里借鉴发达国家的商业银行，如日本的朝日银行金融市场细分的经验，结合我国的经济环境，采用家庭生命周期标准，将市场分为 6 个阶段，如表 2-2 所示。

表 2-2　生涯规划与理财活动

阶段	学业/事业	家庭形态	理财活动	投资工具	保险购买
探索期（15~24 岁）	升学、就业、转业	以大家庭为生活重心	提升专业、收入水平	活期存折、信用卡	定期寿险、意外保险，以父母为受益人
建立期（25~34 岁）	经济上独立，加强在职培训	择偶结婚，学前子女	量入为出，储蓄首付房款	定期存款、共同基金	定期寿险，银行为受益人，残疾收入保险
稳定期（35~44 岁）	初级管理者，初步创业	子女上小学、中学	偿还房贷，筹集教育金	住房、国债、股票、基金	房贷、信用寿险，银行为受益人，残疾收入保险

续表

阶段	学业/事业	家庭形态	理财活动	投资工具	保险购买
维持期 (45~54 岁)	中级管理者，建立专业声誉	子女上大学或研究生	收入增加，准备退休金	建立多元化投资组合	养老保险、医疗保险，以自己为受益人
空巢期 (55~64 岁)	高级管理者，战略规划决策	子女已就业，单住或合住	负担减轻，准备退休	降低投资组合风险	为节税购买终身寿险，以子女为受益人
养老期 (65 岁以后)	名誉顾问，传授经验技能	子女成家，享天伦之乐	享受生活，规划遗产	以固定收益投资为主	趸缴退休年金，以自己为受益人

2.2.3　侯百纳的生命价值理论

现代寿险理论的创始人，美国著名经济学家侯百纳教授于 20 世纪初期创立了生命价值理论。该理论明确了人身损失风险的基本衡量方法，阐明了人身保险的目的是保障生命价值可能遭受的损失，突破了长期以来人身保险保障对象的模糊性，在世界范围内产生了深远的影响，成为人身保险的经济学基础。这一理论还在一定程度上探讨了个人未来净收入的资本化问题，由此来回答如何从经济学角度衡量人的生命价值。

1. 生命价值理论的含义

生命价值理论认为，人的生命价值，是指个人未来收入或提供服务获取的总报酬，扣除个人衣、食、住、行、用等生活费后余额的资本化价值，包括以下主要论点。

（1）人的生命价值应该谨慎评估和资本化。

（2）人的生命价值在本质上应视为财产价值的创造者或源泉。

（3）家庭是围绕其成员生命价值组织起来的基本经济单位。

（4）生命价值及其保障，应视为不同代人之间经济联系的纽带。

（5）鉴于生命价值相对财产价值的重要性，企业管理的原则也应当适用于生命价值。

侯百纳将个人拥有财产分为已获财产和潜在财产。已获财产（acquired estate）是指一个人已获得并拥有的财产，潜在财产（potential estate）是个人未来赚取收入的能力，是其作为劳动力的货币价值，即人的性格、健康、教育程度、经济、技能、判断力、创造力及实现理想的驱动力等。

2. 衡量生命价值的步骤

侯百纳教授在定性描述的基础上，从定量角度进一步提出，生命价值是预期净收入的资本化价值（或现值），即维持自身消费以外的余额资本化后的价值，或称人的经济价值是个人未来收入或服务价值扣除个人衣、食、住、行、用等生活费后的资本化价值。衡量该价值的基本步骤如下。

（1）确定个人的工作或服务年限。

（2）估计未来工作期间的年收入。

（3）从预期年收入中扣除税收、保险费及自我消费，得到净收入。

（4）选择适当的贴现率计算预期净收入的现值，得到个人的经济价值。

评估生命价值需要的个人预期收入，将随着职业、愿望、年龄、性别、种族、住所、教育、迁移、婚姻状况、亲属数量等发生变化。人的生命价值可能因早逝、残疾、疾病、退休或失业而丧失，任何影响个人收入能力的事件都会影响人的生命价值。在某种程度上，购买人身保险的根本目的就是谋求生命价值的保障。

3. 生命价值理论在理财中的应用

从分析生命价值的角度出发，个人的出生、就业、退休和死亡是其生命周期的关键时点。这里假设每个人就业前通常只有消费支出而无收入能力；职业劳动期间，从开始就业起，随着时间的推移，收入能力先逐渐增加，潜在收入逐渐转化为实际收入。超过一定年龄后人的经济价值逐渐减少，人身损失风险和保险需求将逐渐下降，并在收入能力降到一定水平（退休前夕，有些人收入明显下降，有些人下降则不明显）后退休；退休养老期间只有消费支出，收入能力丧失（或继续从事兼职工作保持一定的收入能力）。典型的生命价值变化如图 2-1 所示。

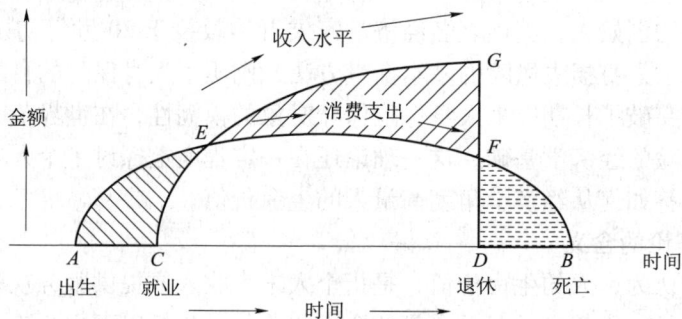

图 2-1　典型的生命价值变化图

图 2-1 是典型的生命价值变化示意图，线段 *AB* 表示人的一生，*A*、*C*、*D*、*B* 依次表示出生、就业、退休和死亡的时点，线段 *CD* 表示具有收入能力的职业生涯期，弧线 *AEFB* 表示消费曲线，弧线 *CEG* 表示收入曲线。阴影 *ACE* 部分是指受抚养人从父母或家庭得到的消费支出，*EFG* 部分是工作期间的储蓄额，*BDF* 部分是退休赤字或负储蓄。

2.2.4　不同生命阶段的理财策略选择

家庭不同生命周期阶段的理财策略选择，如表 2-3 所示。

表 2-3　家庭不同生命周期阶段的理财策略选择

阶段	单身阶段	成家阶段	满巢阶段	空巢阶段	退休阶段
财产变化	收入较少	相对稳定	超过支出	开始减少	大幅下降
主要目标	本人教育投资、成家准备	购买居住用房、负担家计	子女教育、置换房产、增值	为子女购买用房做准备	健康投资、退休养老

续表

阶段	单身阶段	成家阶段	满巢阶段	空巢阶段	退休阶段
风险承受力	很强	强	较弱	弱	很弱
信贷运用	信用卡、消费信贷	信用卡、房屋贷款	信用卡、汽车贷款	还清贷款	无贷款、住房反向抵押
保险安排	医疗险、寿险	随需求提高寿险保额	教育年金储备教育费	以养老险储备退休金	将养老险转为即期年金
资产配置	货币、存款为主	债券、股票、外汇等	增持绩优股、考虑二套房	增持债券	减少股票

2.2.5　生命周期理论在个人理财规划中的应用

生命周期理论是假定一个典型的理性消费者，以整个生命周期为单位计划自己和家庭的消费与储蓄行为，实现家庭拥有资源的最佳配置。它需要综合考虑过去积蓄的财富、现在的收入、将来的收入及可预期的支出、工作时间、退休时间等诸多因素，然后来决定一生中的消费和储蓄，以使消费水平在一生中保持在一个相当平稳的状态而不致出现大的波动[①]。

生命周期理论是个人理财的思想基础，金融机构应在此基础之上，以客户的财富和闲暇的终身消费为出发点，关注客户的生命周期来设计产品和提供服务。以客户为中心，明确客户的需求和愿望，实施客户关系管理，加强产品创新和服务创新。并针对客户的年龄、职业、受教育程度、收入、资产、风险偏好和风险承受能力等，量身定做，提供个性化服务。

莫迪利安尼作为生命周期理论的创始人，据此分析出某人一生劳动收入和消费的关系。人在工作期间每年获取的收入（YL），不是全部用于消费，总有一部分要用于储蓄。从参加工作起到退休止，储蓄一直增长，到工作期最后一年时总储蓄额达到最大；从退休开始，储蓄一直在减少，到生命结束时，储蓄几乎为零。莫迪利安尼分析了消费和财产的关系，认为取得财富的年龄越小，拥有财富越多，其消费水平也越高。

莫迪利安尼认为人们的消费不仅取决于现期收入，还取决于一生的收入和财产性投资收入。

消费函数公式为：

$$C = a\mathrm{WR} + b\mathrm{YL} \tag{2-1}$$

式中：WR——财产收入；

　　　YL——劳动收入；

　　　$a，b$——财产收入、劳动收入的边际消费倾向。

---

① 黄浩. 个人金融理财概念及理论基础浅议. 科技情报开发与经济，2005，15（5）：130-131.

根据莫迪利安尼的生命周期理论,可以发现围绕生命周期的理财行为有以下基本特点。

(1) 在人的一生中消费相对稳定,没有特别的大起大落。

(2) 刚开始工作时收入相对较低,在中年(45~50岁)时达到高峰,退休前又逐步下降,并在退休期间保持相对稳定。

(3) 家庭新建初期,储蓄实际上为一个负数,随着收入增加、财富积累逐渐为正(30~35岁),退休后可能又变为负数,此时消费要从投资积累中取回甚至支用本金。

个人的金融理财周期如图2-2所示。

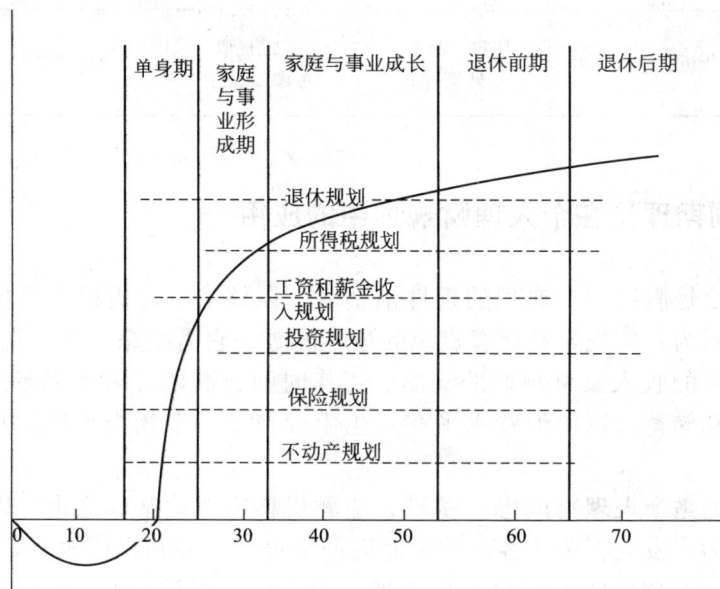

图 2-2 个人的金融理财周期

2.2.6 生命周期理论的实际演示

为了说明理财规划的动态过程,结合生命周期理论在人生全过程的应用予以演示,可以较好地说明生命周期与理财的相互关系,以 Bechhofer 撰写的一篇论文中的两个相关图片来说明。

图2-3是某男子的一生经历,他的物质条件和制订老年生活计划的能力随着时间的改变而改变,在他结婚和抚养子女的早期,基本上没有或只有少量储蓄结余,债务很高,基本上没有能力为其老年生活做准备。直到还清了所有贷款并得到一笔遗产后,才使得他逐渐具有实施财务计划的能力。投入到子女教育中,职务也得到相应的晋升。当然,不是所有的人都会面临着相同的因素。

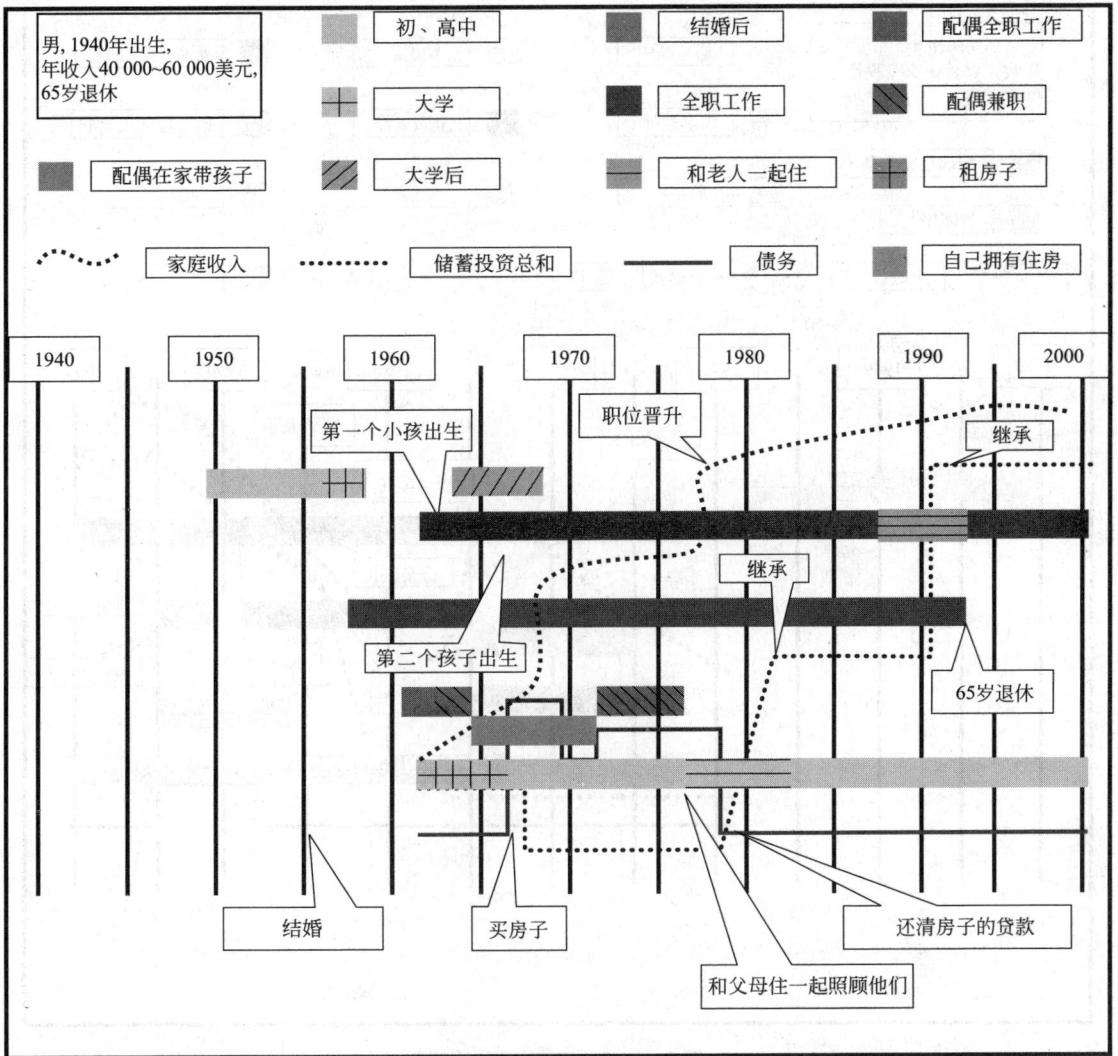

图 2-3 某男子的生命周期

图 2-4 显示了一名再婚女性一生发生重大事件的全过程，她的分居和离婚使得家庭收入陡然下降，她在一所学校任教并得到一份全职工作，使得个人财务状况全面好转，当她进入劳动力市场后养老金和家庭收入都渐渐增加。可以看到，和那些离婚后没有再结婚的人相比，再婚者会把离婚作为一种积极因素，能更好地看待他们婚姻的失败，并获取更好的经济安全。

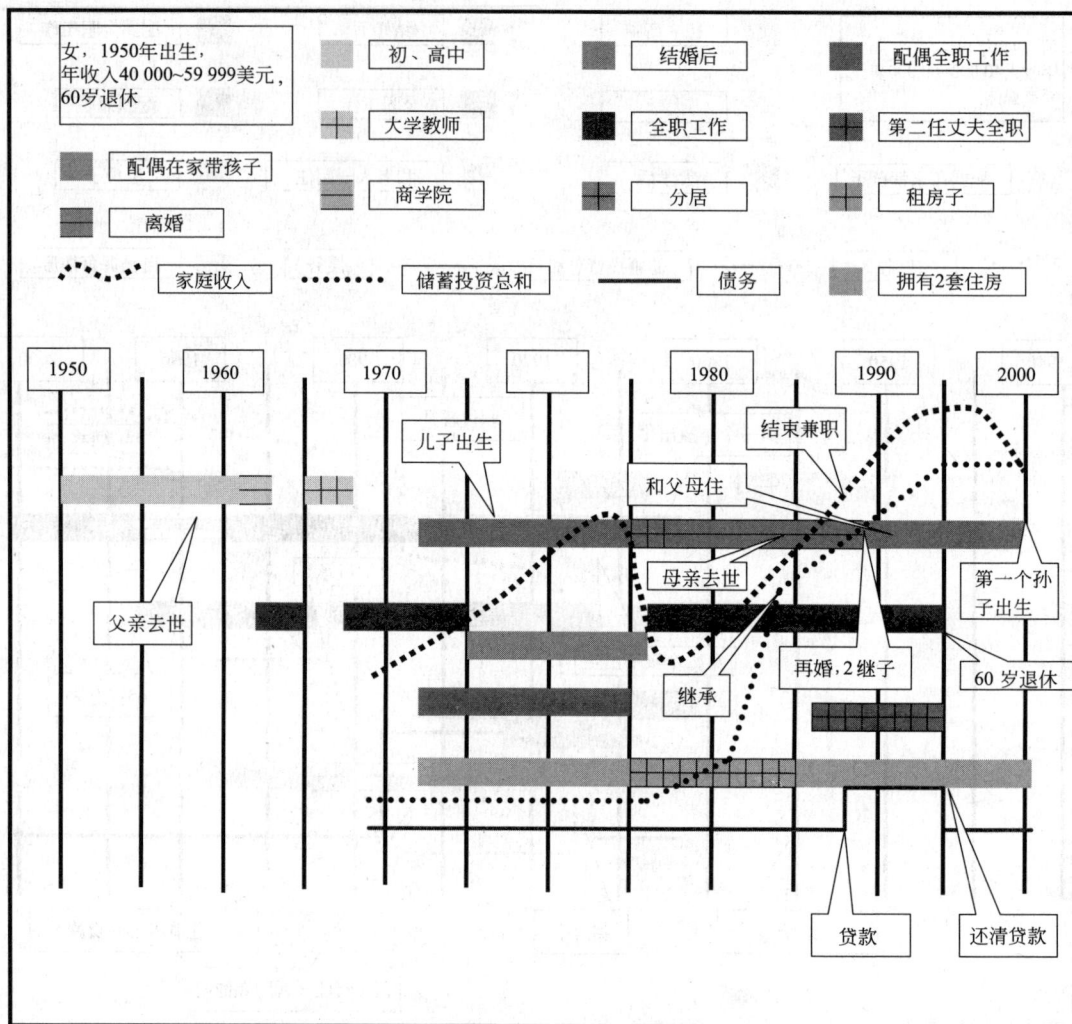

图 2-4　某妇女的生命周期

本章小结
BENZHANG XIAOJIE

1. 家庭理财的行为中，家庭规模、结构，家庭财权的支配模式等，都会对家庭个人理财规划的制订、实施等发挥基础性的影响。

2. 生命周期理论是个人金融理财的基础理论之一。金融机构应在此理论基础上，关注客户的生命周期来设计金融产品和提供服务。以客户的财富和闲暇的终身消费为出发点，加强产品创新和服务创新，实施客户关系管理，以客户为中心，明确客户的需求和愿望，并针对客户的特点，如年龄、职业、受教育程度、收入、资产、风险偏好和风险承受能力，量身定做，提供个性化服务。

案例剖析：

婆媳家庭的财权如何执掌

某三口之家由父、母、子构成，丈夫在外打拼赚钱，赚取钱财除留取少部分自由支配外，大部分交付于妻子统筹安排，妻子全力操持家务，持家理财，带养孩子。全家收入不高，却和谐幸福，其乐融融。

儿子长大后，读了大学，在父母的身边参加工作，并取得了自己独立的经济收入，每个月因循旧例，大部分收入交母亲，自己只拿点零花钱，父母则将这笔钱存储起来，为操办儿子的终身大事妥善安排。

儿子结婚后，因经济困难无法购置新居，仍旧同父母住在一起，表面上家里只多了一口人，实质上则体现了一种新型的经济利益关系。原本的一个家庭变成了如今"同炊共居、关系紧密"的两个小家庭。家庭成员尤其是当家的老母亲是否会对此变化产生某些新感觉呢？

母亲自恃开明、民主，主动向儿媳妇介绍家中的财权执掌规矩，谈到每个月公公和儿子赚取的收入大半要交给公共账房，自己只留取小部分自主支配，同时，特别谈到对儿媳妇实施优惠政策，每个月赚取收入只要上交半数即可，其余部分都可以自由安排。

儿媳妇并非不大懂事，却也有自己的主意。儿媳妇想，你们是你们，我们是我们，咱们是一家人，也是两家人，你们的钱财你们安排，我们的钱财应当由我们支配。我赚的钱是不会向你上交的，随意搅成一锅粥算怎么回事。再说，你的老公赚的钱，每个月向你上交是名正言顺，我的老公赚的钱，首先是应当向我上交，由我来安排。当然，我们两口子在父母家里吃住花销，每个月花费的钱财如何分配，我们每个月需要上交多少，咱们都好说好商量。父母辛苦，养育我们这么大实在不容易，我们每个月多交一点钱也完全可以。

如何理解这场家庭财权支配的纷争呢？儿媳妇讲的话看起来不尊重父母，自己搞独立，但从时代发展对家庭经济利益的调理而言却是正理。从大家庭经济生活的合理组织而言，老母亲是对的，每个月要求大家向公共账户交钱，是为集中财力，避免"政出多头"，减少浪费。且积累这些钱财，并非老母亲单为自己的利益着想，而是精打细算，最终都要用到儿子和媳妇买新房，未来添个小孙子的各种花费。但如从家庭代际经济关系的协调来看，却存在较大缺陷。比如，未能看到家庭结构变化后的新局面，将小家庭经济完全融合于大家庭，没有考虑小家庭的独立经济利益，尤其是小家庭的经济主权所在，仍旧用老皇历看待新问题，这就不免会碰钉子。

家庭结构同家庭经济生活运行中的人际利益关系协调等，有较大关联。尽管大家庭的生活运行成本较低，维系生活较为容易，但三代同堂的大家庭在我国城乡家庭结构中的比例已大幅减少，核心型的小家庭占据了绝大多数。正因为前者的利益关系处置复杂，后者则要简单得多。这个三口之家如果是个女儿，则仍是一个核心小家庭，利益关系并不会因此有较多麻烦。可儿子日渐长大，新娶个妻子并和老父母一起生活时，该家庭的人际关系马上就发生巨大变革。一个利益共同体的大家庭内部，又包括了利益相对独立又紧密相连的两个小家庭，相关的理财事宜即变得十分复杂。

时代已发生重大改变，家庭内部人际利益关系也发生了重大变革。最好的处置办法，就是开个家庭会议，就此事项大家一起讨论解决。大家生活居住在一起，财力能够集中一起共同开销最好，否则的话，大家庭每个月共同生活开销需要多大，儿子和媳妇应当交费若干，财力分开独立支配，有话说在明处，也是可行办法。

理财意识的测试

1. 关注国家大事，尤其是国家宏观经济政策的大事，经常观看财经方面的新闻报道和节目、信息。

2. 对利率、汇率、物价水平、税率、存款准备金率的状况及调整状态等，有较为明晰的了解和判断。

3. 经常关注国家经济形势变化对自己理财的影响，并能够及时分析变化，做好相应的对策。

4. 希望了解各行各业赚钱的门道，行业的稳定性、发展的潜力有无，行业的发展潜力，就是个人的发展潜力。

5. 对赚钱从小就有着强烈的欲望和支配意识，希望自己拥有更多的金钱，还是对金钱并无太多的感觉。

6. 经常能够用财商的意识和理念作为衡量判断事物的重要标准，并据此作出自己相应的决策。

7. 在购物中经常会对各种物品的成本效用等，作出分析和评价，选择性价比高的物品。

8. 有一笔钱后，希望高消费，将这笔钱尽快花掉；增强人际交往，和自己的朋友一起花费这笔钱财；学习新知识，增加人力资本投资；存入银行，尽快积攒自己的财富；买股票赚取更多的钱财；希望开创自己的一番事业。

9. 你如何买进或卖出股票，是如何作出判断的，是随大流，听小道消息，还是听取理财师的建议？或者自己能够有很好的判断。

✎ 思考题 ≫≫

1. 解释家庭财权的支配模式，比较各自的利弊，说明在哪些情况下应当选择哪种理想的财权支配模式。

2. 谈谈家庭的生命周期理论，它对个人理财将产生哪些影响？

3. 在家庭不同生命周期阶段里，理财的重点应当如何体现？

4. 是否能对你自己未来的人生勾勒出大致的框架，在每个人生阶段的理财活动应作何安排？

第3章
个人理财价值观与财商教育

1. 树立正确的个人理财价值观
2. 了解个人理财规划目标及其原则
3. 了解财商教育的基本知识
4. 培养金融理财意识

3.1 个人理财价值观

3.1.1 个人理财价值观简介

1. 理财价值观的一般状况

理财观又可称为金钱观，是指人们对金钱的看法与评价，在实际理财生活中，受到人们理财个性、个人财富、家庭状况等多种因素的制约。理财价值观是价值观的一种，对个人金融理财的方式选择有着决定性影响。要理财首先要确立正确的理财观念，即"我是金钱的主人，要让金钱为我工作，而非我为金钱工作，沦为金钱的奴隶"。获取财富的方式很多，并不一定都要通过艰苦的劳动，理财与不理财的结果可能相差万里。

对于个人与家庭生活的幸福美满而言，钱的重要作用不言而喻。金钱可以使家庭在以下10个方面生活得更加美好：① 拥有丰富的物质财富，免于生活匮乏；② 多彩的娱乐活动，丰富家庭生活；③ 改进家庭教育；④ 拥有医疗保障，保证身体健康；⑤ 退休后的经济保障；⑥ 形成稳定的社交圈子，拥有更多的朋友；⑦ 增强家人的生活信心；⑧ 保证全家人充分享受生活；⑨ 激发家人取得更大成就，并为将来的事业打下良好基础；⑩ 提供从事公益事业的机会。

一般而言，影响人们管理金钱的动机包括以下方面。

（1）及时行乐：对这种人而言，人生充满未知，每天的享受是最重要的，不推崇储蓄存款。

（2）建立安全感：这种人经历过苦日子，或者看清了世态炎凉，认为钱虽然不是万能的，没有钱却是万万不能的，他们孜孜以求只为寻找最佳的生财之道，即使不虞匮乏，也没有安全感。

（3）掌握权力：对这种人来说，钱代表了"可以自主地作出决定"，经济不能独立就必然会受制于人，有钱才能巩固自尊，把自己的需求摆在第一位。

（4）增进关系：对这类人而言，钱不过是一种工具，如何运用金钱让生活过得更美好才是重点，如果他有了意外之财，很可能买礼物分送，并举办盛宴广邀亲友庆贺。

2. 家庭的三种生活价值取向

（1）以家庭为中心的家庭。这类家庭的内部凝聚力极强，成员间的亲和力较高，家庭观念重，家人间联系紧密。他们注重家庭经济文化的建设，注重家庭环境整洁与卫生，注重储蓄、孩子的教育和前途，注重家外的亲友联系，夫妇下班后先回家，家庭意识强。

（2）以事业为中心的家庭。这类家庭以知识分子型居多，事业心强，书报、杂志等利于事业进步的费用，在家庭消费结构中占据较大比例，家务处理则是因陋就简，不费太多的工夫。家中的业余时间几乎全为事业发展所占用。

（3）以消费为中心的家庭。这类家庭的成员一般没有较远大理想，较少事业追求，对家庭生活的长远打算也很少顾及，而仅仅注重及时行乐和享受生活乐趣，享受性资料、奢侈浪费性支出在家庭消费结构中占有较大比重。

理想的家庭生活的价值取向应积极向上，符合时代生活方式、价值观念的本质要求。每个家庭都自觉地以社会的大目标来要求自己，建立自身的生活目标，同时又保持自身的特色，生活丰富多彩，这才是应追求的家庭生活模式。

3.1.2 理财境界九"段"①

黄伟文模仿围棋段位的称呼，尝试将个人理财的状况和层次按照所需要运用的智力水平和风险程度分为三层、九级，简称理财九"段"。这种分类是一种较好的办法，本书在黄伟文分类的基础上又做了一些修订。

1. 个人金融理财的初级层次

理财一段即储蓄。这是所有理财手段的基础，来源于计划和节俭，是个人自立能力、理财能力的最初体现。

理财二段是购买国债和保险。目前寿险市场的大多数保险产品是理财和保险功能相结合的。购买保险是理财方式和个人家庭责任感的体现。

理财三段是购买各类货币基金、人民币理财产品等保本型理财产品。金融市场又新增加了集合理财产品、可转债券等低风险金融产品，也可归属到这一段位。

以上3段是个人金融理财的初级层次，属于大众化的金融产品。特点是将个人财富交给

---

① 黄伟文. 理财境界分九段投资型人才是高手. 私人理财，2005（6）：72-73.

银行、保险、证券等金融机构即可，风险较低或基本无风险，收益低而固定，流动性则较高。购买这些产品无须具备太多的专业知识，一般人都会操作也都在大量地实践操作之中。

2. 个人金融理财的中级层次

理财四段是投资股票、期货。股票是高风险的投资工具，收益可能很高，也很可能很低或无收益、负收益；期货在收益与风险的急剧程度方面远高于股票。

理财五段是投资房地产。房地产投资是金额起点高，流动性差，适合做长线，参与难度相对较大，运作的程序比较复杂，有一定风险，但在目前房价呈现长期上升的态势下，投资房产的风险又并非很高。

理财六段是投资艺术品、收藏品。这就需要更加专业的知识和长期积累，也要有更为雄厚的财力做保障，投资品的流动性低，技术性强，参与难度高，参与人群少。

以上四到六段可归结为个人金融理财的中级层次。这个层次的投资品都是高风险、高收益。它需要较为专业的知识技能和相当的运气，更需要较为雄厚的经济实力。敢于冒险者利用某些财务杠杆，在这个层次努一把力，往往能使自己成为富翁，运气不好则会负债累累。

3. 个人金融理财的高级层次

理财七段是投资各类基金、公司的股权，担当专门的投资人。这里特指为拥有基金、公司等经营机构的控制权，或者直接参与企业经营而进行的产权投资，或者将企业公司收购整改后再行出售。

理财八段是投资人才。投资于儿女，投资于自身，发现并投资社会上真正的人才等。真正的老板是善于发现并运用人才的人。聪明人往往雇用比自己更聪明的人并与他们一道工作，能成就大事业的人不仅能雇用比自己更聪明的人，还能充分信任并控制他们，将自己的事业交给他们。根据风险收益对应原则，这种投资风险较大、潜在收益也最高。

理财九段是打造自己的社会声誉和事业前途。人活在世上不仅要积累财富，过上好日子，还要有更高的精神生活和事业发展的追求。为此，不仅需要大量的金钱，还需要将这些金钱用得其所。

这 3 个段位是个人金融理财的高级层次。在这个层次上，投资品种都非简单物体，而是物与人的结合；所需要的知识是某领域的专门知识。在这个层面上，理财成败的关键在于对社会的把握，如行业趋势、市场变化、人们心理因素变化等。在这个层次上，个人理财已非仅仅关系自身财产，而是关系到许多人的财产和职业前景，具有了较强的社会性。

3.1.3　四种典型的价值观

每个人的理财方式都不同。有先牺牲后享受的人，也有先享受后牺牲的人，有为了拥有自己的房子牺牲工作期与退休期的生活水准，还有甘愿为子女牺牲自己一切的人。人在成长的过程中，受到社会家庭环境、教育水平等方面的影响，逐渐形成了自己包含理财价值观在内的独特的人生价值观。毛丹平博士按照理财价值观的不同，将人的理财方式形象地划分为4 种，分别命名为蚂蚁族、蟋蟀族、蜗牛族和慈鸟族，表 3-1 对各种价值观下理财方式给予了较好的比较。

表 3-1 各种价值观下理财方式比较

价值观	特点	优点	缺点	注意问题
蚂蚁族	不注重眼前享受	退休期生活较好	过于保守	注意财富的有效增值
蟋蟀族	注重眼前享受	工作期生活较好	消费过度	注意收支平衡
蜗牛族	关注住房较早	拥有房屋	资金紧张	合理作出购房决策
慈鸟族	关注子女	子女可能较为成功	资金紧张	应留一些资源给自己

3.1.4 理财规划的四重境界

个人理财具有以下四重境界,随着个人所处生活境遇、年龄、心态而有较大差异。

1) 第一重,维持生计型

美国著名社会心理学家马斯洛教授提出需要层次论,共分为五大层级,维持生计是第一需要。这一境界理财的本质,只能是一切为维持生计着想。如学识有限、能力不足,家境贫困或机遇不佳,每月对拿到手或将要到手的金钱,必须算计哪些钱必须花,什么费用可以节约,怎样租房和交通组合更为合算,这是理财的最低境界,又是个人初入社会主动把握生活求得起码生存,并伺机向上发展的必备状态。

处于这个境界的人员可以是街边小贩,或者月入较低的工薪族和外来务工人员,刚毕业的大学生或自食其力的年轻人,大都处于这一境界。理财的目的是求取生存,今天为明天生存,本月为下月生存,开源节流是理财的重中之重。

2) 第二重,积累财富型

随着工作经历增加和生活阅历丰富,收入和财富有了较大改观,生活有了基本保障,开始注意理财规划,将赚钱放在生活的第一位,开始对储蓄、基金、国债、股票、保险、房产、黄金、基金、外汇等投资理财工具给予极大的关注和参与。这个时期比以往更关注理财,希望有更多的投资渠道,让自己有限的钱财增值更多。此阶段开始关注住宅投资,在专家指导下购买保险产品。他们深深明白理财与不理财的结果相差万里,钱要靠自己的本事去挣,为自己与家人努力赚取。开源和节流不停地在脑海中交织,生活仍然为钱而转动。

3) 第三重,生活品质型

这个阶段已属于中产阶级,生活状况有了较大改善,享受生活的同时,开始用知识打理财物。这个阶段的人士在赚钱的同时注意提升生活质量,即使为此使收入有所减少也在所不惜。生活的目的已不再只是为赚取更多的钱财,而是为了让自己和家人生活舒适。他们知道钱用于投资可以获得更多,但不会把所有的钱财都用于赚钱,而是首先把自己的生活安排得妥妥帖帖,足以防范风险后,再去想"钱生钱"的事。人们到这一境界时,已具有较高素质和获得足够收入的能力,能够找到收入不菲的工作。

4) 第四重,自我实现型

这个阶段的人生目标是自我价值如何得到更好实现,做自己乐意做的事,而非最赚钱的事,即使为此大量增加开支也乐意认同。高明人士知道投资自我才是效益最大的投资,开始注重学习新知识,积累新技能,寻求新机遇。对自己的社会声誉开始注重,努力于社会公益事业。这个阶段理财的重点是找到"开源"之源,挣钱是为有源头活水来,水到渠自然成的事，经济状况在小富和大富之间徘徊。这时的心态已不再把钱财看得太重，注意做那些能让自己身心愉悦、颇有成就感的事。

很多人在青少年时代都有远大理想，但进入社会孜孜以求个人财富最大化时，往往忘记了最初的人生理想，而变得庸俗不堪，更谈不到把人生理想发挥到极致。世界为每个人提供了很多的工作机会，每个机会都有自我价值实现的可能，关键是看有没有可能把它做到最好。此时的工作可以用"成就"二字，而非在乎成就的大小。哪怕是擦皮鞋，只要认真快乐地做，将其作为一项事业创造性地做，也能取得较大成就，成为人生一大乐事。

3.1.5　个人理财行为分析

1. 理财行为公式

现实理财生活中，人们的投资行为由心理、生理、社会、经济和理财环境诸因素影响综合决定，有专家提出相关公式为：

投资理财行为＝经济承受力×心理预期×理财环境

（1）经济承受力与财富存量、收入状况、年龄特征、理财知识和经验相关。

（2）心理预期与市场波动的心理承受度、要求达到投资目标、资产流动性要求、理财习惯和理财示范作用相关。

（3）理财环境与家庭演变、经济景气、税制变化、重大或偶然人生事件发生影响相关。

实际理财活动中人的行为十分复杂，可通过问卷调查从专业角度测评个人/家庭理财偏好。

2. 认识客户理财属性

每个人都有其独特的思考模式，有人心思细腻，有人则大而化之；有人行事冲动，有人则行为谨慎，种种个人特质通称为"属性"。不同的思考模式与个性会影响到个人理财行为，个人选择投资标的与策略时，与投资属性正好相反，可能会较大地影响投资效益。

保守型投资人若买到波动较大的基金（如积极成长型基金等），会在股市空头、行情不好时，因无法承受基金净值持续下跌的心理压力而认赔卖出。性格保守较适合投资人收入来源较稳定的债券型基金。投资理财是人生大事，能正确认识自己的投资属性及风险承担程度，才知道何种投资工具最适合自己。

3. 各类客户的服务方式

理财个性的依赖性和私密性不同，客户要求服务方式也有差异，对各类客户可采用的服务方式如下。

（1）私密性和依赖性比较强的客户，不希望透露自己的财务状况，可采用互动行销方式，给他们智能化的财务软件并提供自动语音服务信箱为其服务，有希望获得专家建议。

（2）私密性高且依赖性低的客户，不宜提供面对面服务，应采用基金手册邮寄、自动传真电话语音、网站咨询等服务方式，提供给客户足够的信息，方便其独立决策。

（3）私密性低且依赖性高的客户，应采用追踪式代客理财。这类客户对理财专家非常信任和依赖，应从一开始就帮他们全方位规划理财，作出具体建议，并定期追踪理财执行情况。

（4）私密性和依赖性都较低的客户，提供面对面理财服务，并提供客户多种选择方案。

这类客户对专家十分信任，但较有自己的主见，与他们坦诚地面对面交流，提出建议不必太具体，只需要指点大致方向就可以。

3.1.6 确立正确的理财观

正确的理财观念是，理财即意味着善于使用钱财，使个人/家庭财务始终处于最佳运行状态，从而提高生活的质量和品位。实际上，理财不知不觉地存在于个人日常生活之中。领取每个月的薪水，缴纳水电费，添置彩电、冰箱、空调等物品，将结余的钱存入银行等，这都意味着理财生活已经开始。再如，找个好职业，寻找自己心仪已久的"另一半"，购买一套梦寐已久的住房，将子女培养成才等，其中也都蕴含着理财的思想在内，要用财商的意识与观念来对此作出衡量和评价。但真正的科学理财绝不仅仅如此，它的好坏将直接影响正常生活的进行。

理财的诀窍是开源节流，开源即增加资金收入；节流即计划消费资金。成功的理财就是有效地实现资金的保值增值，有计划地改善个人家庭生活，并拥有宽裕的经济能力，以储备美好的明天。

顺利的学业、美满的家庭、成功的事业、悠闲的晚年，一个个生活的驿站构筑着完美的人生旅程。然而，走过这一个个生活驿站的时候，金钱往往在其中扮演着基础的、重要的角色。如何合理地利用手中的金钱，及时把握每个投资的机会，便是个人理财所要解决的重要课题。理财应永远贯穿人的一生，为人生增光添彩。

3.2 个人理财目标

做事要有目标，人生与理财也同样如此。每个人希望追求的生活方式不同，自身的状况如年龄、工作及收入、家庭等都有差异，设定人生目标也会不大相同。即使同一个人的人生不同阶段，目标也会有长期、中期和短期之分。将设定目标实体化，假想目标已达成的情景，可以增强想要达成目标的动力。

3.2.1 个人理财目标简介

1. 个人理财目标概说

个人理财目标，是指个人追求未来经济生活的境界，取决于生存居住环境及所希望选择的人生道路，追求的生活品位等因素。

理财首先需要设定目标，并在该目标的基础上，由专业理财师按照客户目前的资产状况、收入水平、家庭情况及社会发展前景等诸多因素，帮助自己确定合理的理财与生活方式。具体状况如权衡并满足健康保障、自身及子女教育储备、储蓄及投资、投资规划、税费筹划、养老规划、遗产传承规划、风险管理与保险规划等，以保证整个人生稳定的生活质量，老而无忧，从而达到创造财富、积累财富与转移财富的人生目标。

如何达成自己的理财目标，要视乎如何设定并执行个人财务计划，当然可以尝试自己选取理财方式。理财规划只是提供和指示出一个大致方向，让自己知道如何达成理想，为此应当采取何种步骤和办法，它不是算命更非押宝。但这个方向只是发挥一个路牌的功能，提示你向哪个方向走，如何走下去而已。至于在什么时间走到什么地方，得到什么样的结果，则无法事先确知。要使自己的理财目标能"心想事成"。这些财务计划需要具有可行性并付诸行动，变成不同类型的财务策略。

哈佛大学曾经做过一个目标确立对人生影响的跟踪调查。调查对象是同一个班级智力、学历、环境等各方面状况都差不多的人，调查发现，有 27% 的人没有人生目标，有 60% 的人有较模糊的目标，有 10% 的人有清晰、短期的目标，只有 3% 的人有清晰、长期的目标。通过持续 25 年的跟踪调查，结果显示，有清晰、长期目标的 3% 的人 25 年来都不曾更改过目标，并朝着目标不懈努力，25 年后他们几乎都成为社会各界的顶尖人士。有清晰、短期目标的 10% 的人生活在社会的中上层，短期目标不断实现，生活状态稳步上升。有较模糊目标的 60% 的人几乎都处于社会中下层，他们能安稳生活与工作，但都没有什么特别成就。没有人生目标的 27% 的人几乎都生活在社会的最底层，25 年来生活过得很不如意，经常失业要靠社会救济，并为此报怨他人、抱怨社会。

实际上，理财就是分析自己的财务状况，作出计划并实施计划的过程。每个人都需要理财，理财过程中，能够使自己对未来的生活道路选择、钱财分配等有个明确打算。人一生中不同生命阶段的生活重心和重视层面不同，理财目标也会有差异。积极理财应该是有目标地理财。设定理财目标时，必须与人生各阶段的需求相配合，执行理财计划时才不会发生偏差或徒劳无功。

2. 个人家庭理财的三大目标

任何社会群体，为了顺利实现自己对社会的价值功用，都需要科学的管理，包括组织、指挥、协调、控制、监督等要素，并通过各项要素的合理配置实现既定目标。家庭为了正常履行功能，实现既定目标，顺利组织家庭经济生活，维系家庭机体的正常运转，维护家人间的和睦团结和后代繁衍，也需要相应的组织与管理。

家庭理财目标可包括以下 3 方面内容。

1）经济目标

家庭积极组织收入，科学运用支出，加强财产的维护管理，安排好家务劳动的最佳处理方法，搞好家中的生活消费。同时在这一经济活动的全过程中，用最小耗费获取最大的经济活动成果，实现家庭经济利益的最大化。

2）社会目标

家庭是社会生活的细胞组织，家庭在安排其经济活动组织与管理时，自身利益最大化自然会放于第一位看待，但社会利益、国家需要等也应统一考虑，并尽量使其同家庭利益、家庭需要很好地衔接起来，使得个人家庭能尽可能地伴随社会的发展而发展。它包括个人家庭利益与社会公共利益，个人家庭需要的满足与社会公共需要的实现，家庭经济活动的相对独立性与社会活动的整体性要求，家庭经济自主权与社会引导、控制、监督与服务等多个方面。

3）家庭目标

家庭经济活动、经济关系只是家庭整体活动、整体关系的某一层面，而非其全部。家庭经济管理目标，不只是经济目标，还必须体现家庭整体目标的要求，包括内容较多。在家庭整体利益与各成员个人利益、家庭共同生活需要与各成员特殊需要、小家庭与大家庭、家庭经济与家庭伦理情感等多方面内容的关系处理。在家庭内部经济关系的处理上，谁当家执掌家庭经济大权，家中财物如何支配分派，家庭经济由谁来计划决策，收入及消费品如何在家庭内部及相关亲属间分配等，都属于家庭理财的基本内容。最终目标并非经济利益最大化，而是如何加强婚姻家庭建设，实现家人和睦团结，顺利履行家庭多功能作用。

4）三大目标的综合融汇

家庭经济管理的经济目标、社会目标与家庭目标，三方面应能统筹兼顾，全盘考虑，不应偏废。可以设想，假如家庭内部也在孜孜不倦地追求经济核算与效益最大化，为实现买房的目标，妻子把每分钱都攥得很紧，买支雪糕花两元钱，也要心中掂量半天；丈夫盘问妻子每元钱的来源出处，计较着开销是否合理和效用是否达到最大；父母精心计算子女的每日花费，设想着孩子长大成人后可带回多少收益；年迈父母躺在病床上寿命不长了，每日是否还要打几百元乃至上千元钱的针药；丈夫和妻子精心计算着各人的收入花费，谁占了便宜谁吃了亏。这种家庭生活过得有何意义呢？即使理财活动安排得恰当、科学、经济效益很大，又有什么趣味呢？这绝非我们谈的个人家庭理财要达到的目标。

个人家庭的理财目标，同企业经营目标有相似之处。即通过科学有效的管理手段，满足各家庭成员的物质、文化等各方面的生活需要，提高家庭经济效益，促使家庭经济利益的最大化。但作为家庭这种特定亲属间具有浓郁伦理色彩的经济组织，同一般经济组织又有较大不同。

3. 个人理财规划愿望与目标设置

日常生活中，每个人都有许多愿望，例如，"我想退休后过舒适的生活""我想送孩子到国外读书""我想换所大房子居住"。这些只是生活愿望，而非理财目标。理财目标必须有两个具体特征：① 目标结果可以用货币精确计算；② 目标实现有最后期限。简单来说，就是理财目标具有可度量性和时间性。如 20 年后成为百万富翁，5 年后购置一套 100 万元的大房子，每个月给孩子存足 800 元学费。这都是理财目标，具有清晰的现金度量和实现时间两个特征。

了解愿望与目标的差别后，就可以开始目标的设置。

（1）列举所有愿望与目标。穷举目标的好方法是将家庭所有成员召集在一起，来一场"头脑风暴"，大家坐下来把自己能想到的所有愿望和目标全部写出来，包括短期目标和长期目标。这是家人融洽交流的好机会。

（2）筛选并确立基本理财目标。审查每项愿望转化为理财目标的可行性。有些愿望不可能实现，就应筛选排除。如 10 年后希望达到比尔·盖茨的财富级别，显然遥不可及，也就不能成为实际可行的理财目标。

（3）排定目标实现顺序。把筛选后的理财目标转化为一定时间内实现的、具体数量的资金量，并按时间长短、优先级别排序，确立基本理财目标。所谓基本理财目标，就是关系重大、时期长的目标，如养老、购房、买车、子女教育等。

（4）目标分解和细化，使其具有实现的方向性。制订达到目标需要的详细计划，如每月应存入多少钱，每年达到多少投资收益等。有些目标不能一步实现，需要分解成若干次级目标，这就可以知道每个时间段努力的方向了。

理财目标的设定，还需要与家庭经济状况和风险承受能力等相适应，才能确保可行性。

4. 实现理财目标应注意下列要素

通常有两个因素会影响客户对将来的财富渴望：一是实现理财目标的时间表；二是促使理财目标实现的经济动机。

（1）现实性。理财目标应建立在收入和生活状况的基础上。如果只是个全日制在校的学生，购车目标就不是很现实。

（2）可行性。要能明确知道如何制订可行性计划，帮助实现理财目标，如"3 年内投资基金赚取 5 000 美元"，就比单一的投资基金更具操作性。

（3）时间性。上例中，实现理财目标的时间是 3 年，明确的时间表有助于理财目标的实现。

（4）操作性。理财目标是未来经济活动努力的方向，它会影响所有的经济活动。如"削减信用卡债务"，将迫使减少信用卡的不当使用。

5. 理财目标体系的特点

合理的理财目标体系应该具有以下特点。

（1）灵活性。根据时间和外在条件变化作适当调整。

（2）可实现性。在客户现有收入和生活状态下是可以实现的。

（3）明确性和可量化性。客户对目标的实现状态、风险、成本和时间等都有清晰认识且可以用数字描述出来。

（4）对不同目标有优先级别，同级别目标之间没有矛盾。

（5）该目标可以通过制定和执行一定的行动计划实现。

（6）实现这些目标的方法应该是节省成本的。

设定人生理财目标时，通货膨胀会使拥有的货币缩水，减少原有购买力，理财目标规划不能忽视这一影响。计算各种目标需要的金额时，最好能针对该因素从宽估计。如打算 1 年后花费 7 000 元到某城市旅游，假如这一年的通货膨胀率为 7%，若只准备 7 000 元，到时就会因价格调整而难以出行，故应尽可能从宽估计金额，即估算金额乘以通货膨胀率，则得出需要准备 7 490 元。

3.2.2　个人理财目标的时期界定

1. 个人理财的阶段性目标

（1）规划自己日常的收入和支出，并在股票、基金或房地产市场有计划、坚持投入。

（2）能够实现既定阶段的现金净流入，即投资收益及工资收入之和扣除支出和通胀后还能有一定盈余。

（3）即便在停止工作时也能实现现金净流入，且投资收益额足够应对少见的人生风险，如长时间失业（或不愿去工作）、发生意外事故和购房买车、儿女教育等大宗支出等。

尽早实现投资的现金净流入，使扣除支出后还有盈余，是投资理财的重要目标之一。这才会使资产保持不断增长，是个人理财从必然王国走向自由王国的必行之路。

2. 个人理财目标的时期界定

个人期望追求的生活和自身所处境况有别，设定目标也大不相同。理财目标可大可小，大到该家庭终生的财务计划；小则不妨尽量具体，如计划两年内购置小轿车，五年期满购买大面积住房等。目标确立后，就可以据此考虑家庭拥有资源的状况，预期未来的收支开销状况，编制财务计划。

为便于个人理财目标的具体实施，应当将理财目标实体化，假想目标已达成的情景，加强想要达成目标的动力。如按照客户理财目标制定频率和实现时间长短，划分人生阶段，包括短期目标、中期目标、长期目标和终生目标，如表3-2和表3-3所示。

表3-2 人生不同期限的理财目标

人生目标	年期	特 性	例 子	理财规划活动
短期目标	1年内	指那些需要客户每年制定和修改，并在较短时期内（一般1年以内）实现	做好某件具体事项，如债务偿还、学习课程、旅游、日常生活开支调整、购买计算机、电视机、大件消费品等	为自己和家庭成员准备理财信息列表，创建可利用的理财服务列表；确定与各种最新和未来需求相关的目标；监督最新经济状况确定与个人理财相关的各种行动
中期目标	5年内	指那些制定后在必要时可以调整，并希望在一定时期内（一般1～5年）实现的目标	提升生活质量，个人价值增值。物业首期、结婚、买车、购房首付款、出国深造积蓄经费、子女教育费筹集等	明确未来1～5年应该进行的各种理财行动。据此规划达到这些目标应该存款的金额
长期目标	10年内	通常一旦确定，就需要通过长时期（一般5～10年或更长时期）的计划和努力才能实现	扩大目标时期，长远打算包括移民、育儿、创业、学业置业、子女升学、买房还贷规划等	根据各种理财目标达成应有的存款额，明确未来2～5年应有的各种理财行动
终生目标	延续终生	指客户对其生命周期不同阶段乃至终生的生活目标制定的规划	人生的全面整体考虑，从规划的现阶段一直延续到退休、养老、遗产传承等最终阶段	从目前的规划一直到包括退休养老生活保障、遗产管理目标和手段等

表3-3 常见的理财目标

个人状况	短期目标（小于1年）	中期目标（1～5年）	长期目标（5年以上）
单身	• 完成大学学业 • 偿还汽车贷款	• 到国外度假 • 回学校攻读研究生学位	• 偿还教育贷款 • 在山区买所度假住房 • 提供退休收入来源
已婚夫妇（无子女）	• 每年度假 • 购买新车	• 重新整修住房 • 构建股票组合	• 购买退休住房 • 提供退休收入
父母（年轻子女）	• 增加人寿保险额度 • 增加储蓄	• 提高投资 • 购买新车	• 为子女积累大学教育费 • 搬入大面积住房

短期和长期只是相对而言，不同客户对同一财务目标会有不同判断。既然人生目标可因年限分为长、中、短期目标等而拥有不同特性，财务准备也应分开处理。如客户只需要理财师为其提供未来5年的理财服务，5年后才能实现的目标就属于长期目标。再如，退休养老一般情况下都属于长期目标，但对已接近退休年龄的客户而言，该目标就应该算是中期目标。随着时间推移，同一客户的目标性质也会改变。一个25岁的客户，子女的高等教育一般需要15～20年时间，帮助子女完成学业是长期目标。15年后，该客户已40岁，子女即将上大学，子女教育就转化为中期目标。

从个人理财角度观察人生目标在理财策略中的意义并理性实现，便构成所谓的生涯理财目标。目标实现的过程，离不开周详计划与金钱的需要，事前的财务安排是迈向目标的关键。理财师关注客户理财目标制定时，要注意以下几点：① 适合客户自身的条件（客户所处社会地位、经济状况、日常收入、家庭、子女等）；② 符合客户人生各个阶段的要求，长、中、短期目标相结合；③ 个人理财目标的内容清楚，即时间明确、数字具体。

3. 个人理财目标的优先顺序设定

在人生的不同阶段，每个人的财务状况和收入获取是不同的，所要面对的消费需求也在不断变化中，各个阶段的理财目标在收入供给与消费需求的权衡中形成。理财目标的优先顺序设定如表 3-4 所示。

表 3-4 家庭不同阶段的理财目标设定

单身阶段	刚刚开始自己的职业生涯，住房、交通、再培训、娱乐等支出，往往超出获得的收入，可用于投资的资产较少，此时主要理财目标是积累人力资本，开始考虑成家、购房事宜，通过信用卡等方式规划调节收入与消费的配比问题
成家阶段	尚处在职业生涯初期，资本积累较少，理财的目标是能够负担起家计、清偿房贷、培养子女等各项支出需求，解决未来生活负担和购房是首要问题
满巢阶段	已基本解除子女的教育压力和购房问题，支出主要来自自身对生活质量的追求，对资金增值的需求有所减弱，主要理财目标是准备退休基金和子女成家的资金，这一阶段的收入开始稳定地增长，并逐渐达到最高点，使得规划资产积累成为可能
空巢阶段	理财目标是稳健增值，资产流动性是迫切要求。退休期理财的主要目标是享受生活和规划遗产，这一阶段开始进入纯粹的支出阶段，收入依赖于退休金、养老保障及先前的投资变现，面临着旅游、看病等支出需求，投资主要以获取消费支出来源为目的

理财目标设定后，应依各目标达成的优先实现顺序列表，并采取相应措施（见表 3-5）。

表 3-5 理财目标优先顺序表 时间：2015.5.30

优先顺序	1	2	3	4	5
具体理财目标	备用款	在市中心买房	小孩上大学学费	买车	退休
所需资金/万元	0.6	70	3	30	60

优先顺序并非一成不变，最好每隔一段时间（如每年一次），根据当时的家庭状况和财务状况检查一次，同时参考不同理财阶段相对应的理财目标进行调整。

4. 不同生活年龄阶段的共同理财目标和活动

人生希望达成的财务目标多种多样，同一时期只能根据该时期经济生活状况及需要的满足程度，设定一两个主要目标，兼顾其他较次要目标。仔细观察一般人的生活，大家在整个人生中都期望达成的财务目标，属于主要目标。此外，还有一些较次要目标也须顾及。表 3-6 是人在不同生活年龄阶段的共同理财目标和活动。

表 3-6 人在不同生活年龄阶段的共同理财目标和活动

生活环境	共同的理财目标和活动	
适当的职业培训 建立有效的理财记录体系 形成经常储蓄和投资计划	积累足够的紧急备用资金 购买合适的保险品种和数量 建立并实施灵活的预算体系 照顾特殊的理财需求	评估并选择合理的投资 建立并实施退休目标计划 确定目标、规划和房地产计划

生活环境	共同的理财目标和活动
青年，单身（18~35岁）	财务的独立性 购买残障保险，弥补长期病休的收入损失 考虑购买房产以避税
青年夫妇，子女不到18岁	购买一定的人寿保险以照顾后人，立遗嘱，为小孩指定监管人
没有孩子的双收入青年夫妇	调整保险覆盖面及其他收益来源 制订储蓄和投资计划以防生活环境变化（买更大的房子或要小孩） 考虑退休金的延税作用
老年夫妇（50岁以上），无须抚养子女	整合财务资产，审查房产计划 购买健康保险，为退休后作打算 计划退休后的住房、生活开支、娱乐活动及兼职工作等
多代同堂家庭（上有老，下有小）	购买长期健康保障及生命/残障收入保险，以照顾未独立小孩 有必要的话使用幼儿保健服务；老人生病时帮助打理财务 考虑分组投资成本，使老人一生有收入保障，子女有亲戚照顾
单身老人（50岁以上）	为长期的健康保障做好准备 审查遗嘱及房产计划 计划退休后的生活设施、开销及各类活动

5. 不同生命周期阶段与理财目标的配合

结合生命周期阶段，仔细观察大家生活中需要积极达成的财务目标，主要有以下几点，如表3-7所示。

表3-7　不同阶段与理财目标的配合

单身期	节财计划	资产增值管理	应急基金	购置住房
家庭形成期	购置住房	购置硬件	节财计划	应急基金
家庭成长期	子女教育规划	资产增值管理	应急基金	特殊目标规划
子女大学教育期	子女教育规划	债务计划	资产增值管理	应急基金
家庭成熟期	资产增值管理	养老规划	特殊目标规划	应急基金
退休期	养老规划	遗产传承规划	应急基金	特殊目标规划
名词解释				
（1）购置住房	指购置居住用房乃至住房装潢、室内陈设设施			
（2）节财计划	指控制过度消费，旨在积累资金			
（3）应急基金	指为应付偶发事件而准备的备付金，包括现金、现金等价物（如容易变现的银行存款、股票、债券、基金、票据等组合）			
（4）债务计划	指个人及家庭的总体债务规模、债务成本及还债时间，随着我国个人消费信贷体系的不断完善，个人及家庭债务计划的重要性不断提高			
（5）子女教育规划	指为到期支付子女教育费用制定的规划			
（6）资产增值管理	指通过投资及资产管理使资产增值，适用于拥有个人财富已达到较大规模时的状态			
（7）特殊目标规划	指为达成特殊目的所做的规划，如子女出国留学，自己购置汽车等			
（8）退休养老规划	指为退休养老，度过晚年幸福生活事先所做的规划			
（9）遗产传承规划	指通过遗嘱等形式对自己的遗产所做的规划，包括合理避税等			

3.2.3　合理制定理财目标

1. 必须实现的目标和期望实现的目标

理财师首先需要区分必须实现的目标和期望实现的目标。

（1）必须实现的目标，指在正常生活水平下，客户必须完成的计划或满足的支出，如日常饮食消费、购买或租赁住宅、支付交通费和缴纳税费等，应该优先考虑。理财师可以在数据调查表的"支出"项目获得这类开支的数额。

（2）期望实现的目标，指在保证正常生活水平之后，客户期望在未来可以完成的计划或满足的支出，如国外旅游、换购豪华别墅、送子女到国外留学、投资开店等。

客户理财应当首先满足"必须实现的目标"所需开支后，再将其他资源用于"期望实现的目标"。如无足够资金满足前者，后者就需要作出相应调整。理财师的职责就是帮助客户了解哪些目标更为实际，实现哪些目标能给客户带来较大利益，哪些目标则可以推迟实现。

2. 制定理财目标需要遵循的原则

客户制定的理财目标是否合理，需针对具体情况确定。除区分该目标是否必须外，还必须了解以下原则。

1）具体明细

目标制定时一定要明确、可量化，并明确最终希望达到的财务状态。对自己家庭的财务状况有全面准确了解，切忌好高骛远，防止顾此失彼。要将稀缺资金用在最合适之处，创造出更大效用和收益。如客户希望为女儿积蓄一笔钱财以备她上艺术幼儿园，就要先调查艺术幼儿园的收费情况，明确距离女儿上幼儿园的时间，计算得出这笔费用的具体金额，再通过一次性累积或年金方式准备足够的金额。只有详细具体描述，才能更好地分析问题并提出建议。

2）留有后备

日常生活中必然会出现某些无法预计的意外开支，影响财务计划的完成。有必要预留一定数额的应急现金，并将此作为必须实现的财务目标。具体数额根据客户的需要而定，一般为 3～6 个月的生活费。

3）可实现性

客户制定目标必须具有合理性和可实现性，是指通过努力可以达成的目标。如期望 10 年内购买豪华别墅，虽竭尽全力仍难实现，就不必列入规划。事实上，任何人都不可能也没有能力把所有的理想全部列入规划并完成。需要充分权衡需要和可能之间的关系，不纯粹为了面子好看或头脑发热勉力为之。

4）总体性

改善客户的总体财务状况，比仅仅为客户创造投资收益更为重要。但理财实践中，客户往往重视投资效益，选择能给自己带来更大收益的理财师；理财师也同样过于关注投资收益率，忽略改善客户的总体财务状况。如客户取得收入是偿还债务或用于投资，要根据客户的收入额度和当时的资本收益状况决定。某客户欠债 5 万元，年利率 6%，如客户准备将用来还债的 5 万元用于投资，则税后收益至少要大于债务利息才是合算的。如当时的市场环境不足以实现这一收益率，客户则应选择先偿还债务，改善财务状况。不同国家的税制和金融市场有很大差别，做这一选择时，理财师需要详细调查后再作判断，向客户认真说明缘由。

5）咨询专家

判断目标优劣还需要咨询专业人士。某客户认为每年支出健康检查费较多，健康应是生活更加富裕后才能实现的目标，当前需求并不迫切，适度放弃并无不当。但医生则认为，以客户现时的身体状况，必须每半年做一次健康检查，否则，各类病症就有急剧恶化的可能。理财师经过咨询后，就可以准确判断该客户的健康检查费用和医疗保险，属于必须实现的目标，应得到保障。

6）统筹兼顾

短期、中期和长期目标要同时兼顾，不可厚此薄彼。不同客户对目标的重视程度不同，财务安排中往往出现短视行为，客户大多看重短期目标的完成，长期财务目标过于遥远而很少重视。理财师应根据客户需要对此有所侧重，面对短视的客户应该解释各种目标的重要性和彼此间的互补性，并建议通过长期理财规划将各种目标结合起来。

无论是长期目标还是短期目标，都要从目标的重要性出发，合理安排，才能从总体上提高客户的理财质量。拟定家庭理财规划时，应注意人生不同阶段的财务需求的不同，明确财务计划，适当运用理财工具，做到不断积累财富并合理运用财富，进而实现理财目标。

7）目标协调无冲突

不同计划之间应该没有矛盾。如希望每年将收入的25%纳入储蓄，再将剩余资金用于投资。但客户收入中的45%需用于偿还住房抵押贷款，储蓄计划显然无法实现。此外，经常发生的情况是，客户对自己的财务状况较为乐观，或者认为在理财师帮助下能实现任何目标，对制定目标有过高期望。如客户年收入10万元，希望4年内提前偿还购房按揭的贷款30万元，在没有意外横财的状况下，显然难以实现。该客户忽略了日常生活的必需开支及其他支出的突发性情况，计划实施就必须承担很大风险。理财师应该用适当方式劝说客户修改目标。

3. 个人理财目标制定的类型说明

不同客户的财务目标千差万别，不可能也无必要一一列出，但富有代表性的常见目标则应予说明。个人分析制定财务目标时，应做一些记录和归纳，如表3-8所示。

表3-8　常见的个人理财目标一览表

客户姓名：×××　　制定时间：201×年×月××日					
目标类型	具体描述	优先程度	开始计划时间	希望实现时间	成本
短期目标　增加收入					
控制日常开支					
合法降低税负					
筹足紧急备用金					
增加娱乐支出					
中期目标　旅游					
购买大额消费品					
偿还车贷					
增加投资资产收益					

续表

	目标类型	具体描述	优先程度	开始计划时间	希望实现时间	成本
长期目标	子女养育教育投资					
	偿还房贷					
	安逸富足的退休生活					
	保护遗产安全并预留充足资产给家庭使用					

保护遗产安全并预留充足资产给家庭使用，理财师应根据客户的具体情况细化和量化目标，并在"具体描述"栏详细列出。目标的"优先程度"则是指客户对该目标的重视程度，当有两个目标达成顺序发生冲突时，客户希望优先考虑哪个目标。如买房与买车，何者应当放在优先位置。一般来说，目标的优先程度越高越为重要，资产分配时应予优先考虑；目标的优先程度越低，则越不被重视。同一时期，客户拥有财富不能满足所有目标，多余的目标应当修改或放弃。

4. 个人理财目标制定应遵循步骤

人们为选择适合自己的理财目标，一般需要遵循以下 7 个步骤。

（1）自我评价。确定具体理财目标前，首先需要明确"最适合我的目标应当是什么？"这种目标可能是事业成功或生活享受，或投资赚钱。事先需要自我评价，自己将自己的人生定位先搞清楚。

（2）多方因素考虑。对已成家的人而言，个人理财目标的确定与实现，既影响自己，也影响家庭其他成员，该目标的实现也有赖于大家的共同支持。个人制定理财目标时，需要考虑家庭其他成员的意见。

（3）分期制定目标。人们在其生命周期的不同阶段，希望奋斗和实现的目标有较大不同，应区分长、中、短期目标。

（4）目标抉择。个人可选择的理财目标很多，但不可能于同一时期实现适合自己的所有目标，要从中选择适合自己，或对自己当前最重要的目标，作为特定时期的奋斗目标。

（5）采取行动，达到目标与评估目标适当与否。制定目标是为了实施这一目标，在实际生活运行中检验目标制定的科学性与合理性，并对目标作出某些修订，以求符合实际情形。

（6）修订完善。个人理财目标有不切实际之处时，理财师应提醒客户修正，就是说个人理财目标制定好后，不是一成不变的，应根据实施情况、具体环境背景适时作出相应调整，以切合自身实际的要求。最好每隔一段时间（如一年），修订完善原本制定的理财目标。

（7）重新评价。随着时间推移，社会环境与人们的价值观念也会发生变化。过去某些不适合自己或不重要的理财目标，会变得适合自己，要与时俱进，对理财目标做重新评价和调整。

理财目标实现的步骤如图 3-1 所示。

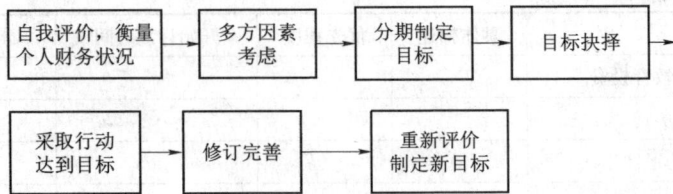

图 3-1　理财目标实现的步骤

3.2.4　个人家庭理财目标的解说

1. 家庭生活目标与理财目标

美国经济学家希尔在其著作《决策形式和家庭资产的积累》中，提出"家庭文明"的概念。希尔认为：在现代社会，每个家庭都是一个基本的消费决策单位，家庭从建立之日起（通常从结婚之日开始算起），就开始制订自己的"消费方针"，包括预定"生活目标"和达到这些目标的"时间表"。

按希尔的说法，所谓生活目标，是指有一套自己的住宅，使家庭生活美好起来，对子女的抚养、教育、就业和结婚及本人的退休养老等，有长期打算。所谓时间表，即家庭预计通过何种方式积累财产，以便在预定时间内逐步达到预定目标。事实上，应从男女两人确定恋爱关系，为小家庭建立预做经济物质准备时算起。新婚之日时，家庭资产布局已基本形成，并对婚后小家庭的长期生活发挥重大影响。

家庭理财目标、资源配置、收支预期计划及计划执行中应做工作等，其间关系可用图 3-2 表示。

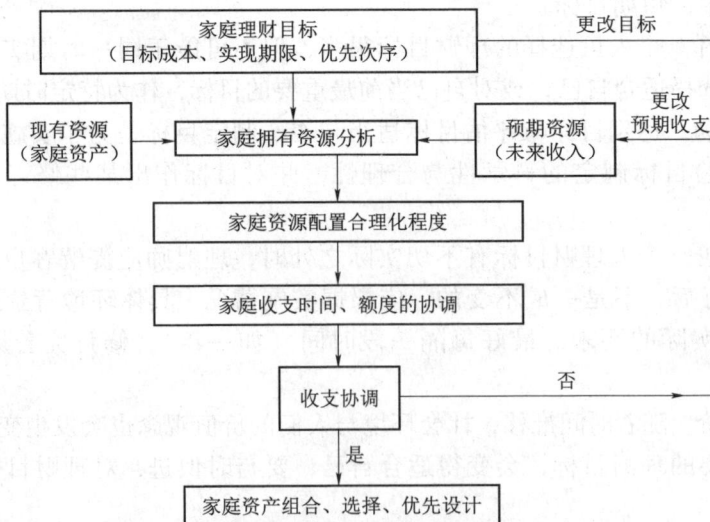

图 3-2　家庭理财目标实现图式

2. 公司和个人家庭的理财目标界说

国家、公司和个人家庭的理财目标有较大不同。家庭是一种综合性的生活单位，有着多功能活动，投资理财消费的经济活动，只是家庭多功能活动的一个重要层面，而非全部。个人/家庭理财的目标，固然会考虑经济利益最大化等内容，但又不完全局限于此。家庭首先是一个特殊的伦理情感组织，较多状况下，家庭对各种伦理情感目标的追求，同经济利益最大化的目标会产生一定背离，或因此对经济利益最大化造成一定伤害，但仍然是很可能采取的目标，最终结果并非总是经济利益完全占据上风。

公司是法人组织，目标单一，即经济利益最大化。当然，这种经济利益最大化已不仅是指当期，还带有可持续发展的要求，即企业长久持续状态的经济利益最大化。同时还包括股东财富最大化、公司总体价值最大化等，以弥补单一利益最大化的缺陷。但这些目标万变不离其宗，都是同企业的经济利益及其最大化密切相关。家庭目标的制定显然绝非如此。

3. 理财目标与亲情伦理

低收入阶层的家庭里，对维持起码生存水平的金钱财富的追求，在今日仍是如此艰辛。人们用极大的努力追逐金钱财富，以维持最低限度的生存，这就不可避免地影响甚至损害了正常的家庭生活和亲情伦理。目前，我国有 2.51 亿外来务工人员背井离乡，抛妻别子，为获取低层次收入甘愿做最苦最累的工作。随着人们收入水平的逐步提高，对财富的取得相对容易，手中拥有财富也在逐渐增加时，不再需要为每日的生存绞尽脑汁，不再终日焦虑不安，对情感满足的需要应运而生。人们对伦理、情感、亲情这些"有钱买不到的物品"，就会发生浓厚的兴趣。当人们手中的财富达到很大的数量，收入继续增长，满足富裕生活后仍有大量货币结余，钱已只具有价值符号的功用时，钱的边际效用在人们心目中的分量大为下降，开始给予伦理、亲情以极大关照和重视。

上述分析说明什么问题呢？仓廪实而知礼节，衣食足而知荣辱，是很有道理的。若能将收入与亲情用数学公式、坐标系简单加以揭示时，维持生存是第一位的。在一切问题中，还有什么比解决人们的生存、温饱更为重要？以最少代价获取最大收益，是经济学的基本精神，但这并非表示吝于付出。资源是有限、稀缺的，迫使人们必须作出选择，理财就是找出代价最小、收益最大的聪明选择，让有限资源得以发挥最大功用。对于资金的筹措及运用，财务学可以提供最佳策略及方法，以最少成本取得资源的有效分配，并根据景气指数及经济环境的变化，配合目标订立出适合自己的资产组合。各阶段家庭理财目标确定的一般情形如表 3-9 所示。

表 3-9　各阶段家庭理财目标确定的一般情形

家庭阶段	各个阶段的目标确定
个人 单身期	一般为个人参加工作独立生活到结婚成家的若干年，如 2～5 年等，本阶段家庭成员仅为 1 人，收入低，财富少，集体生活需要的社会交往开销较高，需要努力工作多赚收入，少花钱多节财为重，适当储蓄以备应急，着手购置住房并着手组建自己的小家庭。当前我国的年轻人多为独生子女，在父母经济支持下，购房、买车及大额耐用消费品，成家压力有一定减轻，节俭储蓄、积累资金、获得理财经验是该阶段的要义。 此阶段有余力时，可考虑提高股票、股票型基金、期货等风险大、回报高的投资工具的比重；剩余资金可部分投入定期储蓄、债券或债券型基金等较安全的投资工具，同时以活期储蓄形式保证随时取用，两者的比重根据个人风险偏好的差异自由确定

家庭阶段	各个阶段的目标确定
家庭形成期	一般为两人新婚伊始、尚未生育的二人世界时期，年限因人而定，大多在 2～5 年，该阶段的家庭收入逐渐呈现稳定增长态势，生活趋于稳定，理财以投入为主。此时期重点在于合理安排家庭建设资金，优先购买住房、车辆、家电，改变单身时期较为随意的生活习惯，适度准备一定额度的应急基金，为迎接家庭成员的到来储备子女生养基金。 新婚家庭建设初期，消费需求旺盛，投资会受到一定抑制，但仍需要根据条件许可持续性保证最低限额，将家庭结余资金投资于股票或成长型基金、债券和保险，同时优先选择低缴费的健康险、意外险等险种
家庭成长期	这是从子女出生、成长到独立的较长时期，一般为 20 年左右，该阶段的家庭经济已逐步稳定，出现较长时期的均衡发展，收入和支出在同比增长，理财难度开始加大。此时期重点为稳妥投资、积少成多；要以子女抚育支出和家庭资产增值为核心，实现拟定的理财目标，保证子女教育所需的经费，增强抗击家庭医疗支出风险的能力；保证必要的应急资金，并根据家庭实力确定一些特殊目标的投资规划。 在家庭趋于稳定的前提下，可考虑拿出较大比例资金创业投资。保守理财时可以分散布局，适度增加风险投资，拿出 40% 资金投资于股票或成长型基金、外汇或期货，30% 资金投资于回报稳定的房产确保收益，20% 资金投资于定期存款或债券、保险，10% 资金留作活期储蓄，作为家庭备用金以应付紧急情况。子女进入大学前后，要严格控制投资风险，适度减少风险投资比重
家庭稳定期	一般为子女经济独立、结婚成家到夫妻停止工作的这段时间，为 5～10 年，该阶段家庭成员的财富创造能力已达到顶峰状态，理财也随之转向扩大投资、积累财富为重点，强调稳中求胜，把前一阶段得来的"第一桶金"发挥出最大效能，迈开成功理财的关键一步。此时家庭理财关注的焦点是大幅增加财富，鉴于节余资本丰裕，可以在创业的道路上大幅深入。即使保守考虑，也应该把大部分可投资资本用于购买股票或基金，以求获得更高回报；定期存款、债券及保险的比重维持在 20% 左右；少量资金用于活期储蓄。随着家庭主要成员的年龄增长，风险投资比例可根据实际生活条件和个人风险偏好适度调低，同时加大养老、健康、重大疾病险的比重，预先构筑未来的养老保障计划
家庭衰退期	这是指夫妻退休后，回归家中颐养天年的休闲生活状态，时间长度一般在 20 年左右，此时理财的重点以保守为主，可适度散财以获得幸福感。该时期家人追求身体健康、精神愉快，财富多少已不是主要目标，稳妥养老、遗产保值和生命安全为家庭理财的终极目的。可维持现有的股票或股票型基金投资总额不变并小额渐进增加，大部分家庭资产投资于定期储蓄或债券，留出足量资本存为活期储蓄以备需要

3.3 财商教育

3.3.1 财商的概念

在当今社会，"财商"（financial quotient）与智商、情商并列，成为三大不可或缺的现代行为要素。所谓"财商"，是指人们认识金钱和驾驭金钱的智慧与能力，包括两大内容：一是正确认识金钱及金钱规律的能力；二是正确应用金钱及金钱运作规律的能力。

金钱是财富的化身，社会发展、居民生活须臾不可离。无论铸币、纸币或电子货币，无论美元、英镑或欧元，本身都没有善恶、正邪之分。大家缺乏的往往不是金钱，而是有关赚钱花钱、攒钱理财的正确观念。财商并非人们现实的唯一观念和智能，而是个人现实生活亟待具备和提升的能力，是一种重要的人的观念和智能。财商为人们急需，却常常被人们忽略，可以想象，一个漠视财商的人，一定是生活在真空、现实感很差的人。

　　财商与人的智慧和能力密切相关，并非孤立事项。种种文化习俗的习惯和影响，人们对金钱怀有爱恨交加的矛盾心理。中国古人既讲"钱能通神""有钱能使鬼推磨"；又说"为富不仁，为仁不富"。马克思对资本主义剖析后如此揭开了资本的画皮："资本来到世间，从头到脚每个毛孔都滴着血和肮脏的东西。"

　　财商是一种先天俱来的对财富的感觉，又可以通过后天的专门训练和学习得以培育和改善，并连带地改变自身的财务状况。培育和提高人们的财商意识，并非意味着鼓励人们无限制地追逐金钱和财富，甚至为此不择手段，不顾一切。这不是提高财商，而是玷污财商，是从一种误区走进另一种误区。

　　财商教育的目的，是通过对人的财富观教育，提高人们获取财富的手段和享用财富的认识，培养正确的金钱观念和理财技巧，提升人的综合素质。在现实生活中，很多人虽然拥有很高的教育文化水平，却缺乏基本的财经知识与理财意识和才干，日常生活可能无法过得很好。这就需要将财商教育的话题尽早纳入议事日程，构成整个知识技能教育体系的重要方面。

3.3.2　我国经济社会背景下的财商教育

　　随着居民收入增长，财产增多，也随着理财工具手段的增长，投融资渠道的增多，个人理财教育的课程设置已经愈益重要。人们需要有此方面的知识技能，以科学打理个人拥有的资财，使之保值增值并积极参与资本市场的运作。国务院有关资本市场发展的九条意见中，也谈到金融创新和引导居民个人积极参与资本金融市场及投融资运作的要求，鼓励和支持新金融产品的研发。但现实生活中，随着国际金融资本相继进入，银行保险业竞争加剧，国内银行保险业在金融产品提供和服务竞争中明显处于劣势。人们有关金融理财知识技能的缺乏，已日益凸显。

　　为何要组织财商教育，原因正在于目前的社会中人们对待物质金钱、理财的知识与技能尚严重缺乏，相关意识观念有大量缺位或相对越位，对金钱的一概不知或过度追逐，都是不够正确的。学生毕业到社会后，经济、金钱作为社会存在与活动的基础，也作为人生在世的基本要素，对此的教育应在学校教育中给予应有体现。个人理财教育的兴起，正符合今日经济社会发展的大趋势。它将大大开拓人们就业的渠道，提高自主创业的才干，积聚更好地立足于社会的资本，强化适应经济社会发展的能力。培养在市场经济社会中生活应当具有的财经知识与技能，能实现个人拥有资源的优化配置和效用最大化，先"修身齐家"，为"治国平天下"，成为社会的有用人才打好基础。公民理财意识的增强，将使理财技能向全社会做广泛普及，并因此对经济社会发展、市场经济意识培育与体制健全完善以巨大的推动力。

3.3.3　投资者教育

1. 投资者教育的背景

　　投资者教育（investor education）[①]，一般被理解为针对个人投资者所进行的一种有目的、有计划、有组织的系统的社会活动。它主要包括投资决策教育、个人资产管理教育和市

---

　　① 党剑. 期货市场的投资者教育. 期货日报，2001-11-09.

场参与教育三方面内容。目的是传播投资知识、传授有关投资经验、培养有关投资技能、倡导理性投资观念、提示相关投资风险、告知投资者权利及保护途径、提高投资者素质。

最初的投资者教育是由消费者组织、证券或期货中介机构、专业的投资教育机构及学校进行的，政府部门的作用仅仅是组织协调和法律、财务上的协助。但全球资本市场的重大变革，已使得各国市场的监管者纷纷将投资者教育工作纳入自己的法定职责范围。

鉴于个人投资理财呈现向证券市场集中的趋势，各国金融市场中投资品种的技术复杂程度及风险日益增大，网络技术在金融保险证券交易活动中的广泛运用，都对投资者教育提出了相应的要求。综观西方各国资本市场，投资者教育经历了由分散到集中、由自发到自觉的过程，目前已成为维护市场健康发展、提高市场运作效率、促使市场监管水平不断提高的重要途径。如投资者信息的不对称，将会像投资者教育一样，永远伴随投资者的投资决策。此外，国外有大量的研究文献表明，投资者教育可增强投资者对现行经济及政治体制的满意程度，有利于创造更为和谐及稳定的社会环境。

2. 投资教育的内容

党剑从期货的角度谈到投资者教育，他认为，目前国内期货市场对投资者的教育主要分为两类。

第一类称为"入市教育"，投资者在进入市场之前，被告知选择一家具备代理业务资格的期货经纪机构，并被告知期货市场的总体风险。机构选择上，投资者愿意选择经营良好、资金安全、运作规范、程序迅捷、收费合理、资讯优良，具有健全的组织结构、服务质量上乘、人员素质上佳的期货经纪机构。风险告知则是由社会舆论宣传、老投资者的言传身教及投资者本人通过书籍尤其是实践而接受的。

第二类称为"交易教育"，主要由期货经纪机构实施。它包括：① 签订客户合同及风险揭示，投资者应认识期货交易可能面临的经济责任及各种市场风险，并明确委托方（投资者）和受托方（期货经纪机构）之间的责任、权利和义务；② 开设交易账户，投资者确认资金来源的合法性和承诺用于交易履约结算；③ 投资者了解交易的规则，掌握合约的各项条款，选择交易方式等，然后才能够入市买卖。

3.3.4 消费者教育

消费者教育活动包括的内容很多，如怎样提高居民的消费知识与技能、提高购买的熟练程度和交易效率，是社会、企业、个人都十分关注的问题。提高消费者的消费技能、消费效益乃至消费权益维护等，也已为社会、生产厂家、居民百姓等所广泛关注。这是一件大好事，而且是更有必要做的事情。原因如下。

（1）消费者人数远远大于劳动者，每个社会成员在其一生的任何时候都是消费者，为求得更好的消费生活，都有必要接受消费教育。

（2）劳动是术业有专攻，讲究的是专而深；消费则是广泛全方位地存在于社会，人们同生活消费的多方面都有广泛接触，需要掌握的技能要广博得多。

（3）消费技能具备与否同百姓的直接经济利益挂钩，且联系是直接而紧密的。劳动技能的具备同取得收入报酬的高低相关，消费技能的具备则只同使用收入报酬的效益相关。前者应当重要于后者，但劳动后的成果也只有通过消费才能得以具体实现。

消费者教育的内容很多，这方面的研究也很多，这里不再重复说明。

3.3.5　财商教育的目标和原则

财商教育的目标包括对人们的观念、知识的培养和技能、行为的锻炼，是知、情、意、行的统一，落脚到人们的经济行为，就是针对我国文化传统和社会、学校、家庭的实际情况，根据大众金钱意识的发展水平，由浅入深地确定理财教育的目标和内容，培养公众的财商素质。

1. 财商教育目标的设定

通过财商教育准备达到的目标，或者说公民或未来的公民应具备和掌握以下知识技能。

（1）使公民及未来的公民树立正确的金钱观、消费观、价值观，培养其具有自立、自觉创造财富的信念，同时为社会和他人做贡献，恪守市场经济规则，帮助树立财商教育的现状与对策，强化诚信的道德操守。

（2）培养公民及未来的公民在市场经济社会中应当具备谋生技能，开拓人们就业的渠道，增强社会中创新应变与自主创业乃至应对财务危机、风险管理的能力与才干。提升立足社会的资本，把握人生，强化适应经济社会发展的能力。

（3）使公民及未来的公民养成勤俭节约的良好习惯，实现个人拥有资源的优化配置和效用最大化。树立自尊、自立和责任感及诚信观念，促进其个性能力的全面发展，为将来跻身市场经济社会奠定坚实的基础。

（4）传授与财商有关的财务知识及经济学原理，培养公民及未来的公民在市场经济社会中应当具有的金融理财知识与技能，使理财意识、技能广泛普及全社会，并对市场经济意识培育与体制健全完善以相当多的帮助。培育和增强相关理财意识和投资理财的技能方法，为以后的个人经济生活，成为社会有用人才打好基础。

（5）启发公民及未来公民的财商，理解金钱、财富的本质，培养财富理念，具有初步的理财意识，组织以消费、理财、投资为核心的经济教育，从而了解人在社会财富的创造、分配和消费等的地位和作用，形成物质、金钱、劳动的正确态度。

2. 遵循财商教育的原则

理财教育贯穿个人的一生，将国外理财教育模式引入国内，应充分考虑中国的特殊国情，对理财教育空白的大学生一代提出合理有效的解决方案。为此需要遵循的原则如下。

（1）系统性。青少年的财商教育和训练应具有系统性，且建立在古今中外财商教育实践的基础之上，包括观念、知识、技能多个层次并分阶段进行，教育途径涉及学校、家庭和社会。

（2）主体性。素质教育离不开主体的积极参与，尊重青少年的独立人格，激发青少年的学习动机，引导其自主学习相关理论，积极参与投资理财实践。

（3）动态性。随着年龄增长、阅历增加，财商培养要循序渐进、螺旋上升、前后衔接、协调一致。通过相关知识的学习和财商实践的训练，人们的财商水平会不断提高。

（4）开放性。科技发展、知识激增、社会进步、经济繁荣的事实，使财商教育的领域不断扩展，形式日益多样，水平逐渐提高。有鉴于此，要加强财商教育的课程建设，与时俱进，根据青少年发展和社会经济发展的动态，及时吐故纳新。

（5）实践性。财商教育包括课堂教学和课外实践，大量实践活动贯穿财商教育的全过程，主题明确、内容丰富、形式活泼，是财商素质形成和发展的有效途径。实践能力是财商教育评价的根本标准。只有受教育者面对经济生活情境，其观念、知识转化为经济行为，潜在的财商素质变为显性的财商实践，才能认识和评定其财商素质水平。

财商高低决定了个人财务状况的好坏与多寡，需要依靠学习和锻炼获得。青少年时期是学习的最佳阶段，可塑性强，容易接受新知识，在此时期学习财商知识最有效。

3.3.6　财商教育与法律意识、伦理道德观念、现代科技知识

作为一名合格的公民，除需要进行金融理财意识与能力的培训教育外，还必须具有相应的法律意识和伦理道德观念。法律意识要求公民应通过正当合法的手段，凭借自己的知识能力、勤奋劳动赚钱，而非为了钱不择手段，违反社会公共利益或侵犯他人的合法权益。公民教育不仅要普法，还要使大家知法、懂法、守法，维护法律尊严，懂得用法律保护自己的合法权益。

伦理道德观念的确立也是必要的，培育大众金融理财意识的最终目的，不是为了钱财而不顾一切亲情、友情与伦理规范，更非要使大家都以"经济动物""赚钱机器"的形态在社会普遍出现。

此外，还应当在大众中普及计算机等现代科技知识，使大众在今日的经济时代，也能追随时代前进的步伐，不致落伍。即便针对日常的投资理财而言，是否掌握这些高科技知识与技能，其效果也大不相同。

3.4　金融理财意识的培养

3.4.1　金融理财意识的内容

金融理财意识范畴较广，包含内容也多，是人们通过亲身参与生产经营、生活消费、投资融资、收支购买等经济生活实践所形成的，用来指导人们的理财行为，以实现预期的经济活动目的和要求，使拥有的各类资源得以合理配置，经济效用得以实现最大化。

依其大类而言，金融理财意识可以包括以下方面。

（1）就业、择业、创业的劳动意识。这是指劳动者运用所拥有的劳动力资源自主选择工作单位，竞争上岗，或自行筹资开业、自我创业的意识。

（2）支出、购买、消费的花钱意识。支出、购买、消费是人们作为消费者组织其消费生活的必要行为，也有较多决策事项需要考虑。如有限货币收入如何安排支出开销，以满足物质文化生活的多方面需要；对购买物品和劳务如何加工制作、使用消费，以使消费效用最大化，都有较多知识、技能蕴含其中。

（3）收支记账、财务分析的核算意识。收支记账、财务分析在大多数公民心目中还相当欠缺。若真能在每日终了，将个人/家庭当日的收支消费行为作记账核算，并于月终、年底组

织一定形式的汇总、整理、财务指标分析，以取得诸多有用数据，做到心中有数，注重经营、投资或效益的提高，也是一大乐事。每个人都应当适应市场经济社会的要求，讲投入，论产出，计成本，算消耗，讲求经济核算，注重效益提高，运用好经济手段，管理好家庭经济。

（4）市场、物价、行情、利率的风险意识。市场经济社会，一切围绕市场行情转，经济风险加大，不确定因素大为增加。物价、行情经常有变，利率、税率随时调整，下岗、失业常常可见，个人收入状况及将来趋向难以预料，这些随机、不确定性，客观上要求投资者能具备对经济走向和市场趋势的分析与洞察能力，并具备相当的把握与规避、化解风险的意识和能力。

（5）投资融资、储蓄保险的金融意识。

（6）大众还应具备勤奋劳动、正当经营、合法投资、依法纳税、遵纪守法的法律意识及维护自身合法权益，抗击不法侵害的维权意识。

3.4.2　应大力培养人们的金融理财意识

人生在世的过程，就是一个不断地劳动—赚钱，消费—花钱的过程，又是个人运用所拥有的资源，在各种可供选择的社会交易场所，不断作出选择、目标确定及最终抉择，以实现资源合理配置及效用最大化的过程。但这一过程的实现，并非是天赋之物，还必须有相应的社会环境、资源禀赋等条件的具备。个人是否拥有这种自觉选择的意识，有无合理配置资源，作出科学决策、正确选择的知识技能，也是很重要的。个人面对各种经济行为前，应当自觉主动、自主独立地运用手中掌握的经济资源依法作出抉择与决策，实现资源配置的合理化。

1. 公众经济意识觉醒需要具备的条件

公众经济意识的觉醒复苏，需要具备以下 3 个条件。

（1）公众真正成为经济活动的主体并发挥功用，并依法享有民事权利，承担民事责任。具体表现是：公众在法律规定的范围内，有权对自己拥有的经济资源合理配置并决策，对自己的经济行为负起完全的责任与义务，其中没有第三者或其他权力机构参与其间并横加干涉。

（2）公众拥有的各项资源逐步增长，且种类增多，内容丰富，有了经济意识赖以存在并发挥功用的物质基础。这些资源除满足最低限度的生存需要外，还有较多的剩余财力可供其自主选择并决策。

（3）社会可提供的商品、劳务及各种投融资交易的工具与场所大幅增加，面对众多消费品和劳务服务，面对各种资金、劳务与技术、信息市场，有了可供选择的较多余地与场所，从而能够运用所拥有的各类资源，依据客观需要及主观偏好，实现资源的最优配置或效用最大化。

为促使经济体制改革的成功及现代化目标的早日实现，需要造就成千上万的精英人才，更需要培养数十万懂经济、会经营、讲求成本核算与效益提高，符合现代知识经济时代需要的财经工作者和企业家群体。但在全民族普及经济金融意识，提高理财技能，使投资、融资、利率、风险、收益的观念深入人心，并转化为人们的自觉行动指南，更好地适应市场经济社会的客观需要，则是更为宏大的事业。加强对个人的金融意识培育，造就千百万个人金融家，应是很契合时代要求的。

2. 加强对人们金融理财意识培养的现实意义

大力加强对人们金融理财意识的培养，具有相当的现实意义。

（1）市场经济社会生存与发展的客观要求。大家在社会中生存与发展，有权利也有义务作为社会经济活动的主体，自主独立支配其所拥有的经济资源，达到经济效益最大化的目的。

（2）个人金融理财意识增强，有利于促成人们参与各类社会经济活动的态度更为自觉主动，国家经济政策更易得到贯彻执行，并成为人们的自觉行动。市场经济社会的发展，迫切要求大众金融理财意识的增强，而大众金融理财意识的增强，又可以更好地推动市场经济社会的快速健康发展。

金融理财意识的具备与否是非常重要的。我国沿海经济发达地区与内地不发达区域经济社会发展不平衡，差异明显且在不断加大之中，探寻其深层次的原因，这种观念的差异首先表现在经济头脑、金融意识、经营技能、理财知识具备与否的差异，并被置于较高的层面加以认识。沿海发达地区尤其是民营经济异常活跃的地区，如浙江省的温州、台州地区，公众的功利意识很强，大家敢想敢干，敢为天下先，而且希望政府干涉越少越好，权力放开由大家自己干。而内地不发达地区，安贫乐道的传统意识仍很浓厚，大家有了婆婆怨婆婆，没有婆婆想婆婆，似乎一旦解开头上的箍儿，反而不知道如何走路了。这种经济意识与行为能力的巨大差异，又进一步导致人们的经济行为、活动方式及最终结果的巨大反差。

3.4.3 金融理财意识培育的途径与方法

培育公众金融理财意识的途径很多，这里仅从学校、家庭、社会教育与社会实践等各方面予以说明。

1. 学校教育

目前，尽管公众对理财的需求甚为迫切，但还只能通过非学校教育的方式取得。作为教育主体的学校，各级次、门类的学校教育，有关财经、财商、理财教育并未能提到应有的议事日程。财经院校和其他各类教育机构，都应该加强对金融理财理论的探讨和扶持工作，加强同相关金融领域的银行、保险公司在金融理财层面的合作，以便教学相长，科研与教学并用。

学校教育中应当大量增加经济知识、理财能力的教学内容，应在各类学生中增设有关"个人理财"等课程。在大学层次的教育中，应向各类专业（并不仅局限于财经或文科专业）的学生增设会计学、理财学、个人金融理财等财商教育课程，并对传统的经济学理论进行根本性的改造，尽量与经济生活实践相结合。中小学生的课堂应开设"经济生活"或"经济学常识"等课程，为中小学生讲授有关货币、劳动、商品、生产、购买、消费、投资等经济生活的基础知识。应当使中小学生从小了解这些知识，从小就向学生灌输相关的意识与观念。

2. 家庭教育

家庭是孩子最早的课堂，父母是孩子的第一任教师，也是终身的教师。个人教育的内容中，应当适当增加有关持家理财、挣钱花钱知识技能的教育。父母应从小给孩子灌输关于金钱、商品、劳动的知识和意识，使孩子知道劳动创造财富，要爱护劳动成果，尊重劳动人民，养成良好的劳动习惯；要使孩子懂得一些购买、选择、效用、核算的知识，引导孩子参与家庭的经济生活实践，成为家庭的小会计、小管家，从小培养孩子的经济意识和参与经济活动的能力与才干。这些事项都是目前的家长很少注重的。现在家庭培养的孩子或根本不懂花钱购买，没有经济生活的经验和自立自理的能力；或者使孩子爱花钱、乱花钱却完全不热爱劳动，没有劳动的习惯。这两种状况都不适应今日市场经济社会的需要。

3. 社会教育

社会舆论宣传、知识介绍、技能传授等，可发挥的功用很大。如今的电视、广播、报刊、图书等新闻媒介，有关经济生活、投资融资、持家理财、挣钱花钱、购买消费、就业择业等专栏介绍是很多的，很受公众欢迎，对普及经济知识、培育经济意识起到了很大的功用。但系统性、条理性还有较大的欠缺，知识技能宣传等还未能灵活多样，不能让受众喜闻乐见。

在当今市场经济社会里，人们每天都要接触大量的媒体，接收到诸多消费、购买、财经信息。人们每天要从事种种职业、非职业活动，以赚取收入，运用支出，购买消费，还要以投资人、保险者的身份出面储蓄存款、投资融资，参与养老及人身、财产各种保险行为，同外界各种经济组织、个人发生种种经济联系。为此，人们要精打细算，将手中拥有的有限的货币、财产、时间、精力等经济资源与非经济资源予以有效合理配置，以更好地满足日常消费生活效用最大化的需要。而这些经济生活及经济资源配置中，有很多经济学知识方法需要掌握。

4. 社会实践

社会实践是培育大众金融理财意识的大课堂，是提高大众经济活动能力的最好场所。如我国证券市场从建立到发展至今的盛大景象，对提高大众关于利率、投资、风险、盈利等金融理财意识的培育功不可没。当许多家庭妇女也能对国家经济形势、改革进程、政策调整、企业效益、市场行情等表现得异常敏感，且能迅速在自家的储蓄、购买、股票、证券的理财安排中作出积极反应时，不能不认为这是金融理财意识的大普及，社会实践是金融理财意识培育的最好学校。再如我国的劳动者以往捧惯了铁饭碗，毫不具备择业就业的意识。但当人们对下岗、转业司空见惯后，在国家已不可能对如此庞大的劳动力大军做统筹安排之时，这些下岗的人经历最初的彷徨、焦虑之后，也勇于走上劳动力市场，自主择业、创业，此方面的理财意识、抗风险能力也随之大为增强。

▶▶ 小 测 试 ◀◀

你的财商高吗，测试一下？

你是否是一个高财商的人呢？做好下面这个简单测验可以告诉你答案。若你非常同意以下句子，就给出 10 分；非常不同意请给 1 分，依照程度不同给分，然后把分数加起来，就知道自己的财商水平了。

1. 经常进行财务规划，计算自己资产负债的总和，分析每月的现金流量情况；

2. 对自己每月的支出进行预算，并保存信用卡消费的收据，计算每月的实际花费并检查是否与计划相符；

3. 经常能储备至少相当于 6 个月生活费的现金,以备不时之需;

4. 准备足够的保障金,若有不幸发生,家庭有足够的能力支付现有的开支和费用;

5. 每做一项投资时,完全清楚投资项目的性质及风险的大小;

6. 投资于股票市场或外汇时,每项投资均设止损价位,且严格执行;

7. 对各项投资品,如股票、基金及衍生工具等都很熟悉且非常了解;

8. 对各种保险产品都非常熟悉,并且明白其中的细则和条款;

9. 每天都阅读财经报道,关心财经方面的新闻;

10. 很清楚现在每项投资的预计回报和风险程度。

专家分析:

76 分或以上:恭喜你!你拥有很优良的财商,可以很有效地管理财富,对你自己的财务状况作出很好的规划。

51~75 分:你有不错的财商,但仍然需要努力,以便更有效地管理财富。

26~50 分:对不起,你的财商不太理想,应该从多方面着手努力,如多阅读财经书籍或参加理财培训,以便增进自己的财商。

25 分或以下:你的财商太差,除不能有效管理财富外,还有可能使自己陷入财务危机之中。建议努力学习,把自己的财商提升到理想水平。

附录:

勤俭是我们的传家宝

1. 节约储蓄的一般含义

勤俭持家是中华民族的传统治家美德,在几千年的历史长河中,无数的家训、家范,都把俭和德列在治家格言的显要位置。家庭理财要遵循勤俭节约的原则,拥之有度,用之有节,适度储蓄。家庭生活像社会发展一样,有个可持续发展的问题。勤俭持家,注意节约,适当储蓄,不仅可以解决家庭生活的不时之需,还可以保证殷实的家庭生活一代代不断延续下去。

勤俭节约是提高家庭生存质量,保证家庭可持续发展的重要基础。家庭作为社会的基本生活单位,要组织和管理家庭成员的物质精神生活,物质生活水平和质量不仅体现为金钱的数量,更重要的是体现在金钱的使用方向和消费方式上。如某人家财万贯,却把钱挥霍于吃喝玩乐,绝不能表明其生活的水平和质量。某人收入一般,如注重勤俭节约和合理安排,照样可以保证高质量的家庭生活。家庭的贫富状况并非固定不变,善于理财和勤俭节约的人,会由穷变富;不善理财和挥霍浪费的人,即使财富再多,也会由富变穷。

勤俭节约不仅是维持家庭物质生活持续进行的基础,还为培育家庭成员的道德素质提供了坚实土壤,是培养家庭成员社会美德的有效途径。现实生活中大量生动的事例告诉我们,善于勤俭持家的人,必定是具有积极进取、自强不息精神的人;保持勤俭节约传统的人,也必定能在社会生活的各个方面不畏艰难、艰苦创业。保持终生勤俭节约的优良习惯,还可以避免由物质生活带来的系列烦恼,专心致志地追求更为高尚的人生目标,实现更加超越的生活价值。

2. 遵循勤俭节约原则需要注意的事项

遵循勤俭节约的原则，需要注意以下几方面。

（1）节俭是为了更合理地花费，是持家的手段，而非最终目的，是该花的钱必须要花，不该花的钱则坚决不予花费，而非仅仅当个守财奴，该花的钱也不去开销。旧时代物质匮乏，节俭为本，安贫守穷，知足常乐；今日的节俭只是为调节现时消费与未来消费，享受消费与生存消费的手段，是尊重劳动成果，爱惜公私财物的具体表现。节俭不必抑制正常消费，更不必当苦行僧，只不过是通过节俭来更合理、科学地安排并享受生活。

（2）节俭不仅是单纯物质钱财的节约，还应转向于综合考虑钱财节约与时间、人力的节省。大家不必为节约三元钱甘愿多排两小时的队；不必为节省买煤气灶、洗衣机的花费，仍在烟熏火燎地做饭或用手洗衣物；更不必为了节约电费，炎热盛夏里舍不得开空调，而被活活热死。

（3）大力提倡勤俭节约的传统美德，并非不要消费，或者回到几十年前那种"新三年、旧三年、缝缝补补又三年"的陈旧做法，更非鼓励人们争当吝啬鬼和守财奴。勤俭和吝啬大不相同，勤俭的人既合理消费又不铺张浪费或随意花钱，吝啬的人则是以损害正常生活为代价，该花的钱也不花、该消费的也不消费；勤俭是对自己节省，对他人大方；吝啬则是对自己小气，对他人更小气。

（4）节俭与其他持家原则相配合，统筹安排，不要过度追求节俭。节约过分反造成浪费，干出"占小便宜吃大亏"的傻事。如为节省电费，让孩子们在路灯下看书做作业，影响视力戴上近视镜；怕倒掉剩饭菜造成浪费，不管是否发馊变质先吞下再说，造成肠胃不适多开销医药费；怕订报刊要花钱，使家中成员知识欠缺、修养欠缺、素质低下；如买便宜货省了钱，但质量低劣无法正常使用，又多花一笔冤枉钱。

理财进步和生活富裕带来人们消费观念的更新，是不可避免的结果和趋势。但勤俭持家的美德是否已过时，人们是否已富裕到不再需要勤俭节约的地步？显然不是。在当代中国社会，勤俭节约的美德并没有过时，即使在将来更为发达的社会中，这一美德也不会过时。国人的生活水平，目前并没有提高到可以不需要勤俭节约的程度，中国目前绝大多数家庭的物质财富基础，其实还是很薄弱的，还没有资格去谈什么放弃勤俭节约的事。即使将来的中国家庭更加富裕了，达到发达国家的富有程度，也不意味着就不要勤俭节约。

就现实而言，发达国家的人也是要勤俭节约的。如高度发达的日本就非常注重勤俭节约，一直将其视为良好遵守的持家之道。虽然日本已进入提倡消费为美德的时代，但深知消费不等于浪费，节约始终列于消费日程的首位。日本人很少像中国人那样请人到饭店大吃大喝，在家庭购物方面，物美价廉一直是日本人的最佳选择。据很多资料显示，西方发达国家的富豪们是懂得勤俭节约的，他们从不轻易乱花钱，他们有惊人的节俭方式，总是优先考虑回报率最高的投资，然后才去考虑娱乐、度假和其他嗜好的消费。

3. 节约储蓄与能挣会花

注重节约储蓄的原则，也需要考虑能挣会花。既要提倡能挣会花，积极组织收入，合理运用支出、扩大消费、促进生产；又要提倡节约储蓄、勤俭持家、均衡日常支出、细水长流、有备无患。能挣不会花是守财奴；不能挣硬要花则是败家子。不留点储蓄，月前松、月中紧、月底靠借贷，是目光短浅；花钱不节约，不量入为出则为凑合过日子，没有长远打算。这些都是不可取的。能挣是前提，只有能挣才可能会花。会花又是动力，会花钱才能去想办法积极挣钱。当然，能挣会花也要提倡实事求是，我国许多边远落后地区，还没有完全解决温饱问题，再者从积累资金搞建设来说，节约储蓄还是必要的。它可以加强家庭理财的计划性，均衡日常支出，细水长流；还可有备无患，在遇到突发性事件时，也能从容不迫，它对家庭生活安排、思想品质培养，对增加财富积累，支持经济文化建设来说，都有重要的意义。

家庭理财的出现，改变了过去仅仅局限于社会对家庭的财富分配和消费，或者仅仅通过储蓄获得利息的传统理财，使得理财行为不仅停留在"节流"，还扩大到"开源"。无疑，这一理财观念和操作模式的改变，可以大大拓宽家庭收入的来源，促进家庭尽快致富，也有利于培养人们的投资生财意识，提高人们投资理财的能力。

家庭理财的现代化之路

当前的社会进入急剧变革的时代，社会在现代化，家庭在现代化，家庭理财也要走向现代化，用现代化的思想观念、技术方法、设备工具搞好家庭理财，适应社会变化的要求。家庭理财现代化，包括管理技术方法、管理工具装备和管理思想观念3方面内容的现代化。其中后者是重要的，影响并支配着前两者。

（1）现代化的管理技术方法，在家庭理财生活中也能派上大用场。如运用手机、电视、计算机、网络等现代化的信息传递技术，获取市场情报，再据此决定购买商品的方式、时间、路线、数量和品种，以得到最佳的时间利用率和理财效益。再如采用ABC管理法、运筹法、财产折旧法、利息计算法、价格功能分析法、生命周期法等科学的合理方法，用于家务管理、时间运筹、物资调配、财产更新、商品选购、银行储蓄保险等，都可取得满意的效果。

（2）现代化工具装备进入家庭，实现家庭设备的机械化、电器化。随着科学技术的进一步发展，手机、计算机等，纷纷进入家庭生活，理财方式出现了极大的改变。

（3）管理思想观念的现代化特别值得提出。如用现代化的思想观念和生活方式，来考量已往的家计管理思想和生活方式，哪些应继承发扬，哪些应革新扬弃，促使人的现代化、家庭现代化和社会现代化的进程。

理财现代化的思想，应体现在家庭理财的各个层面，具体如下。

（1）家庭生产经营中，改变只讲投入、不论产出、不讲成本、不讲效益的旧观念。讲求理财核算，考虑投入产出，讲求最大效益，如改变小农经济的自给自足，自我服务，一切自力更生，万事不求人的做法，代以大力发展商品生产和交换，充分利用社会服务和互助协作。

（2）时间利用上，改变"功夫不打账"的旧观念，讲求时间经济和办事效率，舍得花钱来买时间。如用洗衣机代替手工洗衣，购买摩托车、小轿车节约上下班路程的时间，用电冰箱代替每天去小菜场购菜，网购代替上街购物的货比三家，这些都能大大提高家务运作效率和质量，减轻家务处理中精力、时间的无谓消耗，提高生活质量。

（3）家庭消费上，改变过分节约的苦行僧式消费，能挣会花，在增加收入的基础上，逐步提高生活水平，改变重物质生活，轻精神文化生活，谋求物质精神生活的全面发展。改变把消费认定为单纯消费的观点，讲求消费的经济效益和产出效应。

（4）家务分工上，改变那种"吃大锅饭"，仅用伦理情感维系家庭关系的旧观念，适当引入商品交换的新做法。如家庭理财中寻求分工协作,讲求按劳取酬和内部核算。

（5）家庭管理者的抉择上,改变尊者为长的家长式管理,代以能者为长,劣者让贤,改变家长式的一言堂,实行财务公开,民主管理;改变传统的经验式管理,讲求科学管理。

（6）家庭生活方式上,改变单调、封闭、自我一体式的生活观,代以丰富多样,对外开放;摒弃一切愚昧、落后、消极的生活方式与消费习惯,代以科学文明、健康的生活方式和消费习惯。这些都要求家庭成员管理思想观念的现代化。

➤ 小 贴 士 ➤

钱可以用来做什么

对个人与家庭生活的幸福美满而言,钱的重要性不言而喻。钱可以用来做什么,取得何种效果呢?

（1）金钱直接决定你就读什么样的大学,接受什么样的高等教育,还将影响你的子女乃至孙子女的教育程度及由此而带来的生活水平。

（2）金钱帮助你选择从事何种职业,处于社会哪个阶层。

（3）金钱直接影响你的生活水平、身体健康,甚至是寿命长短,或许对你选择终身伴侣也起到极大的影响。

（4）金钱帮助你选择交通出行的工具和居住的大环境,还会影响你及家人的生活方式和休闲环境。

（5）如果你像卡耐基和邵逸夫那样到处捐款建造图书馆和医院,为人类造福,金钱可以让你流芳百世;假若你仅仅为了积累自己的钱财而不择手段,金钱也可能让你遗臭万年。

（6）提高一生中拥有、使用、保护财富资源的有效性,增强你的财富控制力,避免过度负债、破产、依附他人寻求财富安全等问题的产生。

（7）你有良好有效的理财决策力和雄厚的财富力量,作为奠定人际关系的支撑,提升人际关系的层面和水准。

（8）提高你个人经济目标的实现力,彻底从金钱的困顿中解脱开来,拥有不再困于未来开支的自由感。

金钱能代表一个人的成功吗?

2010 年 2 月 22 日,路透社与艾普索斯民调公司发布一项对世界 23 个国家的民调显示,中国有 69% 的受访者认为金钱最能象征一个人的成功,有 84% 的受访者表示在金融危机后,"不差钱"更为重要。

这项民调的受访民众涵盖 23 个国家,这些国家的 GDP 占到世界 GDP 总量的 75%,可以说是经济发展都不错的国家。调查发现,世界上大多数人在经历经济危机后,觉得金钱的价值更加重要。在 2.4 万名受访者中,有 65% 的人表示金钱比以往更重要。特别是中国人、日本人和韩国人,更相信"金钱万能"的说法。印度受访者中将金钱作为个人成功标志的人数比例为 67%,接下来日本为 63%、土耳其为 61%、俄罗斯为 55%、意大利为 51%、巴西为 48%、匈牙利为 47%、波兰为 44%、西班牙为 43%、捷克为 36%。但在对金钱看法的调查中，对于"不差钱是否是个人成功的象征"，有57%的受访者持否定态度，只有43%的受访者同意这一说法。

按人的年龄划分，年轻人比年长者更看重金钱，更喜欢将"不差钱"作为成功的象征。在35岁以下的受访者中有71%的人认为金钱重要，在35～54岁的人群中有61%的人认为金钱重要，在55岁以上的人群中有52%的人认为金钱重要。认为"金钱重要"的人在性别上无太大差异，男性为65%，女性为64%。不论低收入者还是高收入者，在认为"金钱比以前更重要"的比例差异也不大，低收入人群的比例为64%，中等收入人群的比例为65%，高收入人群的比例为66%。而在认为"金钱并不重要"的人群中，在55岁以上的人群中有48%的人、在35～54岁的人群中有39%的人、在35岁以下的人群中有29%的人认同这种观点，人的年龄越大，对金钱看得越轻。

财富观的三种表现方式

什么是财富，大家如何看待拥有的财富，各人观点不尽相同。理财观又称为财富观，意指大家对财富的看法和观点。借用存量、增量和减量的分析方法，可有以下3种观点。

1. 存量即资产等于财富

如家庭拥有的货币金融资产、实物资产，包括住房、汽车、家用机械电器、衣物及存款、股票等，都属于家庭财富。家中有负债时，则需要将这些资产扣除负债后的净资产视为家庭财富。反映在家庭资产负债表上，就是资产总额扣除负债总额后的净资产价值。存量即财富是大家通常公认的观点。如某企业家的身家资产达到30亿元，某打工仔的身家资产不足10万元，某赤贫家庭的资产集拢起来不足千元等，正形成鲜明的对比。

2. 减量即消费等于财富

这种观点认为，大家每日辛辛苦苦赚钱为什么，就是为了随心所欲地花钱，多赚钱就是为着多花钱，而非每日躺在金币堆成的小山上数票子玩。故此，只有自己每日吃掉、穿掉、花掉，实际消耗掉的，才是属于自己的财富，余者皆属于身外之物，不必归于财富之列。大家积极赚钱的目的，是为了更好地花钱，提升消费生活的质量和品位，而非压缩消费甚至"抠牙缝"来积累财富。

某著名企业家拥有多个大企业，身家资产达到数十亿元，但该企业家认为自己的子女不擅长也不喜欢经营企业，并不希望子女来继承这笔财富。故此，自己每个月实实在在开销的三五千元的生活费，才是真正意义的个人拥有财富，自己死亡后余剩的这些资产将会全部留归社会所有，成为社会财富，而非再归个人。

3. 增量即收入等于财富

某个人拥有的财富再多，坐吃山空也会消耗穷尽。故此，赚取收入的数额及更为重要的赚取收入、打理财富的能力，才真正代表了个人拥有的财富。从长期乃至延续终生来看，一个不名一文但学富五车的博士，比一个腰缠百万贯的纨绔子弟身价应当更高，未来可以期望的发展前景也要好得多。

3种财富的观点都是正确的，各自反映了应予包括的某个方面，体现了人们拥有的某种价值观。家庭拥有财富的总量，如房子、车子、票子应当随着时代发展有所增加；但积聚财富只是一种手段，而非人生的全部目的。故此，个人财富总量的增加，并非一定要建立在极大压缩消费的状况下进行，而只是为提升消费生活的质量和品位奠定雄厚的物质基础。为解决这一矛盾，关键就在于持续不断地增加收入，尤其是未来可持续发展的赚取收入的能力和才干，这就必须将对家庭的人力资本投资和理财技能的增进等，置于较高地位进行重点考虑。

理财的最高境界

如果要提出理财境界的最高典范的话，全球首富比尔·盖茨应当荣登榜首，缘由如下。

第一，最能赚钱。比尔·盖茨"一不小心"就凭借其对计算机程序软件行业做出的巨大贡献，成为世界首富，并多年来一直保持这一骄人业绩，这是大部分人不可能做到的。

第二，最能花钱。比尔·盖茨的家不仅绿意浓浓、华丽壮观，而且凭借高科技和高智能化，更加神秘莫测，绝对是家具界的天才！从 1990 年开始，盖茨花费了 5 300 万美元，经过 7 年时间的精心打造，堪称当今智能家居的经典之作，亦是一处美丽景观。该宅邸有 24 个浴室、6 个厨房、7 套睡房、1 座图书馆、1 个宴会厅，还有一片养殖着鲑鱼的人工湖。

第三，将辛苦赚来的钱财不当回事，比尔·盖茨最为人们敬重之处，就是将赚取的全部财富 580 亿美元，一文不剩地全数捐赠给基金会，为全社会造福。比尔·盖茨说道：如果一个人在巨额的财富上死亡，是一大耻辱。

相形之下，法国大文豪巴尔扎克在小说《欧也妮·葛朗台》中提及的老葛朗台，却是完全对立的另一种景象。

第一，赚钱手段很不光彩，完全凭借精心算计对方，乃至巧取豪夺，为自己积累起巨额钱财。

第二，赚钱目的仅仅在于积累财富，而非提升家庭生活的质量和品位，日常生活消费如吃饭、穿衣、日用等，连叫花子也不如。

第三，整天为了钱财算计他人，算计自己的家人，为此不惜剥夺唯一女儿的终身幸福。

第四，最终是在自己家中金币堆积而成的"金山"上死亡，并未能借助赚取的巨额财富为自己和家人造福，为社会和邻里造福。

打造亿万富翁

如何成为"亿万富翁"，大家十分关注，为此有个神奇的计算公式。某位年轻人从 25 岁开始每年定期结存 1.4 万元并用于股票或住宅投资，持续 40 年之久，按每年平均 20% 的投资回报率，40 年后他能积累多少财富呢？一般人猜的金额多在 300 万～800 万元，顶多猜到 1 000 万元。然而依照财务学计算公式，结果是 1.4 万元×（1+20%）^{40}＝1.028 1 亿元，令人咋舌。

公式说明，一个 25 岁的上班族，依照这一方式投资到 65 岁退休时，就能成为亿万富翁。每年拿出 1.4 万元是绝大多数人都可以做到的，坚持 40 年光阴则会将众多人士相继淘汰，但坚持到底者也应大有人在，而持续 40 年一直能达到 20% 的高收益率，则几乎是巴菲特的专利，绝大多数人是做不到的。那么，换种做法，每年投资回报率 15% 则不算过难，每年拿出 5.6 万元，连续 40 年，最终的结果同样是 1 亿元。

投资理财没有太复杂的技巧，重要的是观念和毅力，观念正确，坚持到底就会赢。每个理财致富的人，只不过是做到了一般人做不到的事项而已。

本章小结
BENZHANG XIAOJIE

1. 家庭的三种生活价值取向：以家庭为中心、以事业为中心和以消费为中心的家庭。

2. 个人理财目标是指个人所追求的未来经济生活的境界，取决于各自的生存环境及所希望选择的人生道路是什么。家庭理财的经济目标、社会目标与家庭目标，三方面应统筹兼顾，全盘考虑，不应偏废。

3. 实现理财目标应注意现实性、可行性、操作性与时间性这四大因素。通常有两个主要因素会影响客户对将来的财富渴望：一是实现理财目标的时间表；二是促使实现理财目标的经济动机。

4. 理财目标体系的特点：灵活性、可实现性、明确性和可量化性，对不同的目标有不同的优先级别，同级别的目标之间没有矛盾，该目标可以通过制订和执行一定的行动方案来实现，实现这些目标的方法应该是节省成本的。

5. 个人理财原则，俗称"持家之道"，是指个人在组织其理财活动时，应遵循的若干准则和规范要求，或者说应具备什么样的指导思想的问题。这一原则要能体现家庭理财活动的特点，反映社会家庭对其理财活动运营的根本要求。

6. 投资者教育，一般被理解为针对个人投资者所进行的一种有目的、有计划、有组织的传播投资知识、传授有关投资经验、培养有关投资技能、倡导理性投资观念、提示相关投资风险、告知投资者权利及保护途径、提高投资者素质的一项系统的社会活动。它主要包括投资决策教育、个人资产管理教育和市场参与教育三方面内容。

思考题

1. 公众经济意识觉醒需要具备哪些条件？
2. 简述个人理财原则。
3. 简述 4 种典型的价值观。
4. 简述家庭的三大理财目标。
5. 财商教育课程的开展需做哪些工作？
6. 简述投资教育的内容。
7. 简述理财目标的制定原则及其步骤。
8. 简述金融理财意识的内容。
9. 简述加强对公众进行金融理财意识培养的现实意义。
10. 论述金融理财意识培育的途径与方法。

第4章

家庭会计

4

学习 目标

1. 了解家庭会计的含义
2. 学会设置家庭会计账簿
3. 了解家庭资产与费用计量的方法及原则
4. 了解各种家庭会计报表的类型及财务分析指标

4.1 什么是家庭会计

家庭记账核算事项可追溯到很早之前。从家庭作为经济生活基本组织出现后，为了核算家庭生产经营、生活消费中的种种事项，就产生了家庭会计。家庭是社会经济生活的基本组织。家庭经济不仅要考虑每月现金的收支、存储，还增加了证券投资、保险等事项。经济事项的复杂，内容联系的广泛，家庭会计账簿的建立、核算很有必要。

4.1.1 家庭会计的内容体系

家庭会计核算的对象，是家庭经济活动中体现的资金或资金运动，或者是用货币反映的经济活动，或者是由此体现的家庭会计要素及要素的增减变动情况。

1. 家庭会计核算的内容

家庭会计核算大致包括以下内容：① 家庭资产、负债、权益、收入、费用、利润等会计要素的计量、记录、确认与报告的核算；② 家庭经营、投资、消费等行为的记账核算；③ 家庭组建、子女抚养教育、旅游观光、社会交往乃至家庭离异解体等事项的专门费用计算；④ 家务劳动的费用与成本核算。

家庭会计核算还涉及家庭各项功能的实际履行状况，各功能花费钱财的情况在一定程度上可证明功能履行状况的优劣。依通常情形而言，某项功能上花费越多，则该功能履行的状况就越好，在某项功能履行上若完全没有任何花费，或者花费很少，则可从两方面说明：① 家庭尚不存在该项功能，如某新婚家庭自然不需要发生子女的抚养教育费用；② 该项家庭功能履行很差，或者完全未予履行，如尚未成人的儿女提前做童工，而非去接受义务教育等。

总之，家庭中发生的一切经济活动及非经济活动中涉及的若干经济事项，或者经济活动对家庭其他各项功能活动的渗透和融入，都是家庭会计核算应予包括的内容。

2. 家庭财务指标

家庭财务指标有以下几项。

（1）家庭收入、支出、财产、消费指标，考虑其内容构成、类型划分、结构形式、增长状况等。

（2）收支消费、财产、储蓄等相互间的指标，如收入与支出系数、家庭储蓄率、消费率等。

（3）资产负债权益间的指标，如资产负债率、资产权益率、资产流动率等。

（4）收入与支出利润指标，如收入利润率、成本费用利润率、资产周转率、净资产收益率等。

（5）家庭特有的若干财务指标，包括家庭支出费用中各功能活动履行费用占据的比例、结构及增减情况，家庭各成员拥有支配、享用家庭资源占全部家庭资源的比例、结构及增减情况等。

4.1.2 家庭会计账簿

家庭账户信息核算中最主要的工作，是日常收支事项的——记账，如客户以前不太重视家庭记账，最好从现在开始就使其养成良好的记账习惯。虽然记账核算的过程比较枯燥，但只有做好日常功课，才能在关键时候做出正确的决策。实际上，通过日常的收支记账，也能培养成功理财的重要素质——耐心和细心。

家庭记账需要遵循以下三大原则。

1）分账户

分账户就是所有收支记录必须对应到相应账户之下。一般家庭的日常收入与支出的现金流动不外乎以下方式：在记账前须把这些现金、活期存款等按照一定的方式建立相应的账户，记账时才能区分该笔收入或支出引致的现金流入或流出到了哪个具体的账户。分账户核算方便监控账户余额及分账户进行财务分析，清楚了解资金流动的明细情况。

2）按类目

按类目就是所有收支必须分门别类地进行记录。在审视财务状况的步骤中，需建立家庭的收支分类并在记账时按此标准记账。只有这样，才能方便收支汇总及组织相应分析，否则就只是一笔糊涂的流水账。时间长了无从记起，更不可能统计分析，失去了记账的意义。

3）及时性、准确性、连续性

记账操作应保证及时性、准确性、连续性。及时性是在收支发生后及时进行记账，避免遗漏，提高记账的准确性，及时反映理财的效果；准确性是保证账簿记录是正确的；连续性是保证记账行为连续不断地进行。理财是一项长久的活动，必须要有长远打算和坚持的信心，作为理财基础的记账核算更应如此。

家庭会计核算中，如生活消费、收支购买、成本费用、财产折旧摊销、资源优化配置等内容，都需要组织相应的核算。农户个体户的生产经营、生活消费和其他相关事项的全面核算中，既要保持相对独立，不能完全混淆在一起，又应考虑其毕竟是同一个家庭中发生的事项，相互间有着异常密切的联系，必须有一定的衔接。因此可考虑设置经营、消费两本账，分别核算各自的内容，再将经营账中的经营纯收入转移至生活消费账中。

家庭记账应注意的事项有：① 由专人负责；② 及时，不耽搁时日，日清月结；③ 记账内容完整，摘要、名称、金额、数量等都给予反映；④ 数字真实、计算准确、不错账漏账，不造虚账、假账，不记重账；⑤ 记账全面完整，家中所有收支事项，事无巨细都应分类入账；⑥ 不同性质的经济事项不合在一起记账；⑦ 字迹、金额清楚，不潦草；⑧ 要学会用账，对账项资料作分析，如收支是否平衡，开支是否合理，收支消费中有何规律性可循等，都要在记账算账、分析评价的基础上，对未来的经济生活有总体设计。

下面简略地提供几种家庭会计账簿的格式，从日记账到专门账，包含了收入、支出、投资等种种内容，以供读者参考，具体表格形式如表 4-1～4-3 所示。

表 4-1　家庭流水日记账　　　　　　单位：元

月	日	摘要	收入	支出	结余
9	1	期初结余			150
9	2	购物		80	70
⋮	⋮			…	…
9	30	发生额合计及余额	3 200	2 800	550

公式：期初结余+本期收入小计−本期支出小计=期末结余

表 4-2　家庭简要分类日记账　　　　　　单位：元

年		收入		支出											储蓄			余额
月	日	摘要	金额	吃		穿		用		住		其他		非商品支出		支出小计	定期	活期	债券股票	
				摘要	金额	摘要	金额	摘要	金额	摘要	金额	摘要	金额	摘要	金额					

表 4-3　家庭详细分类日记账　　　　　　单位：元

年		收入						支出											投资				余额
月	日	摘要	工资收入	奖金收入	津贴收入	经营收入	其他收入	小计	摘要	食品支出	衣着支出	日用品支出	耐用品支出	居住类支出	燃料类支出	文娱支出	医药保健支出	服务修理支出	学习教育支出	赡养捐赠费	其他支出	支出小计	定期存款	活期存款	国库券、债券	股票、基金	其他金融资产	

4.2 家庭资产计价

家庭资产包括实物资产和金融资产。实物资产从其使用期长短及同费用的相关性而言，又可分为固定资产、低值易耗品、物料用品等。金融资产分为家庭共用的现金（备用金）、各家庭成员手上的现金、活期存款、信用卡、个人支票等。

4.2.1 家庭资产的计量、计价

为确切计量家庭资产，需要严格划分家庭资产的类型并施以不同的计量方法和标准。家庭拥有资产的额度为多少，应通过计量、计价的方式予以确定，首先需要考虑家庭资产计量的范围和计价方法。这类事项今日还是较少出现，随着形势发展，将来会有较大的发展前景和应用价值。

家庭各会计要素的计量、计价中，资产与费用的计量、计价最难界定，这里给予简要的介绍。

1. 家庭资产计量的范围

家庭资产计量的范围，应该包括家庭拥有或控制的全部资产。但需要指出，家庭生活中的低值易耗品和一般物料用品，如炊具、生活用具、图书、衣物等，因项目繁多、价值不高、使用期限短等原因，不应全部详细计入家庭资产范围，只要匡算大致情形即可。担负生产经营职能的个体工商户、农户会拥有较多的经营性资产；发明家、作家也会拥有某些专利权，这都会带来不确定的收益。对这类权利类的无形资产，也有价值计量、评定的需要。

2. 家庭资产计价的方法

家庭资产的计量是容易的，点数、过磅均可，资产计价却颇为麻烦。应当选择真实可靠、核算简单，能够反映实际财务和经营业绩的计价方式，并在不同场合使用不同的计价方式。目前，一般可考虑使用以下 3 种方法来进行家庭资产计价。

1）成本法

购买或建造某项资产时所花费的代价，同取得该项资产直接或间接相关的花费，都可以称为该项资产的成本。如家庭购买小轿车的计价中，购车费、保险费、车辆购置税及其他附加费用等，都应计入该小轿车的价格。

2）收益法

收益法即预期该项资产将来可能为家庭带来收益额的大小，并以此为据计量该资产的价值，主要用于一切生息类资产的计价。但这种计量方法的缺陷有三：① 没有原始凭据可资证明作为记账的依据；② 只是将来可能实现的收益，而非真实或现实已获取的收益；③ 以未来收益为据有相当的不确定性，不符合谨慎性原则的要求。

3）市价法

市价法即以该项资产的现行市价为据，重新调整账面已登载的资产价值，保证账实相符。对现行市价与账面成本价的差额，即资产随着时间推移而发生的增值或减值，则应调整账面记录。同时视该项资产的性质为投资型还是消费型，将该项差额作为家庭的投资损益或

视为生活费用。

此外，作为家庭资产的计量、计价，又有自己的特殊方法，或者说，各种方法在家庭资产的计量中，也会发生某种变形以适应家庭的特殊环境。企业中一切行之有效的资产计量评估方法，可转移于家庭资产的计量中使用。但应注意，家庭作为一个消费单位，资产具有耗费性，耗费状况及额度等需要予以特别考虑。

3. 非现金资产的成本价值

非现金资产的成本价值，通常通过购入时所支付的现金来计算，但在每个结算期，如有必要确定该资产的确切价值时，要考虑该项资产当时的市场价值。成本价与市场价之间的差异，就是账面上的资产损益。

编制资产负债表时，最好将成本计价与市值计价的指标并列反映，既可以看出该项资产的当前价值与过去价值的演变，又可以看出两者间的投资损益。两个指标各有含义，以成本计价的资产负债项目，可以反映家庭资产获得当时花费的代价，并检查记账是否有误；而以市值计价的资产负债项目，则可以正确显示家庭净财富的现时确切价值。计算市值时，除公开的股票、债券或基金价格可供计算外，个人使用的实物资产如房屋、汽车或收藏品等，也要定期估价以反映其变现价值。

4. 家庭资产增值贬值的计价

家庭实物资产包括动产和不动产，生活消费品、家用电器等可称为动产，在使用过程中该项资产会因使用磨损而发生实物损耗，如汽车的价值会因使用磨损发生贬值；房地产属于不动产，会因地价上涨而引起房屋价值上升。资产价值的贬低需要通过折旧和价值摊销的方式予以解决。这一工作涉及折旧摊销的年限、方法确定等内容，具体实施有相当难度。对资产价值的增值，则应根据具体情形予以不同处理。衡量该项资产的市场价值同账面价值的背离，并对账面价值予以调整。

当持有资产的市价发生较大变动时，或有形资产随时间逝去出现损耗时，可视个人金融理财的目的或资产持有的期限做弹性调整。评估市价困难、流动性较差的房地产、汽车、古董或未上市股票等资产，可依成本价入账。资产重估增减值列入净资产变动项目，但处理资产时，其损益要以最近年度重估后的价值为成本来计算。对市价变动频繁，且有客观价格可资评判的股票、债券等，应于每期编制资产负债表时，将未实现资本利得或损失反映在当期净资产的变动上，资产负债表应忠实反映个人资产的账面价值，并使账面价值尽可能地吻合实际价值。

5. 家庭资产计价的程序

家庭拥有财产状况及额度的计算，可以采取的方法是：① 首先对各项财产归类整理；② 对各类财产计量点数；③ 对财产的成新与磨损情况予以核定；④ 计算各项财产的市场重置价（该项财产在全新状况下可在市场中出售的价格）；⑤ 计算该财产的现行价，即重置价×成新＝现行价；⑥ 对计量的结果加总得到家庭财产的总额度。

4.2.2 家庭生活费用的计算

1. 家庭生活费用的一般状况

家庭生活费用的项目及内容构成，体现了家庭消费项目、消费内容和质量是否丰富多彩；其间反映的物质生活与文化生活费用，生存消费、享受消费与发展性消费的状况、占据比例及其增长状况，则表现了家庭消费生活的档次与质量。

家庭应当对一定会计期间发生的生活费用的状况，予以详细记载并据以编制生活费用表。家庭生活费用计算与家庭购买性支出的总额计算，如计量口径、包括范围等都有较大不同。计算家庭生活费用的目的，在于得出各会计期间家庭拥有资源因生活消费而实际耗费的情况。

2. 货币支出数与实际生活费用数的差异

（1）家庭用于纳税、缴费、参与社会交际的费用，不形成家庭财产，也非本家庭生活所消费，只是家庭对社会、对其他家庭应尽的义务责任或保持联系的一种手段。

（2）家庭的生活费支出，除了用于食品、劳务服务、文娱教育的花费外，大都不是一次性全部消费，都有或长或短的消费过程，长则数年、十数年，短则数天或数十天，以财产积累的方式逐步用于生活消费。

（3）支出一般指商品和劳务的货币支出，消费还包括了家中自给品和自我服务的消费。

3. 家庭生活费用计算的方法

家庭生活费用的计算涉及内容较多，可按照各种费用的性质不同分别处置。

（1）劳务费支出应全部计入当期生活费用，包括水电费、通信费、交通费、保险费（非还本保险的缴费）等。

（2）购买食品、菜蔬肉蛋等主副食品的费用，这类物品价值较低，使用期特短，无法将其归结为一种资产，全部计入当期生活费用即可。

（3）衣物、床上用品等类支出，一般情况下计入当期生活费，只是对某些较高档（如价值为 500 元以上）、穿着期限较长（如 1 年或 2 年以上）的衣物及床上用品等，应单独计列，并在一个规定的时限内予以摊销，将摊销额计入当期生活费用。

（4）日常生活用具用品，如洗涤用品、炊事用具、医疗保健用品等的购买费用，一般应全部计入当期生活费用。对其中价值较高、使用期限较长的生活用具，可考虑在实际使用年限内予以分摊。

（5）家具设备、家用机械电器、家用车辆等，使用年限较长、单项价值较大，可称为家庭的固定资产和低值易耗品，用按期计提折旧和价值摊销等形式，逐期、逐批地计入家庭生活费用总额。

（6）家用住宅。住宅价值高、使用期限长，且在居住使用期内还会发生资产增值事项。住宅会随着居住使用而发生相应的磨损，应通过计提折旧的形式计入生活费用；住宅资产的增值事项可通过资产定期重估价的形式，将估价后的增值收益增加住宅资产的价值，同时增加房产投资收益。如系租用住宅则将每期缴付的租金和房屋使用维修的其他费用，都全部计入当期的生活费总额。

4. 生活费用计算不应包括的指标

计算家庭生活费用指标，应当注意以下指标不应计入。

（1）家庭的实业投资、证券投资及其他投资的资本性支出，家庭储蓄存款。

（2）家庭投资中发生的损失。

（3）家庭资产因被窃、毁损、自然灾害等受到的各项损失。

（4）缴付保险费（还本性的养老保险）支出，投保期又相当长时，可视为家中的一项金融资产，是投资而非费用，若系一般的财产保险、人身意外伤害保险等非还本保险事项，可视为家中的一项费用发生，计入当期的生活费。这笔金融资产既因每期不间断地投保而增值，又因已缴纳保费随着时间推移而发生价值增加。

（5）缴纳个人所得税及其他税金支出等，应视为家庭可支配收入的减少，而非生活费用的增加，不必计入生活费用。

（6）家庭赡老抚幼支出，若该老人和幼小子女是和家庭成员共同生活在一起，这笔费用自然计入生活费用总额，如并非在一起生活，则需要将赡老抚幼开支冲减家庭收入总额，得到可支配收入的指标。

4.2.3　个人财务状况评定

每年个人财务状况的评定，可考虑用下列简便公式加以衡量：

$$年初投资额 \times 年投资收益率 + 年工资收入 - 年生活费支出 = 当年盈余 \qquad (4-1)$$

"当年盈余"这个数字应该是正的，且每年获得盈余占年初投资额的比例越大越好，说明当年的投资收益和工资收入的比率很高。

式（4-1）最理想的状况就是工资收入等于 0 时，当年投资盈余仍然足以满足生活费支出的种种需要，这一状态可称为财务自由，即投资理财的终极目标和最高标准。

仔细展开公式（4-1），会发现一些有趣的东西，有助于更好地分析目标。

（1）真正盈余还应扣除通货膨胀部分，否则账面上的钱是增加了，可实际购买力却在下降。

（2）支出项计入的应是仅归入当年分摊的部分。如购买的衣物一般能穿数年不等，汽车也不会只用一年。但分摊时要注意，绝大多数的消费品不应该均摊到其全部使用年限上去，开始时折旧应提取较多，然后逐年减少。如仅是大略计算时，也可以把那些使用年限不长的东西在一年内摊销掉。

（3）就短期而言，增加年初投资额、年投资收益率、年工资收入或压缩年生活费支出，都会提高当年盈余。就长期来看，只有提高年投资收益率才是可行并最有效的。

（4）年初投资额是在投资起步阶段条件很差时就应具备的，且难以为人的主观意愿而改变。

（5）年工资收入会随着由青年步入中年而上涨，但一般到了 $45 \sim 50$ 岁就步入顶峰，随后会呈下降趋势。

（6）年生活费支出会随着家庭规模的壮大，对生活质量要求的提高而上涨。一味地压缩生活费支出同理财的初衷是背道而驰的，大家毕竟不是仅仅为了攒钱而做守财奴。

（7）年投资收益率一般会随着投资理财经验的增长而提高，这种技能能够受用终生，不会像体力劳动那样受身体和年龄的限制。

经过修正后的公式为：

$$年初投资额 \times (年投资收益率 - 通货膨胀指数) + 年工资收入 - 年生活费支出 = 当年盈余$$

$$(4-2)$$

工资基本上是按月支付，受通货膨胀的影响较小，为计算简便，一般可将其忽略不计。但如当年盈余在第二年就进入"年初投资额"时，就会受到通货膨胀的影响。

4.3 家庭财务报表

4.3.1 家庭财务报表简介

1. 家庭财务报表的含义

家庭财务报表是用来反映个人或家庭财务状况和财富增减变动的会计报表，主要有财务状况表和净财富变动表两种，又称为资产负债表和收入支出表。编制财务报表的目的较多，主要用于家庭财务规划、公开个人财务情况等，向银行贷款、取得分期付款购货优惠、缴纳个人所得税、申办信用贷款上学等，也需要用到这些报表。

美国注册会计师协会在发布的《与个人财务报表有关的会计和财务报告》中确定了个人财务报表的标准，认为"个人财务报表是对个人的资产和负债所做的总结。它提供了关于收入、支出或有负债、资产所有权和价值、所欠负债的信息及相关的说明和保证"。该会计师协会已经围绕家庭财务报表制定了专门的制度和标准，说明美国的会计学界及广大社会公众对个人家庭经营、消费、投资事项的会计核算及财务报表编制等，已是深入人心，并进行了较深入的研究。我国的经济社会发展、个人家庭经济运营、核算等，要达到这一步尚有较遥远的距离。但为达到这一步做出相当的努力，还是非常有必要的。

2. 家庭财务报表的内容

在家庭财务报表的编制中，首先应当有一些基本报表。

（1）根据家庭在某一时间的资产负债和资产净值的基本状况，编制资产负债表。

（2）根据家庭收入、支出、费用状况，编制收入支出表。

（3）根据家庭日常消费生活的状况，编制生活费用表。

（4）根据家庭拥有现金的流入、流出及存量状况，编制现金流量表。

（5）农户、个体户家庭还有相当的生产经营活动，会发生相应的经营收入、支出、费用成本等事项，为此应当专门编制生产经营状况表。

（6）如有证券投资及其他投资事项时，可为此专门编制投资状况及收益表。

（7）对家中发生的许多专门事项，为能更具体明晰地做专题反映，可以编制专项报表，如旅游、结婚费用、交际往来费用等报表，以促使各功能活动的顺利履行。每个报表都有其特定用途，相互间不能完全取代。

家庭报表的功用很多，它首先是为家庭的经济运行、财务处理等，提供可依据的财务文件，为家庭资源的优化配置，为家庭运营、投资、消费活动的顺利开展，为家庭人际关系的协调美满等，发挥应有功用。

3. 家庭财务报表的特殊格式

（1）个人家庭在向银行申请各种消费贷款及其他贷款时，需要按相关法规的要求，编制并报送个人家庭的收入、财产状况的报表。这一格式是完全依照银行的相关制度规定办理。个人财务报表提交给银行时，最好在银行准备的专用表格上填写，并按要求填写收入来源，随附负债及其他可能影响信用的具体信息。

（2）家庭可能根据国家统计局调查总队的某项安排，担负家庭收支记账的特别任务。家庭财务报表的编制应根据专门下发固定格式的报表编制。

（3）农户、个体工商户因组织生产经营事项，因而发生的生产经营所得和经营收入等，需要按税法规定向国家缴纳流转税和个人所得税。在此状况下，财务报表的格式应依据税法规定执行。

（4）从某种意义上讲，家庭财务报表的编制还便于家庭成员身故或残疾时的身份确认，如资产清单对保险理赔就有一定帮助。每个家庭应保留一份这样的清单，并定期更新内容。家庭律师或家庭个人理财师也应保留清单副本，以备不时之需。

4.3.2　家庭会计报表的简易设置

设置家庭会计报表，以概括综合反映家庭在一定会计期间的财务状况和收支、经营活动的成果，是很有必要的，具体包括家庭资产负债表、经营损益表（生产经营型家庭）、收入支出表（生活消费型家庭）、现金流量表、生活费用表、财产登记表等内容。下面详细讲述其中的几种。

1. 家庭资产负债表

家庭资产负债表是根据家庭在某一时点的资产负债和资产净值的基本状况编制的，是家庭会计报表中最为重要的报表。它清晰地反映了家庭拥有资产的状况，这些资产又是从哪些方面而来，其间的比例关系是如何等。资产负债表如表 4-4 所示。

表 4-4　家庭资产负债表

资　产	金额	负债权益	金额
现金、银行存款 应收款 物料用品、低值易耗品		借银行款 其他借款 应付款项	
流动资产合计		负债合计	
房屋建筑物、家具用具、家用设备、家用电器、金银制品、图书 生产经营型固定资产 无形资产　其他资产		家庭净资产	
资产合计		负债权益合计	

这里需要说明的是，资产负债表的功用是家庭向银行申请贷款时，按照银行的要求予以编制的。贷款银行考虑的家庭资产，只能是可以变现也能交易变现，具有偿债能力的资产。尽管一名申请借款者可能拥有较高的资产净值，但若该项净资产主要是由不可上市交易的证券和不动产构成，这一资产因其无法顺利折现以偿还贷款，对银行来说就不具有较高价值。

2. 家庭收入支出表

家庭收入支出表是反映一段时间内家庭收入、支出及余额的财务状况的报表。尤其对一般的工薪家庭而言，只有劳动而来的收入和花钱消费而来的支出购买，没有经营投资事项，更谈不到可从中得到的损益。

家庭资产负债表主要反映了家庭在某个时点上的财务状况，是静态的财务报表。若要了解在一段时间内家庭现金的流入与流出情况，就需要编制家庭收入支出表并由此得出这段时间的理财成果，作为收支预算的基础。

收入与支出是个人/家庭经济活动的基本内容，收入支出表在这里也被区分为经营型和消费型两种，后者不妨直接称为收入支出表，家庭损益表和家庭收入支出表分别如表4-5和表4-6所示。

表4-5　家庭损益表（经营型）

项　目	金　额	项　目	金　额
经营收入		减：其他经营支出	
加：其他经营收入		经营利润	
减：经营成本		非营业收入	
经营费用		非营业支出	
工资费用		利润总额	
税金支出			

注：经营费用包括经营过程中所发生的管理费用、销售费用、财务费用和其他费用等。

表4-6　家庭收入支出表（消费型）

项　目	金额	项　目	金额
工薪收入		饮食支出	
附：丈夫收入		衣物支出	
妻子收入		床上用品支出	
孩子收入		家庭物料用品支出	
其他人员收入		家具设备、机械、电器支出	
劳务收入		其他商品支出	
资本收入		文化教育支出、文娱体育支出	
经营收入		水电交通费支出、通信支出、房租支出	
投资收益		其他劳务支出	
其他收入		借贷支出、储蓄保险支出、证券投资支出	
收入合计		支出合计	

3. 家庭现金流量表

家庭现金流量表是分析反映家庭的现金流量及财务状况的重要报表。家庭的经济活动一般都直接体现为现金的流入与流出，现金流量表的编制及分析可以体现家庭经济运行的基本状况。家庭经济活动通常表现为劳动、经营、投资与消费四大活动，期间都可能发生某种现金流入、流出情形，故对个人/家庭现金流量表的设计，也应包括这四方面活动体现的现金流入与现金流出。家庭现金流量表的格式如表4-7所示。

需要说明，表4-7提出了家庭借贷活动中的现金流入与流出，而非一般企业现金流量表反映的筹资活动。后者一般包括股权资本筹资和借贷资本筹资两方面内容，个人/家庭的一般经营投资活动中，不存在发行股票、招商引资等股权类筹资内容，故这里直接用更为直观的借贷活动作替代。

表 4-7　家庭现金流量表

项　目	金额	项　目	金额
期初现金结存量		本期家庭借贷活动中的现金净流量	
本期家庭经营活动中现金净流量		本期家庭借贷活动中的现金流入合计	
经营活动中现金流入合计		对外借出款项收回的现金流入	
销售商品、提供劳务的现金流入		对外借入款项的现金流入	
其他经营活动中现金流入		对外借出款项的现金流出	
购买材料、发放工资的现金流出		对外借入款项归还的现金流入	
支付各种经营管理费用的现金流出		本期家庭借贷活动中的现金流出合计	
经营活动中的其他现金流出		本期家庭消费活动中的现金净流量	
经营活动中现金流出合计		劳动及消费活动中的现金流入合计	
本期家庭投资活动中的现金净流量		家庭各项职业劳动与非职业劳动的现金流入	
投资活动中的现金流入合计			
股票债券投资售出的现金流入		家庭其他活动的现金流入	
投资活动盈利的现金流入		日常生活消费的现金流出	
其他投资活动收回的现金流入		文化教育、文体娱乐活动的现金流出	
储蓄存款支取的现金流入		社会人际交往的现金流出	
购买股票债券、储蓄存款的现金流出		赡老抚幼的现金流出	
投资活动发生亏损的现金流出		家庭其他消费活动的现金流出	
其他投资活动的现金流出		劳动及消费活动中的现金流出合计	
投资活动中的现金流出合计		期末现金结存量	

4. 家庭财产登记表

家庭财产内容多样，种类繁杂。通过财产表的形式予以登记反映，对加强财产管理，维护财产运用，提升家庭财产的价值，都有相当的功用。家庭财产表如表 4-8 所示。

表 4-8　家庭财产表

项　目	金　额	项　目	金　额
一、实物资产		二、金融资产	
1. 住宅		1. 金银制品	
2. 家用车辆		2. 股票	
3. 家用机械		3. 债券	
4. 家用电器		4. 储蓄存款	
5. 低值易耗品		5. 外汇存款	
6. 家具用具		6. 还本保险	
7. 衣物用品		7. 手持现金	
8. 炊事用具		8. 其他有价证券	
9. 文体用具			
10. 物料用品			
合计		合计	
家庭财产总计			

4.4 家庭预算与报表分析

4.4.1 家庭财务预算

1. 家庭财务预算的制订与执行

凡事预则立，不预则废。理财规划是实现个人理财目标的过程，预算能为客户提供理财的方向，使一切财务生活皆为了达成一些特定的目标，而不会完全无意识地赚钱与用钱。预算同时又控制每个重要的财务环节，以便更好地掌握财务动态。预算其实好似一张地图，一旦我们知道自己要去哪里，它就指示我们如何到达目的地。

个人理财规划中，预算大多是以月的形式为基础，以现金形式来显示每个月的收入和支出。预算的本质是短期理财预测，用以监察和控制支出与购物。预算还是个人理财的路径，能提供一个机制使我们实现计划，完成理财目的。要做好收支预算，需要准备好预算资料。

家庭收支预算和个人理财规划的关系如图 4-1 所示。

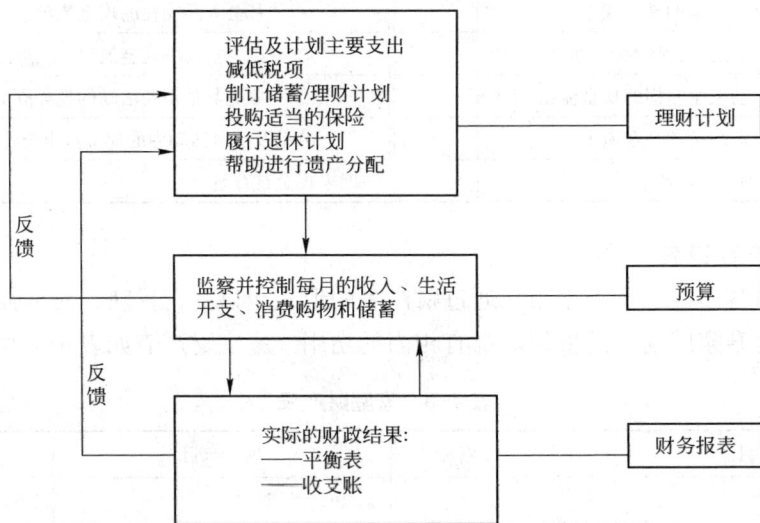

图 4-1 家庭预算和个人理财规划的关系

从图 4-1 可见，预算编制既联系了短线收支和长远理财计划，又显示了家庭理财的实际营运结果，可作为订立方向、控制和反馈使用，还有助于预计未来可能产生的问题并及时更正，在个人理财规划中扮演着重要的角色。

2. 家庭财务预算的含义与方法

家庭财务预算是用于预测个人收入、支出与未来盈余或赤字的一种计划性文件。编制个人预算时，应记住个人的理财目标，把计划支出与未来个人净值增加、满足难以预料事件发生所需的各种支出、长期负债偿还等因素综合考虑。正常的预算期为 1 年。

预算编制过程一般要遵循以下几个步骤：① 确定每年或每月的收入；② 确定每年或每

月的支出；③ 确定现金短缺与盈余部分如何进行管理等。

预算工作表是一种常用的预算手段，常用的预算工作表一般列有收入与支出的实际数、预算数与预算差异数 3 个栏目。通过预算工作表的差异数，人们可以发现实际收支数与预算数不相符的情形，从而寻找其间的原因，调整原预算数，或对未来的个人收支进行有效的管理，以实现个人的理财目标。

3. 家庭财务预算成功的特点

制订财务预算并不能借此一举消除所有的经济问题，预算确定后必须认真实施才能发挥更大的作用。收入、开支及目标变化后，财务预算也应相应改变。资金管理专家认为成功的预算必须具备以下特点。

◆ 设计合理——好的预算需要花时间和精力准备。预算规划必须覆盖所有相关人士。孩子们帮助家人设计并实施家庭预算时，能学习到非常重要的资金管理的经验。

◆ 切合实际——如果一个人的收入中等，不要期望立刻就能积存足够的钱来购买昂贵的轿车或过豪华假期。预算的目的不是阻止人们享受生活，而是帮助达到期望的目标。

◆ 灵活机动——意料外开支和生活成本的变化，要求预算做出修订完善，某些特殊情况，如子女的未曾预料的突然出生等，会导致相关费用的长期大幅度增加。

◆ 沟通清晰——预算必须形成书面材料，让所有家庭成员了解。有关人员必须了解消费规划，否则无法奏效。书面预算材料的形式有很多，如应用记事本或计算机系统等。

4. 预算表的编制

具体编制预算表时，可先在练习簿上打上表格，填上收支项目的名称。家庭收入项目包括工资收入、奖金收入、津贴收入、经营收入、其他收入、借贷收入等科目。家庭支出项目包括商品支出和劳务支出两大类，家庭收支预算表如表 4-9 所示。

表 4-9　家庭收支预算表

年　月　日　　　　　　　　　　　　　　　单位：元

家庭收入		家庭支出			
项目	金额	项目	金额	项目	金额
工资收入		食品费		医药保健费	
……		主食品		文化娱乐费	
……		副食品		通信交通费	
奖金收入		被服穿着费		……	
……		耐用品购置费		房租水电费	
津贴收入		日用品购置费		社会交际费	
经营收入		燃料费		赠送赡养费	
其他收入		借贷支出		托育服务费	
借贷收入		储蓄		什物修理费	
期初手持现金		期末手持现金		纳税	
总收入额		总支金额		其他费用	

现以美国劳工统计局发布的不同类型家庭状况的生活预算分配为例，得出各项生活费开支中的比例。

表 4-10   不同生活状况下的常用预算分配   单位：%

预算类别	学生	上班单身族	子女小于18岁夫妇	子女年幼的单亲父母	子女超过18岁在上大学父母	不抚养子女55岁以上的夫妇
住房（房租金、归还房贷、公用事业、装潢）	0～25	30～35	25～35	20～30	25～30	25～35
交通	5～10	15～20	15～20	10～18	12～18	10～18
食品（在家和不在家）	15～20	15～25	15～25	13～20	15～20	18～25
衣服	5～12	5～15	5～10	5～10	4～8	4～8
父母子女健康护理	3～5	3～5	4～10	8～12	4～6	6～12
娱乐和休闲	5～10	5～10	4～8	4～8	6～10	5～8
阅读和教育	10～30	2～4	3～5	3～5	6～12	2～4
个人保险和养老金	0～5	4～8	5～9	5～9	4～7	6～8
礼品、捐款和捐献	4～6	5～8	3～5	3～5	4～8	3～5
储蓄	0～10	4～15	5～10	5～8	2～4	3～5

资料来源：美国劳工统计局（http：//stats. bls. gov）。

4.4.2   财务比率分析

1. 财务比率分析的一般状况

财务比率分析是通过客户的资产负债表和现金流量表（收入支出表）中若干专项的数值之比进行分析，从而找出改善客户财务状况的方法和措施，以期实现客户的目标。理财专家要计算各种财务比率，对客户的资产负债表和现金流量表作进一步分析，找出改善财务状况的潜力，保证财务建议的客观性和科学性。

2. 常见的财务比率分析

个人资产负债表和现金流量表会充分揭示个人的财务状况是否健康，通过对两种报表的财务比率分析，可找出改善财务状况，实现财务目标的方法。

1）净资产偿付比率

净资产偿付比率是客户净资产与总资产的比值，或可称为资产权益率。该指标反映了客户综合还债能力的高低，并帮助个人理财师判断客户面临破产的可能性。它的计算公式如下：

$$净资产偿付比率＝净资产/总资产 \tag{4-3}$$

理论上，偿付比率的变化范围在 0～1。一般客户的该项数值在 0.7～0.8 较为适宜，随着年龄变化，偿付比率的数值也发生相应的变化，年轻人可以负债消费，多向银行贷款，老年人则应当偿还完全部贷款"轻装上阵"。

2）资产负债率

资产负债率是客户负债和总资产的比值，同样可以用来衡量客户的综合还债能力。

$$资产负债率＝负债/总资产 \tag{4-4}$$

客户的负债与其净资产之和等于总资产，资产负债率和偿付比率之和为"1"，即：

资产负债率+净资产偿付比率(资产权益率)＝负债/总资产+净资产/总资产＝1 （4-5）

相应地，资产负债率的数值在0～1。个人理财师建议客户依照年龄状况将该数值控制在0.2～0.7，以减少流动性不足而出现财务危机的可能。

3）负债收入比率

负债收入比率又称债务偿还收入比率，是个人理财师衡量客户财务状况是否良好的重要指标。该比率是客户某一时期到期财务本息和当期收入的比值。

负债收入比率＝当期偿还负债/当期收入 （4-6）

从财务安全的角度看，个人的负债收入比率数值如果在0.4以下，其财务状况可认为属于良好状态。如客户的负债收入比率高于0.4，则继续借贷融资会出现一定的困难。

4）流动比率

资产流动性是指资产在未来可能发生价值损失的状况下迅速变现的能力，此处是指家庭拥有的货币流动资产，如手持现金、活期储蓄存款、随时可以交易的证券等。在理财规划中，流动比率反映了客户拥有货币流动资产的数额与每月各项支出的比率，其计算公式如下：

流动比率＝货币流动性资产/每月支出 （4-7）

流动比率按国际上通用的经验标准，这个比值至少要大于3，在3～6是比较合理的。也就是通常所说的，一个家庭中需要保留月支出3～6倍的现金存款，才能保证在遇到某种失业、残疾等变故时，至少能有维持3～6个月生活开支的现金。

5）储蓄比率

储蓄比率是客户现金流量表中当期储蓄存款和当期收入的比率，它反映了客户控制开支和增加净资产的能力。为了更准确地反映客户的财务状况，这里一般采用客户的税后收入。其计算公式如下：

储蓄比率＝当期储蓄存款/当期税后收入 （4-8）

我国的客户储蓄都是为了实现某种财务目标，该比率较高，通常都达到了30%左右。

6）投资与净资产比率

投资与净资产比率是将客户的投资资产除以净资产的数值，得出家庭扣除负债后的全部资产中投资资产占据的比例。这一比率反映了客户通过投资增加财富来实现财务目标的能力。它的计算公式如下：

投资与净资产比率＝投资资产/净资产 （4-9）

专家认为，应建议客户将投资资产与净资产的比率保持在0.5左右，才能保证净资产有较为合适的增长率。年轻客户的财富积累年限尚浅，或者还因买房按揭贷款等，投资在整个资产中占据比率不高，投资比率也会较低，一般在0.2～0.3。处于贫困阶层的穷人也不可能有太高的投资比例。

3. 综合性财务比率分析

1）理财成就率

理财成就率与家庭的积累消费的比例有较大关系，收入一定的状态下，积累的数额越大，积累的效益越好，理财成就率的指标值就越高，表示过去理财的成绩越好。但家庭赚取财富的最终目标是为了消费，而非单单追求财富积累数额的最大化。理财成就率的公式为

理财成就率＝目前的净资产/（目前的年储蓄×已工作年数） （4-10）

2）资产成长率

储蓄额加上投资利得等于资产成长额，资产成长率顾名思义就是资产成长额与期初总资产的比率，它表示家庭财富增长的速度。家庭得以快速致富的财务原因，是资产的成长率较高，资产成长率的公式为

资产成长率=资产变动额/期初资产额=（年储蓄+年投资收益）/期初总资产

=年储蓄/年收入×年收入/期初总资产+金融资产额或生息资产额/

期初总资产×投资报酬率

=储蓄率×收入周转率+金融资产额或生息资产比重×投资报酬率　　　（4-11）

根据这个公式，可知家庭有多种提高资产成长率的方式，如提高储蓄率，加快收入周转率，提升金融资产或生息资产占总资产的比重，提升投资报酬率等。

3）财务自由度

一般谈到的财务自由，是指大家在尚未取得或无须取得劳动收入，单靠投资理财所取得的收益，就完全可以维持较好的财务状态。这是从财务自由到人身自由的重要一步。

财务自由度=目前的净资产×投资报酬率/目前的年支出　　　（4-12）

客户的理想目标值是退休之际，财务自由度等于1，即包括退休金在内的资产，放在银行生息的话，仅靠利息就可以维持自己的基本生存。如利率一直走低处于低水平时，即使积累了大笔存款，财务自由度也会很低。每个人估计的投资报酬率不同，财务自由度也无从比较。可拟订一个较客观的标准，即每个客户都可以采用相同且合理的投资报酬率，然后根据个别的净资产与年支出状况，计算不同客户的财务自由度。如为客户计算出的财务自由度远低于应有标准，应建议他更积极地进行储蓄投资计划。当整体投资报酬率随存款利率日见走低时，即使净资产没有减少，财务自由度也会降低。此时应设法以储蓄来累积净资产，否则就只能降低年支出的水平，这样才可能在退休时实现财务独立的目标。

➤ 小资料 ◄

家庭小账本

1978年，上海市某个里弄里，一个新婚家庭诞生了，从建立小家庭的这一天起，家庭的主人就开始将每日的收支开销，乃至购买物品的种类、数量和单价等，都在小账本上记载清晰，到了月底年终，再清结当期的总情况，检查分析钱财的来源花销。30年过去了，该家庭的主人公从小青年，走向壮年，小账本也按年积累了30大本。

这一事项在报刊披露后，引起较大的轰动，中国历史博物馆闻讯后，立刻同该家庭协商，支付高价将这批小账本全部收买过来，作为"国宝"在博物馆展出，缘由是它从一个家庭的视角，完整地记录了我国经济体制改革30年来，居民家庭拥有财富和日常生活发生的巨大变化。在账本上可以清晰地看到：家庭月收入从百余元上涨到近万元；家庭资产从数千元达到百万元之多；家庭拥有财富也从手表、自行车、缝纫机、收音机的"三转一响"，变为住宅、轿车、计算机、空调、巨额存款；家庭拥有的货币资产也从过去的储蓄存款，达到今天的存款、贷款、股票、国债、期货、基金等，应有尽有。

本章小结
BENZHANG XIAOJIE

1. 家庭会计核算的对象，是家庭经济活动中体现的资金或资金运动，或是用货币反映的经济活动，或是由此体现的家庭会计要素及要素的增减变动情况。家庭经济包括经营、投资和消费三大内容，都是家庭会计核算的内容所在。

2. 家庭会计实务大致包括以下内容：① 经营、投资、消费核算；② 家庭资产、负债、权益、收入、费用、利润等会计要素的计量、记录、确认与报告的核算；③ 小家庭组建、子女抚养教育、社会交往乃至家庭离异解体等事项计算专项费用；④ 家务劳动的费用与成本核算。

3. 家庭记账需遵循以下原则：分账户、按类目、及时性、准确性、连续性。

4. 家庭资产包括实物资产和金融资产，实物资产从其使用期长短及同费用的相关性而言，可分为固定资产、低值易耗品、物料用品、应收预付款共计四大类。

5. 家庭资产的计价可用成本法、收益法和市价法这 3 种。

6. 个人财务报表是对个人拥有资产和负债给予的总结。它提供了关于收入、支出、或有负债、资产所有权和价值、所欠负债的信息及相关的说明和保证。

思考题

1. 家庭记账需遵循哪些原则？
2. 家庭记账需注意的事项有哪些？
3. 简述家庭会计实务应包含的内容。
4. 计算家庭生活费用指标，不考虑的事项有哪些？
5. 简述各种家庭生活费用的处理方法。
6. 简述家庭资产计价的程序。
7. 简述家庭财务报表的内容。
8. 论述家庭预算和个人理财规划的关系。
9. 简述家庭预算成功的特点。

第 5 章
理财规划基本程序

学习 目标

1. 了解个人理财规划的制作流程和步骤
2. 学习如何拓展客户关系
3. 学习如何分析目标客户市场
4. 学习如何收集客户资料
5. 学习如何拟定理财规划报告
6. 了解如何协助客户执行理财方案
7. 具体的理财规划案例

5.1 个人理财规划的流程

5.1.1 理财方案的含义

所谓理财方案，是指个人理财师针对个人在人生发展的不同时期，依据其收入、支出状况的变化，制订个人财务规划的具体方案，以帮助客户实现人生各个阶段的目标和理想。在整个理财规划的方案制订中，不仅要考虑财富的积累，还要考虑财富的安全和保障。

个人理财师为客户进行的理财规划，主要是根据客户的资产状况与风险偏好，关注客户的需求与目标，以服务客户为核心理念，采取整套规范的模式提供包括客户生活方方面面的财务建议，为客户的保险、储蓄、股票、债券、基金等诸多事项寻找最适合的理财方式，以确保其资产的保值与增值。

理财方案一般分为以下 4 个步骤。

（1）回顾自己的资产状况。包括存量资产和未来收入的预期，知道有多少财可以理，这是最基本的前提。

（2）设定理财目标。即从具体的时间、金额和对目标的描述等方面来定性和定量地理清理财目标。

（3）弄清所遇到的风险偏好是何种类型，不要做不考虑客观情况和风险偏好的假设，很多客户把钱全部放在股市里，没有考虑到自己对父母、子女和家庭应尽的责任，这时的风险偏好就偏离了他所能承受的范围。

（4）进行战略性的资产分配。在所有的资产里首先做出资产的大类配置，再做出具体投资品种与时机的选择。比如决定拿出多少资产用来炒股票，多少资产用于各类寿险财险、储蓄存款乃至基金、期货投资，然后再具体地确定将要购买哪些股票，办理哪些保险业务。

5.1.2　理财规划中应注意的事项

理财规划就是根据客户现在拥有的资产、未来收支状况及风险偏好为基础，按照科学的方法重新分配资产、运用财富，从而更好地管理财富、实现理财和生活目标。理财规划的核心理念是对资产和负债进行动态的匹配，匹配中一般应注意以下5方面内容。

（1）回顾自己的资产状况，包括存量资产和未来收入及支出的预期，弄清楚自己有多少财可以理，这是最基本的前提。

（2）理清自己的理财目标，这个目标是一个量化的目标，需要从具体的时间、金额和对目标的描述等来定性和定量地理清理财目标。

（3）搞清楚自己的风险偏好，不要做不考虑任何客观情况的风险偏好的假设。

（4）战略性的资产分配，根据前面的资料决定如何分布个人或家庭资产，调整现金流以便达到目标或修改不切实际的理财目标，然后进行具体的投资品种和投资时机的选择。

（5）绩效跟踪。市场是变化的，每个人的财务状况和未来的收支水平也在不断地变化，应该做一个投资绩效的回顾，不断调整理财规划，达到客户的理财目标。

个人理财师的工作流程安排，从某种层面来看，又可以细分为 10 个步骤，10 个步骤的具体内容如图 5-1 所示。

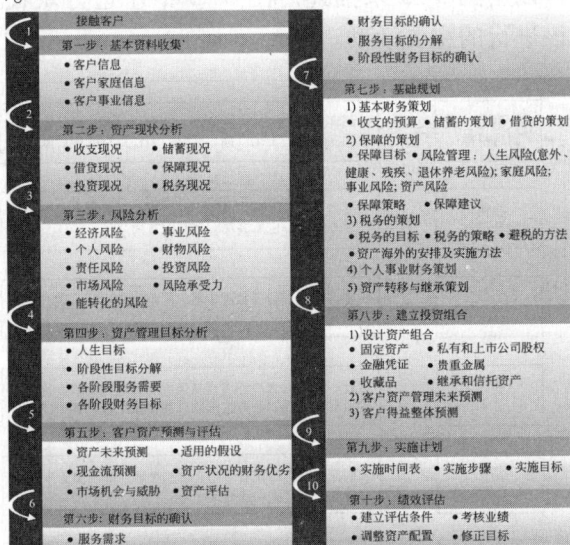

图 5-1　个人理财师工作流程

5.1.3　理财规划决策包含的内容

理财规划决策所包含的内容，如图 5-2 所示。

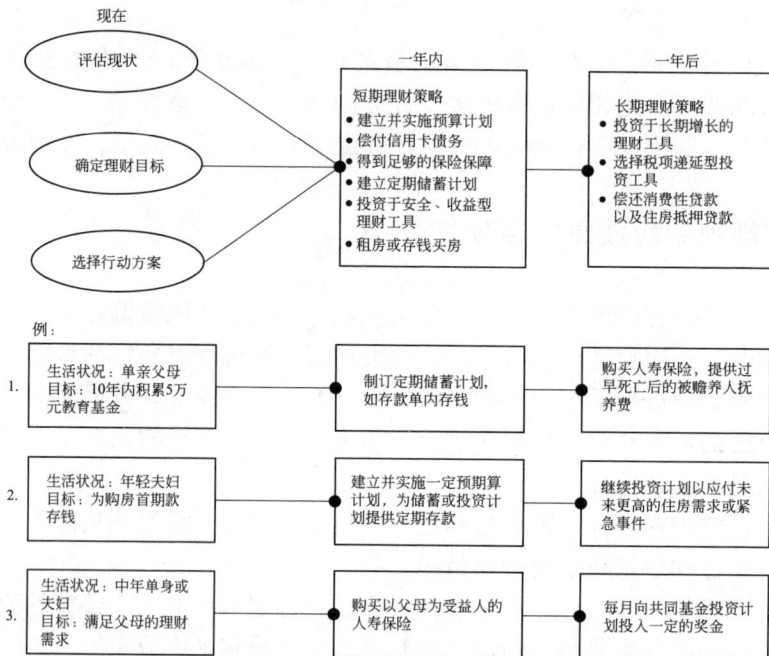

现在
- 评估现状
- 确定理财目标
- 选择行动方案

一年内

短期理财策略
- 建立并实施预算计划
- 偿付信用卡债务
- 得到足够的保险保障
- 建立定期储蓄计划
- 投资于安全、收益型理财工具
- 租房或存钱买房

一年后

长期理财策略
- 投资于长期增长的理财工具
- 选择税项递延型投资工具
- 偿还消费性贷款以及住房抵押贷款

例：

1. 生活状况：单亲父母
目标：10年内积累5万元教育基金
→ 制订定期储蓄计划，如存款单内存钱
→ 购买人寿保险，提供过早死亡后的被赡养人抚养费

2. 生活状况：年轻夫妇
目标：为购房首期款存钱
→ 建立并实施一定预期算计划，为储蓄或投资计划提供定期存款
→ 继续投资计划以应付未来更高的住房需求或紧急事件

3. 生活状况：中年单身或夫妇
目标：满足父母的理财需求
→ 购买以父母为受益人的人寿保险
→ 每月向共同基金投资计划投入一定的奖金

图 5-2　理财规划决策的内容

5.1.4　个人理财规划的基本程序

个人理财规划程序可以用图 5-3 来描述。图 5-3 中左边方块代表程序中的 6 个步骤，右边方块表示每一步应该进行的主要活动。

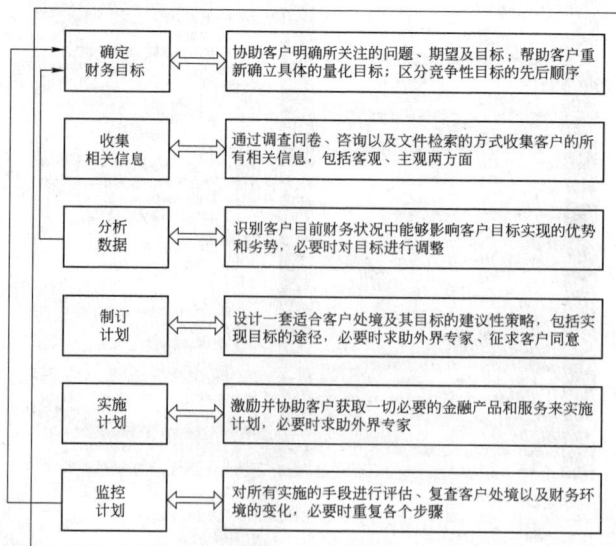

步骤	主要活动
确定财务目标	协助客户明确所关注的问题、期望及目标；帮助客户重新确立具体的量化目标；区分竞争性目标的先后顺序
收集相关信息	通过调查问卷、咨询以及文件检索的方式收集客户的所有相关信息，包括客观、主观两方面
分析数据	识别客户目前财务状况中能够影响客户目标实现的优势和劣势，必要时对目标进行调整
制订计划	设计一套适合客户处境及其目标的建议性策略，包括实现目标的途径，必要时助求外界专家、征求客户同意
实施计划	激励并协助客户获取一切必要的金融产品和服务来实施计划，必要时助求外界专家
监控计划	对所有实施的手段进行评估、复查客户处境以及财务环境的变化，必要时重复各个步骤

图 5-3　个人理财规划的流程

5.1.5　理财规划过程的具体步骤

在个人理财规划的实务中，为了保证理财服务的质量，客观上需要组建一个标准程序，以对个人理财规划的工作及步骤等进行规范。理财规划的过程包括以下 6 个步骤。

（1）个人理财师与客户建立联系；

（2）收集客户数据，明确客户的理财需求和目标；

（3）分析、评估客户的资信和财务状况；

（4）整合理财规划策略并向客户提出全面的理财计划或方案；

（5）执行个人理财计划或方案；

（6）监控个人理财计划或方案的执行，调整理财计划或方案。

6 个步骤构成的理财规划程序，称为理财规划执业操作规范流程，后文将对此详细说明。

5.2　目标客户市场

5.2.1　目标客户市场细分

客户市场细分，是指按照客户的需求或特征将客户市场分成若干等级市场，并针对不同等级市场分别设计个性化服务，以期更好地满足各类客户的特殊需要。

客户市场分类的首要步骤是选定划分的依据。市场营销学中常用的依据有心理特征：如性格、风险偏好等；社会特征：如文化背景、宗教信仰、种族、社会阶级和家庭生命周期等；统计特征：如年龄、性别、婚姻状况、收入、职业、教育程度等；地理特征：如居住城市、国家、人口数量等。

对目标市场进行细分是必要的，但需要考虑市场细分可能导致生产营销成本的增加，甚至可能会牺牲规模经济。如果细分市场的规模过小，将其作为目标市场时就难以适应规模经济的要求。有效的市场细分应该符合以下原则。

1. 可区分性

纳入选择的某个细分市场应具有可以观察和衡量的、区别于其他细分市场的明显特征，如市场内的客户应具有共同的需求特征，表现出类似的购买行为等。市场细分还是机构塑造运营特色的一种手段，细分市场的特征越明显，越有利于形成机构经营的特色。

2. 可进入性

可进入性即机构所选择的目标市场，必须使自己有足够的进入能力和较强的竞争力。市场竞争是不可避免的，细分市场可以减少竞争对手。机构应根据自己的人力、财力、物力等经营资源的积累情况，选择合适的细分市场，以使自己的优势得到充分发挥，从而保证自己在目标市场上具有较强的竞争力。

3. 盈利性

盈利性即细分市场必须能为自己带来实际的利益。理财事务所是以盈利为目的的经济组织，能否盈利是判断其活动是否理性的重要标准。因此，目标市场选择应当能维持一定的利润率水平。如因市场细分导致的营销成本过高，或细分后的市场规模过小，不具有规模经营所必需的市场容量，导致服务成本过高，不能维持一定的利润率，这样的市场细分就未必有效。

4. 发展性

发展性即所选择的细分市场应该具有一定的发展潜力，通过一系列的开发有可能发展成为一个大市场，能够给个人理财师们带来长远利益。如选择的是已衰退或即将衰退的成熟市场，虽然短期内可能给机构带来一定利益，但长远发展就可能受到较大制约。细分市场的选择，实际上是个人理财师运营领域的选择，必须与长期发展战略相结合。

5.2.2 目标客户市场细分的依据

个人金融消费市场的需求千差万别，影响因素错综复杂，细分市场没有所谓的绝对标准或固定模式。各行业、各企业可能采取不同的划分标准，适用多种不同的细分方法，根据影响个人消费行为的主要因素的不同，通常按照以下 4 类因素，对个体客户市场进行细分。

1. 地理因素

地理因素即根据地域特征来细分市场消费者的行为，如国家、地区、省市、南方、北方、城市、农村市场等。各个地域的地理条件、自然气候、人口密度、文化传统、经济发展水平等因素有较大不同，消费习惯和偏好也有不同。

2. 人口动态

人口动态即根据消费者的年龄、性别、家庭情况、职业、文化程度、收入、宗教信仰、民族、国籍、社会阶层等因素来细分市场。高收入者与低收入者的消费结构、购买决策、购买行为等，就会表现出明显的不同。在对待新产品的态度上，新产品的功能、性能、质量等不确定性较大，价格通常也较高，有一定的风险。高收入者风险承受能力较强，对新产品容易接受，购买决策较为果断；低收入者风险承受能力较弱，往往要等到产品的功能、性能、质量等经别人使用证实，价格下降后才会购买，购买决策时往往要反复权衡，表现出明显的差异。人口因素往往成为细分市场的一个重要依据。

3. 心理因素

心理因素即根据消费者的心理特征或性格特征来细分市场。在市场拓展活动中常常可以发现，在地理和人口因素相同的情况下，人们的消费行为和消费偏好仍然可能表现出较大的差异。美国常把"奔驰"轿车视为财富和地位的象征，大公司的高级主管们都把"奔驰"作为自己的座驾。近年来，大公司的高级管理人员趋向年轻化，他们认为乘坐"奔驰"车似乎会给人一种保守落伍的感觉。年轻的高级主管开始根据自己的喜好选择其他座驾，以体现自己的个性。

4. 行为因素

行为因素是指根据和消费者购买行为相关的因素来细分市场，包括消费者购买商品的时机和频度、追求的利益、使用情况、购买的数量和对品牌的忠诚度等因素。

客户面对的各种金融理财产品，虽然与市场上其他种类的商品存在很大的差异，但也存在与其他商品同样的竞争对手、忠诚与否的顾客、多样化的产品形式，也需要面对可以进行细分的客户市场。因而，需要财务公司在制订公司战略的过程中，不仅要考虑产品的开发，更要注重对客户市场的细分开拓。

5.2.3　与客户建立关系

个人理财规划作为金融服务业的一个新兴词类，要求以客户利益为导向，从客户的角度出发帮助其做出合理的财务决策，重视与客户的交流与沟通。个人理财师所做的分析、判断与提出的理财计划，大都是基于客户处获得的各种信息，与客户建立良好的沟通方式，直接决定了今后工作的质量与效率。

个人理财规划规范流程的第一步，是个人理财师建立和界定与客户的关系，通过两者关系的确定，才能全面了解客户的财务状况，进而为之提供切实可行的专业建议。建立客户关系的方式有许多种，如与客户见面、电话交谈、电子邮件、通信等。这里主要介绍如何通过面谈的形式来建立与客户的关系。

1. 初次面谈准备

个人理财师与客户初次面谈，应尽量了解和判断客户的财务目标、投资偏好、风险态度和承受能力乃至更多的信息。初次面谈时，个人理财师还应该尽量向客户解释理财规划的作用、目标和风险，以帮助双方在进一步的理财规划中更有效地进行沟通。初次面谈之前，个人理财师应做好以下准备：① 明确与客户面谈的目的，确定谈话的主要内容；② 准备好所有的背景资料；③ 为面谈选择适当的时间和地点；④ 确认客户是否有财务决定权，是否清楚自身的财务状况；⑤ 通知客户需要携带的个人材料。

2. 个人理财师需要向客户了解的信息

总的来说，面谈时需要向客户收集的信息，一般包括事实性信息和判断性信息两个方面。事实性信息通常是指一些关于客户的事实性描述，包括客户的工资收入、年龄等。判断性信息主要是指一些无法用数字来表示的信息，常常带有主观性。判断性信息包括客户对风险的态度、客户的性格特征、客户未来的工作前景等。

一般来说，判断性信息较难以收集，但却对整个财务分析有着重要影响，也是针对不同客户提出客观建议的根据。此外，很多判断性信息并不能在客户的回答中直接得出，而是需要个人理财师来加以分析和推断，这类信息称为推论性信息。这三类信息的区别可以通过表 5-1 中列出的例子来说明。

表 5-1　不同客户对购买股票偏好的几种可能回答和它们所属的信息类型

信息的种类	客户的回答
事实性（定量）信息	我今年收入 15 万元，预计今后每年将递增 5%
判断性（定性）信息	我不希望我的投资计划中采用股票投资。 我从未购买过股票，我哥哥去年在股票投资中遭受了巨大损失，我对在理财计划中采用股票表示怀疑
推论性信息	不希望承担太大的风险，而且对股票的所知有限，我希望能了解一些这方面的知识后再作决定

从表5-1中不难看出，定性信息往往需要个人理财师做出一定的判断，而推论性信息则需要个人理财师进一步地询问和了解后再做判断。个人理财师可以设计一系列的问题，通过客户对这些问题的回答来归纳所需要的信息。

3. 个人理财师需要向客户披露的信息

设计调查问卷通常是一个十分专业的活动，在个人理财规划的过程中，每个客户都希望知道如按照个人理财师的建议去实施计划，能够获得多少收益并承担多大的风险。因此，个人理财师有义务向客户解释有关的基本知识和背景，以帮助其了解个人理财规划的作用和风险，避免个人理财方案中出现某些不切实际的期望和目标。

（1）个人理财师应向客户解释自己在整个理财规划活动中的角色和作用。

（2）个人理财师应向客户解释个人理财规划的整个流程。

（3）个人理财师还应根据客户的需要解释其他相关事项。

除了以上信息，个人理财师还应该根据客户的需要解释一些事项。寻求服务的客户，通常并不熟悉个人理财师的职业或一无所知，一般都存在不少疑问，这就需要个人理财师能给予耐心的解答。应该向客户说明的信息有以下几个方面：① 个人理财师的行业经验和资格；② 个人理财方案制作的费用和计算；③ 个人理财规划过程和实施所涉及的其他人员——个人理财师的工作团队；④ 个人理财规划的后续服务及评估。

4. 个人理财师与客户的进一步沟通

一般情况下，个人理财师很难通过一次面谈就能与客户建立一次性或长期的服务关系，客户期望有进一步的接触和沟通来确定自己的需要，明晰个人理财师能否提供自己满意的服务。对个人理财师而言，第一次面谈就向客户提出全面收集信息的要求，可能会使客户感到不太愉快，这个工作应该循序渐进但却有效地进行。

一个可行的方法是在初次会谈结束时与客户沟通约定下次见面的时间，并提出进一步收集信息的要求。如客户犹豫不决或吞吞吐吐，则可初步判断客户没有与自己建立服务关系的愿望，那就不用勉强对方，尽快结束话题，以免浪费双方的时间。如果客户决定请个人理财师为其提供理财服务，则可以让他填写财务建议要求书，如表5-2所示。同时，还可以交给客户一些反映基本财务状况等的数据表格，让其回去后自行填写交回，以节约收集信息的时间。

表5-2 财务建议要求书

本人
◆ 现要求×××先生代表×××咨询公司（注册登记号为××××）根据双方在__年__月__日会谈的内容和数据调查表提供的信息，为本人提供个人理财服务。
◆ 在个人理财规划建议以书面形式出示后，本人将支付给×××咨询公司服务费 RMB __元。
◆ 该个人理财规划建议在以下情况下不适用：
（1）
（2）
公司签章：   签字人：
 日期：   日期：

需要特别注意的是，在建立客户关系的过程中，个人理财师的沟通技巧显得尤为重要。

除了语言沟通技巧外，还要懂得运用各种非语言的沟通技巧，包括眼神、面部表情、身体姿势、佩戴首饰等。此外，个人理财师作为专业人士，在与客户交谈时要尽量使用专业化的语言。在涉及投资回报率等财务指标问题时，则不应给出过于确定的承诺，避免因达不到目标而承担不必要的经济责任。

5.2.4　建立与客户间的信任关系

在初步建立与客户之间的关系后，继而面对的就是如何进一步拓展与客户间的相互信任。与客户互信是个人理财师开展后续工作的基石，能否确立双方的互信，将关系到理财规划过程中资料数据的收集、理财规划落实、执行及反馈等一系列工作。

个人理财师与客户之间的信任关系基于：① 在满足需求的基础上；② 在个人的基础上；③ 在提高公司产品或服务信誉的基础上。满足需求是个人理财师与客户互动的基本层面。这是个人理财师必须经过的第一道关口。为此，个人理财师需要询问自己：

◆ 是否真正细致了解客户的真实需求；

◆ 提供的产品或服务能否满足客户的需求，必要时能否调整产品或服务以满足客户的特殊要求；

◆ 提供金融产品或服务的质量是否可以为客户接受，质量能否像承诺的那样好；

◆ 是否对客户的疑问和担心做出相应的反应，能否直截了当地帮助他们解决这些疑问和担心；

◆ 根据所提供产品和服务的价值，服务价格是否合理，在市场中是否具有竞争力；

◆ 能否做到按时编制好客户需要的财务报告及其他资料，是否尽到了相关义务和责任；

◆ 是否迅速并令人满意地解决好客户的投诉和问题；

◆ 双方拟订的合同中提出的条款和条件是否合理。

以上事项都是开展业务的基本条件，必须密切注意这些因素，尤其是在与客户的关系处于突破和巩固的阶段，双方的信任在交往中逐步建立并受到客户评判的时候。

5.3　客户资料收集

5.3.1　客户信息

没有准确的财务数据，个人理财师就无法了解客户的财务状况，无法与客户共同确定合理的财务目标，不可能针对每个客户的理财提出切实可行的综合方案。因此，个人理财师在进行财务分析和理财规划之前，能收集到足够的有关信息是十分重要的程序。国际金融理财师理事会在有关的财务程序条款中指出，个人理财师在为客户提供理财规划服务之前，必须收集到足够的适用于客户的相关定量信息和文件资料。

1. 宏观经济信息

这里的宏观经济信息，是指客户在寻求个人理财服务时与之相关的经济环境的数据。个人理财师提供的财务建议与客户所处的宏观经济环境有密切的联系，在不同的地区和时期，经济环境的差别会对个人理财师的分析和建议，尤其对个人理财规划中资产的分配比例产生很大的影响。在正式分析客户财务状况之前，个人理财师必须首先明确宏观经济环境会对客户的财务状况造成哪些影响，对影响客户财务状况的宏观经济信息进行收集和分析，并找出那些具有重大和直接影响的因素。

一般而言，个人理财师需要收集的宏观经济信息主要有以下几类。

（1）宏观经济状况：经济周期、景气循环、物价指数及通货膨胀、就业状况等。

（2）宏观经济政策：国家货币政策、财政政策及其变化趋势等。

（3）金融市场：货币市场及其发展、资本市场及其发展、保险市场。

（4）个人税收制度：法律、法规、政策及其变化趋势。

（5）社会保障制度：国家基本养老金制度及其发展趋势、国家企业年金制度及其发展趋势等。

（6）国家教育、住房、医疗等影响个人/家庭财务安排的制度及其改革方向。

2. 客户的个人信息

客户的个人信息可以分为财务信息和非财务信息。财务信息是指客户当前的收支状况、财务安排及其未来发展趋势等，是个人理财师制订个人理财规划的基础和根据，决定了客户的目标和期望是否合理及完成理财规划的可能性。非财务信息则是指其他相关的信息，如客户的社会地位、年龄、投资偏好和风险承受能力等，它能帮助个人理财师进一步了解客户，对个人理财方案的选择和制订有直接影响。如果客户是风险偏好型的投资者，且有着极强的风险承受能力，个人理财师就可以帮助他制定激进的投资计划；如客户是保守型的投资者，要求投资风险尽量减弱，就应帮助他制定稳健的投资计划。

5.3.2 客户信息收集的方法

1. 初级信息的收集方法

个人理财师要获得客户的个人财务资料，只能通过沟通取得，所以称为初级信息，这是分析和拟定计划的基础。个人理财师与客户初次会面时对其个人资料信息的收集，仅仅通过交谈的方式来得到是远远不够的，通常还要采用数据调查表帮助收集定量信息。

需要注意的是，数据调查表的内容可能比较专业，可以采用个人理财师提问、客户回答、个人理财师填写调查表的方式进行。如由客户自己填写调查表，开始填写之前，个人理财师应对有关项目加以解释，否则客户提供的信息很可能不符合个人理财师的需要。

有时候，个人理财师需要向客户的律师或保险经纪人索取相关材料，这时候他必须要求客户填写信息获取授权书并签字，以此作为个人理财师索取材料时出示的凭证。授权书的格式如表5-3所示。

表 5-3　信息获取授权书

尊敬的先生/女士： 本人×××，现授权××先生，代表××咨询公司向贵公司提取本人在贵公司所有投资/保险/存款/养老基金的信息。××咨询公司的注册登记号为××××××，地址是：
该证明材料复印有效，原件将作为××咨询公司的资料存档。 望贵公司能够给予协助，谢谢。 　此致 敬礼 　　　　　签字人：　　　　　　　　　　　　　　　　　　　　　　　签字人： 　　　　　日期：　　　　　　　　　　　　　　　　　　　　　　　日期：

2. 次级信息的收集方法

宏观经济信息一般不需要个人理财师亲自收集和计算，而是可以从政府部门或金融机构公布的信息中获得，所以将其称为次级信息。次级信息的获得相对容易，但因其涉及面很广，需要个人理财师在平日的工作中注意收集和积累，有条件者应该建立专门的数据库，以备随时调用。政府公布的数据有时并不完全适用于个人，个人理财师在使用时应该进行判断和筛选，才能保证个人理财规划的客观性和科学性。目前，国内一些研究机构也提供付费的研究成果，其中有不少适合个人理财师在提供理财服务时使用。个人理财师应注意收集这些专门机构的研究成果。

5.3.3　收集客户数据

1. 客户数据收集的一般状况

个人理财师在与客户初次会面时，应当尽量收集其个人资料，但仅仅通过口头的方式收集相关信息，是不能满足理财规划需要的，还需要采用数据调查表的方式来协助数据的收集。数据调查表的使用可以使数据收集的工作变得规范化，进而提高数据收集工作的效率和质量。

2. 收集相关信息

当客户叙述关注的问题和目标后，个人理财师必须从客户那里收集大量正确、完整、及时的相关信息，信息分为客观信息和主观信息两大类。前者包括客户特有的证券清单、资产和负债清单、年度收支表及当前的保险状况等，后者包括客户及其配偶的期望、恐惧感、价值观、偏好、风险态度和非财务目标方面的信息，其重要性不亚于前者。

个人理财师在收集信息之前，必须设法让客户明白，在理财规划的信息收集阶段，客户本人也需要投入一定的时间；个人理财师必须设法克服客户的防范心理，建立相互信任的关系，或者以书面合同形式规定保密责任，以提高相互信任的程度，使客户能主动提供一些必要的敏感性信息。

个人理财师可以通过向客户询问一系列问题或填写预先设计好的调查表格来收集信息，但收集信息并非简单地提问或填表，通常还要求对遗嘱、保单等文书进行检查和分析，与客户及其配偶进行面对面的交流，听取意见并加以归纳总结，帮助客户及其配偶识别并清楚地表达真正的目标及风险承受能力。

3. 个人理财师的意见和签字

客户在填写完所有的信息数据后，应对有关内容进行检查。如对个人理财师提出的服务收费表示同意，则根据填写情况在使用声明后签字认可。这里的声明有两种：一是客户填写了所有适用的内容，然后要求个人理财师在此基础上提出全面的财务建议；二是客户出于私人原因不愿意披露某些信息，只要求个人理财师根据有限的信息提供财务建议。客户在对有关信息进行确认后，签字认可。个人理财师在这里应当做的各类事项，具体如表5-4所示。

表5-4 个人理财师意见、签字、费用与其他相关事宜

个人理财师意见

声明：本人提供了部分调查表中所要求的信息，并要求×××咨询公司仅根据此信息为本人提供服务。

本人提供了调查表中要求的所有适用信息，并要求×××咨询公司根据此信息为本人提供全面的服务。

本人理解×××咨询公司提供的个人理财服务的质量将依赖于本数据调查表中信息的准确性。因此，本人声明并保证，本数据调查表中的信息是完整而准确的。

客户签字：_____　　　　　　　　日期：_____

个人理财师签字：_____　　　　　日期：_____

以上条款解释权归×××咨询公司。

费用：首次财务咨询无须交纳服务费。如果需要书面的个人理财规划建议，请签署该调查表文件以授权本公司使用该数据为您进行财务状况分析和制定财务计划。服务费为每小时_____人民币。如果您指定本公司来实施部分或全部的财务计划，可以减免部分或全部服务费用，预知详情请与×××咨询公司联系。

_____签名

5.3.4 数据调查表的内容和填写

1. 数据调查表的设计

一份好的数据调查表可以简单明了地在较短的时间内帮助客户提供个人理财师需要的所有信息。数据调查表的设计要遵循以下原则。

（1）调查表应该条理清晰、语言简洁易懂，为客户填表节约时间，同时提高数据的准确程度。

（2）调查表的内容根据需要设计，但必须有逻辑性，同类信息应归在同一栏目。

（3）调查表的问题设计应该是对个人理财规划有用的，不可以出现可有可无的问题。

（4）设计调查表时，要注意格式和版面的合理性。调查表的页面应该留有较大边距，使用通用大小的字体，方便客户辨认和填写。

（5）在调查表中，针对特定客户的项目要专门指出，对一些专业性的术语或内容应有解释和填写示范。

（6）在调查表的封面或最后要对完成调查表的客户表示感谢。无论是否需要客户寄回调查表，都必须附上个人理财师本人和所在公司的地址与联系方式。

在客户数据的收集过程中，个人理财师还可以使用理财软件配合对客户数据的收集、保存，以便进一步分析客户的财务状况。

2. 数据调查表的内容

客户数据调查表的种类很多，且涉及的内容十分繁杂，必须能够为个人理财师提供有效的信息，可以根据不同类型的客户设计。无论何种调查表，至少都应该包括客户个人信息和财务信息两方面内容。下面，根据其包含的主要内容逐一介绍。

1）客户联系方式

客户必须清楚地填写其所有的联系方式，包括工作联系地址、家庭地址、移动或固定电话和电子邮件地址等，以方便个人理财师在需要时与之联络。客户联系方式表如表 5-5 所示。

表 5-5　客户联系方式表

客户姓名：_____

工作联系地址：_____

家庭地址：_____

工作电话：_____　　　家庭电话：_____

移动电话：_____　　　电子邮件：_____

日期：_____

2）个人信息

个人信息如客户的社会地位、年龄和健康状况等，是数据调查表中不可缺少的部分，个人理财师可以通过这些信息，从侧面了解其财务状况和未来变化方向。个人信息具体包括以下几点（见表 5-6）。

表 5-6　个人信息表

信息栏目	本人资料	配偶资料	信息栏目	本人资料	配偶资料
姓名			婚姻状况		
职称			职业		
性别			工作单位性质		
出生日期			工作稳定程度		
出生地			拟退休日期/单位规定退休日期		
健康状况			家族病史		

子女资料表如表 5-7 所示。

表 5-7　子女资料表

子女姓名	出生日期	健康状况	婚　否	职　业

3）资产与负债、收入与支出信息

客户的资产与负债、收入与支出的状况，是数据调查表的重要组成部分，也是理财师组织个人理财规划的基本内容。一份详细的收入支出表，是个人理财师编制客户现金流量表并做出相关分析的基础，能帮助客户了解自身的财务状况，这方面的具体内容将在后面章节详细说明，这里不予赘述。

4）风险管理信息

风险防范主要是通过购买保险来实现风险转移的，本项目下客户需要填写的保险种类主要有以下几种：人寿保险、伤残保险、健康保险、财产保险、责任保险和其他保险等。客户在填写这些栏目时，需要详细说明被保险人的姓名、保险公司、保单编号、投保金额和保险费，以帮助个人理财师进一步分析并做出理财规划（见表5-8和表5-9）。

表5-8　人寿、伤残、健康保险

被保险人	公　　司	保单编号	投保金额	保险费	注　　释

表5-9　财产与其他保险

保险标的	公　　司	保单编号	投保金额	保险费	注释
住宅					
家具、家电					
汽车					
商业责任					
第三方责任					
其他					

　5）客户的财务价值观

　　表5-10主要是了解客户对各种经济指标（如通货膨胀率和税收规定等）的关心程度，以及对个人理财技能的熟悉与否，有助于个人理财规划师了解客户类型及其价值趋向，从而确定将采用何种方式与客户沟通，以及如何解释个人理财程序等。

表5-10　客户的财务价值观

您对以下指标的关心程度如何？请在每项指标后填数字（范围是1~5），数字越大，表示越关心。

1. 不关心　2. 偶尔关心　3. 关心　4. 非常关心　5. 极度关心

通货膨胀率水平　　　　＿＿＿＿＿＿

投资所能获得的税收优势　＿＿＿＿＿＿

资产流动性　　　　　　＿＿＿＿＿＿

投资收益率　　　　　　＿＿＿＿＿＿

投资管理难度　　　　　＿＿＿＿＿＿

其他信息

您以前进行过股权投资或其他非住宅性投资？有＿＿＿＿＿＿　　没有＿＿＿＿＿＿

如果投资有长期升值潜力，但短期内会有贬值，您是否会顾虑？是＿＿＿＿＿＿　　不是＿＿＿＿＿＿

考虑到收入因素，您希望日常生活来源是：

1. 收入，不动用并保留资产。是＿＿＿＿＿＿　　不是＿＿＿＿＿＿

2. 收入和资产，不需要为遗产保留资产。是＿＿＿＿＿＿　　不是＿＿＿＿＿＿

3. 收入和资产，但也希望为遗产保留部分资产。是＿＿＿＿＿＿　　不是＿＿＿＿＿＿

4. 不依靠收入和资产维持生活。是＿＿＿＿＿＿　　不是＿＿＿＿＿＿

　6）其他经济数据

　　其他经济数据调查表对多数客户来说难以独立完成，涉及对宏观经济环境信息的收集与预测，包括对通货膨胀率、社会平均投资收益率、社会保障制度和税收制度信息的收集与确认。建议个人理财师先对这些数据进行估算和填写，然后向客户解释采用这些数值的原因，并询问客户的意见，获得客户的确认（见表 5-11 和表 5-12）。

表 5-11　其他经济数据（本表数据在个人理财师的指导下完成）

平均税前名义收益率	本　人	配　偶
税前无税收优惠净资产名义回报率		
税收优惠净资产名义回报率		
通货膨胀率		
双人生活费节约率		
卖房中介费用		

注：双人生活费节约率是指家庭中夫妇两人的生活开支与单身生活开支可节约的比例。如单个人的年生活费用是 8 000 元，夫妇两人共同生活的年生活费是 12 000 元，则双人生活费的节约率是 0.25。

表 5-12　子女生活开支占成人开支比例

子女年龄	预期年限	子女生活开支占成人开支比例/%

5.3.5　分析客户资信和财务状况

客户现行的财务状况是达到未来财务目标的基础，个人理财师在提出具体财务计划之前，必须客观地分析客户的现行财务状况。

客户的相关信息收集、整理并对其正确性、一致性和完整性检查完毕后，个人理财师需要分析客户当前的财务状况，以发现实现客户目标的有利条件和不利因素。如果个人理财师的分析表明，客户根本不可能实现原定目标，如客户的财力及投资收益率可能难以实现约定的退休收入计划，此时，个人理财师必须帮助客户降低目标，或者告知客户为实现既定目标所需做出的调整，如推迟退休时间、增加储蓄、寻求更高的投资收益率等，以便客户做出适当的调整，使之更易于实现。

个人理财师对客户现行财务状况的分析，主要包括个人资产负债分析、客户个人收入与支出分析及财务比率分析等。最终在财务分析的基础上，结合前一步骤利用数据调查表所获得的信息，针对客户预估的未来收入与支出，准备好客户的现金预算表。

5.3.6　保存客户的理财记录

保存完整的理财记录对搞好理财规划工作很为重要，一般来说，比较大的理财事务所都设有专门的资料管理系统，保存以前和现在每位客户的所有资料，甚至也注意收集潜在的客户相关的信息资料。资料的形式包括纸质和电子版文档等。这些事务所都规定了内部业务执行程序并保证遵循，从而使得客户的资料能准确而完整地保存下来。规模较小的理财事务所或单个个人理财师，一般也会雇用业务助理或秘书来帮助保存客户的纸质或电子资料。

对接受个人理财师提出方案的客户而言，这一程序意味着将他们的相关文件，无论是纸质或电子文本等，继续保存在整个业务运行的过程中。对那些没有接受个人理财师提供方案和建议的准"客户"（实际上他们并没有成为公司真正的客户）而言，保存他们的纸质和电子形式的资料同样重要，只不过他们的资料会归入"未能继续实施"一类，作为未来的潜在客户。

有序的理财记录体系（见表5-13），将对客户以下理财活动奠定良好的基础。

- ◆ 处理日常商业活动，包括及时支付账单；
- ◆ 规划并衡量理财进程；
- ◆ 完成所需的纳税报告；
- ◆ 进行有效的投资决策；
- ◆ 决定当前及未来购买物品所需要的资源。

表5-13 客户理财记录体系

家庭档案	
1. 个人和职业记录 最新简历 员工福利信息 社会保险号码 出生证明	2. 资金管理记录 最新预算 理财目标列表 保险箱内容清单 最近个人财务报表（资产负债表、利润表）
3. 纳税记录 工资单 抵扣税项收据 应税收入记录 既往所得税报税单和文件	4. 理财服务记录 支票簿、未使用支票 银行结算单、取消支票储蓄结算单 地方信息及保险箱数字
5. 信用记录 没有用的信用卡 支付账本 收据、月结算单 信用账户数字清单 发行商电话	6. 消费者购买与汽车记录 保修证明 大额购物收据 汽车车主手册（大型设备的所有者手册） 汽车服务和维修记录 汽车注册
7. 住房记录 租约（如果租房） 房地产纳税记录 住房维修	8. 保险记录 保单原件 保险费金额和到期日列表 医疗信息（健康记录、处方药信息）索赔记录
保 险 箱	
9. 投资记录 股票、债券及共同基金购买与销售记录 中介结算单投资权证数字列表 红利记录 公司年报	10. 遗产规划与退休记录 养老金计划信息 个人退休账户结算单 社会保险信息遗嘱 信托协议
出生证结婚证 死亡证明 公民身份证 领养、监管文件 军事文件	昂贵商品的序列号 有价商品的照片或录像
存款单 活期储蓄账户号码 金融机构清单	信用合同 信用卡号码 发行商电话号码列表
抵押贷款纸、所有权证书 保单数字和公司姓名列表	股票和债券权证 珍稀钱币、邮票 遗嘱复印件 宝石和其他收藏品
个人计算机体系	
·最新及既往的预算记录；已开支票和其他银行交易的概况； ·用纳税软件准备的过去所得报税单；投资账户概况及业绩表现； 遗嘱、遗产计划及其他文件的计算机化文档	

5.4　拟定理财报告

5.4.1　理财方案的基本要素

1. 理财方案精要

1）理财方案摘要

一份书面理财方案包含很多专业术语和技术细节，对大部分潜在客户来说，会显得晦涩难懂，使客户从一开始就失去阅读下去的信心。解决这个问题的有效办法，就是在理财方案报告书的开头部分设置一段摘要。通过这个摘要，将理财方案中所包括的重要建议和结论预先作简要介绍，以帮助客户对理财方案有个概括精要的了解。

2）对客户当前状况和财务目标的陈述

这部分内容主要来自于客户信息调查表、会谈记录及从其他途径获得的相关信息，还涉及客户的风险偏好和其他关心的财务问题，在整个理财方案中具有重要地位。个人理财师在完成对客户当前状况和财务目标的陈述后，为确保客户对本部分内容的准确理解，必须加上以下一段话（或含义相同的其他表述方式）："尊敬的客户，我们所作的财务建议都是基于以上信息。请您仔细检查上述信息。如果我们对您当前状况的描述有何误解之处，或者您对相关信息有需要补充的地方，请在进入方案的下一部分之前通知我们。"

3）理财假设

一份书面的理财方案，既包括对客户当前状况的陈述，也包括对未来状况的预测。为了能客观地分析客户未来的财务状况，个人理财师应首先建立一系列恰当的理财规划假设。长期的理财规划可能需要以下方面的假设：① 通货膨胀水平；② 工资增长水平；③ 平均资本利得回报率；④ 退休金缴纳水平；⑤ 未来消费的估计成本；⑥ 购置房屋、汽车、度假等支出；⑦ 税率。为了让客户明白所作假设的含义，个人理财师应在这些假设后面给予相应的解释和评论，这将有助于客户对理财方案中的指标计算和数据分析的理解。

4）理财策略

理财规划是以客户当前的财务状况为基础，帮助客户实现其未来财务目标的过程。这一过程的关键在于采用何种策略，来帮助客户按预先拟定的计划达到最终目标。一个合格的个人理财师会选择最有效、最合理的策略，并通过口头和书面的形式将这些策略的具体内容传达给客户。为了保证客户对理财规划策略的准确理解，个人理财师还需要就策略中比较晦涩难懂的部分向客户做出解释。

5）理财建议

理财策略的实现要通过一系列具体的理财建议，如现金流（收入/支出规划）建议；投资/储蓄建议；养老金建议；保险建议；遗产规划（遗嘱及委托书）建议等。这些具体建议可以看作实现客户财务目标的媒介，也是个人理财师工作的重心所在。由于客户自身条件和目标的不同，个人理财师提出的具体建议也会有较大不同。

6）理财预测

一般来说，理财预测基于理财假设建立，故设置在理财报告的最后。但出于强调的目的，个人理财师也可以将预测计算中的一些关键信息提前放到报告的其他位置，并用书面语言将其准确地表达出来。

此外，正如本书一再强调的那样，书面理财方案对客户来说太过专业。为便于客户正确、完整地理解理财规划预测部分的内容，个人理财师有必要对客户做详细解释。

2. 其他相关内容

1）各项费用及佣金

根据个人理财师职业道德准则和操守规范的规定，个人理财师有义务向客户解释所收取的各项费用和佣金，客户也有权了解实施理财方案中各项具体建议的全部成本。费用和佣金的披露范围，包括支付给个人理财师和其他相关机构的所有费用和佣金。费用和佣金要尽量采用货币形式。如某些项目需要采用百分比的形式或无法定量披露时，个人理财师应予合理说明。

2）理财建议的总结

理财方案前面的内容中，客户已经接触到大量的书面理财规划建议和相关的计算与预测。为了让客户对这些内容有个清晰、全面的认识，个人理财师有必要在进入下一部分执行方案前，对涉及的各种理财建议进行一次总结。总结的格式可以采用项目列示的形式。

3）执行理财方案之前的准备事项

在本部分，个人理财师要指明执行理财方案之前，还需要客户完成的步骤。

4）执行理财方案的授权

一份理财方案必须包括客户对执行理财方案的书面授权，以从形式上规范个人理财师与客户之间的联系，为理财规划工作建立良好的法律基础。

一般来说，理财规划授权书的正文主要分为以下两个部分：① 客户声明，主要包括客户对个人理财师在此前所做的工作，以及客户对理财方案的理解等的声明；② 客户希望个人理财师提供的各种专业服务等。

5）附加信息披露

理财规划的实施中，往往会有各种限制因素影响方案的顺利实施，导致个人理财师与客户之间发生利益上的冲突。在这种情况下，个人理财师要对可能会产生限制的各种因素进行详细披露，以保护自己的利益。

6）支持文档

支持文档是对理财方案的结论、预测等提供计算分析依据的一系列文件。附加财务计算和分析文档，是为理财规划建议提供支持的一种重要方式。这些计算分析文件一般是放在理财方案的末尾。此外，对所建议的投资提供支持和描述的信息，也应作为支持文档的一部分放在理财方案的最后。

3. 免责声明

为保护自身利益，个人理财师还应当取得客户声明及客户对执行理财方案的授权。免责声明是一种用来限制和减轻个人理财师所负责任的表述方式，书面理财方案中加入免责声明，是个人理财师提醒客户对超出可控制范围的事件引起的损失不承担任何责任。

5.4.2　形成金融理财方案

虽然个人理财师提出的理财方案只是个单一文件，但其内容则是相互关联的，形成过程也是环环相扣。下面把理财方案形成的过程分解成几个单独而又连续的步骤分别介绍。

1. 确保已掌握所有相关信息

在理财规划程序的步骤中，个人理财师已通过数据调查表等各种方式收集了客户的相关数据，并对这些数据作了初步分析，确定了客户的期望与目标，这些工作为理财规划策略的形成打下了良好的基础。理财方案形成的过程中，第一步也是最基本的一步，就是个人理财师必须确保自己已掌握了准备理财方案所需要的相关信息，原因是理财规划本身就是建立在充分掌握客户数据的基础之上。

个人理财师在收集客户信息的过程中，如没有履行必要的程序或工作中有重大疏漏，导致所掌握的客户信息不真实、不完全，以此为基础提出的理财方案就必然是不完善的，进而使得在执行理财方案时造成对客户利益的某种损害。因此，个人理财师在正式制订理财方案之前，应将已掌握的所有信息做一次全面回顾，必要时还可以再次与客户取得联系，以确保所掌握的相关信息真实、完整，能客观反映客户的整体财务状况。

理财方案的形成还需要个人理财师遵循以下步骤：① 确保已掌握了所有的相关信息；② 采取一定的措施保护客户当前的财务安全；③ 进一步确定客户的目标与要求；④ 提出理财规划的策略以满足客户的未来财务目标；⑤ 最终帮助客户形成合理的投资决策。

2. 整合理财规划策略并提出理财方案

影响客户的财务状况及财务目标实现的各个领域之间，存在以客户为中心的紧密联系，如退休计划就涉及税收、养老金、现金流管理、投资计划、遗产计划等多方面内容。个人理财师进行具体的财务策划时，不能只孤立地考虑客户的某一方面情况，而忽视其他相关方面的重要信息。

财务规划的策略整合，要求个人理财师对客户的实际情况与主观要求做出全盘考虑，并在此基础上包含一系列基础性策略。个人理财师的能力，即体现在如何将各种不同的目标策略整合成一个能满足客户目标与期望的、相关联的、具有可操作性的综合理财方案。在策略整合的最后，个人理财师需要向客户呈递一份书面的理财方案，并针对不同年龄层的客户制订适合的理财方案，最终将整合好的理财方案递交给客户征求意见。

投资决策的形成可以分为 3 步：① 确定将投资分散到各个资产类型上的合适比率；② 针对每种资产的类型确定投资方；③ 为客户挑选具体的投资品种。

3. 制订理财方案

个人理财师的下一步工作是制订一个切实可行的方案，使客户从目前的财务状况出发，实现修正后的目标。财务计划因人而异，即针对特定客户的财务需要、收入能力、风险承受能力、个性和目标来设计。财务计划应该是明确的，具体到由谁做、何时做、做什么、需要哪些资源等；财务计划还必须是合理可行、客户可以接受的。通常，财务计划的报告应采取书面形式，必要时插入一些曲线图、图表及其他直观的辅助工具，使客户易于理解和接受。

在理财方案的形成中，理财软件是个重要的工具，它可以帮助个人理财师完成许多复杂的计算并输出相应的报告。

在将各种策略整合成一系列的初步建议之后，个人理财师需要将这些建议变成一份书面的正式理财方案并呈递给客户。为了保证理财方案的规范性，书面的理财方案需要有一系列的基本要素。不论个人理财师最终的书面方案采用何种格式，都必须包含这些基本要素，要确保客户理解提出的理财方案并征询其意见。如客户阅读之后对理财方案表示不满意并提出修改要求，个人理财师应采取妥善方法应对这种修改要求。

5.4.3 执行并监控理财方案实施

1. 理财方案执行的要求

一份书面的理财方案本身是没有意义的，只有通过执行理财方案才能让客户将目标变成现实。因而，个人理财师有责任按照客户同意的进度表贯彻实施财务计划。为了确保理财方案的执行效果，个人理财师有责任适当激励并协助客户完成每一步骤，并遵循准确性、有效性、及时性三个原则。理财方案要真正得到顺利执行，还需要个人理财师制定详细的实施计划。实施计划首先确定理财规划的实施步骤，然后根据理财规划的要求确定匹配资金的来源，最后列出实施的时间表。

计划开始实施时，应当对计划的实施过程进行监控。理财方案的执行过程中，任何宏观和微观环境的变化都会对理财方案的执行结果造成积极或消极的影响。个人理财师和客户之间必须一直保持联系，通常，个人理财师每年至少与客户会面一次，对计划的实施情况进行检查，在环境多变时更需要频繁的面晤，就实施结果及时与客户进行沟通。对理财规划的执行和实施情况进行有效的监控和评估，必要时还可以对策划方案进行适当的调整。

检查程序首先是对各种实施手段的效果进行评估；其次，针对客户个人及其财务状况的变化及时调整财务计划；最后，应该由客户对经济、税收或财务环境发生的变化进行审核。

2. 保护客户当前的财务安全

客户当前的财务安全状况直接决定理财方案的执行与结果。如客户的财务状况存在较大问题，必然会增加理财方案的不确定性，并直接影响理财方案执行的效果。

通过对以下问题的调查分析，可找出存在的风险并加以解决。

（1）客户是否已参与了充分的保险（包括人寿保险、医疗保险、失业保险、财务保险等）。

（2）客户是否有必要签署一份长期的或常规的律师委托书。

（3）客户是否已订立合法有效的契约。

（4）客户的资产负债状况是否正常，客户的收支状况是否平衡。

（5）客户是否有紧急情况下的现金储备。

（6）客户是否还有增加收入的潜力。

这些项目并不代表必须考虑的所有问题。通过对以上项目的评估，个人理财师应根据客户的实际情况增加或减少某些项目，但必须确保所选项目能全面反映客户当前的财务安全状况。

3. 利用理财规划建议实现客户的财务目标

1）确定客户的目标和要求

客户会在会面的过程中提出期望达到的各项目标。包括短期目标（如休假、买空调等）、中期目标（如子女教育储蓄、买车等）、长期目标（如买房、退休、遗产传承等）。这些目标分类相对比较宽泛，为了更好地完成这些目标，个人理财师必须在客观分析客户财务状况和理财目标的基础上，将这些目标细化并加以补充。

在确定客户的财务目标与要求的过程中，因客户对投资产品和风险的认识往往不足，很有可能提出一些不切实际的要求。个人理财师对此需要特别注意。某股评家就讲到，许多客户期望股评家能够每天为客户介绍一两只能在近期抓到涨停板的股票，这显然是股评家无法做到的。针对这一问题，个人理财师必须加强与客户的沟通，增强客户对投资产品和风险的认识。在确保客户理解的基础上，共同确定合理的目标。

2）客户目标和要求的具体内容

此步骤需要个人理财师综合运用所掌握的专业知识与技能，帮助客户达到未来的财务目标。在这里，可以把客户未来的财务目标分为现金流状况与目标、资产保护与遗产理财规划目标、投资目标。为了实现这些目标，个人理财师需要针对每种目标找出合适的理财策略。

（1）现金流收入状况与目标。为了实现现金流目标，个人理财师需要从收入与支出两方面入手。现金流状况与财务目标实现的重要前提是收入的取得。在分析客户的收入状况时，个人理财师会发现工资薪金收入相对固定，社会保障收入也往往如此，而额外收入则主要受投资收益的影响，这是个人理财师工作的重点。

（2）现金流支出状况与目标。关于支出，个人理财师首先想到的是能否帮客户将一些不必要的支出减少到最低，是否有能帮助客户减少过多的支出，同时又不影响客户生活质量和生活方式的好办法。保险规划中，个人理财师有可能会考虑让客户合并保单或运用某些年龄折扣条款来节约保费支出。税务策划过程中，个人理财师通过对纳税人税负的分析，会用收入分解转移、收入延迟、负杠杆等方法减少客户的税负支出。通过对客户收入与支出结构的调整，个人理财师可帮助客户实现其未来的储蓄能力目标，并对如何使用这些储蓄提出建议。

（3）资产保护与遗产管理目标。个人理财师需要在资产、收入、医疗健康、人寿保险等方面保护客户的财务安全。除此之外，个人理财师还需要从实现整体财务目标的角度，帮助客户维护财务安全，尤其是针对遗产管理方面的事宜。

个人理财师在提供理财服务时，需要确定客户的资产管理有无充分的保护。资产保护中，要着重分析提供保护的收益与所消耗的成本，判断这些方法在经济上是否具有可行性。个人理财师还要确认客户拥有的房屋、家具、汽车等重要资产，是否已有了充分的投保。

5.4.4 如何应对客户修改方案的要求

在某些情况下，客户会要求个人理财师对提出的理财方案进行修改。引发这种要求的原因，可能是个人理财师对客户的当前状况和所达目标有误解，或者客户对理财方案的部分内容不甚满意。针对产生修改要求的原因，个人理财师也应采取相应的针对措施。

1. 因对状况和目标的误解而产生的修改要求

在这种情况下，个人理财师应采取以下措施。

（1）个人理财师应向客户说明，自己会以书面的形式对所要求修改的内容及引起修改的原因进行确认。

（2）对客户要求修改时双方讨论的内容做出详细的记录，并用引号标出当时客户的问题及个人理财师自己的回答。

（3）个人理财师应在给客户的确认信中包含一封回信，要求客户就修改要求及个人理财师提出的修改建议进行确认。

2. 因客户不满意而引起的修改要求

针对由于客户不满意而引起的修改要求，个人理财师应采取以下措施。

（1）个人理财师应向客户说明，可以按照客户的要求对方案进行修改，但个人理财师仍然坚持最初的方案。

（2）对客户要求修改时双方讨论的内容做出详细记录，尤其对客户不愿意继续执行方案的原因作重点记录，个人理财师的口头回复也要记录在案。

（3）只有在收到了客户签署要求修改的确认信件之后，个人理财师才可以着手进行修改。

（4）个人理财师应确保自己的上级部门了解所作的修改，并确保已通过书面形式通知了上级部门。

通过这些措施可以确保个人理财师在客户可能会提起的诉讼中处于较为有利的位置，对个人理财师维护自身的利益非常重要。如某个客户对理财风险十分敏感，要求在理财方案中不包含任何股票或其他高风险投资。但因投资的风险与收益之间往往存在正比，一味地规避风险可能导致投资收益率的降低，资产回报率很可能达不到客户的要求。客户就会认为个人理财师没有尽职尽责，并可能对个人理财师提出诉讼。在这种情况下，如客户坚持要对方案进行修改，个人理财师应要求客户出示相关文件，证明所作的修改是根据客户自己的要求而进行的。

5.5 协助客户执行理财方案

5.5.1 执行理财方案应遵循的原则

执行理财方案时，个人理财师或理财方案的执行者应遵循以下原则。

1）准确性原则

这一原则主要是针对所制订的资产分配比例和所选择的具体投资品种而言。如用于保险计划的资金数量，或者具体的中长期证券投资品种，理财方案执行者应该在资金数额分配和品种选择上准确无误地执行计划，才能保证客户既定目标的实现。

2）有效性原则

这一原则是指要使计划能有效完成理财方案的预定目标，使客户的财产得到真正的保护或实现预期的增值。如原来客户的保险策划方案并未选定具体的保险公司和保险产品，或者选择的保险公司和保险产品的状况已发生了相当的变化，理财方案执行者有责任为客户选定能有效保护客户的人身和财产安全的新的保险公司和保险产品，或者及时将现实情况的变化告知客户，对保险公司或保险产品重新进行选择。

3）及时性原则

这一原则是指理财方案的执行者要及时落实各项行动措施，以使方案的执行尽量符合当时代的要求。影响理财方案的因素很多，如利率、证券价格、保险费等，都会随着时间的推移而发生变化，从而使预期结果与实际情况产生较大的差距。

5.5.2　方案执行

个人理财师提出并完成整合的理财方案，或者根据客户要求与情况变化进行方案的修改与调整，并为客户接受之后，接下来就是具体执行该理财方案。同样，在执行该理财方案之前，应该制定具体的实施计划。

实施计划需要列出针对客户各个方面不同需求的子计划的具体实施时间、实施方法、实施人员、实施步骤等，是对理财方案的具体化和现实化。

1. 确定计划行动步骤

客户目标按时间的长短进行分类：1 年之内称为短期目标；1～5 年称为中期目标；5 年以上的称为长期目标；贯穿整个人生的则称为永久目标。按客户想要达到的目的分类，又可以把客户的目标分为收入保护目标、资产保护目标、应急账户目标、死亡或失去工作能力时有效转移资产的目标等。

同样，个人理财师在制定具体实施计划时，应该对客户的各个目标按其轻重缓急进行分类，同时明确实现每个目标所需要经过的行动步骤。换句话说，必须弄清楚每个行动过程对应客户预期目标的实现，才能防止或减少行动步骤的疏漏。

2. 确定匹配资金来源

在制订理财方案时，已经针对不同类型的客户分析了各自的风险偏好与承受能力，同时分析了与对应客户相匹配的各种资源配置的策略与原则。但制定并实施计划时，需要根据客户现在的财务状况进一步明确各类资金的具体来源和使用方向，尤其是各个行动的资金来源保障，资金来源的及时和充足与否，直接关系到行动步骤运行的有效性和及时性。

3. 确定实施方案的时间表

一般来说，较容易受到时间因素影响的行动步骤应该放在时间表的前列，如某些为实现客户短期目标所采取的行动步骤等。对整个实施计划具有关键作用的行动步骤也应放在前面，如客户对个人理财师及理财方案执行者的授权声明或雇用合同的签订。而那些为了实现客户长远的目标所应采取的行动步骤，在实施计划的时间表中则可以适当后移。这类行动步骤一般不会因推迟几天或几个星期而影响最终目标的实现。但长期目标可能会影响客户的长远生活质量和财产保障，对客户来说一般都意义重大。因此，需要对应采取的行动步骤和特定产品抉择等要反复考虑和审慎选择。

5.5.3　执行理财计划

1. 获得客户授权

客户授权主要是指信息披露授权，即客户授权给他所雇请的个人理财师或理财方案执行者，由他们在适当的时间和场合，将客户的有关信息（如姓名、住址、保险情况等）披露给相关的人员。

在没有获得客户书面的信息披露授权书之前，个人理财师或理财方案执行者不能与其他相关专业人员讨论客户的任何情况，或者向他们泄露客户的任何信息。有人甚至认为，在未经客户允许的情况下，即使个人理财师或理财方案执行者只是将客户的姓名告诉其他专业人员，也是一种侵犯隐私的行为。所以在制定与执行计划的过程中，个人理财师和理财方案执行者在与其他人员沟通与合作、讨论客户情况时应该特别谨慎。

2. 与其他专业人员沟通合作

在理财方案执行过程中，个人理财师或理财方案执行者有可能与其他相关领域的专业人员沟通和合作，这些专业人员包括会计师、律师、房地产代理商、股市咨询师、投资基金销售商、保险代理商或经纪人等。这些专业人员对设计各类财务计划必不可少，如具有专业知识与经验的投资咨询人员，只有他们才会对目前的宏观经济形势、行业发展状况与整体经济走势等比较了解，并对各个投资市场和各类投资产品的结构与特点比较熟悉。由他们参与客户的投资计划设计，才有可能使该计划具有较好的可信度和可行性，满足客户的财务目标与要求。

5.5.4　关注情况变化对理财方案的影响

就像理财方案实施的过程一样，在方案实施之后，整个宏观环境中的各种因素仍然会持续地发生变化，客户自身的个人状况也会不断变化，这些变化都会影响到根据变化前的各种外部条件和个人财务状况所制订的理财目标的实现。

宏观及微观境况变化对理财方案的制订实施，以及客户预期目标实现的影响是显而易见的，现实生活中这种影响相当复杂，有时候可能存在正负两方面作用，或者通过其他因素间接发挥作用，这里对各种影响的分析是直接、简单和粗略的，一般只分析了某些因素单向变化所造成的影响，仅供参考。

1. 宏观因素变化对理财规划的影响

（1）官方利率下调。官方利率下调会使贷款的成本下降，降息会使消费增加、筹资成本下降，从而使证券市场行情趋好，潜在收益增加。

（2）经济的周期性波动、证券市场震荡、投资机构业绩变化、利率调整、汇率波动等；持续的高通货膨胀等。可能会使各行业的经济运作成本提高，影响其收益率，从而影响股票市场的收益。

（3）本国货币汇率上升，可能会使客户的国际性投资收益率下降，甚至使其投资的本金减少。此时个人理财师应调整其国际投资的比重。

（4）证券市场行情下调。因股价下跌，可能会使客户有机会增加股票市场投资的比重，这要视客户的风险承受能力而定。

（5）法律因素变化，如税务法律法规修订、社会保障法规改变、退休金法律完善等。

2. 微观因素变化对理财规划的影响

（1）客户业务收益率增加并导致税负上升。客户可能需要增加养老基金的缴付数额，从而规避税收，并增加退休资产。

（2）客户决定为两年内的一次出国旅游储蓄存款，为此可能需要出售部分证券，或者减少养老基金缴付数额，这又会影响投资计划或退休计划。

（3）客户的工资薪金、生活成本与标准质量发生变化，如客户已完全或永久丧失了工作能力，不得不停止养老基金缴付，获得保险公司赔偿，寻找新的收入来源。

（4）客户婚姻破裂。客户夫妻双方原来共享一个理财方案，现在婚姻破裂就需要重新制订各自的方案。

5.5.5　理财方案执行评估

对理财方案的评估，实际上是对整个理财规划过程的所有主要步骤重新分析与再次评价，对理财方案的评估过程基本上是根据以下特定的步骤逐步进行。

（1）回顾客户的目标与需求。

（2）评估财务与投资策略。分析各种宏观、微观因素的变化对于当前策略的影响，研究如何调整策略以应对这种变化及影响。

（3）评估当前投资组合的资产价值和业绩。投资组合是否可以达到目标，如未达到目标，应找出相关的原因。

（4）评判当前投资组合的优劣。考虑各项投资的安全性和前景，是否出现业绩下滑的征兆或大量投资者撤资的情况。

（5）调整投资组合，同时考虑交易成本、风险分散化需求及客户条件的变化。

（6）及时沟通客户，任何对理财方案及投资组合的修改，都应该获得客户的同意和认可。

（7）检查方案是否被遵循。这是理财方案评估的最后一步，观察个人理财师制订的理财方案是否被客户遵照执行。

5.6　理财规划案例

5.6.1　客户家庭基本资料

1. 张先生家庭基本资料

张先生与张太太均为 30 岁，皆硕士研究生学历，张先生从事建筑监理工作，张太太为高校教师，两人结婚两年尚未有子女。家庭资产分配如下：张先生与张太太存款各为 6 万元，名下股票各有 6 万元和 2 万元，合计资产 20 万元，无负债。张先生月收入 5 500 元左右，张太太月收入 4 500 元，目前无自有住房，月租金支出 1 000 元，月生活费支出约 3 000元。夫妻双方月缴保费各为 500 元，为 20 年期定期寿险，均为 29 岁时投保。单位均缴纳"五金一险"。夫妻两人都善于投资自己，拥有多张职业证书。预期收入成长率可望比一般同龄者高。预计平均成长率均有 5%，而储蓄率可以维持在 50%。家庭理财目标如下：

（1）2 年后生一个小孩；

（2）3 年后买一套房子，面积 120 平方米左右，准备好装修费用 15 万元左右；

（3）20 年后需要准备好孩子接受高等教育的费用，作好供其到硕士研究生毕业的准备；

（4）25 年后退休，准备退休后生活 30 年的费用，希望过上安逸无忧的晚年生活。

张氏家庭的资产负债表如表 5-14 所示。

表 5-14　张氏家庭的资产负债表

科目	合计/元	张先生/元	张太太/元
存款	12 万	6 万	6 万
股票	8 万	6 万	2 万
负债	0	0	0
净值	20 万	12 万	8 万

2. 家庭财务状况分析

家庭支出构成图如图 5-4 所示。家庭月度现金流量表如表 5-15 所示。

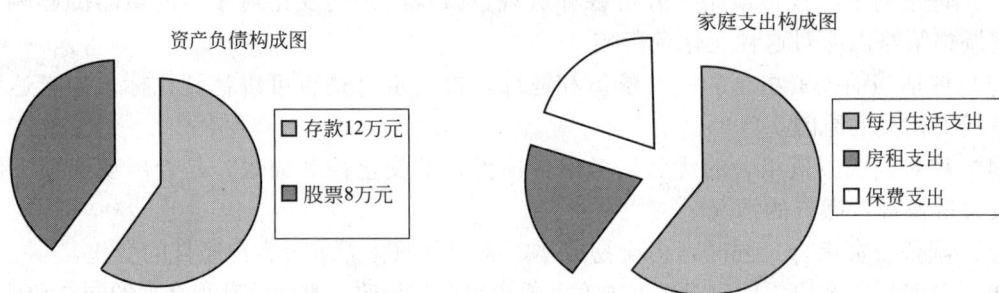

图 5-4　家庭支出构成图

表 5-15　家庭月度现金流量表

现金流入	金额/元	占　比
张先生月收入	5 500	0.55
张太太月收入	4 500	0.45
收入总计	10 000	1
每月生活支出	3 000	0.6
房租支出	1 000	0.2
保费支出	1 000	0.2
支出合计	5 000	1
月度结余（家庭储蓄能力）	5 000 元	

从张先生家庭目前的资产负债表和月收支现金流量表中可以看出，家庭月均收入达 1 万元，年度结余 6 万元，储蓄率达到 50%，无负债，财务状况还是不错的。但资产的收益率不高，60% 的资产都分布在低收益的储蓄存款上，目前的资产配置过于单一，资产配置只有存款和股票，收益率资产都集中在股票上，风险过于集中。虽然他们目前过着潇洒的两人世界，但未来几年家庭负担将会非常沉重，按照 2 年后生小孩、3 年后购房的短期计划，在不久的将来要面临小孩的抚养费和教育金筹措及房贷的沉重负担，属于无近忧而有远虑的小家庭，很有必要早做规划，以期达到家庭理财的目标。

5.6.2　家庭理财规划设计

1. 建立家庭紧急预备金

家庭紧急预备金的额度应考虑到失业或失能的可能性和找工作的时间，考虑到张先生夫妻双方工作相对稳定，以准备 3 个月的固定支出总额为标准。虽然家庭目前月支出 5 000 元，但不久的将来面临生育费用和月供房贷，建议另外多准备每月 2 000 元的超额支出，共建立家庭紧急备用金：7 000×3 = 21 000 元。其中 10 000 元存银行活期存款保持流动性，其余 11 000 元购买货币市场基金或流动性强的人民币理财产品，在保持流动性、安全性的前提下兼顾资产收益性。

2. 购房规划

张先生的家庭计划 3 年后购房，市中心房价目前正处于高位运行。据了解，其所居住城市地铁的兴建已提上城市建设的规划中，未来将带来交通的极大便利，建议购买城郊四室两厅两卫 120 平方米，每平方米单价6 000 元左右的房子。目前城郊房价是稳中有升，以 2% 的房价成长率来看，3 年后总房款为 76.4 万元左右。首付30% 为 23 万元，余款 53.4 万元做 20 年按揭，以当前 5.51% 的贷款利率来看，月供需 3 676 元。根据张先生家庭的财务状况来看，3 年后年收入结余新增 19.4 万元，年收入达到 13.9 万元/年。可将前 3 年的结余投资累计值加上已有生息资产 20 万元，作为首付款和装修费用。

3. 子女养育和教育金规划

2 年后小孩的生育费用建议从家庭紧急备用金中提取。据统计，当前中国家庭生活费支出的半数是花在小孩的身上，小孩的养育和教育费用不可忽视。随着高等教育自费化和初等教育民办化的趋势，其费用将有水涨船高之势。假设学费增长率为 3%，小孩上大学之前接受公立学校教育，大学和硕士研究生每年花费按 1 万元保守估计，一个孩子的教育费用现值至少需要 11 万元。以 5% 的预期投资报酬率计算，年储蓄额需要 7 886 元（月储蓄 681 元）。教育费用是一个长期支出，尤其是高等教育费用比较高，可准备时间较长，可做一些期限相对较长、收益相对较高的投资，提高资金回报率。

4. 投资规划

前面分析张先生的家庭财务状况，发现现有家庭资产的配置过于集中单一，且收益率不高。储蓄存款收益目前平均为 2% 左右，而股票投资收益近 2 年长期低位运行，不断走低，风险相当大。为了达到家庭理财目标，有必要对投资组合进行一番调整。

对张先生夫妇两人风险能力和风险态度进行测评，他们均具有中等偏上的风险承受能力。故此可对当前资产和未来的积蓄重新安排，以期达到较高预期报酬。根据风险属性的测评结果和家庭理财目标规划，建议可对资产做以下比例配置：活期存款为 5%，人民币理财产品或货币基金为 20%，债券为 20%，偏股票基金或股票为 55%。投资收益率预计货币为 0.58%，人民币理财产品或货币基金为 2.5%，债券为 4%，股票型基金或股票为 7%。该投资组合的报酬率为 5.2%。

特别要提到的是，根据张先生夫妇的风险属性的测评，高风险高收益的投资比例最高可到 70%。但该资产组合中风险资产的配置目前仅占 55% 左右，考虑到当前股市长期低迷，市场上高回报的投资产品不多的现实情况，建议适当调低此类产品的投资比例。该组合的预期投资报酬率目前相对保守，随着未来股市回暖和高收益投资理财产品的增多，再做出灵活调整，从而提高资产的投资回报。

5. 保险规划

可从遗嘱需要的角度来分析张先生家庭的保险需求。保险规划的基本目标是要保障收入来源者一方出现意外情况的话，家庭可以迅速恢复或维持原有的经济生活水准，使得家庭的现金流不至于中断，生活水准不出现较大的变化。表 5-16 是张先生夫妇遗嘱寿险需求表。

表 5-16　张先生夫妇遗嘱寿险需求表

弥补遗嘱需要的寿险需求	张先生	张太太
目前年龄/岁	30	30
目前年收入/元	66 000	54 000
收入年数	25	25
收入成长率	0.05	0.05
未来收入的年金现值/元	930 200	761 073
目前的家庭生活费用/元	36 000	36 000
减少个人支出后的家庭费用/元	24 000	24 000
家庭未来生活费准备年数	55	55
家庭未来支出的年金现值/元	447 203	447 203
目前教育费用总支出现值/元	110 000	100 000
未成年子女数	1	1
应备子女教育支出/元	110 000	110 000
家庭房贷余额及其他负债/元	534 000	534 000
丧葬最终支出（目前水准）/元	5 000	5 000
家庭生息资产/元	200 000	200 000
遗嘱需要应有的寿险保额/元	-33 997	135 130

测算结果显示，张先生应有的寿险保额为负数，张太太约是 13.5 万元。夫妻现有的定期寿险各为 20 万元。从数字上看，张先生存在多投保的现象。考虑到其工作性质为建筑行业，建议投保意外险 10 万元，定期寿险 10 万元，根据身体状况可考虑再投保大病险和医疗补充保险。张太太工作稳定，所在高校医疗保险等福利健全，考虑到 2 年后小孩出生，生活费用将大大增加，现有投保险种和保额可不做调整。

6. 退休规划

张先生夫妇计划 25 年后退休，且希望在退休后 30 年内保证每个月有现值 4 000 元的家庭支出，每年安排一次旅游计划，过上中等以上生活水平的晚年生活。假设通胀率为 2%，退休后投资报酬率为 4%，现值为 4 000 元的月支出相当于 25 年后的 6 562 元。预计退休后双方可领取养老金共 4 000 元左右，退休金缺口为 2 562 元。考虑到通货膨胀因素，退休后的实质投资报酬率仅为 2%。要保证 30 年的退休生活达到小康水平，到退休时须准备 70 万元的退休金。依照 5.2% 的预期投资报酬率、22 年投资期来看，月投资需 1 426 元。

考虑到退休规划的长期性，也具有较大的弹性，可做长期投资打算，投资风险和收益相对较高的产品。

5.6.3　相关投资产品推荐

1）人民币理财产品或货币市场基金

人民币理财产品可以考虑某商业银行的"月月涌金"产品。该产品安全性高，主要投资于高信用等级人民币债券；流动性强，以一个月为理财循环周期，月初按照客户约定扣收理财本金，月末将理财本金和本期收益直接划付到客户指定账户之中。且该产品可以自由增减理财本金，随时可以赎回，收益稳定，目前年预期收益率在 2.3%～2.5%。

货币市场基金可考虑发行较早的××现金增利基金和××现金富利性货币基金，收益相对稳定。

2）债券

记账式国债持有到期收益稳定，每年付息可以有稳定现金流，尤其在经济低迷期是客户的收益保障，或者考虑购买一些业绩良好的债券型基金，如××理财债券基金等。

3）股票型基金

现阶段国内股票市场变幻莫测，建议选择开放式股票型基金进行投资，享受专家投资、规模效益、风险分散的优点。推荐产品有××天益价值基金、××策略成长基金、××稳健增长基金，近年来净值增长率基本上都在 10% 以上，具有较大的增值潜力。

资产配置比率如图 5-5 所示。

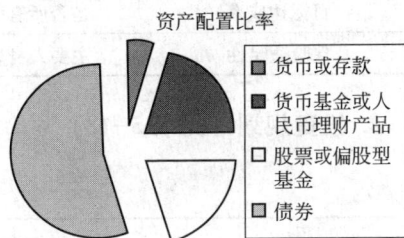

资产配置比率

- 货币或存款
- 货币基金或人民币理财产品
- 股票或偏股型基金
- 债券

图 5-5　资产配置比率

5.6.4　特别说明

1）定期调整计划

每年调整一次家庭紧急备用金；小孩出生后根据家庭担负责任的变化调整保障计划；根据市场环境和个人情况的变化检查并调整投资组合。但应在个人理财师的帮助下进行。

2）重视利率敏感性

理财规划根据当前情况对未来的通胀率、房贷利率及收入成长率等进行了预估。但如未来现实生活中出现利率波动较大的情形，如房贷利率和通胀率上升，而投资报酬率持续低迷时，可视情况做提前还贷处理。

3）适当提高生活品质支出的比例

夫妻双方收入较高，且成长性较好，建议有计划外储蓄节余时，应适当提高生活品质支出，可考虑每年安排一次家庭旅游计划，或者购买一辆经济型轿车作为代步工具，可方便上下班和以后小孩上下学的接送。

张先生家庭的财务状况基本上是不错的，当前无负债，资产也具备流动性，家庭成员具有一定的保障，不足之处是资产的收益性不足，在现有配置比例下无法达成所有的理财目标，而且风险性资产比较集中单一，需要进行适当的调整。

考虑到购房计划近在眼前，建议先采用目标先后顺序法，再采用目标并进法进行资产配置。3 年后先用家庭现有资产累计值和 3 年累计储蓄之和支付购房首付款及新购房屋装修费用，月供房贷、教育金和退休金准备，可采用月/年储蓄的方式，通过定期定额投资方式实现。资产组合经调整后，其预期投资报酬率保守估计为 5.2%，此报酬率下能实现所有的理财目标。如投资报酬率随股市复苏而上升，则可用来改善生活，提高生活品质，实现其他家庭目标，如购车等。

5.6.5 摘要报告

1. 问卷调查（见表 5-17）

表 5-17　问卷调查内容

流动性检验	存款是否大于 3 个月的生活支出？	是
风险适合度	风险性资产是否低于承担能力？	是
资产收益率	是否 50% 以上的资产用于投资？	否
负担承受力	偿债额是否在收入额 20% 以下？	是
目标达成率	是否所有的理财目标皆可达成？	否
保险适足性	主要人身风险是否安排保障？	是

2. 投资规划（见表 5-18）

表 5-18　投资规划

投资组合比较	货币或存款	货币基金或人民币理财产品	债券	股票或偏于股票型基金	总资产
建议资产配置	5.00%	20.00%	20.00%	55.00%	20 万元
目前资产配置	60.00%			40.00%	月储蓄
应调整资产配置比例	−55.00%	20.00%	20.00%	−15.00%	6 000 元（5% 递增）
预计投资报酬率			5.20%		

3. 建议投保的保险（见表 5-19）

表 5-19　建议投保的保险（张先生）

项　　目	寿险	补充医疗险和重大疾病险	意外险
建议保额	10 万元	根据身体状况和年龄增长决定投保	10 万元
目前保额	20 万元	单位已加入社会医保	
应调整额	（−）10 万元		（+）10 万元
保额占年支出的倍数	6.6	正常倍数	10
保费占年收入的比率	0.11	正常比例	0.1

附录：

丁克家庭的"养老"计划

（一）相关资料

丁克家庭在财务上是令人羡慕的，他们不用为养育子女付出大量的心血和金钱，但晚年的养老就只能依靠自己了，必须做好的一件事就是尽早安排好退休生活。陈先生今年30岁，目前是一家医药公司驻杭州代表处的总经理，月收入4 700元；陈太太在一家出版社任普通文员，月收入4 000元。此外他们有一套房子出租，每月有1 500元房租收入。每个月的按揭还款总额达到4 900元，月基本生活开销就只能控制在2 000元左右，才能按月积攒3 000元。

到年底，陈先生逢上业绩好时，年终奖可以达到5 000元，陈太太只能有2 000元，开支却丝毫没减，5 000元左右旅游费用占到年终奖的大头；年终需要给双方的父母各送出2 000元红包。

陈先生夫妻在数年前买了3套房子，目前已升值不少。一套35万元的小户型已出租，贷款23万元，目前仍有贷款余额19万元，每月租金收入1 500元，租金水平基本稳定；另一套购买价35万元的小房子供父母居住，贷款25万元，目前贷款余额20万元；一套60万元房子供自己居住，总贷款35万元，目前余额32万元。

夫妻俩都还没有参与保险，最近开始考虑是否要增加一些保险投资。陈先生2004年买了5万元股票和基金，如今算上手续费，已亏损2 000元左右，现金和活期存款一般保留在2万元左右。

陈先生夫妻是标准的"丁克"一族，不想因为养孩子额外增加经济负担。但和大多数"丁克"族的担忧一样，对如何养老很是困惑。需要咨询的是，3套房子可否作为自己未来养老的资金来源？应当如何合理规划？

（二）陈先生理财需要注意事项

1. 陈先生的职业是医药代表，在药品出厂价和零售价的巨大差额面前，患者纷纷面临"看不起病"的困境之时，医药代表在其间的推波助澜是有一定的作用的，国家不会更不应当容许这一事项的长期持续发生。目前，这个职业发展前景堪忧。况且，陈先生的年收入只有61 400元，和医药公司总经理的头衔及其不看好的职业前景相比，在杭州这个高消费城市里并不很高。要理财，先理人，陈先生目前只有30岁，能否考虑学习新的知识技能，以求更大发展呢？

当然，陈先生的实际收入也可能较高，只是这里打了某些埋伏，这在理财服务的资料搜集中是经常可以见到的。理财师对此应当有较好判别。

2. 陈先生夫妻双方的工资和奖金加起来年收入为111 400元，再加上房租收入18 000元，每年总计收入约13万元，考虑每月还贷4 900元，积攒钱财3 000元，每个月的生活费开销只有2 000元，仅占收入的20%，应当说十分拮据。人们辛勤工作赚钱，就是为了提升生活品质。但陈先生的做法，每个月除了将半数收入用于还贷外，还要再额外攒钱投资，十分不妥。

陈先生月收入4 700元，妻子月收入4 000元，表面上夫高于妻，就实际状况而言，陈先生收入低而不够稳定，且"五险一金"全无，陈太太在出版社工作，收入福利一切都比较正规，"五险一金"全额缴纳，整体计算妻子的收入待遇要高于丈夫。

3. 陈先生的投资意识和眼光颇佳，接连贷款购买了3套中小户型住宅。一般而言，这类住宅都坐落在城市的中心地带，面积小，总价低，交通便利，生活设施好，又都是学区房，购进出售都很容易，房价有增无减。在目前房价增值迅猛的状况下，这是投资盈利的很好手段。事实上，陈先生已在3套住宅上获益甚丰。

4. 陈先生贷款购买的3套住宅，总价170万元，申请贷款83万元，目前仍有71万元贷款未还清。陈先生可谓将当时银行的信贷政策用到极限，自己也从中获得了最大利益，投资胆略和谋略皆有过人之处。

5. 陈先生平常的现金和活期存款一般保留在2万元，这是对的，一个家庭日常需要保留部分现金灵活使用，免得临时需要大笔款项时无所适从。但这笔款项因系现款或活期存款，利息收益很低，备用金额度一般保持3个月的生活费即可，不需要太多。

6. 陈先生需要购买一些保险产品，以应对日常生活中可能发生的种种事项，目前两夫妇年龄尚轻，保险产品不需要参与太多，等待房贷全部还清之后，就可以适度增加保险产品的购买。股票投资5万元，考虑到当时的股市状况，可以适度放手，不再操作，这笔钱可以用来改善生活，或者用到其他更有用之处。

7. 陈先生没有儿女，也不准备生养自己的儿女，从而不需要面对儿女的生养、教育、就业和结婚成家的巨额花费，诚然是有益的。这里发愁的养老问题，陈先生已有3套住宅，用房子养老取代养儿防老是完全可行的。到老年时代将住房逐步卖掉用于养老，足以应对养老金的不足。

总之，陈先生艰苦创业的理财宗旨，比较那些"月光族"而言，是很好的，但又走上了另一极端，不惜节衣缩食也要尽力增加家庭财富，精神可嘉，却不值得大家都去效仿。另外，陈先生的职业变换也是需要考虑的重点话题。

三口之家的购房买车计划

（一）相关资料

三口之家在目前的社会上非常普遍，家庭有稳定收入，有一定财产，也有一大堆理财问题需要解决。如马先生在一家外企做销售主管，月工资8 000多元，年底奖金大概1万元。马太太是一家幼儿园老师，工资3 000元左右，工资不高但稳定。他们的宝宝6岁，正上幼儿园，每月教育费用1 000元。家中请一个全日制阿姨，每月工资1 200元，再加上全家每月1 500元左右的生活费，月基本支出3 700元。两人每月需要应酬各支出1 000元左右。

目前住的房子价值65万元，是按揭购买，如今还有50万元贷款尚未还清，采用等额本息的还款方法，每月还款4 000元。除此外，全额付款购买一个价值40万元的店面，是双方父母各赞助1/3资金，目前用于出租，但租金不稳定，全年租金收入大约为36 000元。

马先生金融投资集中于股票和债券，总计31万元，其中股市投资10万元，大部分都套住了，还有1万元投于债市，剩下20万元投资于各式低风险的基金。马先生为自己和家人购买了保险，保险开支每年达到1.5万元。

目前流动资金显得有些紧张，很难有积蓄。马先生投资在股市的钱被套住，商铺租金因地段不太好，也不稳定。马先生对自己的保险状况也不是太满意，尽管年保费支出较多，包括分红险和年金类保险，还有孩子的重大疾病险，还是觉得自己的未来没有保障，想知道自己的保险产品结构合理吗？

马先生的理财目标是当孩子 10 岁时买一套别墅，并有一辆实用的家庭轿车。

（二）马先生理财注意事项

1. 马先生夫妇每年度工资奖金收入 14.2 万元，店面租金 3.6 万元，状况较好，每个月的教育费、生活费、保姆工资、应酬开销和还贷等共支出 9 700 元，折合年度支出为 116 400 元，再减除每年度"五险一金"开销和交纳所得税以 2 万元计，保险费开销 1.5 万元，年度结余 2.66 万元，只能是差强人意。这笔钱应当如何尽可能打理安排好日常生活，满足家庭运营的各项需要，就是理财的重点。

2. 马先生孩子已 6 岁，上了幼儿园，平日也无太多家务需要打理，请全日制的阿姨很无必要（如孩子尚幼小，请全日制阿姨是可行的）。且马太太是幼儿园教师，每月收入只有 3 000 元，未来职业发展潜力不大，收入待遇也不会有较大增加，顺便照料孩子是举手之劳。如果改为请钟点工，每周固定由钟点工做几个小时的家务，每个月只要三四百元即可，既省心，又可每月省钱 1 000 余元，还减少外人在家吃住引致的众多麻烦。

3. 马先生全家加上阿姨，每个月的生活费只有 1 500 元，人均不到 400 元，显得过低，应当增加些才是。马先生的经济条件完全能够支撑改善生活质量的需要，人们赚钱的目的就是更好地花钱，在生活费上过分节约，是最不合算的。

4. 马先生投资到股市和基金、债券的钱财共计 31 万元，但效益较差，应当权衡利弊，研判大势，如自己对股市和基金的状况并不是很清晰，就应果断抛弃这一投资工具，改换其他更为稳妥的投资渠道。

5. 马先生每年度购买各类保险产品开销 1.5 万元，达到家庭工资收入的 10%，但参与保险的效果并不很好。投资连接分红险的实际运营状况，在我国很难如愿分到红利；小孩子发生重大疾病的概率不高，给孩子购买重大疾病险很不合算，如为小孩子买个综合险则有必要；年金类保险应当购买，但目前的年金类保险产品的收益率很低，只有 2%，这种购买是很不合算的（1997 年，寿险产品的收益率曾经达到 9%，大家可以匡算历经二三十年之后两者的差异将会达到多大）。

再者，马先生的收入占到全家工资收入的 75%，可称为家庭经济的"顶梁柱"，应置于重要地位做重点保护，包括对马先生保险产品购买的重点倾斜等。但在其购买的各类保险产品中，和马先生相关的养老险、失能险、重大疾病险等几乎没有，这是很不应该的。

6. 马先生有一个价值 40 万元的店面，月租金 3 000 元，折合年租金 3.6 万元，购买店面的收益率高达 9%，再加上店面本身的资本增值，这一投资项目应当是十分合算的。如马先生或马太太一旦失业，还可以将店面收回来自己经管，也是进退自如。该店面既然是自己和双方父母家里各出资 1/3 资金所买，租金收益及店面产权的剖分上，也应依此比例分配，而非全部装进自己的口袋。

7. 马先生的理财目标是当孩子 10 岁时能够买到一套别墅，这一目标能否得以实现，需要认真剖析。孩子目前已 6 岁，也就是说马先生计划 4 年后买自己的别墅。一套别墅的价值当年高达四五百万元，马先生能否拿出这笔钱财呢？值得推敲。马先生每年度的货币结余为 2.66 万元，四年结余合计再加上投资回报，最多 20 万元。马先生将投资股市和基金的钱财 31 万元全部"割肉"，最多可以收回 25 万元。如马先生再将自己的住房和店面房全部出售，住宅的目前市价是 60 万元，但其间有 50 万元贷款尚未还清，其真正价值只有 10 万元。如将店面房出售掉，考虑增值最多可以得到 60 万元。以上 4 项相加总计为 115 万元，尚不足购买别墅全部款项的三分之一。再者，每幢别墅目前的价值是四五百万元，4 年后的价值预计会有大幅增加，有限款项积累更难以应对。如向银行申请半数贷款购买别墅，日后每期的还贷付息，就是家庭的重大负担。

店面房出租可以获得可观的租金收益，属于生息资产，别墅则属于高档消费品，这种转换大不应该。大家不可能花费数百万元买到别墅，再简单对外出租，卖掉很赚钱的店面房转而买进别墅，是很不合适的。再者，店面房为马先生和双方父母共同出资购买，尽管双方父母只是赞助出资不准备收回，也不主张相应权利，但马先生将店面房出售后的钱财，全部装入自己口袋买别墅用，似乎也不合乎家庭亲情伦理。

综上分析，可以认为，马先生希望买别墅的理财目标很难达到，是不太现实的。在一个家庭的理财生活中，绝不应当为了某一个目标的实现，就将其他目标全然放弃，以致影响家庭的正常生活。在这种情形下，理财师应当对马先生如实说明利害，打消马先生的念头，而非大包大揽，大夸海口，最终又无法兑现。

全职太太的理财计划

（一）相关资料

很多人认为全职太太福气好，有房有车特别是有一个"赚得动"的老公，但全职太太也有生活忧虑，特别是在打理家财方面担负的责任更大。再者，老公在，一切都在，老公如"红杏出墙"，一切事情就很难预料了。

方太太今年 40 岁，认为现在的经济状况足以应付他们家的生活需求，不想再出去工作了。目前赋闲在家，没有收入也没有社会保障。方先生 45 岁，是一家小型外贸公司的合伙人，每年收入 15 万元左右（月均工资 1 万元，年终奖 3 万元）。他们的女儿 11 岁，在上小学。三口人住在一套两室两厅的房子里，还有一套房子用于出租，每个月可收到 2 000 元租金。一家三口每个月基本生活开销 4 500 元，加上物业管理费、医疗费，总支出 5 400 元。方先生出去应酬支出，都可以从公司报销。

方先生家里有 5 万元活期存款，20 万元定期存款，有 2.5 万元美元储蓄。投资数额不高，分别为 8 万元股票和 11 万元基金。自住房的现值 110 万元，出租住房价值 70 万元。

方太太的公司曾给她上过一笔养老金，等到 50 岁后每月可领取一笔养老金，共计 13 万元。保险方面，方太太有一份 10 万元保障额的寿险和一份 10 万元的意外险；女儿有一份 5 万元的综合保险，方先生的社保和商业保险都没上。

方先生想买一台 15 万元的车子，加上牌照等估计需 20 万元。私家车的汽油费、养路费等开支，方先生的单位都可以报销。最近还设想能否把 110 万元的两室两厅住房出售，换一套 150 万元左右的三居室？根据现在的生活状况，三居室房子住得会更舒服一些。

方太太有些担心：若实现换房买车的计划，继续做全职太太，目前的家庭经济收入能应付得了吗？若必须出去工作，以她十几年的外企工作经验，再找一份月薪在万元左右的工作也非太困难。但想请教理财专家，以他们家目前的情况，她是否还需要拼命去做很辛苦的万元月薪工作呢？

（二）方太太理财注意事项

1. 方太太全家年工薪、奖金收入和房租收入共计 17.4 万元，扣除应当缴纳的个人所得税应为 16 万元，全部为方先生赚取；每年总支出为 6.48 万元，年度结余为 9.5 万元，数额比较可观。这是方太太理财的基础所在。

2. 方太太有两套住房，价值 180 万元；货币资产 44 万元，再加上 2.5 万元美元储蓄，折合人民币 16 万元，资产共计 240 万元。但货币资产的结构不甚合理，活期存款 5 万元数额过高，远远超出日常生活对流动资金的需要；20 万元定期存款的利息收益不高，且将资金压死 5 年无法动用；美元储蓄的收益很低，再加上美元对人民币的汇率呈现持续贬势，钱财只能越存越少，不如将该笔美元转换为人民币或其他强势货币。

3. 方太太无工作也无收入，有一笔数额 13 万元的社保养老金和一笔 10 万元保障额的寿险，即使到 60 岁后再领取，按照目前的寿命预期 80 岁计算，尚有 20 年余命，分摊到每个月只有 1 000 元，远远不足以应付晚年生活使用，尚需要自己想法筹措资金补充养老金的不足。10 万元的意外险只能保障发生意外事件时赔偿，且其实际资产价值可能只有几百元。

4. 方先生的社保和商业保险都没有缴纳，而女儿有一份 5 万元综合保险，这是一大失策。方先生的收入占据家庭收入的全部，也是家庭风险保障的重点所在。我国家庭的保险保障，往往是重孩子，轻自己，父母只是对孩子投保，而最需要保障的自己又常被忽略不计。按照国家规定，一切职工在其工作期间必须由单位和个人缴纳社保，退休后即可据此领取养老金直到死亡为止。未参与社保看起来似乎占了大便宜，实际上个人不缴纳社保金，单位应当为职工缴纳的社保金也就堂而皇之地出现遗漏，而中央财政每年度对社保金的大量补贴，也就同方先生全无干系。到方先生退休后每个月只能领取 55 元的养老金，显然很难满足晚年生活所需。

5. 方先生和方太太都是人到中年，需要考虑自己未来的养老话题并预先准备。且双方父母 4 人的年龄都应当将近 70 岁，养老问题更要纳入议事日程，做儿女的应当对此有较大付出。这也是方先生日常开销的重点所在。

6. 方先生的女儿已 11 岁，再过 8 年就应当接受高等教育，上大学的学费、生活费开销，目前就必须为此做出相应准备。

7. 方先生花 20 万元买车的事项，可以付诸实践。家庭购买轿车严格来说是不很合算的，养车费、保险费等每年需要开销两三万元之多，尤其是在目前汽油费大幅涨价的状况下，家庭购车养车的费用远远超出"打的"、坐公交车的花费。但如自己对亲自驾车情有独钟，十分向往，也不妨将买车放在生活的重要位置。人们赚钱毕竟是为了很好地花钱，并花费得惬意舒适。尤其是方先生养车的费用，都可以由单位报销，若不买车就减少了这项优惠。

8. 方太太期望将目前 110 万元的两室两厅住房出售，换取 150 万元左右的三居室，应当是可行的，经济条件也足够，换房的差价动用目前的金融资产完全足用。但需要说明，换房的差价绝非 40 万元，出售旧房和购买新房都要缴纳一笔税费，两笔税费加总大致需要 10 万元。再者，换取新房后肯定要将新房的装潢放在第一位，原有住房的家具电器等也大都要更新，两笔费用加总又是三四十万元之多。如该住房不予更换时，原有装潢和家具电器都可以持续使用个三年五载，这笔费用就完全不需要开销。这是做出决策时事先必须要设想到的。

9. 方太太是否需要再出门工作呢？目前的社会，期望当个全职太太也需要有一定的资格。方先生目前仅是小外贸公司的合伙人，每年度收入也只是十余万元。再者，根据以上计算，单靠方先生的收入难以让整个家庭的经济运行良好，尤其是难以保障两人晚年后的养老生活。为此，方太太应当继续发挥专长重新出来工作。这里要考虑的是，方太太可以找一份薪水在万元左右的工作，但需要付出很大的辛苦；也可以找一份不很辛苦，月薪五六千元的工作补贴家用。理财生活不必走极端，或者很辛苦地赚大钱，或者什么都不干、享清福而分文全无。

需要特别指出，方太太目前40岁，再工作10~15年且按照规定缴纳"五险一金"，就可以按照国家规定正常退休，并领取一定数额的养老金，如每月3 000元左右，一直领取到最终死亡为止。但如不再出去工作，到60岁真正退休时，除每月55元的养老金外不可能获取其他任何收入。杭州市女性的人均寿命目前大致在80岁，计算60岁到80岁期间养老金数额的差异，就是七十余万元。这是方太太重新出来工作的最大好处所在。

10. 需要特别说明的一点，方先生和方太太感情甚佳，以前共同创业走到今天，方太太同样为家庭经济做出了重大贡献，未来情形也应该会白头偕老。但如双方的情感状况并非很好，或者方先生将来可能"红杏出墙"时，对方太太这样的居家女性将会是伤害最大的。在这类家庭里，女性应当取得自己独立的经济地位和独立计算支配的财富，将来真要发生某些变故时也可以减少损失，至少能够维持离婚后生活的正常持续。

11. 今天的全职太太有学历，有文化，完全不同于过去全职做家务的家庭妇女。全职太太可以出门工作，也可以赋闲在家。全职太太们应否出门工作，要看老公是否"赚得动"，要看自己在家中事务的话语权，更要看自己对家中财富的支配权和地位高低有无。如果这些条件全不具备，只是因为懒于在职场打拼，只想回家享清福，预后的状况和结果就可能很危险。再者，到将来迫不得已时再企图走向社会，鉴于目前职场的竞争和快速变化，自身知识结构和能力的落伍，也很难在职场上找到薪水满意且一切如愿的工作。

总之，方太太目前的家计状况似乎不错，但又是危机四伏，后顾之忧颇多，需要予以特别重视。方太太出来工作非常必要，应予认真对待。

理财规划方案（参考文本）

第一部分　理财寄语和声明

尊敬的××先生/女士：

非常感谢您对我们的信任与支持！

我银行是经注册批准，取得中国银监会和证监会资格的金融理财规划资格的专业理财策划单位。理财师是受过专业培训，获得国家标准理财规划师证书培训和相关金融产品销售证书的专业人员。理财师的收入结构由公司支付固定工资，其他收入根据业绩获得奖金组成。

围绕您和您家庭的人生规划目标和投资目标，我行专业理财顾问提供的金融理财顾问和涉及的金融产品销售来自于专业知识和对您及您家庭状况的了解。金融市场瞬息万变，您的家庭状况和人生目标也有可能发生变化，我们对由此产生的投资损失或是家庭状况变化带来的损失不承担责任。

理财规划是我们为客户提供的理财服务之一。本理财报告用来帮助您明确财务需求及目标，帮助您对理财事务进行更好的决策。本理财报告是在您提供的资料基础上，并基于通常可接受的假设和合理的估计，综合考虑您的资产负债状况、理财目标、现金收支及理财对策而制订的，推算出的结果可能与您真实情况存有一定的误差。

　　我们经您的许可收集了您个人和您家庭的资料。按照您的理财目标和要求，通过分析您的财务状况，参照目前市场环境、政策背景等，我们为您设计了"现金规划、风险管理规划、家庭财产规划、投资规划、税务规划、不动产规划、遗产规划"。

　　本建议书是在您所提供的相关资料的基础上，综合考虑您目前的财务状况、风险偏好、投资取向、理财目标和理想的经济预期而为您提供的理财指引，仅作为您投资理财的参考。您提供信息的完整性、真实性将有利于我们为您更好地量身定制个人理财计划，提供更好的个人理财服务，数据的误差将导致结果与事实不符。作为我们尊贵的客户，所有信息都由您自愿提供。我们将严格保管您和您家庭提供的个人资料，除了政府执法部门要求之外，我们没有义务向任何第三方提供您的资料。客户承诺向理财规划师如实陈述事实，如因隐瞒真实情况，提供虚假或错误信息而造成损失，我行将不承担任何责任。

　　我银行及理财规划师承诺勤勉尽责，合理谨慎处理客户委托的事务，如因误导或提供虚假信息造成客户损失，将承担赔偿责任。您如果有疑问或对某位理财顾问进行投诉，请联系我行客户服务部经理。如果您认为我行不能给您满意答复，请直接同中国金融理财规划师协会联系。

　　【结束语】

　　理财的方案有千万种，从流动性、风险性、收益性等角度能满足客户需求的方案才是合适的方案，只有合适的才是最好的方案。理财规划并非一经制定就不再改变。随着时间的推移，根据您家庭情况的变化、金融产品的进一步丰富、国家经济形势和政策的变化，本人将本着诚信理财的宗旨为您的理财策划做适时的修改。需要说明：本建议书所列数据未完全考虑税务政策因素。

　　最后，我们建议您经常与我们保持联系，根据环境的变化不断调整和修正理财规划，并持之以恒地遵照执行。一个合理的理财规划能客观地展示客户的财务状况，减缓财务忧虑，有助于认清和实现目标，成为指导您实现财务自由之路的好帮手。为获得较好的理财效果，建议您定期检查并适时做出调整。欢迎您随时向理财策划师进行咨询。

　　客户签名：　　　　　　　　　　　　　　　　　　　理财师签名：

　　日期：　　　　　　　　　　　　　　　　　　　　　日期：

本章小结
BENZHANG XIAOJIE

　　1. 理财规划过程包括以下 6 个步骤：① 个人理财师与客户建立联系；② 收集客户数据，明确客户的理财需求和目标；③ 分析、评估客户的资产财务状况；④ 整合理财规划策略并向客户提出全面的理财计划或方案；⑤ 执行个人理财计划或方案；⑥ 监控个人理财计划或方案的执行并酌情予以相应调整。

　　2. 客户市场细分，是按照客户的需求或特征将客户市场分成若干等级市场，并针对不同等级市场设计个性化服务。客户市场分类的首要步骤是要选定划分的依据。各行业、各企业可采取不同的划分标准，通常主要按照地理因素、人口动态、心理因素和行为因素四类因素，对个体客户市场进行细分。

3. 客户的个人信息分为财务信息和非财务信息。财务信息是指客户当前的收支状况、财务安排及未来发展趋势等，是个人理财师制订个人理财方案的基础和依据。非财务信息则是指客户的社会地位、年龄、投资偏好和风险承受能力等其他相关信息，它能帮助个人理财师进一步了解客户，对个人理财规划的选择和制订有着直接影响。

4. 理财方案是指针对个人在人生发展的不同时期，依据其收入、支出状况的变化，制订个人财务规划的具体方案，以帮助客户实现人生各个阶段的目标和理想。在整个理财方案执行过程中，不仅要考虑财富的积累，还要考虑财富的安全保障。

5. 理财方案的内容主要包括：理财方案摘要、对客户当前状况和财务目标的陈述、理财规划假设、理财规划策略、各项费用及佣金、理财规划预测、理财规划具体建议、理财规划建议的总结、执行理财方案之前的准备事项、执行理财方案的授权、附加信息的披露、免责声明等。

6. 免责声明是一种用来限制和减轻个人理财师所负责任的表述方式。在书面理财方案中加入免责声明的目的是提醒客户，个人理财师对于超出他们控制范围的事件所引起的损失不承担任何责任。

7. 理财方案一般分为4个步骤：① 回顾自己的资产状况；② 设定理财目标；③ 弄清风险偏好是何种类型；④ 进行战略性的资产分配。在执行理财方案时，个人理财师或理财方案执行者应遵循准确性原则、有效性原则和及时性原则。

思考题

1. 简述个人理财规划的流程和评估阶段的步骤。
2. 简述个人理财师与客户初次见面所需准备的工作。
3. 个人理财师如何与客户建立信任关系？
4. 简述客户信息的内容。
5. 论述目标客户市场细分的原则和依据。
6. 如何制定理财方案的实施计划？
7. 哪些因素影响理财方案的执行？这些因素会产生何种影响？
8. 简述理财方案执行时应遵循的原则。
9. 如何应对客户对理财方案的修订要求？

第 6 章
婚姻、生育与教育规划

学习 目标

1. 了解什么是婚姻经济与结婚预算
2. 理解子女生育规划的内容及程序
3. 理解个人教育投资概述
4. 理解个人教育投资规划工具及技术

6.1 结 婚 预 算

在市场经济社会里，随着社会公众经济意识的增强，商品、价值、核算、效益的观念深入人心，经济核算意识开始渗透进一切经济乃至非经济领域。婚姻家庭生活组织、夫妻亲子人际关系调适等也不例外。

6.1.1 结婚用费的含义

家庭是人们生产经营、生活消费、生育教育等多功能活动履行的社会基本组织。为了家庭能顺利在社会中生活，履行其多方面功能，就必须拥有并支配运用一定的财产物质，作为其功能活动的基础。家庭建立又是以婚姻关系的确立为前提，人们为建立家庭而发生的种种用费就难以避免，这就涉及结婚用费的概念。

结婚用费是指每一对缔结婚姻关系的男女青年为筹备婚事，建立小家庭所花费的全部费用。一般来说，它包括婚事用费和新婚家庭建设用费两大部分。前者指男女青年在恋爱、订婚、结婚等整个婚事操办中花费的费用，如见面礼、订亲礼、彩礼、结婚前后节礼、婚宴及招待宾客用费、馈赠宾客及婚纱拍照、婚车装扮、旅行结婚等种种花费；后者则是指建设小家庭，使家庭真正成为一个生活单位而必须购置或建造的住房、家具电器、衣物及床上用品、日用生活器具及其他生活用具的花费。两种花费的显著差异，即在于后者直接形成了新婚家庭的物资财产基础，前者则无法将其花费后的成果以财产实体的形式表现出来。

从某种程度而言，个人家庭的理财规划首先应当从结婚成家开始。结婚是一种经历众多事项，涉猎多个方面，延续较长时期的行为，家庭则是基于结婚而产生的家人长期共同生活的单位。结婚用费是指筹备婚事、建立家庭过程中的全部有关用费。从时间来讲，它包括从两性恋爱关系确定到筹办婚事、小家庭建立的全过程；从数量来看，用于同结婚成家有关的用费全部都应包括在内。如酒席婚宴、请客送礼、购置财物、蜜月旅游等，都应计入。

结婚用费筹措，需要当事人及父母的数年乃至十数年的刻意积聚，其花费状况则形成新婚家庭经济的基本格局并较长期地发挥作用。结婚用费的筹措、使用，必须施以计划管理、科学安排，提高效益并协调关系。经济社会理论家、生产经营厂家、广大新婚者及其父母亲友等，都有积极重视的必要。

6.1.2 结婚资金来源与结婚用费运用

结婚作为一种巨额资金运用耗费的活动，必须为此组织相应的资金来源，钱从何处来，又到何处去，体现了何种关系，又得到了何种结果？为此，结婚用费又可从来源和运用两方面予以说明，离开结婚资金来源，就无所谓用费去向；无所谓运用花费，自然也不需要筹措结婚资金来源。两者的关系可以表示为：

结婚资金来源总额＝结婚用费运用总额

1. 结婚资金来源

结婚资金来源有 3 种：① 一定资本投入，即指男女当事人双方及其父母向即将组建的小家庭的资金投入，形成小家庭的主要资金来源；② 借入资金，自有资金不敷使用时，向有关方面借入资金，如贷款买房、买车，如婚事操办中因资金拮据向其他人负债；③ 婚礼收入，如亲友等赠送的礼品、礼金收入。

结婚用费筹措的渠道，具体包括以下方面：① 当事者双方的积蓄款；② 当事者的父母及兄弟姐妹的无偿赞助；③ 其他亲朋好友的无偿赠予；④ 结婚收礼，包括礼金和礼品折款；⑤ 外借款项。这 5 方面的款项筹集，又明显分为男方当事人和女方当事人，如双方当事人及父母、亲友的积蓄、资助；双方的结婚收礼及外借款等。明确这些关系，有助于分析结婚资金来源的具体构成及其发展变化情况。

结婚资金来源的特殊之处，是赠送、投资、负债的界限时有不清。男女当事人的自有资金应称为投入，并凭借这种投入对未来的小家庭生活做出贡献。父母亲友向小家庭组建、婚事成立中无偿赠予资金等，称为接受馈赠；但若资金不足时往往还需要向有关方面借入若干资金，则称为负债。

2. 结婚用费运用

结婚用费去向，指结婚用费都用到什么地方去，或者说筹措得来的结婚款都购置了什么物品或举办何种事务，可分为新婚家庭建设用费及婚礼筵宴和馈赠用费两大类。

1）新婚家庭建设用费

这类用费同新婚家庭建设直接关联，包括：① 如家用轿车、彩电、冰箱、空调等车辆、家用设备电器的购置，这是新婚开支的大头；② 家具用具，包括书柜、沙发床、组合式家具、桌椅等家具用具的购置与建造；③ 衣物及床上用品，包括被褥、毛毯、各式衣物等；④ 一般生活用具，如锅碗瓢盆等炊具及电壶、脸盆、茶具等生活用具；⑤ 其他生活用品，如戒指、项链等贵重装饰品及其他用品；⑥ 购置或自行建造婚房并对其精心装潢、布置等。

2）婚礼筵宴和馈赠用费

婚礼筵宴和馈赠用费有助于婚事形成，却并不形成家庭财产。前者如购买烟酒糖果等招待宾客，还有婚筵用费、婚礼、司仪、婚车、婚纱照等杂项用费，旅行结婚花费，购买彩纸、烟花、喜帖等与婚事有关的零星消耗用费；后者则如馈赠男女方父母的用费、馈赠亲友用费及其他馈赠用费。馈赠女方父母的用费，农村中大多是给付彩礼。支出结构及增减变动状况的分析，同样是重要内容。

想要结婚用费状况良好，应尽力提高家庭建设用费在全部婚姻用费中的比重。农村结婚用费多还包括住房购置或建造，目前的城市家庭，尤其是男方家庭，越来越多地将购置婚房提上议事日程，原因是"没有梧桐树，难引金凤凰"，高额且飞速上涨的房价，成为新婚家庭的沉重负担。

3. 新婚期家庭资产总额

新婚的小家庭建立初始，计量家中各项财产的额度、数量、种类、价格及总价值额度，应当较为容易。原因是：① 几乎一切设备、设施用具都是全新的，有现成价格资料、原始发票可作计价依据；② 不需考虑资产的折旧、损耗状况。小家庭财产归类、计量、计价、汇总等工作全部做完，即形成新婚期的家庭资产总额。

新婚期家庭财产总额确立后，再计算：① 新婚期到目前的家庭收入总额（货币收入+实物收入总额）；② 新婚期到目前期的消费总额（各方面的物质文化、商品及非商品的消费总额）；将①减掉②即得到家庭财产总额。这一指标计算很为烦琐，实际操作时，可分年度进行。

附录：

关注结婚前的三大准备

男女青年从恋爱到结婚成家之前，为操办事项的顺利完美，往往需要有多种准备，大致可有经济物质、家务技艺和思想观念三大准备。

（一）经济物质准备

今天我国的城市家庭，结婚成家的花费已达到数万乃至数十万、数百万元之多，这笔钱财的筹措就是一大事件，大家为此的应对措施多种多样。第一是过度晚婚；第二是一切依赖父母尤其是男方的父母掏腰包，据团中央于 21 世纪初期的某次结婚用费调查显示，父母出资占据总出资份额的 80%～100%；第三是不依靠父母的力量自己简单操办婚事的"裸婚"现象，今日也有较多存在。

结婚是一辈子的大事件，需要认真对待。婚事操办依靠父母力量固无不可，但首先是父母的经济状况很不错，能够依赖得住。假如过度依赖父母出资，将此视为父母与自身的财富再分配，借此压榨剥削父母，就十分不应该。晚婚是可行举措，但女性有个 25～28 周岁的最佳生育年龄不能违背，过度晚婚既有可能影响自己，更有可能影响下一代的健康。一切靠自己的"裸婚"精神可嘉，具体做法还需商榷。故此，婚前的待婚期间，努力赚取收入，节约支出，巨量经济物质的提前准备，就是应有之意，也为未来长期的小家庭生活打下良好的物质基础和艰苦创业的好习惯。

（二）家务技艺准备

家庭是一个组织生活消费的单位，随着结婚成家而面对的小家庭生活，不仅仅是小夫妻花前月下的美好，父母孩子天伦之乐的甜蜜，而更多地表现为买菜、做饭、购物、带孩子等杂事俗务，开门七件事，"柴米油盐酱醋茶"，众多的家务事目不暇接，都需要很好地面对和处置。家务事如何处理，结婚成家后整日需要面对，处置不好的状况下后果也可能表现得很为严重。比如，北京市妇联某次组织的高离婚率缘由的调查发现，因家务劳动分工不均，夫妻都不会做家务，引致家庭矛盾者，占据了20%之多。

日本、欧美诸多国家的学校里，都有专门的家政课为学生传授家务技艺，更有专门的女子学校讲授家政、家务、交际等诸多生活事项。过去，女红是家中培养女儿出嫁前的必修课程。但目前的学校教育中，有关家政方面的教育却很少。

在这种状况之下，男女青年本人有关家务技艺的学习准备，就应当提上议事日程。可以主动帮助父母做家务，在家务劳动中习练技艺，参与相关的知识技能培训班等，都是不错的办法。当然，国家教育部门对教育体制和教育内容与方法的变革也十分必要。

（三）思想观念准备

结婚成家是两个人的事情，结婚后大家享有新婚家庭的乐趣，也需要承担由此而来的各种义务和责任。男女两人在爱情基础上组建家庭，但双方在心理、行为、观念、习惯等各个方面，不可能完全合拍，总会有或多或少的差异。

思想观念的准备，就是结婚后一切以两个人的共同生活为宗旨。例如，以前是单人生活，一切都由自己说了算，现在是两人一起生活，就要在考虑自己利益的同时，尽可能为对方着想，必要时为对方的幸福牺牲自己的利益；再者两人成长的生活环境、阅历不大相同，或者还大不相同，婚后一起过日子，生活习惯不可能十分贴切，遇到矛盾冲突应当如何做，能否尽量体谅对方，做到互谅互让，协调宽容等，都是婚后要整日面对的事项，都需要婚前做出心理的准备，至少是在思想观念上将此当回事。小家庭组建后众多的生活琐事，又是最容易引致矛盾冲突的，这就需要双方在思想观念上为小家庭建立后的人际关系调处做好充分准备。

爱情、婚姻与家庭的经济学诠释

在市场经济社会里，随着社会公众经济意识的增强，商品、价值、核算、效益的观念深入人心，经济核算意识开始渗透进一切经济乃至非经济领域，达成某种"经济学帝国主义"状态。婚姻家庭生活、夫妻、亲子的人际关系调适也不例外。

家庭的建立是在一定社会制度下，两性之间并经过当时代社会规范所确认的婚姻上的结合而形成。婚姻是男女之间互为配偶，以组织家庭为目的的两性结合，家庭则是婚姻缔结的结果。建立一个新家庭，如没有意外的天灾人祸及人为的变迁离异，一般都将在几十年内持续发挥作用。同谁建立婚姻关系，对方人品、性格如何，理想抱负怎样，以及经济条件、职业、居住、政治思想等种种状况，都将在长时期里对今后的共同生活发挥重大影响。

婚姻应以爱情为基础，只有建立在互爱基础上的婚姻，才是真正的两性结合，并据以组织起真正理想的家庭。双方感情是否融洽，是否情投意合，有无共同的思想基础，更是婚姻关系是否成立，今后生活能否团结和睦、幸福美满的关键。选择什么样的伴侣，追求什么样的格调情趣，对个人幸福、家庭和睦、事业成功等都关系极大。生活于民主和睦家庭的成员必无后顾之忧，定会精神愉快地投入到工作学习中，有利于社会家庭团结和新道德风尚的确立。生活于夫妻反目、关系紧张的家庭，家庭职能的正常发挥、成员精神状态的良好、工作学习劲头的高涨等，也必然要打不小的折扣。家庭问题能否处理得当，直接关系到物质文明尤其是和谐社会的建设。

依据西方经济学的观点来看，家庭通常又被定义为：一群人为追求经济目的而合作所形成的经济单位。他们认为现代社会中，婚姻更多的是一种经济行为而非完全出于爱情的考虑。虽然人们认为选择伴侣纯粹是个人私事，但事实上，大部分人最终都会选择那些经济和生活背景与自己基本一致的人结婚。社会学家谈到好婚姻的一种定义是：两人之间的最有助于双方最佳发展的关系。在市场经济社会里，婚姻无疑是涉及个人家庭终生幸福的、一种目的性很强的经营活动。

婚姻是两性间的资源交易与配置

借婚索财、买卖婚姻现象，在几千年的封建社会里一直存在，甚至在择偶成家中具有支配性位置。在今日的市场经济社会里，经济钱财因素在婚姻寻偶中仍然占有较大分量。这种经济因素在很大程度上并非以赤裸裸的金钱表现，而是完全可以归结得更有内涵和深度。

人们对资源拥有的状况及体现的内容是多方面的，既有身内之物，又有身外之物；既有有形资源，也有无形资源；既有经济物质类资源，也有非经济、非物质类资源，不一而足。身内之物如个人的身高、年龄、气质、体质、健康、容貌、身材等，都为人之先天具有，难以有一定改变；身外之物如个人及其父母家庭的职业、社会地位、受教育程度、居住地域、收入及拥有财富乃至拥有的众多人际关系等。

经济物质资源如个人及其父母家庭拥有钱财物资的状况，如住房、存款、家产、收入等，赚钱能力及将来发展机遇，同样应归于身外之物。再如，居住是城是乡，职业是优是劣，受教育是多或少，文化素养是高是低，收入是否高而稳定增长，存折的金额是四位还是七位乃至更多，住房是宽敞明亮，地段优越，煤卫水电俱全，还是小乱差旧、一应设施都欠缺。这都是两性婚配抉择中要予考虑的基本要件。再如，高贵的门第、显赫的姓氏、良好的家风、广泛的社会交往网络乃至其他可资援引的家庭、亲友的关系网络等，也是一种极为有用的资源。当然，婚姻作为爱情的特殊产物，双方的情感如何，更是一种特别珍贵的稀缺资源。

两性拥有的各类资源，因其所处状态及可资利用的期限等，还可分为现实资源和潜在资源。前者如某人拥有宽敞的住房或万贯家财，后者如某人拥有的可据以赚大钱的能力与才干，或者只是某种特殊技能或很高的文凭学位。婚姻选择中，鉴于由此而来的建立家庭的长期性，现实资源的拥有固然重要，但潜在资源的状况及预期未来的发展增值潜力却更应予以重视。如两个年轻女性，一个可继承百万遗产做嫁妆，但却不通文墨，粗俗不堪，更兼颐指气使、咄咄逼人；一个是不名一文却满腹经纶，很有才华的博士，凭此完全可以在其婚后取得长久的报酬收入。以往，可能考虑的是前者的身外之物，今日则大多考虑的是后者的身内之物。

婚姻从其签约、结合到随后而来的建立小家庭、生育抚养子女而言，就预示着它是一种长期结合乃至要白头偕老的行为。在这种长期行为中，现实钱财资源如100万元嫁妆是身外之物，终有消耗殆尽之时，但配偶身上所具备的知识能力、才干、掌握的技术等，预期未来较强的收入能力和较高的社会地位，则不会轻易损耗与自然消亡。它将会在两人婚后的长时期内发挥功用，是终生享用不尽还可荫庇子孙的。大家经常谈到要找一个白马王子作为终生的伴侣，但在某种情形下，是否找一个"黑马王子"更有潜力，对未来的发展更有助推力呢？

个人拥有的资源是否雄厚，数量是否足够，质量是否精湛优良，结构配置是否最优，并将自己最好的一面向社会、尤其是向对方充分显示等，固然很重要，但对方对此资源拥有及配置状况的认同和青睐与否，则更为重要。

某人拥有资源可能极为雄厚，但却少为他人所接受。原因是其资源状况太过一般，并不使对方感觉特别珍贵动心，或是尚未找到对其拥有资源状况特别感兴趣之人。所谓"货要卖与识货的"，才能卖出好价钱。再如，某些婚姻在外人眼光中并不般配或还很不般配，但当事人自己却感觉甚佳且情感融洽。这可能是当事人各自有令对方特别心动之处，值得为此托付全部情感，并愿意以身相许。

人们对婚姻对方的资源拥有及配置状况的认识是不断发生改变的。年龄随着岁月流逝而青春不再，容貌随着时光变换而容颜不再，财富随着时光流转而减少，个人拥有的专业技能也会因时过境迁而贬值受损。当然，个人阅历随着时光而积淀深厚，钱财随着日积月累而增加，知识技能会因随时更新、创新而处于时代前列。这种资源拥有及配置状况的改变，如年龄、体质、容貌等不以人的意志为转移，有些则会随着个人的努力程度而改变，或变得更好或变得更糟。

婚姻资源的拥有及配置状况，不可避免地会随着时间的推移发生重大变迁，婚恋双方对此的认同度也会发生相应改变。我国现存的大多数维持型家庭，其婚姻结合并非父母包办，而是双方的自主抉择；婚姻结合之初不可谓完全没有感情，或还很为深厚。只是感情随着时光流转或是愈为深厚凝重，或是消失殆尽或完全转移他方。但婚姻则是双方间的一种长期合约，由婚姻结合而形成的夫妻关系，以及由夫妻关系而来的亲子血缘关系，则具有长期稳定乃至天然不可割断的特性。即使婚姻关系破裂，家庭解体，也仍会长久存续下去。所以，爱情、婚姻、家庭的理性探讨及实践操作，就成为人生的永久性话题，两性关系也是人生最复杂的一种关系，值得引起公众的深切关注。

婚姻是两性间的一种长期合约

婚姻是大家关注的话题，仁者见仁，智者见智。一般而言，婚姻是男女双方基于共同的思想基础，并经法律签证后的人身结合，是爱情发展到一定阶段的结果，也是家庭作为一个生活单位组建的前提。但从经济学、社会学关于资源配置、社会交换理论的观点出发，婚姻则是男女两性之间就其各自拥有资源状况的权衡、比较、抉择、认同、交易并予重新配置，并经法律签证后的一种长期合约。

婚姻资源的拥有及配置状况是否雄厚、合理并充分对外展示自己的独特价值，对方对自己的资源状况是否认同，并给予某一点或几点以特别赞许，是婚姻能否成功并"将爱情进行到底"的关键所在。这里的婚姻成功绝非是双方领到一纸结婚证书，有个"家"和"法"的外壳将两人紧紧束缚在一起，还指的是从此后夫妻要白头偕老，家庭生活幸福美满，双方从长期共同的家庭生活中亲身感受到婚姻的真谛。

　　婚姻结合的真正成功，首先取决于对符合自己意愿标准的意中人的寻找，既要自己看中对方，还要对方瞅准自己。在茫茫人海中的这种寻找是要花费相当的时间、精力和心血，即经济学所称的信息搜寻成本和交易费用。许多婚姻结合不满意，正是寻找意中人时草率行事，不愿为此支付过多的信息成本，或者是"瓜地挑瓜，越挑越花"，面对众多可选择的信息，无法合理筛选，只好胡乱找一个了事。正如法国的婚姻家庭学家泰恩所描绘的低质量婚姻那样，即"互相研究了3周，相爱了3个月，吵架了3年，彼此忍耐了30年，然后，轮到孩子来重复同样的事情"。平日，大家买件衣服挑双鞋，尚且讲究"货比三家三十家"，何况这是操办终身大事呢？亟须慎重又慎重。

　　应当注意的是，男女双方拥有资源及配置状况的改变，并非同步进行，甚至非同向进行。如经常见到的是，境况相似的双方从相互认知、认同到签订婚约，婚后，一方的时间和精力给了事业和工作，学识进步，事业发展，地位提高，收入增长，前途如日中天；另一方却将大半精力留给家庭、孩子和对方，自己的事业、工作原地踏步，一事无成。在这种已大大改变了的境况下，双方的资源拥有、配置状况都发生大的变化。那么，双方在家庭中的地位，相互关系及婚姻结局又将如何呢？可想而知。

　　婚姻寻偶中，双方为此获取的信息是相当有限的，且在这种特定场合，大家展现自己拥有资源时，总是力争将自己最优秀的一面尽量发扬光大，而对缺陷不足之处则深藏不露，或者给予各种善意的包装。如中介人会介绍某姑娘为全城姑娘中最为漂亮的（事实上也确是如此），却不大会介绍该姑娘身患暗疾或品行不端、气质粗俗等。这种经过善意包装、特别导向后的信息，自然是难以反映全面真实，由此片面信息做出抉择自然难为最优结果，最终使意中人的寻找有误而贻误终生。

结婚是人生的一项长期投资

　　在某种观点看来，人们结婚的目的是希望从婚姻中获得最大化的收益，如婚姻收益超过单身，人们会选择结婚，否则就宁愿选择单身。结婚的收益很多，如两个人共同生活可以互相照顾，获得社会的"正常"评价和认可，由于规模效应而节约生活开支等。结婚也有成本，要准备婚房，结婚筵宴、旅行结婚等，都需要很大的花销。结婚后，还需要负担来自多方面的义务和责任，处理多种人际关系，为快乐的单身时代所难以预知。

　　人们结婚与否，总是要在婚姻的成本和收益间反复权衡。婚姻是一种商品，如同所有商品可以在市场上交易一样，婚姻也存在一个交易市场，表明人类的婚姻具有高度的系统性和组织性。从经济上讲，两个人的生活比单身生活的成本要低、抗击风险的能力更强。董志强在《婚姻的经济分析》一书中谈到，人们结婚的目的是在于希望从婚姻中获得最大化的收入，如果婚姻收入超过单身收入，那么人们会选择结婚，否则就会宁愿选择独身。著名经济学家茅于轼则讲道，"从经济上讲，两个人的生活比一个人成本低、抗风险能力更强。由于这些原因，也就可以把婚姻看成是一个市场，谁更能满足这些需要，谁就是抢手货"。薛兆丰在《婚姻的契约本质》一书中认为，"不管《婚姻法》修改结果是多严厉还是多宽松，受影响最大的只是颁布法律时已经结婚的人，对于尚未结婚的人，他们会审时度势、调整策略、合理预期、保护自己。离婚变得更难以后，离婚的人的确会减少，但结婚的人也会减少，而现在不结婚或推迟结婚的人，或许就是法律修订前容易离婚的人"。

　　经济独立的女性，最好还能把结婚视为一项投资，能明白一切都必须以经济为基础。当然不管男女双方付出的是金钱、感情、时间或自由都算是投入。有人说，为了取得婚姻边际效益的最大化，男人选择婚姻是一生中最大的风险投资，女人选择男人则如同选绩优股。这种形同于股份制公司的婚姻形式，我们可把它称作股份制婚姻。

《新周刊》曾经有一篇报道指出，男女双方投资或注册资本分为有形和无形资产两种。男方投资一般表现为有形资产，如现金、房产、车辆等硬通货，诸如门第、声望、社会地位等无形资产，随时代变迁已居次要位置。女方投资一般以无形资产如美貌、品德等为主，当然，现代社会女性经济地位的提高，女方自带嫁妆等有形资产的情况也越来越普遍。

一位自主创业中的未婚青年坦言个人的婚姻观，"爱情不过是个幌子，结婚完全是一场生意，尤其是现代社会的婚姻，经济成分所占比重更大，就像规模差不多的两个公司合并，我认为合并的双方应该门当户对，只有背景相当、资历相似才比较匹配，最佳的方式当然是强强联手"。用经济学的眼光看待婚姻，发掘婚姻关系中的经济关系，会很伤一些人的情感，但当人们越来越感到经济原来像情感一样是维系家庭的重要支柱，甚至是更为重要的支柱时，结婚成家的过程，是一个公司经营的本质就不言自明了。

目前的婚姻越来越成为一种经济行为。事实上，结婚只是为男女青年的爱情联结多了一纸法律证明，而由此产生的家庭则是一种社会生活的组织，尽管只是一种最小的社会组织，但也被赋予种种的功能和义务，如由此而来的两人长期生活、生育教育、抚养赡养、人际交往、传宗接代等。

在市场经济为导向和金钱、商品为基础的今天，婚姻不仅仅与爱情相联结，还越来越多地与经济物质相挂钩，这不完全是一件坏事。人们在缔结或解除一项婚约之前，有经济做参考，共同生活做联结的纽带，总比只看感情融洽与否来得更为科学、现实。感情有点虚无缥缈，在漫长的婚后生活中，可能会进一步增厚，也可能会变质或死亡。经济则不会，经济会使人在追求效益最大化的同时保持应有的活力和效率，而且一点都不勉强。

某人士讲道，"男女结婚，图的就是长期的合作和保障，婚姻契约是'终生批发的期货合同'，一个52岁的已婚者，是否应该为自己25岁时签订的婚姻契约负责？当然应该负责！所谓'负责'，就是指破坏婚约的人应该承担较重的代价"。

门当户对婚姻的剖析

经济学家最看好的婚姻，始终是男女双方拥有资源相匹配的婚姻，即几千年流传至今的"门当户对"。路遥在《人生》小说中，用俗语"金花配银花，西葫芦配南瓜"阐释这一观念。但在现实社会生活中，所谓"门不当户不对"的婚姻也有大量存在。比如，高官家的千金看中了农家出身却又勤奋异常的穷小子，对此现象是否应该像封建老家长那样将其一刀两断呢？

"门当户对"是公众长期以来认可的，即男女双方的家庭居于同等的社会阶层、财富和区域、人文背景，男女双方本人有着近乎相似的学历、阅历、文化素养和兴趣爱好，有着大致相似的收入、财富和社会地位，从而对各类事物也会有相近的看法和价值观念，对人生和理想有相似的追求目标，话能说到一起，事能想到一处。"门不当户不对"的婚姻双方，则在各个方面都有较大差距。

人们从小生活成长的家庭背景及社会环境，对个人的世界观形成乃至终生的成长发展，都有不可磨灭的影响。如本书开篇"引子"中谈到的小陈和小美，就特意指出小陈出生于边远落后地域的农家，家庭经济状况较差，父母没什么文化，小陈从贫穷的家庭环境中学到了勤奋、坚毅、节俭的优秀品质，并凭借个人努力最终考上名牌大学，以优异成绩从学校毕业；小美则出生在大城市一个经济状况异常优越的书香门第家庭，父母的文化学历一切都属于上乘，小美从小在这种家庭环境中耳濡目染，家教、素养自然都很不错。

小陈和小美都在大学读书，年龄相近，文化知识相仿，自然有着同样的知识和能力结构，对社会事务也会有着大致相同的看法和观点。两人相亲相爱、结婚成家，婚后的观念差距是有的，但并非不可逾越。但某些从小耳濡目染的深层次的观念，则是不大会完全保持一致。如两人的花钱理财观，小陈自小节俭，成家后也会持有相同态度，且父母家贫穷又只有自己一个独生子，婚后的钱财安排中自然要考虑如何赡养好父母，月底、年终向父母馈赠个大红包等，也是必须要考虑的。小美家庭经济状况优越，花钱久已习惯大手大脚，婚后生活安排上自然不会有较大改变，钱财不足也自恃有大后方支援。小陈对小美的此种行为，尤其是向父母要钱深恶痛绝；小美也会对小陈的抠门、小气，对小陈无法从父母处取得支援，反而要常常接济父母等，大不以为然。两人的观念磨合和行为的妥协、容让乃至最终逐渐协调一致，就是婚后必须面对、婚前有较多认知的重大事项。

结婚是男女双方的个人行为，但通常又涉及双方的家庭，小家庭之间的磨合是容易做到的，但如将双方父母也牵扯进来，事情就会麻烦得多。年轻人的磨合协调一般很容易，而双方父母之间因人生阅历不同，观念也有差异，进行协调磨合则几乎是不大可能的。"门不当户不对"者的婚姻完全可以走到一起，这已为众多的实例所论证。但两人走到一起后，对于双方之间客观存在的众多深层次的差距，以及这种差距可能对婚后长期的家庭生活等带来的巨大影响等，则必须正视，并经过双方的努力尽力消除。

现在的年轻人从独立生活至建立家庭伊始，就完全生活在改革后的就业、住房、医疗、养老、教育等新制度环境下。铁饭碗、福利分房、免费教育、生老病死国家全包等旧体制的余荫，与他们已彻底无缘。相反，从准备结婚伊始，他们就要为购买住房、子女教育等筹集资金，同时还要为自己未来的生病、养老、失业等不可预测的生活变故做好风险准备，即自己要对自己的未来负责。这对任何一个工作时间不长、收入积蓄有限的年轻人来说，都是相对沉重并要长期背负的负担。与父母一代相比，现代青年在幸运赶上改革开放的黄金时代的同时，也更早地承担了更多的生活风险和压力。

6.2　子女生育规划

子女生育规划是从小家庭组建之日起就应考虑的问题。生育子女的数量、培养子女的计划，都是要从物质、心理上做多方准备的。

6.2.1　子女生育与抚养

1. 子女生育与抚养的含义

子女生育与抚养纯属于家庭自然属性的活动，是家庭得以存在并延存的必要前提，家庭作为一个人口再生产单位特具的繁衍后代和子女抚育的职能引致而来，以保证家族的香火承继、宗祀不断。同时又是建筑在一定的经济物质活动的基础之上，同家庭经济密切相关。

子女生育同劳动力培育有关，需要有较多的费用，若将这笔费用视为投资时，既有劳动力体质保健、缺损修复及营养健康的投资，更需要有今天大家普遍看重的人力资本增进、素质提高的教育投资等。

子女生育直接影响到家庭人口数额、供养与被供养人口的比例，给家庭经济生活、经济状况带来显著变化。人力资源的研究中，首要考虑的是人力资源的数量与质量。这是决定人力资源的开发利用的两大基本要素。数量取决于家庭子女生育的数量；质量包括劳动者的身体健康、劳动技能具备和思想文化素质三方面内容，又同家庭对子女的抚育、培养、教育等有很密切的关系。

2. 家庭人口经济功能

家庭是个多功能的社会单位，在多功能活动中，子女生育、繁衍后代的功能与组织生产经营、运用生活消费的功能，应处于基础位置。生育使家庭成为一种特殊的两性结合单位，奠定了家庭关系的自然基础。生产经营与生活消费则使家庭成为一种经济组织。在长期的小农经济时代，它还使家庭成为社会基本的生活组织形式。

家庭两大基本功能活动中，经济活动是子女生育与劳动力再生产的物质基础，否则子女生育抚养就没有必要的经济条件而很难以实现；一定的人口生育、抚养又是家庭经济运行的重要目的所在，否则家庭就不会如此长久、稳固地存于社会。经济功能相较子女生育抚养的活动，不能不居于支配性位置。不同经济性质、经济状况的家庭，对子女的生育率和培育质量有显著的差异。经济性质决定人口活动的性质，经济状况则影响生育率的高低和子女培育的质量。

6.2.2　子女生育的成本与收益

1. 家庭养育孩子的成本

家庭是孩子的生育抚养单位，孩子不仅要生，还要养、要教育，要付出相应的抚养教育费用，今天这笔费用经有关专家的测算，已高达 40 万～50 万元之多。孩子的养育花费既有社会公共负担，又包括个人家庭负担。这笔花费从个人投资的角度看，可称为家庭人口投资，具体包括内容如下。

1）生活费

生活费指孩子从出生到成长为劳动力为止，家庭为之用于吃穿住行用、文娱、医疗的全部费用。

2）教育费

教育费指家庭为培养孩子成为一个具有较高文化水平的劳动者，必须接受的中小学义务教育、职业技术教育或高等教育的费用。家长给孩子购买的书籍、智力玩具、钢琴等物品的花费，也可归入这一类。

3）医疗保健费

医疗保健费指孩子从出生到长大成人，由家庭开支的用于医疗卫生、保健的费用。这笔费用目前已在逐步增多。

4）婴幼儿夭折费

夭折的婴幼儿存活期的花费虽为个别家庭承负，但社会公共负担的费用应均摊到全体婴幼儿身上。

5）父母工时劳务损失费

父母工时劳务损失费指从母亲怀孕到父母把孩子养育成人所花费的时间、精力，付出的劳务所折算的费用。这项劳务付出是巨大的，但又是毫无报酬的，这笔无形费用远远超出货币财物的有形花费。

2. 家庭养育子女的收益

父母养育子女虽有巨额的费用支出，但由此也可获取相应的收益。家庭人口投资的收益，是指家庭通过子女养育花费而形成的劳动力，在作为劳动力的整个工作期间，可以给家庭带来的纯收益。这项人口投资效益可表现为以下内容。

（1）家中新增劳动力参加社会性生产或家庭个体生产获取的工资、奖金、津贴及个体经营收益。

（2）家中新增劳动力参加社会性生产或家庭个体生产而获取的其他各种形式的收入。

（3）家中新增劳动力从事家务劳动及赡养老人、抚育子女的生活起居等提供无偿劳务服务，应折算的收入。

将上述各项收入汇总，即得家庭人口投资的收益，将其扣除该劳动者一生劳动期间和非劳动期间的各项生活费开销，剩余部分可称为家庭人口投资的纯收益。

6.2.3　家庭人口经济目标对家庭生命周期的要求

家庭的人口经济目标应当是：计划生育，优孕、优生、优育，提升子女养育质量，提高家庭的经济收入水平和财产拥有，最大限度地满足家庭不断增长的物质文化生活需要。家庭人口经济目标的提出，要求每个家庭在安排其各项活动时，首先能选择较合理的家庭生命周期的活动模式。这一模式的合理与否，直接影响到家庭生活、家庭关系的各个方面，且又是一种长时期、显著的影响。怎样合理选择家庭生命周期的活动模式呢？可根据生命周期的各个阶段提出具体目标并实施。

1）适度晚婚，推迟家庭生命周期的开始

结婚是一件大事，应当慎重考虑。青年人应当实行晚婚，这不仅因晚婚可带来晚育，有利于实现计划生育，有利于男女青年婚前就能对即将到来的小家庭生活，从经济物质、心理素质、生活技术等方面都有个清晰、充分的准备。

2）适度晚育，相对延后育婴期

实行晚育，延后育婴期，对新婚期家庭很有好处。物质上可对新到来的小生命有个充分准备。从夫妻情感关系建设来看，男女青年建立小家庭后，往往需要有段时间适应新环境，一般有了孩子后，夫妻之间的感情互动会相对减弱。这就需要适当晚育，多发展夫妻感情，为家庭的精神伦理生活打下坚实的基础。

3）计划生育，缩短育婴期

孩子少，家计负担系数低，生活水平就会相应高一些。子女少，家长就有可能在子女身上多花费时间和精力，提高子女的思想文化素质。子女少，育婴期缩短，还可使妇女从繁重的生育操劳和家务劳动中得到解脱。

但在一个家庭中，父母是二人，生养子女也最好是二人，才能保证社会和家庭、人口的正常延续与发展。家庭需要考虑自身的状况来决策子女生育行为，也需要从社会的全局需要出发来决定小家庭的生育行为。

4）赡养好老人，尽量避免"空巢"期

"空巢"是形容父母历经千辛万苦，把子女抚养成人，子女相继结婚、工作或出外学习等，又都离开父母的家庭独自生活，家中留下老夫妻两个看守"空巢"。这种现象在我国城市的家庭中，有渐渐扩大之势。"空巢"期的父母，事实上还是很能干的，如三代同堂的家庭里，父母帮助子女料理家务、安排生活。这种家庭只要处理好代际关系，老人帮助子女把家庭组织得很好，子女也尊敬老人，使老人有个舒适和谐的生活环境。因此，应尽量避免"空巢"家庭的出现。

5）延年益寿，延长家庭生命周期

新中国成立以来，我国人口的平均预期寿命越来越高。人口寿命不断延长，使家庭的生命周期大大延长了。

6.2.4 人口经济理论与实践运用

1. 家庭人口投资与收益的经济分析

用成本收益分析的方法，研究家庭养育子女的成本与收益问题，以期对家庭的子女生育给予深层次的论证，是很有必要的。美国著名经济学家加里·贝克尔的一部被称为划时代的著作《家庭经济分析》中谈道："对孩子的需求将会取决于孩子的相对价格和全部收入。假定家中的实际收入不变时，孩子的相对价格上升，则对孩子的需求减少，对其他消费品的需求增加。"

加里·贝克尔认为孩子生育的经济分析理论有两个前提条件。

（1）人们的经济行为，莫不是在遵循"效用最大化"的原则行事。孩子是一种特殊的消费品，且为耐用消费品，应纳入家庭的收支预算和决策安排。而家庭拥有资源又是有限的，大家需要在"购买彩色电视机，还是生养孩子"之间做出行为决策，考虑何者能给家庭带来更多的效用。

（2）家庭不仅是个生活消费单位，还是个生产组织。家庭成员在户主的带领下，将有限的资源进行合理配置来满足自身物质、精神上的需要，从而使家庭成员的效用最大化。

加里·贝克尔关于子女养育成本与收益的比较分析的理论，是有现实意义的。如解释子女生育率随着人们生活水平的提高而降低时，加里·贝克尔认为，父母考虑生育子女时，只是在预期孩子的效用大于成本的前提下，才会做出生育的决定。这种理论把成本与收益比较的经济核算、效益提高的理论推广于一切领域。

2. "是否生育孩子"的抉择

家庭考虑是否生育孩子，要对孩子的成本和效用予以比较，效用大于成本或至少相等于成本时，就安排生育，否则就决定不生育孩子。

孩子的养育成本包括生活费、教育费、医疗保健费等。这在不同经济性质、经济状况的家庭是有区别的。城市家庭抚育孩子的成本是昂贵的，父母对孩子的期望值要远远高于农村家庭。农村家庭孩子的养育成本相对较低，父母对孩子的期望值也低得多。

孩子的养育收益，即孩子成长为一个劳动力时，可以为家庭带来的种种经济物质和精神情感的收益，这在不同类型家庭是有区别的。城市的孩子投资多，受益也多，但投资时间长、费用大，初始就业时劳动报酬还不高，收益很难体现出来，而且父母大多有经济收入，有养老保险，养儿防老的功能不是很必要。就投入产出来说，城市家庭的子女养育投资是很不合算的，一般被称为"父母投资，儿女受益"。

农村的孩子投资少，收益也少，但孩子很小就帮家里劳动，20岁时劳动所得补偿其生活费开销外还有相当剩余，可交回父母作为投资收益。且农村的养老保险事业还比较落后，养儿防老还是很必要的。由此可见，农村父母养育儿女的投资是合算的，有利于家庭经济利益的扩大化。城乡家庭的这种子女养育投资及受益的差异是很明显的，反映在家庭的生育行为上，就是城市家庭生育子女少，花费大，培养质量相对高一些；农村家庭生育子女多，花费少，培育质量也相对低一些。

3. "应该生育几个孩子"的抉择

家庭应该生育几个孩子，需要做出成本收益的分析与抉择。其公式如下。

第一个孩子的效用/第一个孩子的成本：第二个孩子的效用/第二个孩子的成本：……

在今日实行计划生育的状况下，家庭有没有必要生育第二个孩子乃至更多孩子？最简捷的方法，就是计算经济收益账和精神收益账。如首先计算生育第一胎的费用与收益，再计算生育第二胎的费用与收益，加以比较并最终决策。

今日的父母生育子女，因生育投资收益的"严重倒挂"，主要是从情感需要的满足为出发点。经济动因不能说完全消失，也很薄弱了。情感需要的满足考虑的不是子女数量的多少，而是能否成才自立等素质的高低。父母为生育第一个孩子要付出巨大的物质和精神的代价，又可以视其为第一个孩子为父母带来的难以衡量的精神收益。但父母是否能为第二个孩子的出生与健康成长付出同样巨大的代价呢？未必。边际收益递减的规律在子女生育问题上，同样发挥着作用。当然，父母养育第二个孩子，在费用开销尤其是照料子女的精力、时间的耗费上，由于经验的积累，会大大低于第一个孩子。但这种节约同其带来收益的减少相比较，还是大为逊色的。

4. "早生与晚生"的抉择

新婚初始，大多要安排婚后小家庭活动与发展的长远规划，即家庭生活各方面要达到的目标，如生育培养目标，计划何时生育子女，生一个还是两个，早生还是晚生等，同样需要有经济抉择与精心筹划。

目前婚育行为的特点是晚婚快育，这种婚育方式实质上还是向"适龄结婚、较晚生育"过渡为好。结婚早，青年人尽早建立对社会、家庭的责任感，心理上也有归属感；较晚生育，即婚后三四年再考虑生孩子，从新婚期到育婴期有较大的缓冲余地。推迟生育期的最大好处：① 推迟家务高潮期的到来，以期早日在事业上取得成就；② 推迟经济开销高潮期的到来，促使家计宽裕，养育孩子也更有物质保障；③ 使夫妻婚后的相互适应期尽量延长，减少人际矛盾摩擦的根源。

5. "生男孩与生女孩"的抉择

据人口学家对亚洲若干国家的调查，认为男孩的价值在于传宗接代，提供物质收入和父母晚年养老的物质保障；女孩的价值在于从生活起居和精神心理上照料和慰藉父母，并扩大家庭的社交圈和亲戚网络。

鉴于今日的父母晚年时，已很少需要来自子女的物质资助，大量需要的是子女的精神慰藉。男孩在这方面显然不如女孩感情细腻、体贴入微。因此，男孩对父母的价值在变小，女孩的价值在变大。目前的城市青年夫妇之家，愈益增多的是"女掌柜"，男子主持家政的权力减弱了。这种现象对生育儿女的性别偏好与抉择有一定影响。

应当说明，运用成本收益分析法说明家庭的子女生育行为，并对子女生育的各个方面做出相关抉择提供依据，应是可行的。这种方法基本上应说是科学的，能够说明现实并为大众接受。只是做出这种分析时，除主要考虑经济物质的成本收益外，还必须对其精神、情感的收益与成本给予相应的考虑。另外，在分析小家庭的生育经济行为时，还应注意将其同国家、社会对家庭生育行为的要求结合起来考虑。

6.3 家庭教育投资

家庭是孩子们得以出生、成长的摇篮，又是重要的教育场所。今日的家庭教育行为，不只是大规模的学校教育与社会教育的辅助与补充，使其成为对社会有用的人，还表现为家长向上学的子女提供学习费用，供养子女们读书等。家庭教育规划主要是从后者的角度来说的。

6.3.1 家庭教育投资概述

1. 家庭教育投资的含义

人们将父母对子女教育的花费，受教育者本人对学习过程中的各项金钱、时间及精力等投入，作为一种智力投资看待。这种观念说明精神文化消费已在家庭消费结构中日益占有重要地位，反映了商品经济时代对家庭教育功能的新认识，同时也是人们思想观念的一大进步。智力投资不仅是对教育费用名称的简单改变，还反映了人们的消费与效益观念的转变。家庭用于文化教育、智力培育提高的费用，不仅是一种支出消费，还是一种能取得相应报酬的投资。

教育投资相较一般的物力投资，具有期限长、回收慢、额度大、效益难以测定且不够明显等特点。家庭教育投资不同于一般的物质资本投资，决策时应考虑以下几个因素：① 父母期望与子女的兴趣能力可能有的差距；② 利用子女教育年金或多年储蓄来准备子女教育经费；③ 多多益善，届时多余的部分可留做自己的退休金；④ 退休金与子女教育年金统筹兼顾。

既然将培养子女成才视为一种投资，而非认为是纯花费，就表明人们会期望从这种花费中获取一定的投资收益。投资能否得到补偿并获取收益，或者说受教育者上学数年的花费能否在就业后从工资收入的增长中收回，又必然会影响人们的投资决策。预期投资能得到补偿且获益匪浅，人们就乐于投资或多投资；预期收益很低甚或还是负收益，人们就不愿意投资或少投资。物质资料生产、基本建设项目的进行，要组织可行性分析，计算投资与收益，然后做出投资与否及投资多少的决策；人口、劳动力的生产、培育及受教育等，同样要分析论证，计算投资与收益，然后做出上学与否与学到何种程度的决策。

1963 年，舒尔茨运用美国 1929—1957 年的统计资料，计算出各级教育投资的平均收益率为 17.3%，教育对国民经济增长的贡献为 33%。舒尔茨的人力资本理论和实证研究得到了世界各国学者的认同，并荣获 1979 年的诺贝尔经济学奖。由此看来，教育投资是个人财务规划中最富有回报价值的。

2. 家庭教育投资与遗产传承

父母在对待与子女的关系上，是不遗余力地为子女遗留尽量多的遗产，还是减少这笔遗产的馈赠，而将其尽早用于培养子女上，对子女的教育和技能增进等进行投资。加里·贝克尔认为后者对父母及子女双方的利益维护都是有利的。如就此简单予以评析的话，父母可以就以下两方案予以选择。

（1）给子女留下一笔遗产，足以维持其一生的小康生活水平，但子女的受教育程度仅是初中或小学文化程度。这种父母偏重于物质财富的积聚，却对子女的智力投资持无所谓态度。

（2）父母没有给子女留下任何遗产，却将子女培养到大学、研究生毕业，使子女有着较好的谋生技能和较高的社会地位，这项谋生技能同样可以保障子女终生有较高的经济收入和社会地位。

人们的智力素质与非智力的素质技能，像拥有的财富一样，同样会通过遗传的方式传给下一代。父母的教育水平高，其子女的先天智力水平一般也会较高，这已为科学家的无数试验所证实。物力资本投资的收益仅限于经济物质方面，人力资本投资的收益还广泛见于社会、文化、精神面貌、社会地位等诸多方面。人力资本投资的收益率要高于物力资本投资的收益率，且发挥作用更为持久。

6.3.2　家庭如何应对教育投资

1. 家庭教育投资适度

家庭教育投资的重点，一是呼唤家庭对此事项的真正重视，在家庭资源做有效配置之时，将对人的投资置于首位并给予某种程度的倾斜；二是教育投资中的具体状况，钱财投资与人力投资的份额比例，父母对子女的教育投资是否适度等，应当引起相应的重视。首先应界定何谓投资适度，判断是否适度，可从以下 3 个方面予以考量：① 从绝对指标界定投资额度的大小；② 从相对角度界定投资额度占据家庭收入、支出的比例；③ 家庭生存需要、享受需要及发展需要各自占据的份额，是否能满足最低限度的生存需要等。

家庭资源在合理运用以满足各项生活享受的需要中，应当有个基本的界定标准和先后顺序：① 满足最起码的生存需要；② 满足基本生存技能学习和知识具备的需要；③ 满足中等层次的生存需要和知识技能学习的需要，满足一般性享受的需要；④ 满足高级教育需求、复杂知识技能掌握的需求，满足较好享受生活的需要；⑤ 满足高档次享受生活的需求。

这里将生存需要分为初级和中级生存需要，将发展需要分为中等和高等知识技能具备的需要，将初级生存需要归为基本生存需要，应当认为是有相当道理的。吃穿住行用等基本生存条件的满足，与初级生存知识技能学习具备的需要，两者是有区别的。前者用于满足眼前每日每时的需要；后者的知识技能具备等则对其未来终生的生活会派上大用场。家庭为子女的长远做出打算等，是非常必要的。但如某位已婚男子，对家中妻儿的嗷嗷待哺不管不顾，每日仍将大量的时间与钱财、精力放到求学受教育之中，这种状况也需要询问是否合适，尽力而为与量力而行都是必要的。

2. 家庭教育投资应考虑内容

家庭教育投资的内容，应当包括以下几方面。

（1）何谓家庭教育投资，具体内容与表现形式是什么。

（2）家庭教育投资的意义，这种投资对家庭的直接收益与间接收益、经济收益与非经济收益有何影响。

（3）家庭教育投资将对家庭经济生活乃至其他非经济生活的全面整体的影响怎样。

（4）家庭教育投资需要的数额有多大，投资总额的变动状况及其原因探求。

（5）家庭教育投资的现状及未来演变趋向，目前在此方面出现哪些新动向。

（6）家庭教育投资应当投向何处，投资的额度、状况等。

（7）家庭教育投资的意愿和能力，家庭是否乐意从事这项投资，是否有能力参与这一投资，投资意愿和参与能力的强度如何。

（8）教育投资在家庭经济生活中占据的地位，与家庭收入、支出、财产的拥有相比较，用于教育投资的份额能占据多大比例。

（9）家庭教育投资对家庭经济生活的影响有多大，不同收入、财产、支出状况及类型的家庭的教育投资总额及其因素影响。

（10）家庭中大量经济与非经济资源用于知识学习和就业技能时，对其赚取收入的就业活动，将会有多大影响。

（11）教育投资后的结果会是如何，如学历、就业、职业文化，对其择偶、婚配及未来子女生育、智力遗传、子女后天教育环境的影响。

（12）家庭教育投资的收益率、预期收益率与现实收益率的差异。

（13）家庭教育投资中存在的某些问题，如投资比重是过高、过低或适中等，对不重视者应当区分具体原因，如经济条件不许可，条件不具备，投资的意愿不够强烈。

（14）家庭生命周期阶段与家庭教育投资的影响，新婚期、子女抚养教育期等应对需要资金的预为筹措，积蓄款项。

（15）家长自身的终身持续教育及相应资金的筹措问题。

（16）家庭教育投资在家中可支配收入和支出消费中的比重，不同类型家庭这一比重的差异及其影响。

6.3.3 家庭教育投资收益

家庭教育投资的形式有金钱物资投资、心理情感投资等内容；投资收益也同样包括物质钱财增长、精神文化心理素质提高、社会阶层向上流动、个人家庭社会地位层次上升等收益。

家庭对教育投资的额度、状况及方式，在某种程度上显示了将来对某类报酬优厚、社会地位高的职业的期望。个人在接受教育期间放弃的收入——机会成本，也必然要考虑将来会否得到相应的补偿。

用数学公式可表示为：

$$\sum_{i=1}^{N} \sum_{j=1}^{M} [P_i \cdot Q \cdot A_j]\, i \qquad\qquad (6-1)$$

Q——一年放弃收入的百分比；

A——同一个就业部门水平相当的年人均收入；

P——可能在某部门就业的概率；

N——年限，

M——概率项数。

物质钱财的收益包括：① 经济收入、待遇报酬的增长；② 就业门路、机遇的增多，可借以取得较好职业的能力；③ 社会流动及职业流动较易，可在本职工作以外从事第二职业或业余兼职取得劳动报酬；④ 经济意识增强，可以随时寻找有用的商机为我所用，经济活动的能力有所增强；⑤ 个人家庭持家理财能力、购物消费的能力意识有较大增强；⑥ 可保持较好的身体和身心健康，从而能工作较长时间，体力劳动者很早就退休或过早出现老态，劳动能力大为降低，知识分子到六七十岁仍能保持较敏捷的思考能力，可工作较长时间。

这种收益还可包括：父母为子女提供较优越的社会、家庭生活环境，并在较优的人际关系群体中生活，从而使子女受到高层次思想意识的熏陶，为其将来顺利步入社会的较高层次打下良好基础。而子女有大概率获得先天遗传的较高智商和良好的后天培育环境，又为其后代提供较高的起点步入人生历程。

教育投资收益还表现在对其家族扩大在社会上的影响力，各种社会心理情感的收益也是较高的。如具有较好的精神心理素质，对各种竞争抱有积极的态度；对生活抱有乐观的意识和心态，面对各种生活困境能坦然乐观面对；在社会人际交往中也能得到较多的尊敬，具有较高的社会地位等。

6.3.4 家庭教育投资成本与收益比较

家庭为接受教育的成本与收益进行一定程度的核算分析，是很有必要的。许多家长算账后，认为子女高中毕业后，如能找到工作或有较好的就业机遇时，应当先就业取得工资收入，就业期间再通过参加自学考试，或者单位组织的培训效果最好。既可取得学历，增长知识，经济上最合算，成本方面也最为节约。而高中毕业上大学，四五年后大学毕业还不一定能找个像样的工作，且又多支出，加上少收入多达数十万元。

再如，大家经计算后，认为同样是读职业技术类学校，高中毕业后读两年高职就不如初中毕业后读几年中职合算。前者高中三年、高职两年共花费 5 年光阴，高中阶段还不能享受助学金待遇；后者虽然也读 5 年，但有助学金、奖学金等优惠。家长们还计算，同样是上大学，读财经、政法类专业毕业后出路宽广，可以到各种财经管理部门、企业公司或金融保险部门就业，待遇好，收入高，发展前景要宽广得多；而读中文、哲学、数学、历史等专业，毕业后大部分到学校当教师，日子会过得很清贫，日后职业发展前景也不佳。这些核算都有着很实在的现实背景和利益诉求。

受教育者个人及家庭的这种成本收益的核算，是很现实的。随着商品经济的活跃，经济核算、追求效益的观念深入人心。人才市场的激烈竞争，使得人们在教育方面不断增加投入。人们在考虑自己的一切经济或非经济行为，包括上学受教育、学知识等，无一不在商品等价交换的指示器面前仔细核算一番。如上数年学要花费多少，少收入多少，损失多大，学业完成拿到文凭、学位后，工资、住房、职称、职务方面又会得到多少好处。如此这般的损益计算之后，再决定是否上学，学到何种程度，以及上什么学，学什么内容等。

▶▶ 小 贴 士 ◀

家庭内贷款协议

2003 年，浙江省绍兴市某大学生同父母订立"家庭内贷款协议"，协议规定在子女上大学受教育期间，父母有义务向其提供足用款项，并将此视为给子女的借款，子女则有义务在大学毕业后的数年间向父母偿还这笔借款。协议还特别规定本贷款为长期无息贷款，还款期长短可根据子女毕业后的收入状况确定。利息是否加付，也根据子女的意愿和经济能力自主选定。

该父母认为如此做法可以明晰父母与子女间的经济关系，使子女知道钱财的来之不易，从而在校期间能节约开销，勤奋节俭。从归还借款的角度考虑，也能迫使子女在校期间认真读书，学到真本事。该子女则认为签订借款协议，明确父母给自己的上学用费不是一种无偿资助，也非馈赠，而只是一种必须予以归还的借款，有助于自己从一个独立经济主体的身份，而非以受供养者的身份出现在父母面前。日后向父母伸手要钱（贷款）也是理直气壮，不会每次都有很不好意思的感觉。对于上学期间可能要向父母借贷数万元款项，该大学生并不认为是一项负担，他很自信地说凭自己的专业和成绩，毕业后不愁找不到一份好工作，所借款项在毕业后的三五年内肯定能全部还清。大学生们最需要的显然正是这种自信心和独立自主的精神，否则就只会是倚靠在父母身边"永远长不大的孩子"。

案例剖析：

女孩上大学合算吗

2013 年，四川省某女孩以优异的成绩考取了一所重点院校，其家庭经济条件尽管颇佳，但其父亲经过细致的算账后，却坚决拒绝为女儿的读书付费。该父亲认为，大学四年的学费和生活费，每年需要 2 万元，四年为 8 万元，如果不读书直接就业，每年则可以赚取 2 万元，四年又是 8 万元，合计后白白损失了 16 万元。大学毕业后能否顺利就业，就业后能否多赚取收入，这笔收入又需要经过多少年才能将 16 万元连本带利全部收回，希望尚十分渺茫。故此，读书是很不合算的。

这位父亲的算账是否正确呢？当然不正确。教育投资收益账不仅仅是单纯的钱财收入和付出，还包括非经济物质的精神文化、时间精力、心血情感的收益和付出。比如，该女孩考上大学后，通过四年专业知识的学习，未来就业门路宽广，就业门槛抬高，就业报酬增长，求职视野开阔，遇到变故时分析、解决问题的能力增强，等等，这些都需要纳入分析评价的范围。再者，未来进入社会后，该女孩的生活方式和价值观念，所处社会阶层和地位等，也会出现较大的改变，如结婚择偶中可以做出的选择将更为宽广，找个理想配偶的机会更多；再如，生养子女的先天质量和后天素质能力的培养，乃至子女培养的环境条件等，也将会出现较大的改观。

目前社会上确实出现了上大学不合算的声音，对此观点的剖析有多个方面，对教育部门而言，需要转变教育的内容和方式，尽可能地传授给学生有用的学识和技能；对学子而言，则需要转变学习的方式和心态，尽可能考虑自身的性格、能力特点和兴趣爱好，审慎地选择需要就读的学校、专业和课程，把握自己需要学到的程度和内容；对社会而言，也需要为学子们创造较好的就业和发展的环境，提供相当的薪酬待遇；对家长而言，则需要减弱急功近利的做法，而从子女的长远发展考虑。

6.4　教　育　规　划

6.4.1　教育规划的一般情形

1. 教育规划的含义

子女教育规划是指为筹措子女教育用费预先制定的计划。一般而言，中小学教育属于义务教育，花费不多，且持续期限较长，完全可以纳入当期的生活用费统筹安排，不必单独做出规划。高中教育所花费用有限，又多属就地读书，教育规划的必要性也非很为强烈。所以，一般谈到教育规划，即指为子女未来接受高等教育所需用费的事先安排。

子女上学受教育的价值日益为公众所注重，大学教育费用在持续上升，就业的不确定性在加大。故此，家长为子女筹备未来教育经费时，需要理财师提供相关的财务建议。读书受教育提升素质能力的强烈愿望，和日渐增加的教育支出的矛盾；从学校毕业后，子女就业薪酬与教育花费的矛盾，使教育规划在整个理财规划中占有重要地位。

教育规划期间较长，投资绩效取决于投资工具的选择，除常用投资工具外，还有很多特有工具。与其他投资计划相比较，教育规划更重视长期工具的运用和管理。如家长较早进行教育投资规划时，财务负担和风险都较低。

2. 大学教育投资计划的意义

教育规划的好处，具体来说有以下几点。

（1）帮助家长在未来的日子里，不必担心子女因付不起账单而无法满足上大学或上个好大学的愿望。

（2）家长不会为子女受教育筹措资金而被迫推迟退休，减少家长因子女教育而负债的可能性。

（3）子女不必在就学期间因考虑举借助学贷款，并考虑还贷而对自己的专业、学业、课程选择等受到一定的负面影响。子女不必在就业初期为偿还助学贷款而拼命工作。

子女能否接受大学教育，并非完全由家长的投资所决定，子女的勤奋程度、知识能力素质，各国教育收费制度的不同，都会导致不同的结果。

3. 大学教育投资计划的事项

有了教育目标，估计教育的费用就成为进行计划的首要步骤。客户子女所需投资的具体数额，取决于其子女所上大学的种类和接受教育期间的长短。现在很多投资基金和保险公司都有若干教育投资的策划方案，并附有不同通胀率下计算的贴现因子。通过计算投资总额的终值和现值，可以求出一次性投资计划所需的费用或分期计划每月所支付的费用。

确定教育费用需要支付的总额时，可以询问客户以下问题：

（1）子女接受优质教育对您是否重要，重要程度如何？

（2）您希望子女上什么类型的小学、中学和大学？

（3）子女目前的年龄是多大，距离教育目标的实现还有多少年？

（4）该大学目前的学费、生活费和住宿费是多少？

（5）目前和未来期间内学费和生活费的通货膨胀率是多少？大学费用实际增长多少？

（6）大学毕业后，是否还准备接受更多的后续教育？

（7）大学毕业后直接就业时，能否顺利寻找到理想工作，年收入预期可能达到多少？

只有弄清这些问题，才能制定合理的教育财务规划。

6.4.2 教育规划工具

教育规划工具有长期工具和短期工具两种，前者分为传统教育投资工具和其他教育投资工具。下面逐一介绍。

1. 传统教育投资工具

传统教育投资工具主要包括教育基金、定息债券和教育储蓄等。这些投资工具的优点是风险相对较低，收入较为稳定。

1) 定期投资基金

在所有传统的教育投资工具中，定期投资基金是回报率较高的一种，家长每期投资一定的资金，当子女上大学的时候，就能有一笔钱财用来支付教育费用。若年利率为5%，则家长在子女出生时，每年只需要购买定期投资基金2 400元，以复利计算，就可以在18年后获得80 000元的教育资金。

2) 定息债券

定息债券同样能帮助家长完成教育投资规划目标。家长定期（每月或每年）购买一定数额的定息债券，然后在需要时卖出债券，就可以获得资金。这种投资工具不仅节约时间，且能对该教育投资规划持之以恒。定息债券以单利计算，投资成本要高于个人储蓄。

3) 保险公司提供的子女教育基金

参与保险可视为一种投资，家长也将人寿保险作为教育投资规划的工具之一，子女幼小时，父母只要按月购买一定金额的教育保单，就可以保证子女在读大学时有足够的资金支付学费和生活费。这一做法的缺点是资金缺乏流动性，要10多年后才可以提取。优点是对子女有较好保障，即使父母有什么不测，也可以为子女留下一笔教育基金，以尽为人父母之责任。

4）教育储蓄

家庭教育储蓄是国家联手银行合作开发的一种高收益免税的储蓄品种，个人家庭在银行和其他金融机构，为本人或其子女未来接受高等教育而办理储蓄，并利用储蓄的本金或利息为受教育者支付教育服务费用。

建立教育储蓄金制度的根本目的在于，将金融手段参与家庭的教育投入。促使每个家庭在学生上大学之前，逐步准备好应当由个人承担的高等教育成本，从而将家庭金融储蓄与子女以后接受高等教育的学费支付相联系。

2. 其他教育投资工具

传统教育投资工具虽然具有稳定的收益，但却没有将通货膨胀考虑在内。在实际情况中，通货膨胀率对教育规划这类长期投资有很大影响，尤其是在目前通货膨胀预期较高的时期内。选择教育规划工具时应该考虑到这一因素。下面介绍几种可以抵消部分通货膨胀的投资产品，主要有政府债券、股票与公司债券、教育信托基金等。这些产品的价格随着供求关系和通货膨胀的变化而变化，能够为家长提供一定的保障。

1）政府债券

政府债券一般由所在国中央政府或地方政府发行，收益的稳定性和安全性使其成为教育规划的主要工具。政府债券可分为短期、中期和长期 3 种，具有无违约风险、易于出售转让和流动性高等特点，十分适合教育规划。在债券价格发生变动时，可以及时调整计划，还可以利用组合将投资的收回期固定在需要支付大学学费之前，保证投资收益的最大化。

2）股票与公司债券

一般而言，教育投资规划并不鼓励家长采用股票这类风险太高的投资工具。但如教育规划的期限较长，个人投资股票的技能把握较好时，也可以灵活采用这些工具。投资这些品种有相对较高的回报率，可以帮助家长更好地完成教育规划。

3）大额存单

大额存单作为子女的教育基金，通常可以用来延迟家长的收入。如果在每年的 1 月份购买一年期的大额存单，则存单的利息收益应支付的税额可以延迟到第二年，直至存单到期获得一定的税收减免。

4）教育信托基金

教育规划的另一工具是教育信托基金。这类基金由家长购买，受益人是其子女。尽管子女在成年之前对资金没有支配权，但许多国家都规定该基金的收益可以享受税收优惠。家长在投资此类基金之前，先按照有关法规将资金的受益转到子女名下，这样才能保证将来基金的收益用于子女的教育。如子女未能考上大学，基金的收益则按照合同规定转为该子女的房地产购置资金或其他资产。总体来说，用信托基金作为教育规划的工具，可以使家长对资金的用途有一定的控制权。

5）共同基金

这种投资方式的最大优点，是投资的多样化和灵活性，可以在需要时将资金在不同基金间随意转换。如随着子女年龄增长和税收政策的变化而变化。子女的年龄越小，家长承受风险的能力越强，选择共同基金就可以抗御风险。使用这种投资方式，需要了解家长的风险承受能力和投资期间的长短。距离子女上大学的时间越近，家长的风险就越低。

6.4.3 教育规划的步骤

1. 估计接受大学教育的费用

教育规划的首要步骤，是帮助希望子女接受大学教育的家长，了解实现该目标目前所需的费用，也是整个教育规划的基础。现在，许多投资基金和保险公司都有若干大学教育的投资策划方案，并附有不同通胀率下计算现值的贴现因子。通过计算投资总额的终值和现值，可以得出一次性投资计划所需的费用，或者是分期投资计划每月所需支付的费用。

2. 明确子女上哪类大学

教育投资的具体数额，首先取决于所上大学的种类。学校类型不同，如专业性大学与综合性大学的教育费用有天壤之别，公立学校和私立学校的学费也不相同。并非学校的费用越高，教育质量就越好。学校的教育质量需要从多方面评价，更重要的是根据子女的实际情况选择学校。要考虑的因素有：学校的特点和地理位置，师资力量和学费标准，子女年龄、子女兴趣爱好和学习的能力等。

3. 了解大学的收费情况，预测未来学费增长

了解教育投资规划的时间和大学类型后，需要明晰该大学的收费情况和预测未来相应的增长率。这两个数据都得到确认后，才可以进行计划安排。就大学的收费情况而言，许多大学都会提供这方面的资料，家长只需要和学校的招生办公室联系，就可以免费获取这些数据。

要预测未来的大学受教育收费情况，一是明晰目前的收费标准，二是预测未来教育收费的通货膨胀率，计算未来子女入学时所需要的费用。要准确地预测未来的通货膨胀率并不容易，一般情况下，该数据每年都会发生变化。但教育规划的目标只是保证投资的收益能够保证子女未来的教育支出就可以，并不需要非常精确的数值。可以把近年来的通货膨胀率进行平均，再结合未来的经济发展趋势和大学收费标准的变化，对未来教育规划期内的通胀率做出合理预测。

总的来说，对大学费用增长率的预测越高，子女的教育资金筹措就越有保障。当然，过高的预测会增加家长的负担，从而使得整个教育投资规划变得不切实际。

4. 确定家长在未来必须支付的投资额度

确定有关的教育费用和年增长率后，就可以确定家长在未来必须支付的教育投资额度。教育规划的下一步，确定是采用一次性投资计划所需要的金额现值，还是采用分期投资计划每月需要支付的金额现值。可结合家长现时和未来的财务状况，分析计划期间每期（月或年）需要的投资金额和投资方式。一般而言，教育费用不变时，投资工具的回报率越高，每期所需的投资金额就越少；回报率越低，则需要的投资金额就越高。当然，投资工具的回报率越高，通常风险也会越大。家长的财务情况如只能承担较低的投资额度，则必须选用回报率较高的投资工具，在进行该投资的风险管理时，要投入更大的精力和时间。

在确定了教育投资规划的基本数据，即该计划所需的资金总额、投资计划时间（初始投资距离子女上大学的时间长短）、家长可以承受的每期投资额、通货膨胀率和基本利率之后，就可以制定教育投资规划了。

6.4.4　教育规划编制实例

1. 教育规划编制实例一

为了更好地说明问题，可以用表6-1为例来列出不同情形下家长选择不同大学时的每月投资额度。假设：

（1）预测子女将在18岁上大学，有专业性和综合性大学两类高校可做选择；

（2）家长选择的教育规划方式是投资基金，年税后利率为9%，即每月利率为0.75%；

（3）家长每个月存入一笔固定存款用于该教育投资计划；

（4）该项投资的利息是每月支付的，并且和原投资额一起用于下一期的投资；

（5）每年大学教育费用的预计增长率约为6%（包括通货膨胀率和大学学费的实际增长率），且保持不变；

（6）如果现在入学，4年大学需要的生活费用与学费合计，以入学第一年年初值计算，专业性大学为3万元，综合性大学为4万元。

根据上述条件与表6-1的数据估算有关费用。

表6-1　大学教育成本一览表（4年费用总额）

目前子女年龄	15 岁	12 岁	8 岁	4 岁	1 岁
距离上大学尚余年数	3 年	6 年	10 年	14 年	17 年
按预计增长率计算，在入学年所需的教育总费用/元（专业性大学）	35 730	42 556	53 725	67 827	80 783
就读专业性大学每月需要投资基金的金额/元	862	445	276	201	167
按预计增长率计算，在入学年所需的教育总费用/元（综合性大学）	47 641	56 741	71 634	90 436	107 711
就读综合性大学每月需要投资基金的金额/元	1 149	593	367	268	223

表6-1假设了子女年龄的5种情况。现以第二种情况为例说明具体的计算方法。有某子女刚12岁，预计6年后上大学，按照教育费用预计增长率计算，6年后所需教育费用总额分别为：

$$30\ 000 \times (1+0.06)^6 = 42\ 556\ 元 \quad（专业性大学）$$

$$40\ 000 \times (1+0.06)^6 = 56\ 741\ 元 \quad（综合性大学）$$

将此项未来值按0.75%的月折现率为复利现值（期初现值），得到每月应投资基金的额度分别为：

$$42\ 556 \times (72\ 期复利期初年金系数) = 445\ 元 \quad（专业性大学）$$

$$56\ 741 \times (72\ 期复利期初年金系数) = 593\ 元 \quad（综合性大学）$$

其中，期初年金现值系数可由专用的年金现值表查得，或者通过Excel等软件计算。采用72期复利，是因为未来6年投资基金是按月计算复利，6年相当于72个月。其余4种情况的计算方法相仿，不再赘述。

从表6-1中可以看出，未来大学教育费用所需的储蓄额，如子女的岁数越小，将来要支付的教育费用总额（不考虑通货膨胀率的名义数额）就越高，但每个月的支付金额却相对要低一些。未雨绸缪，细水长流，对一般家庭而言负担相对较轻。在家庭财务状况允许的情况下，尽早为子女进行教育投资是明智之举。如希望目前已15岁的女儿接受综合性大学教育，则从现在起，家长必须每月存入1 149元，才能保证子女入学时无后顾之忧。如需要接受综合性大学教育，如子女现在只有8岁，则从现在开始每月只需存入367元，在子女年满18岁的时候就可以有一笔71 634元的资金供其读完大学。

当然，以上金额不是固定不变的，如通货膨胀率、利率或其他投资收益率发生了变化，总体情况也将发生相应变化，但上述费用与储蓄联动的大致趋势则基本定型，尽早为子女的教育作规划是极其必要的。更为理想的是，子女还能凭借自己的努力获得数额不菲的奖学金和勤工助学金，或者申请国家助学贷款，这笔教育基金就可以作为子女接受更高层级教育的费用了。

2. 规划编制实例二

家庭作财务策划前，已经开始教育规划并储蓄了一笔教育基金，则可以采用类似表6-2的方式来计算每月所需的储蓄额。假定某子女现在8岁，预计18岁上综合性大学；已储备有8 000元教育基金，目前综合性大学4年的教育费用为40 000元，教育费用增长率为6%，可据表6-2的数据来计算。

表6-2 教育投资计划每月储蓄金额调整表 单位：元

规划前家长所有的教育基金	8 000
目前子女年龄	8 岁
距离上大学尚余年数	10 年
目前综合性大学4年的教育费用	40 000
按预计增长率计算，10年后综合性大学所需的4年教育费用总额	71 634
规划前所有的教育基金10年后的复利总值（按月利率0.75%、120个月计算）	18 936
10年后需要补充教育费用（71 634–18 936元）	52 698
自规划年份起每月所需的储蓄额（按0.75%的月折现率折算未复利现值）	289.05

已经有8 000元教育基金的家长，今后每月所需的储蓄额可调整为289.05元，就可以保证10年后子女教育所需要的资金。但需要说明的是，这一数据是假定教育基金未来10年的年复利率为9%，一般情况下，要达到如此之高的复利率，必须对所有资本很好地运作才可行，否则从规划年份起每个月的基金投入额就远非289元可以满足。家长需要知道，已经拥有的教育基金也需要通过储蓄或其他投资以取得收益，在教育计划结束时，所有的本息总额才能满足教育计划的需要。

3. 规划编制实例三

（1）预计某子女将在18岁上大学，有普通大学和重点大学两种类型的高校可以选择，如本科毕业后希望继续深造攻读硕士学位。假设从24岁开始，一共3年，有两种类型的深造方案可供选择：① 国内竞争异常激烈的重点大学的研究生院；② 到国外一般大学自费留学。

（2）家长选择的教育投资规划方式是基金产品，年税后利率为 10%。

（3）家长拟每个月存入一笔固定存款用于教育投资规划。

（4）该项投资的利息是按月计息，并且和原投资额一起用于下一期的投资。

（5）每年大学教育费用的预计增长率约为 5%（包括通货膨胀率和大学学费的实际增长率），并保持不变。

（6）如现在入学，4 年大学需要的生活费、住宿费与学费合计，普通大学共为 10 万元（平均每年 2.5 万元），重点大学共为 6 万元（平均每年 1.5 万元）。

（7）如现在入学，能够考入国内一流大学的研究生院，2 年硕士研究生需要的生活费、住宿费与学费合计共需要 3 万元左右（平均每年 1.5 万元。国内目前很多学校的研究生教育收费较低，住宿收费也较为优惠。每月还有国家补助的生活费三五百元不等，加上担任助教、助研的收入，参加导师课题和项目的收入，平均每年花费 1 万多元是正常的）。到国外自费留学，只要有钱，有很多学校可以选择，但费用昂贵。不算办理出国的各种中介费用、语言学习、考试费用，3 年学业的生活费、住宿费与学费，保守估计需要 20 万～30 万元。

根据上述条件，假如家长估计子女考上重点大学的希望不大，为谨慎起见，选择了价格较贵的普通大学作为教育金规划的对象。对于本科以后的深造计划，由于国内考研竞争激烈，家长决定让子女到国外自费留学。根据表 6-3 估算子女教育的整笔投资及储蓄组合的具体数额。

表 6-3　子女教育投资估算表

项目	代号	公式	例子
子女目前年龄	A		6 岁
几年后上大学	B	$=18-A$	12 岁
几年后深造	C	$=24-A$	18 岁
目前大学学费/元	D	以 4 年估计，普通大学学费，含住宿费用和基本生活费	10 万元
目前深造费用/元	E	初步以 3 年估计，目前出国攻读硕士生的学费，含住宿费和基本生活费	15 万元
学费成长率/%	F	以 3%～10% 假设	5%
届时读大学学费/元	G	$=D\times(1+r)^n$　（复利终值系数）（$n=B$, $r=F$）	18 万元
届时读研究生费用/元	H	$=E\times(1+r)^n$　（复利终值系数）（$n=C$, $r=F$）	36.1 万元
教育资金投资报酬率/%	I	以 8%～12% 的年收益估计	10%
目前教育准备金/元	J	目前自有储蓄额中预留给子女的	5 万元
教育资金至深造时累计额/元	K	$=J\times(1+r)^n$　（复利终值系数）（$n=C$, $r=I$）	27.8 万元
尚需准备的深造额/元	L	$=H-K$	8.3 万元
准备子女攻读研究生资金的月投资额/元	M	$=L/\overrightarrow{S_{nr}}$　（年金终值系数）[（$n=C-B$, $r=I$）/12]	896 元
准备子女读大学费用的月投资额/元	N	$=G/\overrightarrow{S_{nr}}$　（年金终值系数）[（$n=B$, $r=I$）/12]	702 元

在教育投资规划的编制中，首先要看目前拥有资产中可预留给子女作为教育资金的数额，再设定有可能达到的长期平均投资的报酬率，然后选择合适的投资工具。若目前有净资产5万元可用作教育投资，预期年平均报酬率约为10%，5万元×$(1+r)^n$（复利终值系数）（$n=18$年，$r=10\%$）=5万元×5.56=27.8万元。36.1万元−27.8万元=8.3万元，以上大学后有6年时间为子女准备留学基金的差额8.3万元，8.3万元/$\vec{S}_{nr}$（年金终值系数）（$n=6$年，$r=10\%$）=8.3万元/7.72=10 800元，10 800元/12=896元，在子女18~24岁，家长每月要拨付约900元定期定额投资基金准备子女攻读研究生的经费。大学学费方面，18万元/$\vec{S}_{nr}$（年金终值系数）（$n=12$年，$r=10\%$）=18万元/21.38=8 420元，8 420元/12=702元，也就是说，在子女6~18岁，家长每月要拨付约700元定期定额投资基金准备读大学的费用。

附录：

助学贷款的积极效应

在一切物质、精神的社会财富中，知识是第一财富，是价值最大也最能长期发挥作用的财富；在知识的一切创新、获取和传播的途径和方式中，大规模正规的教育培训应该是效果最好、费用最省、速度最快的；对教育的一切人力、财物的花费中，对学校基础设施、用具用品的"物"的花费，与对教师的工资福利，学生求学用费中"人"的花费之间，对人的投资花费尤应置于首位；而对"人"的投资花费中，对贫困学生求学用费的资助，又应置于重中之重的地位看待。对贫困生提供经济资助，相比教育事业的其他各项投资与花费，所需花费不必过多，其收益却会最好，社会积极反响也最为强烈。

助学贷款业务的开办具有较好的个人/家庭效应。

1. 有利于培养大学生勤俭节约、计划理财的好习惯，有助于人力资本投资的实现，还有助于受资助者根据自身的特点实现自我设计。有利于激励大学生珍惜大好光阴，真正学到有用知识，为将来走向社会做准备。如大学生有偿贷款读书后，为考虑将来挣钱还贷事项，必然会计算四年受教育期间的个人教育成本和收益账。如四年花费有多少，又学到多少有用知识，这些知识将用于何处，就业后预期是否能赚取到较多收入以还贷，都会做出细致思考。如此考虑后，必然会对"学什么、学多少、如何学、学到何种程度、学习目标为何、如何建立自己的知识结构并同社会需要相适应"等重大事项，除学校教学计划的统一安排外，还会根据个人特点做出精心安排与自我设计。

2. 有助于协调家庭教育投资中的代际利益关系，培养子女独立生活能力和自立自强意识。助学贷款开办后，大学生自己贷款读书，毕业后用自己的收入还贷，对协调父母子女间的经济利益关系，培养大学生的自立自强意识，确立市场经济体制下的新型亲子关系，显然是很需要的。父母供养儿女在我国是天经地义之事，不仅供养儿女受大学教育，即使将来儿女结婚成家、找工作及孙儿女的抚养等，也多由父母出资辛劳。相形之下，孩子的独立自主意识及能力有很大欠缺，很少想到自己打工赚钱读书，或负债上学。美国的孩子则很少要父母的资助，自己做工挣学费，显示出极强的独立和自立能力。从更好地适应市场经济体制的大目标出发，应认为贷款读书的方式更胜一筹。

3. 及早培养学生的诚信、市场意识，对培养学生健全的人格、健康的成长具有重要功用，对加大教育学知识的好风气，对民族文化振兴有极大好处。国家可通过教育资助及助学贷款的贷放等，大力贯彻国家对学校和学生的办学意旨。

4. 增强受教育者在教育活动中的权利与地位，有助于教育资源在全社会的合理配置。教育资助事项的大量出现，将对现行的教育制度、教育内容、教育方式带来巨大冲击，一切学而无用的空头理论应予摒弃，不能保障学生起码就业，又无社会效益的专业应当大幅停办。赚取学生黑心钱的"学商"应予勒令关门。教育成本要在保障教育质量不致下降的状况下有大幅降低，杜绝一切华而不实的形象工程、面子工程。

5. 教育具有强烈的外部效应，接受教育不仅对受教育者有直接好处，更对整个社会、国家带来巨大收益，国家资助教育事业的发展，应是天经地义，顺理成章。政府如何对高校进行资助，采取何种资助方式等会发生重大变化，政府如何保证高校的办学条件、哪些支出需要政府保证、哪些支出需要学校通过自身努力来保证，都需要认真研究。教育资助还有利于教育事业的发展，扩大内需，刺激新的经济增长点，有利于社会资源的优化配置。

6. 有助于大学生自我安排好自己的学习生活，实现人财、物力资源的合理配置。贫困生最需要得到资助，这一资助的效用是最大、最高。为家境贫困的学生提供资助，可从根本上解决贫困生无钱读书的困难，有助于合理调剂个人/家庭不同生命周期阶段的资金供求关系。有效融通资金，实现个人/家庭经济利益的最大化；有助于大学生预支未来的人生价值作为今日受教育的投资，可以更好地设计人生，求得个人生涯的经济与非经济收益的最大化。

7. 锦上添花远不如雪中送炭，实际可发挥效用更多。在人生最困难之时给予必要资助，远比在其富裕之时给予巨量贴补带来的喜悦更大，实用价值更高。对贫困生施以教育资助，以助其顺利完成学业，正是在其最需要资助之时对最值得也最应该受到资助的人员以资助，无论是主观效用或客观价值都是最大、最高。

应当说明，贫困生入学得到来自国家和高校的资助和其他优惠措施，是应有的一项权利，并应在法律中予以明确。若各高校未依法给予贫困生相应的资助措施，则应视为对贫困生合法权益的一种侵犯。贫困生为维护自己的合法权益，有权对高校的资助措施及力度等，给予必要的监督。

本章 小结
BENZHANG XIAOJIE

1. 结婚费用预算是关于结婚费用的资金筹集与计划使用而编制的预算，适用于已确定恋爱关系，准备结婚成家的男女青年使用。编制目的则在于计划婚事和新婚家庭建设费用，以量入为出，加强对结婚费用的计划管理，提高其使用经济效益。

2. 家庭养育孩子的成本，包括生活费、教育费、医疗保健费、婴幼儿夭折费和父母工时劳务损失费等。家庭人口投资的收益，是指家庭通过子女养育花费而形成的劳动力，在其作为劳动力的整个工作期间，可以向家庭带来的纯收益。

3. 教育投资相较一般的物力投资，具有期限长、回收慢、额度大、效益难以测定且不够明显等显著特点。

4. 家庭教育投资的重点，一是呼唤家庭对此事项的真正重视，在家庭资源做有效配置之时，将对人的投资置于首位并给予某种程度的倾斜；二是教育投资中的具体状况，钱财投资与人力投资的份额比例，父母对子女的教育投资是否适度等，应当引起相应重视。

5. 子女教育规划是指为筹措支付子女教育费用而预先制定的计划，在家庭支出计划中占有重要地位。教育投资规划的绩效取决于投资工具的选择。与其他投资计划相比较，教育投资规划更重视长期工具的运用和管理。

案例探讨：

小张和小李

小张和小李都是 25 岁，同时从学校硕士研究生毕业后走向社会，同时结婚成家并有了较好的工作。

小张来自于城市，所找的配偶也同样来自于大城市的知识分子家庭，结婚后两人立志先立业，大量赚钱买房买车，在事业发展上做出较大成就后再生养儿女。五年后，小张买了自己的产权住房和家用轿车，工作表现优异，成为单位的中层领导，然后将"造人"纳入议事日程，1 年后有了自己可爱的儿子，打算将儿子培养到博士毕业，并尽可能出国留学。

小李和所找的配偶一样，都来自于较为偏远地区的农村，双方父母"多儿多女"的传统观念较为浓郁，在来自双方家庭巨大的压力下，小李工作第二年迎来自己的小宝宝，过一年后又迎来一个漂亮女儿。在抚养好一对儿女的巨大压力下，小李的妻子辞去工作做起了专职妈妈，婆婆和娘家妈也专门赶来合力侍候儿女。小李婚后原本是"二人世界"，两人赚工资两人花销，生活过得很轻松；现在是一个人赚钱五六个人一块开销，生活就过得非常拮据。小李原本希望做一番大事业，现在整日忙碌于工作和家务之间，远大抱负就只能付诸东流，工作表现平平。五年后，小李的整个生活仍然过得很拮据，房子不可能买，买车更不现实。这一时期将要延续到两个孩子接受完整个教育，一直到结婚成家为止，长达 20 多年，可以预期小李整个一辈子的生活，都只能在这种异常拮据的状况下度过了。

这里并非指责小李不应当生养两个孩子，而是认为时序安排能否尽量合适一些，如工作后两三年结婚成家，婚后两三年再考虑生育孩子，而第二胎的间隔有个三四年，一切经济事务的安排都会宽松得多。

现象剖析：

父母与子女"包得太多"与"管得太多"

我国传统的父母子女关系处置上存在两大缺陷，一是包得太多，二是管得太多。"包得太多"是子女生活中从出生、上学、婚姻、工作等的一切，父母统统视为义不容辞，不惜一切代价也要为子女包办代替；"管得太多"则是子女工作、学习、婚姻、生活中的一切，从头到脚，从上到下，从家内到家外，恋爱结婚、日常的言行举止等，又无不受到来自父母的严格管制。子女必须在父母划定的人生轨道上循规蹈矩，不容子女有任何自我独立的余地，不能有半点错失。子女为独立选择人生道路需要具备的知情权、决策权更无从谈起，子女考什么学、读什么专业、在哪里就业、在何单位就业，都由父母全力包办。

"包得太多"与"管得太多"相辅相成，没有前者就无从谈到后者。前者是父母对子女所尽义务和责任的过当，使儿女的一切无不在父母无微不至的关照宠爱之下，难以独立，子女尽管长到五六十岁，在父母面前仍然像是未长大的孩子；"有父母在身边的孩子永远都长不大"，正是对这种现象的生动写照。后者则是父母对子女所实施权利和权力的过当，造成子女软弱、服从、唯唯诺诺而又缺乏主见。若想有根本性改变，则还有较长的路要走。

在父母对子女"包得太多"的理念指导下，在现实家庭消费生活中，出现了"子代倾斜、重心下移"倾向，子女的用费远远超出父母，更超出祖父母，重抚养轻赡养严重而普遍。父母给予子女总是比子女回报父母要多得多。父母对儿女是无微不至的关爱，为了儿女的幸福，甘愿舍弃自己的一切。成年子女对年迈父母虽然也谈到孝敬，但所耗费的金钱、时间、精力，同为自己的子女所付的金钱、时间、精力相比，显然是不可同日而语。

在父母对子女"管得太多"的理念指导下，好男儿志在四方，正欲学成名就后再广阔天地大展宏图，但却在"父母在，不远游"的观念下，在父母的威胁或利诱之下，只能回到父母身边，按照父母指出的道路选择专业，报考学校，寻找就业单位，择定结婚对象，而无法有自己的独立打算，更谈不到"我的青春我做主"的意识觉醒。

"包得太多"与"管得太多"都不是好的行为，至少是不符合今天市场经济时代的要求，不利于子女的身心健康成长。它加重了父母的负担，一辈子为了子女的一切难以自拔，找不到个人独立生活的空间；同时又增加了儿女的不自信感，甚至是一种屈辱感。社会发生了巨大变化，在父母与子女的关系上，也应与时俱进发生较多的改变。改变的宗旨之一，就是两代人的关系，从目前的这种过度依赖，向相对的独立自强趋进。

思考题

1. 结婚费用预算编制需要遵循哪些原则？
2. 如何运用加里·贝克尔的家庭经济理论来分析家庭人口投资？
3. 如何评价家庭教育投资是否适度？
4. 家庭教育投资应考虑哪些内容？
5. 简述教育规划工具。
6. 论述教育规划的步骤。

第7章
职涯规划与福利规划

7

1. 理解职业规划的含义、意义及步骤
2. 理解工资薪金的含义
3. 理解股权期权激励计划的相关类型
4. 理解员工福利规划

7.1 职涯规划概说

个人理财规划的指导思想之一是"要理财，先理人"。理人就是根据个人的天资禀赋、兴趣爱好、知识结构、能力才干、潜在特质等，对个人人生的各个阶段应确立目标和拥有资源的优化配置做出相应筹划。每个人一生的发展状况和前景，除了客观环境条件的促成或限制外，更重要的取决于个人的理念、志向、眼界与胆略思路。本章对个人职涯规划的状况、做法等，予以相应的说明。

7.1.1 职涯规划

1. 生涯的含义

简单而言，生涯就是人生的道路准备怎样走，最终达到什么样的结果。"生涯"一词有诸多解释，目前较为适用的说法是美国生涯理论专家萨珀的观点：统合个人生涯中担负的各种职业和角色，并由此表现出个人的独特点和自我发展。生涯又是人生自青春期至退休期间所有的有薪酬或无薪酬职务的综合，除了职位之外还包括与工作有关的各种角色。萨珀的生涯理论指出，每个人都有其独特的生涯形态，形态不同对人的发展影响极大。好的生涯形态会使自己的事业顺利成功，不好的生涯形态则可能使事业一事无成。

美国研究生涯理论的专家萨珀教授认为，生涯是个人终其一生所扮演角色的整个过程，由三个层面构成，具体如下。

（1）时间：个人的年龄或整个生命的历程，又可细分为生命诞生、培育、成长、择业、立业、成家、维持、衰退、死亡等不同时期。

（2）广度或范围：每个人的一生中都会扮演各种不同的角色，如小孩、学生、公民、家长、劳动者等；劳动者又包括了工人、农民、军人、教师、医生、官员等种种职业。

（3）深度：是指个人为参与各项事业所投入的知识技能、时间、精力、心血和钱财的程度。当然，参与的事业不同，投入的钱财或时间、精力、知识技能等，又有较大差异。

日本生涯专家高桥宪行将人的生涯形态做了 18 种归纳，有超级巨星型、卓越精英型、劳碌奔命型、得过且过型、捉襟见肘型、祸从口出型、中兴二代型、出外磨炼型、家道中落型、游龙翻身型、转业成功型、一飞冲天型、强棒搭档型、暴起暴落型、随波逐流型和一技在身型等。这也是一种理解。

2. 职涯规划的含义

法国亚兰在《幸福语录》中曾提到："会赚钱的人，即使身无分文，也还有自身这个财产。"阿匹斯·克劳迪乌斯认为"人人都是他自身命运的设计师"。美国著名的经济学家舒尔茨教授在其经典著作《人力资本》中谈到，不管个人现实财富的多寡，每个人都是自己人生企业经营的"董事长"。遵守先贤的教导，我们正是要学会把握自身这个财产，掌握自身的命运，将自己的人生像经营企业一样予以规划安排。

职涯是生涯的一部分，职涯规划既是确定个人的事业奋斗目标，选择实现这一事业目标的相应职业，编制相应工作、教育和培训的行动计划；又是指个人在单位和社会的大环境下，自我发展与组织培养相结合，对决定个人职涯的主客观因素进行分析、总结和测定，确定个人的事业奋斗目标。计划中应对整个生命历程中每一步骤的实施时间、顺序和方向都做出合理安排。

所谓职涯规划，就是指个人结合自身状况、未来发展可能的机遇和制约因素等，为自己确立职业目标，选择职业道路，确定教育发展计划，为实现职涯目标确定行动方向、行动时间和行动方案等。

3. 职涯规划的特征

良好的职涯规划应具备以下特征。

（1）可行性：规划制定中，美好的幻想或不着边际的梦想是需要的，却又非仅此而已，规划编制要有事实依据，要建造在客观实际的基础之上，否则将会延误生涯良机。

（2）适时性：规划是预测未来的行动，确定将来的目标，人生的各项主要活动是何时实施、何时完成，都应有时间和顺序上的妥善安排，作为检查行动的依据。

（3）适应性：未来职涯目标的实现，需要牵涉多种可变因素，应根据这些可变因素使得规划设定有一定的弹性，增加适应社会变化的能力。

（4）持续性：人生的每个发展阶段，都应是整个人生全过程的一部分，应给予有机联结并保持连贯和相互间的衔接。

4. 职涯项目规划

（1）事业发展规划：如就业岗位抉择、工资晋升、职称、职务晋级、发明创新、自我价值实现的规划安排等。

（2）收入财富规划：准备将来实现的收入、财富的拥有状况及准备达到的目标等，如年收入 20 万元，拥有别墅、轿车、若干元存款，准备拥有自己的公司、产业等。

（3）子女生育培养规划：如何时生养子女，生养几个子女，将子女培养到何种学历，如何能够达到高智商、高情商、高财商的"三高"状态，为此父母需要做出种种安排和财力、时间、精力的准备等。

（4）婚姻家庭规划：如自己结婚的时间及相应资金费用的筹措等。

5. 职涯规划的期限

职涯规划的期限，可划分为短期规划、中期规划、长期规划和终生规划。

（1）短期规划，为 1 年以内的规划，主要是确定近期目标，规划近期如 1 年内准备完成的任务。

（2）中期规划，一般为 1 年至 5 年，或是从事某一较大的独立事项。应在远期目标的基础上设计中期目标，并进而指导短期目标。

（3）长期规划，规划时间是 5 年至 10 年，主要是设定人生中较长的目标，如购买住房的资金筹措及还款付息等。

（4）终生规划，对自己整个生命周期的各个事项给予全面的规划安排，重点是职业规划和养老退休等。

以上时期目标的划分，其实就是将自己漫长的职业人生和事业发展道路，划分为若干段落分段完成，如"一五"计划、"二五"计划、"三五"计划等。一般是先确定人生目标和长期目标，然后通过目标分解，分化出中期目标和短期目标。

职业发展的阶段、特征与注意事项等，可以如表 7-1 所示。

表 7-1　职业发展的阶段、特征与注意事项

阶　　段	特　　征	注意事项
事前准备和求职阶段	评估个人的兴趣，确定职业目标 得到必需培训找到工作	将兴趣与工作能力相结合
建立事业与职业发展阶段	获得经验、高效及同事尊重 着重于某专业领域	开发各种职业关系避免过度劳累和投入过大
事业进展及中期调整阶段	继续积累经验和知识以获得升职 寻找新调整，扩大职权	寻找持续的满足感保持对同事和下属的关心
事业后期和退休前阶段	退休养老规划理财和个人计划 帮助训练继承人	决定退休后继续工作的时间 策划参加各种社区活动

6. 职涯规划的意义

职涯主要指个人一生发展选择的职业道路。早期封建社会的经济发展相对固化，个人的职业选择具有较大的稳定性，通常是"工之子恒为工，农之子恒为农"，是职业选择的"一次定终身"。计划经济时代是"铁饭碗、铁工资""我是革命一块砖，东南西北任党搬"，个人的一切只能听从国家的计划安排，几乎是没有任何权利和资格规划自己的人生。

在当今的高科技时代，社会变革日新月异，每年都有新的职业产生，也都有一批老的职业逐步淘汰，职业稳定性在急剧下降。同时，市场经济对计划经济的取代，个人重新作为经济运作的主体，有权利对自己的人生做出自己的安排，而非时时、事事、处处听从国家的

"分派"，为此，个人职涯规划就重新焕发了生命力，引起了人们的极大关注。

职涯规划是大学生攻克就业难关，实现自身理想的关键。对大学生的职涯规划教育，是就业指导的主要内容。良好的职涯规划不仅有利于人们尽快成才，还可以促进人的全面发展和进步，使其真正为自己的人生目标服务。切实可行的职涯规划，对大学生的职业选择和以后的生涯成功等，具有重要意义。

21 世纪最重要的是人才，只有培养大量优秀的人才，才能满足经济社会文化建设的需要。大学作为培养高等人才的场所，对此有着义不容辞的责任。大学作为学生踏入社会前的关键阶段，是人生观和价值观形成、个人职涯起步的重要阶段，目前对中小学职涯教育严重缺失，对大学生的职涯教育就显得更为重要。

大学生的职涯规划可以定义为：大学期间结合个人情形和环境状况的现状乃至未来发展趋向等，为实现一生的职业理想而确定的行动方向与方案、时间，并通过自身在大学的不断实践与学习而逐步加以实施。大学生职业规划目前仍处于探索阶段，规划者在这一阶段会考虑现实状况并试图实施"自我"概念，确定比较合适的领域进行职业尝试，初步形成职业概念，注重自我概念与职业概念的形成、自我检视、自我经营、自我投资乃至最终的自我价值实现，学校中的角色尝试、职业探索，假期中的休闲活动与兼职工作，都是十分必要的。

7. 职业选择的"以己为本"原则

"男怕选错行，女怕嫁错郎"，现时代的职业选择至为重要。儒学传统讲求家学渊源，子承父业，一切事项都要听从父母的安排。家庭整体利益和父母意旨通常被置于第一位考虑。西方国家的职业选择则较多奉行"以己为本"的理念。职业选择更重视自己的意愿，依从个人兴趣，表现出更多的自主独立性，个人有更多机会根据兴趣爱好来选择职业。只有从事适合自己的工作，才能有所成就；只有从事自己感兴趣的工作，才能给自己带来无限快乐。

以己为本选择职业，前提是充分了解自己。择业建立在对自己的才智、教育背景、特长、兴趣爱好真实判断的基础之上。要认清自己喜欢干什么，自己能干什么，自己适合干什么等，才能决定择业的方向。国外的大学乃至中学，都有择业指导教师，有职业倾向测试，帮助学生对自身的素质与能力有更理性的认识，帮助学生对社会有更确切的认知和把握。

以己为本进行择业，还体现了学生对自己的一种责任，是"我的职业我做主"，自己选择自己的职业，成就与否，快乐与否，都是自己的选择所导致，也就没有理由和借口推脱责任，会进一步激发工作的热情。以己为本择业还体现了一种自信，即促成大家认清自己并紧密地把握自己的未来。

8. 职涯设定注意事项

职业选择是生涯规划的重要事项，是人生道路的重大抉择，对那些刚毕业的大学生来说更是如此。但在大学生职涯规划的过程中，在测评工具选取、职业目标确定、行动方案实施的技术操作方面，在个人职涯选择的指导思想和意识观念方面，在国家和社会提供相应的外围环境条件方面，都还普遍存在某些问题，为此需要做到以下事项。

（1）正确评价自己的性格、能力、爱好与人生观，确定自己的人生目标，适合向哪些方面发展，准备向哪些方面发展；自我评估是通过对自己的全面分析来认识自己、了解自己，从生理我（年龄、性别、身体健康状况等）、心理我（性格特征、价值观、人生观等）、社会我（人际关系、人际交往能力、行为习惯养成等）等方面来认识自我。

（2）评估职涯机会，主要是分析内外环境因素对自己职涯发展的影响，包括社会环境、行业环境、组织环境等的职业环境评估。洞悉外部环境的变化，趋利避害，因势利导，在变化中发掘机会，不断调整自己的计划，最大限度地使用好各种资源；同时根据客观环境的变化及时调整自己的状态和心态，积极主动地面对各种困难。

（3）确定志向和人生目标。志向是事业成功的基本前提，俗话说："凡事预则立，不预则废。"在制定职涯规划的时候首先要确立自己的志向，开阔眼界与境界，在更高的境界上确立志向。志向确定后，就可以在此基础上设定工作目标，为实现这个目标制订相应的工作计划，然后按照计划行事，随着形势的发展对计划进行必要的修订。

人的志向有大有小，如希望终生做一番大事业，为人类社会做出重大贡献；如希望通过自己的努力，在合法的基础上尽可能多地赚取金钱，为社会创造财富，也使自己成为一个大富豪；如希望做一个大领导，为官一任，造福一方，千古留名等，这都是值得追求的好事，是有着人生的大志向和大目标。即使仅仅希望做个普通百姓，一辈子安安然然过上小康生活，也并非不可以。事实上，这个社会中90%多的人都是普通百姓。

（4）职涯路线的选择。在职业选择上充分考虑主客观因素，结合自己的兴趣、能力、性格等选择自己的职业。在职业确定后，希望向哪一职涯路线发展，此时要做出哪些选择。常见的职涯路线类型，包括技术型、管理型、稳定型、创新型、自主型等。如希望选择技术型职业路线，主要注意力是工作的实际技术或职能内容；选择了创新型，在职业选择的时候要求有自主权、管理才能、施展自己的特殊才能、喜好冒险、追求新的东西。

（5）对社会经济的大环境给予明晰的考察和把握，以期自己拥有的知识技能、专业结构等，能适应社会经济发展的需要，把握社会前进的脉搏，至少是不要为快速的社会发展所抛弃，成为边缘群体。这种考察和把握包括的事项和内容较多，主要可以从区域和行业两大方面予以考察。不同区域的发展有快有慢，不同行业的发展也非齐步走，有意识地到发展速度快的区域就业，就可以谋取较快的发展路径。同样，有意识地选择自己的专业和知识结构，到未来有较快发展的行业部门就业，对人生的成功而言也是事半功倍。

（6）大量收集有关工作机会、招聘条件等信息，对这些信息资料进行组织、整理、分析，选择对自己适合的职业信息。如参与面试前需要做哪些准备，如何和对方就具体的就业状况和薪酬福利待遇谈判等。这其间包括的事项和内容很多。

7.1.2　职涯项目目标与规划

职业选择是个人选择未来所要从事工作的行为。个人在选择职业时，既要考虑个人的兴趣与天赋，也要考虑市场上存在的就业机会。只有这样，才能找到自己满意的职业。

1. 职涯项目目标

1）目标一：介绍与事业规划和进步相关的活动

个人事业规划和进展将要经历以下活动和阶段：① 评价和研究个人目标、能力及事业领域；② 评价就业市场，寻找特定的就业机会；③ 准备简历、自荐信以申请相关职位；④ 为相关职位进行面试；⑤ 对得到职位的经济状况和其他因素做出合理评价；⑥ 规划并实施事业发展目标。

2）目标二：评价与获得职位影响就业机会的因素

择业时要考虑个人能力、兴趣、经验、培训及既定目标，分析影响就业的社会因素，如劳动力就业趋势，明晰经济状况变化及工业和技术的演进趋势，评价潜在雇主的工作环境和薪酬组合，从市场价值、未来价值、应税性质及个人需求和目标的角度评价雇员福利。潜在雇员和现有雇员都有权获得公正的聘用待遇和工作机会。

3）目标三：设定职涯目标和路线选择

职涯路线选择是以自己的最佳才能、最优性格、最大兴趣、最有利的职业环境等信息为依据。成功的事业规划和进步需要做好以下工作：① 通过兼职工作或参加社区和校园活动获得就业或相关的经验；② 利用各种职业信息了解就业领域并寻找工作机会，为某个特定就业职位提供相关信息；③ 练习面试技巧，充分展示自己的职业热情和工作能力。

4）目标四：实施择业计划

在确定生涯目标后，制订行动计划及措施就成为关键环节。人们在职涯规划时往往是豪情万丈却缺乏执行力，即落实目标的具体措施，包括工作、训练、教育、构建人际关系网、谋求晋升等。实施择业计划，需要分析事业成长和进步的技巧，加强职业进步，为更换工作做好所需要的准备，寻找各种正规和非正规的教育和培训机会。

5）目标五：及时反馈与修正

制定职涯规划时，鉴于对自身及外界环境并不十分了解，最初确定的职涯目标往往是模糊、抽象的，甚至有错误。实施职涯规划的过程中，会有意识地回顾自己以往行为的得失，检验自己的职业定位与发展方向是否合适，自觉地总结经验和教训。通过职涯规划评估与修正，可以极大地增强雇员实现职业目标的信心。修订内容主要包括：职业的重新选择；生涯路线选择；生涯目标修正和实施策略计划变更等。

2. 制定职涯规划应遵循的原则

（1）清晰性原则：考虑目标、措施是否清晰、明确，实现目标的步骤是否直截了当。

（2）挑战性原则：目标是否具有挑战性，还是仅仅保持原来状况而已。正确目标的确立应当是"跳一跳，够得着"。

（3）变动性原则：目标是否有某种弹性或缓冲性，是否能够因循经济社会大环境的变化做出相应调整。

（4）一致性原则：人生主目标与各分目标是否能保持一致，大目标与具体实施措施是否能衔接在一起，个人目标与组织目标是否协调以减弱冲突等。

（5）激励性原则：目标是否符合自己的性格、兴趣和特长，能否对自己产生一种内在激励性，这对既定目标的实现至关重要。

（6）协调性原则：个人的目标与他人目标，与整个社会的大目标应当协调一致。一般情况下，个人面对社会发展的进程，只能是随波逐流并争取做个好的弄潮儿，不至于因知识技能、观念行动等落伍而被社会抛弃，更不可能逆社会潮流而动。

（7）全程原则：拟定生涯规划时必须考虑个人生涯发展的整个历程，做人生全过程的考虑，并在全程考虑的同时拟定好阶段性目标。

（8）具体原则：生涯规划各阶段的路线划分与安排，必须既有远大理想，又具体可行。

（9）客观性原则：实现个人生涯目标的途径很多，做规划时必须考虑到自己的特质、社会环境、组织环境及其他相关因素，选择切实可行的途径。

（10）可评量原则：规划的设计应有明确的时间限制或质量标准，以便评量、检查，使自己随时掌握目标执行的情况，并为规划的修订完善提供参考依据。

3. 职涯规划流程

（1）首先列出一生的理想目标，包括自己"想拥有的，想做的，想成为的及想体验的"。

（2）选出在这一年里对自己最重要的4个目标，建议明确、扼要、肯定地写下自己实现它们的真正理由，告诉自己实现这些目标有多大的把握，以及它们的重要性等。

（3）审视自己所写的内容，预期希望达成的时限，有实现时限的才叫作目标，没时限的只能称为梦想。

（4）核对自己所列出的4个目标，是否与形成结果的五大规则相符：① 用肯定的语气来预期自己的结果，说出希望的而非不希望的；② 结果要尽可能具体，还要明确订出完成的期限与项目；③ 事情完成时要能知道已完成；④ 要能抓住主动权，而非任人左右；⑤ 这个目标是否对社会和他人有利，而非仅仅对自己有利，而对社会和他人有害。

（5）针对提出的4个重要目标，订出实现目标的每一步骤，列出为实现目标自己已拥有的各种重要资源。

（6）当自己做完这一切，请回顾过去，有哪些所列的资源已运用得十分纯熟，哪些资源尚未发挥效用。

（7）当做完前面步骤后，写下要达成目标本身所需要具有的条件，列出不能马上达成目标的原因。

（8）为自己找一些值得效法的典范，使目标多样化且具有整体意义。

（9）经常反省自己所做的结果，为自己创造一个适当的环境。

（10）列一张表，写下过去曾是自己的目标而目前已实现的一些事。从中看看自己学到了什么，有哪些特别成就。许多人往往只看到未来，却不知珍惜和善用已拥有的。成功要素之一就是要存一颗感恩的心，时时对自己的现状心存感激。

7.1.3 择业应考虑因素

个人作为劳动者，目前在选择职业方面已有了前所未有的自主权利。个人可以根据自己的兴趣爱好、意愿选择愿意从事的职业。同时，寻求较为理想的工作，也成为人生的一大难题。择业中需要考虑的因素较多，可包括以下内容。

1. 目前的收入与福利待遇

工资收入与福利待遇的高低，是选择职业中首要关注的指标。如某博士毕业了，选择到大公司当高级主管，年收入可以达到30万元；选择留在高校当教师，年收入可能只有5万元。这种选择显然对其今后的生活消费、投资理财、拥有资源的充裕程度等，都影响极大。它直接影响到个人在社会中的经济地位、生活质量和品位，影响到理财的标准与内容。

工资与福利待遇的选择上，工资经常被置于第一位看待，其实福利待遇的优厚与否，即工资"含金量"的高低等，也是需要关注的重要内容。如大型国企员工、政府机关人员的工资并不很高，但福利待遇则比一般企业单位要好很多。

2. 工作环境的满意度

工作环境的状况如何，对此是很满意或很不满意，也是大家找工作要重点考虑的。如环保部门、殡仪馆、矿山、野外工作等，很难引起大家的青睐；而到政府部门担当公务员，到金融保险机构工作，当白领坐办公室，则往往会被视为首选。

3. 人际关系处理的复杂程度

员工在工作中接触的密切度，相互关系协调、利益冲突的复杂度等，是单位工作中不可避免的热点话题，也成为择业的一条理由。当教师、律师、自由职业者的一大好处，就是人际关系处理起来相对简单，利益冲突少，且不必一切行事中过多看领导的脸色。而当公务员或到公司工作，这些事项就很需要重点关注。

外向型人士处理起人际关系是如鱼得水，倾向于愿意与人打交道；严重内向型的人士则在这方面有较大欠缺，倾向于和各类事务打交道。

4. 职业的社会定位与声望

某个职业是否在社会中具有较高的定位和声望，是大家很为关注的。在国内外有关职业信誉度和声望的各项调查中，高校教授大多荣列榜首或至少是名列三甲，超出了企业家和政府官员，更超出医生、律师等职业者。我国高校教授受尊敬的状况，并非其拥有的钱财、权力资源要超过政府官员和企业家，只能说是教授的社会声望使然。农民、个体户的社会声望则要低得多。

5. 未来职业发展和职级晋升

许多青年人在寻找职业时，对未来职业发展的状况如何，能否得到较多的培训进修，使自身的职业技能得以增进的机遇非常关注，甚至超出对工资收入的关注。这是有眼光、看长远的做法，值得称道。一些大型的企业，对员工的职业规划相当关注，给予员工众多培训的机遇，就受到众多优秀学子求职的青睐。

职级晋升、职称晋级是大家关心的。大家进入政府部门或高校伊始，只能是个小办事员或小助教，通过自身努力因循副科、正科、副处到正处，或讲师、副教授到教授的路径一直有所进步。有的单位这种机遇很多，有的单位则很少有这种机遇和运气。如现实的发展状况不能如愿时，是否有改换门庭的可能，这种改换需要花费的代价为何，等等。选择职业时，这都是应予考虑的。

6. 所处行业的未来发展趋向

"三百六十行，行行出状元"，这是经常听到的。但是，是否每个行业的未来发展，都是"一二三，齐步走"呢？否。拿今天的三百六十行和百年前的三百六十行相比较，显然差距甚大。行业发展有快有慢，每年都有大批新生产业的出现，也都有诸多传统产业倒闭乃至永久性的消失。这就需要把握自己所学的专业，该专业未来就业中最有可能对应的某个行业的发展状况和机遇，予以认真剖析。行业发展得快，行业中的人员生涯进步也就很快，行业发展缓慢乃至消失，行业中从业人员的日子就不大好过，更谈不到进步。

比如，中国邮政和中国电信，最初是合二为一且以邮政为主业，电信次之。两者分家时，众多人员开始考虑自己的出路，是选择到电信部门工作还是留在邮政部门，前者发展速度快却不稳定，后者则是老本行，稳稳当当。但时至今日，邮政是日薄西山，电信却蒸蒸日上，发展迅猛，前景难以估量，两者薪酬待遇的差异更是不可同日而语。

7. 所处地域的未来发展趋向

不同地域的经济社会增长状况有较大差异，如东部、中部、西部的差异，如北上广一线大城市，省会二线城市和三线城市、县镇乡村等，在经济发展的快慢态势上，天然具有鸿沟，且差距在逐渐增大。随着国家区域发展规划的相继出台，对某些区域又会带来跨越式的超速发展。比如，经济特区深圳的飞速发展，就深刻地说明了这一点。大家有意识地选择到发展快的地域就业，个人进步和事业发展的机会与机遇，肯定会大大超出发展速度缓慢的地域。

8. 职业的稳定性，是否朝不保夕

人们喜欢当公务员，至少是到体制内单位就业，其中一个重要缘由是职业稳定，单位不会破产，人员不会下岗，收入稳定增长，福利待遇还差强人意。如到企业工作，哪怕是相当不错的企业，对此也无法给予完全保障，收入待遇可能很高，但也可能面临破产倒闭、人员失业下岗等诸多事宜。再如，演艺明星、自由撰稿人、网络写手等自由职业者，上下班自由、收入自由、时间支配自由，是目前很多年轻人的不二选择，但职业和收入的稳定性，尤其是晚年的养老、医疗保障等，却得不到很好保障。

9. 退休后养老是否有足额保障

人们寻找工作希望得到较高的收入待遇，但这只是目前的收入状况，还要考虑未来漫长的退休期间可能得到的养老保障待遇会是如何。国外有种流行的观点，是人们求职时不仅要注意当前收入的最大化，还希望延续终生收入的总和能够实现最大化，希望在晚年退休时有足够的养老保障，尤其是目前退休有延迟的趋势，这种保障的有无和强弱，就是大家特别关注的。

10. 处理好职业与事业的关系

职业是个人从事工作取得收入报酬，从而可以安身立命。事业则是个人特长得以较好发展并为此付出积极努力，如个人对某种事项持有兴趣爱好，特别热心并全身心奉献，事业发展可能还需要持续不断甚至是看不到收获的付出。

职业与事业的关系处理中，人们可能选择某项不大乐意做的工作，缘由是可以用来赚钱；也可能选择某项自己十分乐意做的事项，却发现仅可温饱，或者还难以糊口。职业与事业两者最好能实现一致，否则本职工作搞不好，事业发展也会受到时间、精力、物力资源条件的制约，难以顺利运行。若两者实在无法很好结合时，能否考虑先端住职业这个"人生饭碗"，每日的生存取得较好保障后，再逐步创造条件，向事业进步、身心全面发展努力。

▶▶ **小 贴 士** ◀

员工自身职涯设计所存在的缺陷

（1）没有自己的人生目标，未能考虑自己的生涯规划，浑浑噩噩混日子，得过且过，当一天和尚撞一天钟，更谈不到自我价值的实现。

（2）这山望着那山高，见异思迁，频繁跳槽转换单位，最终也难以如愿，将自己求职的心态完全搞坏，也使单位对自己的加盟心生惧意。

（3）个人具备的知识技能过于单一，职业设计未能对人生做多方面拓展。目前，信奉"一招鲜吃遍天"早已过时，需要多准备几项技能方能适应环境变化。

（4）对自己拥有知识技能的状况，对自己的职业兴趣爱好、未来事业发展前景不了解，尤其是可以发展的潜质了解不透彻，自我发展路径不清楚，这就需要首先确定人生的目标。

（5）对社会目前状况的把握不清晰，更难以谈到对社会未来发展趋向的把握，自身的生涯设计未能同社会发展的大前景及发展趋向、同社会对人才的需要等较好地结合在一起。

（6）只希望社会迁就自己，而非自己主动适应社会，要知道，单个人是无法做到凭借个人努力来改变这个社会，仅凭借一腔良好愿望，难免在步入社会后碰钉子。

成功人士的性格需具备要素

（1）富有创新精神，能够多角度地提出问题，并能创造性地解决各类疑难问题；

（2）有较强的事业心，渴望将自己的工作完成得更为出色；

（3）知识面广泛，有阅读各类时事、新闻的兴趣；

（4）愿意应对各类人际关系矛盾，在复杂的人际关系处理中得心应手，如鱼得水；

（5）有较好的洞察力和判断力，明晰社会的变化并能很好地适应社会的变化；

（6）了解会计、金融及市场营销、法律等现代社会所应具备的知识；

（7）掌握新技术及计算机软件，如文字处理、工作表、数据库、网络搜索和图形工具等；

（8）在团队中富有合作精神，能在众多环境下与他人共事，带动大家共同做好工作；

（9）有较好的书面表达和口头交流的能力。

这些能力使人们拥有求职的较大自由，而且能够很方便地从一个行当跳到另一个行当，成功地转换职业，并在自身的职业发展中得到较大的进步。

21 世纪最有就业潜力的服务行业

1. 计算机技术——系统分析师、计算机操作员、网络开发员、网络维护经理及数据处理设备的维修人员和服务技术人员。

2. 健康医疗——医疗助理、理疗师、住家健康工作人员、生物技术分析师、实验技术人员、注册护士及健康医疗管理人员。

3. 商业服务——网络咨询专家、外语翻译、雇员福利管理者、运营咨询专家及研究数据分析师。

4. 社会服务——儿童护理工作人员、老年人护理协调员、家庭咨询专家及社会服务机构管理人员。

5. 销售和零售——网络广告设计师、电子业、医疗产品及金融服务业的营销代表和销售经理。

6. 住院和食品服务——旅游代理人、旅游景点和旅馆管理人员、餐饮管理人员、网上客户服务代表及会议规划师。

7. 管理和人力资源——行政主任、招聘经理、面试经理、雇员福利管理人员及就业服务工作人员。

8. 教育——企业培训师、特殊教育教师、成年教育指导师、教育行政人员及初级、中级和高级学校教师。

9. 金融服务——金融理财师、注册会计师、风险评估经理、精算师、电子商务会计、投资经纪人及精通会计和税务的人员。

案例剖析：

择业中兴趣爱好与赚钱养家的困惑

在某次我为学生做的生涯规划讲座中，某位学生提出这样一个疑惑："我马上面临大学毕业，有两个工作可供选择：一是一份自己不大喜欢的职业，但收入颇高；二是一份自己很喜欢的工作，但收入较低，我应当如何做出抉择呢？"

对一项工作的喜欢或不喜欢，可以分为多种层次，如将特别喜欢设为5分，一般喜欢设为4分，无所谓状况设为3分，不喜欢为2分，特别不喜欢为1分。人的职业追求并非单单为了金钱，自己对该项工作是特别不喜欢甚至厌恶之时，该项工作赚钱再多也不应去接触；如对某项工作是特别喜欢，那就积极去做它，肯定能够做好，并取得较好的成就，尽管少赚点钱也要认可。如果对该项工作只是一般的喜欢或不喜欢，这种喜欢与不喜欢在程度上也是会发生变化的，未来有可能会逐步喜欢上这项工作。如某位毕业于北京大学光华管理学院的女孩，就毅然放弃了年薪二三十万元的，前景依然可观的投资分析师的工作，转身投入到十分辛苦、薪酬又很无保障的网络写手的工作，缘由就在于自己十分喜欢后者，却不喜欢前者。

从另一方面来看，刚刚走出校门的大学生要结婚成家，要生养教育自己的儿女，要买房买车，需要花钱的地方太多，这需要大家努力寻找个好工作多赚钱，先就业做一些自己并非很喜欢的工作，等待拥有雄厚的经济基础或退休后，再来做那些自己十分喜欢却又不大赚钱的事情。

对芸芸众生来说，兴趣爱好对寻找工作是重要的，劳动薪酬的高低更为重要。如某人对诗歌、散文、绘画兴趣很高，但借此能否养活自己及家人，需要首先盘算一番。

工作选择与个人经济利益、与人生价值观的满足息息相关。许多人为了"口腹之累"勉强去做自己很不愿意但又不得不做的事项，终其一生无法考虑其兴趣所在或事业发展的机会。也有许多人为了满足个人爱好，不惜一切代价，甚至是牺牲掉日常饮食生活和家人生计，终生谋取某方面事业的发展。这种精神固然可嘉，但具体操办时也应有所斟酌。

事业发展与职业选择，是风险与机遇并存。社会的某种趋向是把家庭价值与个人成就感置于金钱回报和职业承认之上。要求我们定期对个人、社会及经济因素等的机会成本进行评价。某些人选择挑战性强、个人满足感高的职业，而非赚钱最多的职业；某些人不接受那些要求搬家或减少闲暇时间的工作调动或升职；许多父母选择兼职工作或自由职业以便就近照顾子女；许多人放弃安全的工作环境，更愿意从事自己心仪的富有挑战性的事业。这些选择都是正确的。

大学毕业30年后的差异

1978年，恢复高考后考入大学的大学生们，毕业至今已30余年，各类校庆、毕业30年庆的活动相继召开。30年前，不同专业的大学生从学校毕业意气风发进入社会，时至今日，各人的状况会怎样呢？是否在社会中做出同等成就，也获得同等的事业发展际遇呢？答案自然是否定的。

就以某综合性知名高校而言，当时学校设有中文系、数学系、历史系、哲学系、经济系等各个系别，经济系又有统计系、金融系等不同专业。这 30 多年来，正是我国大力推行经济社会体制改革，以经济建设为中心，经济发展异军突起，经济系毕业学生 30 年的工作状况乃至取得的成就，也就远远超出其他各系。差距之大，几乎是不可同日而语。这并非是经济系毕业的学生比其他各系的学生优秀，而是时代发展对经济类人才的特别需要，时势造英雄所致。

再以经济系属下的统计和金融两个专业而言，当时国家是一个统计部门，现在仍旧是一个统计部门，几乎没有任何改观。而金融的发展状况则大不相同，当时全国只有一个银行，目前已多达 100 多家银行，目前社会上欣欣向荣的保险、基金、股票、债券、期货、期权、租赁等行当，当时几乎一概没有。当时的银行只有储蓄、信贷、结算三大部门，目前却部门林立。当时全国城乡居民储蓄存款只有 232 亿元（1977 年），目前则已达到 56 万亿元之多。如此飞速发展的状况，所需要的人才从何而来呢，正是从当时的金融系人才分化而来。简单而言，当时毕业于统计系，目前可能是一个局长；当时毕业于金融系，一直坚持至今时，却完全有可能是一个大银行的行长。

小 贴 士

大公司或小企业的选择

在职涯规划设计中，人们常常困惑于到底是进大公司还是进小公司工作。通常状况下，大公司与小企业有以下差别：

	大 公 司	小 企 业
机会	较多的职级，会使晋升的机会增大	个人的能力是首要的入职和升职的考虑因素
收入	收入的升值潜力较大	要考虑个别公司的负担能力
升职	入职起薪通常都会较高	由于竞争较少，升职会较快
培训	有较完备的员工训练课程	假定你对所需的大多技能已熟识
福利	福利较多	当公司日趋成长之时，可以提供较多的员工福利
安全感	对经济转坏和行业转型时期的大机构，可给人一定的安全感	在经济状况好时，会成为迅速成长的"黑马"；经济不景气的话小企业会首当其冲
晋升制度	晋升制度比较制度化，甚少有单凭运气或博中的机会	晋升制度较为随意和富弹性
决策	处理事情通常由多人合力分析和商讨	个人的努力在工作中的成效十分明显。由于人力资源不足，大部分的工作都要独立完成

生涯规划自测题

1. 你最热爱的工作是什么，把最热爱的工作作为自己终生的事业，怎样做到在对自己有利的同时，也为他人带来有益的帮助？目前对此有无自己的切实打算？

2. 你有哪些特殊的才能和禀赋，对此是否有较多的认知和发掘，如何将这些特殊才能的价值发挥到最大最好，有无一定的设想？

3. 你自己的人生目标有无大致确定，目标确定中是否符合你自己的实际状况？

4. 围绕既定人生目标的实现，你拥有哪些可资运用的资源，还有哪些方面的欠缺，你周围有哪些资源可资利用？你还需要什么条件和帮助才能实现自己的既定目标？

5. 有没有什么职业是你内心觉得有一种声音在驱使你去做它，同时也会让你在物质上获得成功的？

6. 阻碍你实现自己目标的因素有哪些，如何想方设法克服它？

7. "鸡头和凤尾"，你准备选择哪一个，为什么？何者最符合自己的实际情形，更能满足自己的实际需要？

8. 要付诸自己的行动，第一步及接下来的步骤应该做什么，是否有自己的初步打算？

9. 你为什么没有现在就开始行动，而是仍然在观望？

10. 你的家庭经济状况如何，能否在你自己实现人生目标时给予很大的帮助？如果这一状况达不到时，是否能够降低目标以切合自己的实际情形？

11. 你的性格是内向还是外向，你乐意踏踏实实做事，还是喜欢与不同的人员打交道。

12. 你未来的事业目标是什么，是希望做一番大事业，或是只希望做好自己的本职工作，按部就班地过好小日子即可，对未来生活和事业发展不期望太多。

13. 自己的身体健康状况怎样，能否承受巨大的工作压力，或者希望换个较为轻松、收入也较低的工作。

14. 你希望从事的是挑战性大、随意性大、能自主支配的工作，还是一般朝九晚五的事务性工作。

附录：

职涯规划12步

步骤1. 首先坐下来拿出纸和笔，动手写下自己想实现的目标。写的时候不必管那些目标该用什么方式去达成，只是尽量写。包括自己想拥有的，想做到的，想成为的，想体验的。问自己一个问题："如果自己知道不可能失败，自己想要得到什么；如果百分之百相信会成功，自己会采取什么行动？"

步骤2. 审视自己所写的各项目标，预期希望达成的时限，有实现时限的才可能叫目标，没有设定时限的大多只能称为梦想。从中选出本年度对自己最重要的4个目标，再从中选择最愿意投入、最令自己满足的4件事，并把它们一一写下来。

步骤3. 明确、扼要、肯定地写下实现这些事项的真正理由，告诉自己对实现这些目标的把握。做事前要能知道如何找出充分理由，追求目标的动机比目标本身更有激励。

步骤4. 核对列出的4个目标，是否与形成结果的以下五大规则相符：① 用肯定语气预期结果，说出希望的而非不希望的；② 结果要尽可能具体，明确订出完成期限与项目；③ 事情完成时要知道已完成；④ 要抓住主动权，而非任人左右；⑤ 是否对社会有利。

步骤5. 列出自己拥有各种重要资源的清单，包括自己的个性、朋友、财物、教育背景、时限、能力及其他，这份清单越详尽越好。

步骤 6. 知道达成如上目标该遵循哪些程序，使用哪些方法，做完前面步骤后，写下达成目标本身所具有的各种条件，各种条件是如何在其中发挥作用的。

步骤 7. 当自己做完这一切时再回顾过去，找出自己以往最成功的做事经验，仔细思考造成事业、健康、财务、人际关系成功的特别缘由，有哪些资源运用得十分纯熟，哪些资源则几乎未能发挥任何效用。

步骤 8. 剖析自己的个性，是何缘由妨碍自己不能达成目标；如不能确定，从最终成就倒算过去，往目前的地位一步步倒推出所需做法，找出资料设计未来计划的依据。

步骤 9. 针对提出的 4 个重要目标，订出实现目标的每一步骤，别忘了从目标往回订步骤，并自问第一步该如何做才会成功？是什么妨碍了我，该如何改变自己。一定要记住自己的计划得包含现在就可以做到的事项，不必好高骛远。

步骤 10. 想想有哪位成功者值得自己学习，为自己找一些值得效法的模范。从自己周围或从名人中找出三五位在自身目标领域中有杰出成就的人，简单写下他们成功的特质和事迹。做完这件事合上眼睛想一想，每个人能为此提供达成目标的建议，记下每一位建议的方法，回想曾有的重大成功事迹。

步骤 11. 为自己创造适当的做事环境，经常反省自己所做各类事项达成的结果，使目标多样化且有整体意义。

步骤 12. 列一张表，写下过去曾是自己的目标而目前已实现的一些事。从中看看自己学到了什么，自己有哪些特别成就。有许多人常常只看到未来，却不知珍惜和善用已拥有的。成功要素之一就是常存一颗感恩的心，时时对自己的现状心存感激。

7.2　自我经营与经营自我

随着个人生涯规划的提出，经营自我、自我经营等，就是目前大家讨论较多、应引起社会积极关注的话题。

7.2.1　经营自我、自我经营的含义

个人作为经营者，是运用自己的经营能力，对自身拥有的各种人力、财力、物力及其他资源，通过自主运营、配置、抉择与运用耗费等各种手段，给予完好的配备与利用，组织营运核算，以取得最大的经济和非经济的效益。

个人生涯规划中，经营好自己的劳动力资本是重要的。一般谈到经营，大家往往认为只有对金钱等身外之物才存在经营的问题，如产品生产经营活动中的投资管理并获取效益等；实际上，个人拥有的体力、知识、时间、技能、头脑等身内之物，都有经营的必要。一般认为，这种经营只是被视为企业家、职业经理人的专利，或降格一点是个体户的日常经营与管理核算，和一般劳动者似乎不大相关。其实则不然，个人往往也是一种经营者。个人的劳动、消费、投资乃至婚姻家庭、子女生育教育、生涯规划设定、养老保障、遗产传承等种种行为，都有一个如何更好运营以更多获益的事项。

人们如欲在既定的环境和社会条件下，充分运用自己的聪明才智，将自己拥有的劳动力资源或人力资本予以合理配置，时刻根据社会需要而改换、重新包装自己，向市场推销，以期得到较高的"售价"。必须凭借个人拥有的知识技能、特长爱好、意愿并结合社会对人才的需要，充分运用自己的知识技能、聪明才智，为社会做出最大贡献，也使自身的价值得到最充分的实现。

7.2.2 自我经营的主体和客体

1. 自我经营的主体

个人之所以能作为经济主体，并在社会经济生活中现实地发挥功用，自我经营首当其冲。在"物"的经营和"人"的经营两者之间，后者无疑更为重要，但又具有更大的难度。个人在这里不仅是经营活动的主体，也是自我经营的对象，以某种程度而言，还是个人作为经济主体实施其应有权利、承担应负责任的真实体现。简单而言，自我经营就是积极认识自己，大力开发自己的潜能，对个人的一生发展历程预为筹划。

个人在经济运行中的角色转换和身份变更，只是个人运用自己拥有的不同资源，从事各种经济活动的具体表现。个人作为经营者，既有对自己大脑的经营筹划，如人生的历程应如何在既定轨道上健康顺利发展；也有对自己拥有并运用的各类劳动力、消费力物质性资源的经营筹划，使得在同等的资源约束和配置安排下，得到更多的经济效益和非经济的效用。

2. 自我经营的内容——个人拥有资源

个人作为经营者，经营的内容绝不只是钱财物质，通过经营得到的收益，也不只是物质钱财类收益，还包括经营者自身素质提高、潜能发掘、人生价值实现等事项。即如何将经营者自身视为一种待经营开发的对象，充分认识和评价自己，包括特性、长处、缺陷及待开发的潜能、现有知识结构及评价，有何需要完善补充之处；还有个人拥有的时间（职业活动而外的自由发展时间）是否充裕、精力是否充沛、心智是否健全、身心是否健康等，对个人的基本状况做出全面剖析与评价。个人拥有的各种社会关系，各种可资利用的人际网络、职业、社会地位、所处行业及发展趋向等，如此这般都需要洞察全面而精细，这都是个人作为待经营开发的对象，需要认真做的各项工作。

人们拥有的各类资源，应当有合理的结构配置并协调完善。虽然因各人的爱好、受教育程度及人际交往能力的差异而各有侧重，各种职业工作及社会活动对各种资源需求的程度也有较大不同。如数学家、艺术家与社会活动家所拥有知识技能、社会交往、活动能力等，自有较大差异，也不必强求一致。但作为公民既然都要在社会中顺利生存，并期望能有较好发展，就应当充分运用自己拥有的各项资源，并根据职业和事业活动的特点，以及对资源需求程度的不同，随时拾遗补阙，找准自己在社会中的位置。

根据西方经济学的基本观点，一个人乃至国家、社会的经济活动的状况、效率高低及资源配置的合理与否，均来自内在的经济动力。整个国家、社会、各种企业单位组织的活动运行，莫不以个人的经济活动为基础和原动力。而这种原动力能存在并发挥作用，又来自于个人追求经济利益的最大化。总之，追求个人利益是人们经济行为的最根本的动机，是导致经济繁荣和社会利益最大化的原动力。可以说，整个西方经济理论都是建立在这个基础上的。而这一点又是同个人拥有经济资源的充裕度及对资源的配置运营分不开的。

3. 个人拥有资源的含义

人们拥有的资源包括有形资源和无形资源，前者如货币、住房、设备器具等金融、实物形态资源，可称身外之物；后者包括自身拥有的知识技能、时间、体力、精力、文化素养等无形资源，即身内之物。此外还有各种可资联络、援引的人际关系、信息等社会关系资源。各种资源构成一个有机整体，并保持一种合理的知识结构和平衡态势。

个人拥有资源，无论是人力资源还是物力资源总是有限的，但个人可以援引运用支配的资源并不局限于拥有资源的狭小范围，必要时可资借鉴运用他人或社会的资源等，达到自己的目的。如大家遇到好的投资或经营项目，在囊中羞涩无法达到目的时，会想到找银行贷款，亲朋告借，以在短时间内大量增加可运用的资源。人们在生活、工作中遇到困难，也总会想到找同事、亲友帮助渡过难关。这种人际社会交往资源的援引借用，是经常出现并卓有成效的。

4. 资源结构与援引外界资源

许多人或许具有广博的知识或出众的才华，却因人际关系资源不足而得不到有力援引，或阴差阳错处于社会较低层次，始终难以找到充分展现自身价值的大舞台，无法施展远大抱负，可谓怀才不遇，抱恨终生。在历史和现实社会中，这种案例不胜枚举。有的人并无多少真才实学，却凭借其八面玲珑的处事技巧，精心布局的人际关系，在社会生活中如鱼得水，混得舒心适意。人们对前者往往表示同情，却少有人伸出援助之手；对后者颇为鄙薄，却又心生羡慕而又嫉妒或暗暗效仿。事实上，真才实学是做事的根本，事业成功的基石，但却不能保证在此基础上事业必定成功，它还需要种种际遇、关系、条件的具备。人际关系、处世经验等，都是应予具备的重要资源。有些人虽缺乏真才实学的知识技能资源，却因人际交往的资源多，联络广，并将其淋漓尽致地发挥到极限，这也是另一种能力的体现。

7.2.3　核心竞争力——特色优势资源

个人、单位、团体乃至地区、国家，能够在社会中顺利生存并较快发展的重要缘由，就在于其是否拥有雄厚的，或者最好是一种独特的，为其他个人、单位、地域等所不具备，但对整个社会又都很重要的特色优势资源。如拥有这种别人很希望得到但又没有的资源，就能够在社会资源的重新配置与交换中具有较大的优势。

核心竞争力是目前大家谈论较多的，一般谈到核心竞争力，都是指企业公司的核心竞争力，即如何运用该种核心竞争力为企业谋取利益最大化。大部分人对于个人是否具备核心竞争力，个人拥有的特色优势资源是什么，则不大给予关注。何谓核心竞争力，简单而言，正是某个个人、团体单位乃至地区、国家所拥有的其他个人、单位或地区、国家所不曾拥有的某种特色优势资源。该项资源对自身经营是非常重要的，完全可以通过大力推介宣传，在社会中得到较好的价值实现。这种特色优势资源可称为该单位、个人乃至该地区、国家的核心竞争力。

核心竞争力的存在并积极发挥功用，在今日的社会中诚然非常需要，却又为人们论之甚少或完全不予关注。如该项资源能否在社会具有相当的特色和优势，拥有某种新型资源却难以为人们关注，或者属于过于超前，或者同现实社会脱节过大，或者该项资源已经在社会中明显过时，或者完全不具有任何市场等，都可能出现这一状况。

7.2.4 如何经营好自己的劳动力资源

公民要在社会中顺利生存，并期望得到较好发展，应根据职业和事业活动的特点，充分运用自己拥有的各项资源及对资源需求的不同，随时拾遗补阙，找准自己在社会中的位置。为此，就要知晓如何经营好自己的劳动力资源，并对拥有的资源进行运作、经营，达到合理配置，使其在经济社会里能够发挥最大的价值。

1. 清仓查库，了解自己

人们要知晓如何经营好自己的劳动力资源，以求得最大限度的价值实现，首先需要清仓查库，检点自己拥有的各项资源的状况和数额，检查在经营过程中能够真正投入的资源。如自身的知识结构、精神状态、身体状况、创新意识、交往能力等；这些资源又具备何种特点，可发挥的特长如何，哪些是自己特别具有或是自己做得最好，其他人员难以具备也不可能具备的。同时还需要了解自己的知识结构尚存有哪些缺陷，社会交往、学习创新的能力还有哪些不足，应当如何给予补足等，都需要认真思考。

2. 把握社会，适应社会

人们要经营好自己的资源，除首先了解自己掌握资源的详情外，还应了解社会，尤其是各种职业工作和事业发展，对各种资源的具体需求状况，以最好地使自己适应社会，积极勇敢地面对人生，接受社会的选择。主动适应社会也是一种重要的能力资源。

个人相较社会的力量总是渺小的。个人不能要求社会适应迁就自己，也不能像少数精英人才或时代弄潮儿那样，主动地驾驭社会，只能是面对未来社会的发展趋势，追踪社会的需要，并为此检查自己尚有哪些缺欠，应如何弥补这些缺陷等。这就需要了解自我的特色优势资源及未来发展潜力所在，自己应向何方发展，以使自己得到最好的发展机遇。根据这种需要及发展趋向学习知识、补充资源能量，调整知识结构，将自己塑造成型，跟上时代发展的要求。

把握社会首先要了解自己、把握自己，不仅是了解、把握自己和社会的现状，更应了解自己未曾发挥的潜质是什么，如何更好地发挥这些潜质，将来准备在哪些方面发展。同时，了解社会的目前状况，以适应社会，把握社会未来的发展趋向，以使自己能够一直追随社会的发展，变革自己，充实改善自己的知识结构，在长远的目标上适应社会，寻求个人与社会的最佳结合点，并时刻关注社会的新变化，尽量走在社会的前面，做时代的弄潮儿，至少是不被社会所淘汰。

3. 资源投入，自我经营

个人拥有的各类资源在投入自我经营的过程中，真正能够投入的资源的数额是多少。这里考虑的不仅是物质钱财的付出或设备厂房的垫本投资等，还有时间、精力和心血的付出。某些家长认为只要能为子女学习花费上百万元，肯定能将自己的儿女培养为博士，实在有些一厢情愿。

是否拥有某种资源就肯定能保障成功，并非一定如此。它只是具备了成功的基础和前提，而非是成功的全部必具要素，这些必具要素包括以下几项。

（1）是否认识或发现自己具备的这种特殊的资源拥有；

（2）对自己拥有的资源是否予以特别的开发、利用，实现其最大的价值；

（3）拥有的资源是否为社会所认识并注重，且名重一时；

（4）对自身拥有资源的状况、开发的特点、方式等，由谁来开发等，要有足够的了解和把握；

（5）对自身拥有资源的价值给予准确定位，是否为优势特色资源，并具有某种不可替代性；

（6）经营自我，首先要对自己做出深刻的剖析，认清自己在社会中的位置，认清自己真正的需要。自我经营的关键，是自己将有权决定以何种方式度过和选择自己的人生。

总之，经营自我看似复杂，实际上内容却很简单，就是要将自己作为一种资源，经营、宣传、推介等，最终在这个市场经济社会里"作为一种商品出售个好价钱"。

案例剖析：

拉面师傅的核心竞争力

兰州拉面作为一种知名小吃，享誉全国各地，乃至走出国门，走向世界。拉面的制作工艺大家都很清楚，一根面拉成两根，两根面拉成四根，反复五六次后最后拉成 64 根或 128 根面。但河南的某个小伙经过自己多年的勤奋钻研，将一根面可以拉 22 次，达到 10 多万根，每根面条细如发丝，且煮到锅里捞到碗里，照样是一根根清清楚楚，没有成为一团糨糊。全国的拉面师傅有数十万人，该河南小伙凭借这一特殊技能异军突起，牢牢占据拉面手艺第一把交椅。

这正是一种优势特色资源，是一种核心竞争力。一个普通拉面师傅的月工资不过两三千元，该小伙子的月工资则达到上万元。他一度应邀到迪拜的七星级酒店专职做拉面师傅，每月的收入达到 1 万美元。许多国际知名的大老板开私家飞机到该酒店，就为了吃上这样一碗面。我们评价某个人成功与否，并非在于他做什么，而在于他如何做这件事，做事的状况和结果如何。三百六十行，行行出状元，正是如此。

案例介绍：

小金应当报考金融学博士吗

某硕士研究生小金现年 27 岁，在大学和研究生阶段都是主修食品质量检验专业，现在某质量检验部门工作，属于事业单位，工龄 3 年，每年薪金福利待遇合计约 8 万元，最近刚买到属于自己的 90 平方米的三居室并经过装修，还结婚建立了自己的小家庭。小金的丈夫同样为硕士研究生毕业，主修管理学，现在某政府部门任主任科员，年薪福利等合计 10 万元。

小金对现有的工作和专业等都不甚满意，难以培养兴趣爱好，看到社会上频频出现的"金融热"，再加上平日对财经金融等也有一定的兴趣，为此，很希望能通过自己的努力，报考并修读金融学博士，毕业后到银行工作，将来走上金融部门的中高级管理岗位。小金的愿望能否实现，是继续在原单位工作，还是报考金融学博士呢？

评析

小金是否应该重新做出人生规划，笔者认为需要仔细观察和询问以下事项。

1. 小金现有的知识结构同金融财经专业需要的知识结构相距甚远，专业转换后既有的知识体系必将损失，而学习新知识又需要付出极大的辛苦和努力。假如她原来的专业是财务会计、企业管理等，转换金融专业轻而易举；如原来系人文法律、社会学专业，专业转换有一定难度，但也非高不可攀，但现在是食品检验专业，同金融保险是"风马牛不相及"，原有知识大部分都要抛弃，一大堆新知识又几乎是从头开始学习。目前，小金已经工作，且工作单位较好，再加之已结婚成家，每日繁忙的单位事项、家务事项都必须担当，难以像学生时代那样全力以赴。

2. 小金对金融财经专业是否已经具有较为雄厚的知识基础，知识迁移表现得较为简单；或者对此有很高的兴趣爱好和事业规划，十分乐意在金融事业上做出较大贡献；或者通过自己的勤奋努力，已经对某方面金融事项持有自己深层次的见解和观点。这是需要询问的。如果对金融知识只是简单的兴趣爱好，或者只是看到金融专业的人员工作好，待遇高，容易就业，而并未设想到其他。

如系前者，小金完全可以为了事业发展而破釜沉舟，全力打拼，即使辞掉现有工作也在所不惜，毕竟有志者事竟成。如果只是后者，就无法也不应当做出偌大牺牲，即使考上了金融学博士，也难以在该领域做出较大成就，或者说很难完成博士论文，戴上博士的桂冠。小金的丈夫是管理学专业，若报考金融学博士，情况显然会好得多，考上的把握会大得多，需要付出的时间和精力也会小得多。

3. 俗话说，"三十年河东，三十年河西"，金融财经目前是很热，而且从经济体制改革的数十年来看，热度一直持续，30年来高校培养的财经金融人才比比皆是，金融保险部门也是人才济济，人满为患，许多名牌大学的硕士研究生进入银行部门，也只能到营业部做事务性工作。等小金考上博士再到博士毕业，六七年过去了，局势又会发生较大变化。很有可能发生的事，就是好容易博士毕业，到了自己心仪的金融部门工作，又发现并不比原来所在的食品安全检疫部门强出太多。比如，美国的金融人才最多，收入也很高，但要寻找到理想的工作，并非易事，金融危机来临后，首当其冲遭遇失业的就是这些金领人士。

4. 小金作为一个年龄已经27岁的已婚女性，当前的首要事务除搞好工作外，在职业发展上站得住脚，还担负生养教育子女的重责，操持好家务，这众多事项必然要牵涉她太多的时间和精力。男士固然也要做好这些，但女士却要在其中分散较多的精力。为此，小金固然可以将读博士放在第一位，到博士毕业后再操劳相夫育子之事。但在一切顺利的情形下，要完成博士学位已经六七年之后，如稍许蹉跎，博士毕业就到35岁之后了。再者，按照一般常规，博士毕业到了新单位后，正要凭借自己辛苦学到的知识和能力，在新单位很好地表现自己，以求站得住脚，使得事业能有很好的开拓，这又需要数年光阴了。

须知，女性怀孕、生育的年龄都有自己的规律，科学家推算最佳生育年龄应当在25～28岁，至多不应超过30岁，若到了35岁才开始生养第一胎，有可能先天发育不良，后天培养精力不济，既耽误了自己，又影响了很为看重的下一代。夫妻双方在家庭中有个简单分工，是"男主外，女主内"，这既是两性先天的生理、心理特点所使然，又同其在社会家庭中担负的使命紧密相关，当然有众多的特例作为反证，但在大多数情况下还是贴切的。但若小金的丈夫提出报考博士，情况就会好得多。

5. 各人对自己所从事职业的兴趣爱好强烈与否，对能否创造性地做好该项工作并有较大发展，是很重要的，但又非全然如此。兴趣爱好有个后天培养的过程。目前，我国出现了太多的食品假冒伪劣事件，这正说明食品检验工作的重要性和发展潜力，也说明相关人才的极大缺乏。从事这一行当是大有可为的，其间也有众多的内容需要研究探索，硕士研究生完全可以在这个行业中大有作为。

6. 小金辞职攻读博士后，目前的薪金待遇就要完全丧失，目前每年是 8 万元，考博和读博以 5 年计，再考虑工资福利待遇的升迁，这笔机会成本就达到 50 多万元，数额巨大。而博士毕业就业后，每年度的工资待遇能够增加多少，要经过多少年才能将这笔损失赚回来，是否也应当算算账。如果家庭经济状况颇佳，这笔损失无所谓，可以忽略不计，或者一切以事业发展为重，不应当过多计较金钱。如果小金的经济状况和思想境界都还没有达到如此之高，这笔经济账的计算就是必需的。事实上，理财的核心内容就是算账，一切用数据说话。

最终的结论是，从个人生涯和理财规划的角度来看，小金不一定要报考金融学博士，也不大必要转换职业。小金目前最需要做的是：一是培养对食品检验工作的兴趣爱好，将自己的本职工作做精、做好，在事业上得到更大的发展；二是相夫教子，打理好家财，操持好家务，为即将到来的怀孕生养子女等，做好相应的知识技能、思想观念的准备。

7.3　大学生理财

大学时代是人生的黄金时期，也是理财的起步阶段。大学生尚无收入来源，大学阶段的财商培养着重于掌握必需的理财常识，学习掌握投资理财的技能，培养主动理财、科学理财的意识，注重在日常生活中养成正确、良好的理财习惯。

7.3.1　大学生理财现状

1. 消费习惯有待改进

当代大学生的消费观念与行为存在诸多不理性因素。如某些大学生消费心理不成熟，跟风、攀比现象时有发生，或者为了面子，不顾自身消费能力，频繁更换手机、出入高档餐厅，直接导致拜金主义和享乐主义思想滋生，甚至道德滑坡和法纪淡漠。许多大学生消费计划性不强，往往是学期初始花钱如流水，一到期末就"资不抵债"，每月收支不能平衡。有的学生刚收到汇款没几天，就又向家里要钱，钱花到哪里也不清楚。

2. 理财观念存在误区

随着社会的进步，当代大学生的理财观念越来越强，相当一部分大学生开始利用网络平台，投资股票、网上开店，进行理财实践。但需要注意的是，大多数学生提起理财，就会联想到基金、股票、债券等投资工具，将炒股或储蓄等同于理财，甚至津津乐道"投资就是理财"，这是一种狭隘的认识。对大学生而言，个人理财意味着通过财务资源的适当管理来实现个人生活目标，是为实现整体目标设计的、统一的、互相协调的理财规划，不仅包括投资理财，还包括教育、税收等一系列规划。

3. 金融理财知识匮乏

大学生通过课堂学习，了解到一些零星且不深入的理财知识，如市场经济、市场运行规律、货币流通知识等为课本中提到，但有关生涯规划、财务技能、投资理财实务等却所知甚少。部分学生知道理财的重要性，但不知道具体的理财途径和方法，少部分学生认为理财是进入社会后的事情，现在讨论为时尚早。我国的传统教育理念是"君子喻于义，小人喻于利"，高校是不食人间烟火、不能沾染铜臭气味的象牙塔，对学生的理财教育自然无法纳入议事日程。除了财经类专业，很少有高校专门开设理财课程。

7.3.2　大学生理财的必要性

1. 为大学生走向社会奠定良好基础

大学阶段学习、培养自身的理财技能，养成勤俭节约的生活习惯，有助于快速适应未来的社会生活，为追求事业成功及家庭幸福奠定良好的基础。理财教育将大力开拓大学生就业的渠道，提升立足社会的资本，强化适应经济社会发展的能力。培养学生在市场经济社会中生活应当具有的财经知识与技能，实现个人拥有资源的优化配置和效用最大化，为先"修身齐家"，再"治国平天下"打下良好基础。为此，大学生金融理财知识亟待普及。

2. 有助于大学生树立正确的消费观

中华民族是勤劳俭朴的民族，"成由勤俭败由奢"，这不仅是对治国者的忠告，也是对每个家庭、个人的忠告。随着改革开放的不断深化，经济得到迅猛发展，经济的发展带来了物质财富的急剧增长，然而许多人却忘记了历史留给我们的"艰苦奋斗"这一精神财富。作为跨世纪的一代，历史的重任、祖国的前途，都要求大学生继承和发扬艰苦奋斗的优良传统，培养大学生正确的消费观、人生价值观显得尤为重要。再者，大学生毕业走出校门后每月收入有限，但却面临着结婚、生子、买房、照顾父母等一系列问题，生活压力很重，正确消费理财观念的培育就更为必要。

3. 有助于大学生培养良好的道德品质

理财教育有助于大学生社会责任感的培养。虽然我国经济取得了飞速的发展，但仍处于社会主义初级阶段，物质财富还不充裕。大学生应该发扬勤俭节约的光荣传统，珍惜父母和他人的劳动成果，学会感恩，从而逐步树立回报社会的意识。大学生活中要注重养成健康的消费心理和良好的消费习惯。注意发扬勤俭节约的传统，自觉抵制不良消费风气影响。注意克服攀比心理，不盲目追求高消费。理财教育有助于培养大学生的诚信品质，超前消费的观念已被越来越多的年轻人接受，花明天的钱圆今天的梦，信用卡透支、按揭购房买车等现象不胜枚举。然而，大学生中故意逃债的不诚信现象还是时有发生，要从根本上杜绝类似问题，就必须对其搞好理财教育，培养其诚信意识。

4. 是大学素质教育的重要组成部分

"素质教育是以提高民族素质为宗旨的教育，是以注重培养受教育者的态度、能力、促进他们在德智体等方面生动、活泼、主动地发展为基本特征的教育。"大学教育的目的不仅要培养学生的基本道德和文化素质，还应该培养学生的综合素质，包括智商（EQ）、逆境商（AQ）、情商（IQ），还包括并未引起高等教育界重视的财商（FQ）的培养。培养大学生的财商，是大学素质教育的重要组成部分，也是目前较为欠缺的一环。

7.3.3　大学生理财建议

1. 合理划分职业阶段，明确理财目标

大学生进行个人理财，首先必须要制定明确的理财目标，并严格执行。理财目标有短期目标、中期目标和长期目标之分。实际上，理财的过程就是设立并达成财务目标的过程。理财目标并非一成不变，所有的目标都是动态的。人生处于不同的年龄阶段，理财目标与理财攻略也有所不同。明确各阶段的特点，有助于不同时期制定适合的理财规划，有助于人们合理支配资金，使生活得到有效的保障。因此，了解并掌握不同阶段的理财特点，在大学生理财规划中起着重要的作用。通常，大学生的职涯发展可以分为 5 个阶段，各自的跨度和任务如表 7-2 所示。

表 7-2　大学生的职涯发展

阶段	时间跨度	职涯任务
适应	第 1 学期	向大学生角色转变，熟悉环境，明确目标与要求，把握资源，形成新的角色认同，养成新的生活习惯，结交新朋友
试探	第 1～2 学期	把握专业特点与要求，探索新的学习和交往领域，学会利用更广泛的学习和生活资源
转换	第 2～3 学期	形成新的或调整原有的目标与计划，调整学习方法和生活方式，寻求属于自己的学习与生活舞台
实习	第 3～6 学期	缩小学习与生活探索范围，确定重点学习与生活探究项目，奠定专业基础，并通过试验、社会实践、毕业实习等途径补充和强化自己的实践能力与经验
就业	第 7～8 学期	全面了解劳动力市场，把握就业要求，进行一系列就业准备与尝试，最终获取工作岗位，开始从学生角色向职业人角色转变

值得注意的是，各个阶段之间并非按绝对严格的逻辑先后顺序，存在同一时期处于多个阶段的情况，如第 1 学期就同时属于 2 个阶段；也存在未完成职涯任务而滞留在某阶段的情况，如到了第 4 学期，仍然停留在校园生活适应的阶段。

2. 树立正确的理财观念和生活方式

1）合理安排大学生活，增强个人理财意识

要在激烈的社会竞争中站稳脚跟，大学生对自身的消费现状需要更理性的思考，大学生没有独立的经济来源，消费过程中要做到"一切从实际出发"，选择适合本群体的消费标准，而不能因为攀比就一味追求名牌和高标准、高消费。要克服这种心理，大学生必须树立适应时代潮流的、科学的价值观，逐渐确立正确的人生准则，给自己理性定位。

同时，大学阶段是理财观念和理财习惯形成的重要阶段，要注意增强个人理财意识。摒弃"理财等同于投资，就是炒股票、买基金"的狭隘观念，树立"最好的理财方式就是投资自己"的新观念。了解自己，对自己的未来进行设定和规划，有意识地学习一些受用终生的理财知识和技能。全方位塑造自己，包括良好的心态、成熟的心智、全面的素质、人生和工作的经验、明确的目标、生涯的规划、职业技能（符合自身职涯规划的技能）的学习等方面。

2）注意增加收入

首先要拓宽开源方式，开源方式多种多样，具体如下。

（1）争取奖学金。学习知识是大学生的本职，各个大学都设有不菲的奖学金，学生获得奖学金的比例也较高。积极争取奖学金，不失为大学生获得理财资源的有效方式。

（2）做家教或兼职教师。做家教是大学生常规的赚钱方式，运用自己所学理论知识于实践，同时获得相应报酬。做兼职教师是时下大学校园里新兴的一族，一般都是去一些缺乏师资力量的民办学校或各种社会培训班授课。

（3）撰稿或翻译。现在一些报纸的稿费千字都在百元左右，一个月写几篇千字小文，生活费就有了着落。对一些文笔流畅、才思敏捷的大学生来说，这是一个相当不错的选择。给企业翻译外文资料，是外语水平较高的大学生最佳的收入途径。

（4）做兼职与推销。大学生可以做的兼职工作的范围很广，如在公司兼职做办事员，在服务行业兼职做服务生。推销工作极富挑战性，很适合有较强成功欲的学生。

3）做好节流工作，养成良好理财习惯

（1）每天记下花销的费用及项目。记账便于精打细算，可以缓解并减少因一时冲动引起的没有意义的消费。算账可以留有一定的空间，事先考虑周详，总有一些事情无法预料。可以将生活费分类管理，如伙食费、生活用品、书籍报刊、应急费用等。

（2）勤俭节约，遵循一定的消费原则。注意节水节电，在省下部分个人开销的同时做到低碳生活。一日三餐要尽量在食堂吃，坚持营养均衡，注意加强锻炼，身体健康可以省去很多看病开支，同时保持良好的精神状态。

（3）定期存款。建立自己的账户，如果每个月有余额就用于下个月的生活费，年底将一年的余额定期存入银行，不仅能为将来毕业后准备一定的积蓄，还能提高自己对财富的控制与管理能力。

3. 加强对理财知识的教育和学习

1）高校开设理财课程，普及理财知识

各高校应积极适应市场经济时代对培养学生的新要求，加强理财知识的教育，提高大学生的理财能力，可开设一些实用性强的选修课程，如《理财常识》《财商学》《个人理财规划》等，设置学分鼓励全校学生选修。充分利用校内网络、论坛、广播电视、校报、宣传栏等传播媒介，形成科学、合理、健康理财的舆论氛围，使大学生在潜移默化中接受理财教育。通过各类社团、学生组织，将理财知识教育贯穿于各类活动中。组织投资、消费、理财及有关的专题讲座，介绍理财理念和方法，使大学生有机会了解理财理论与知识。增加以个人理财为主题的参观、勤工助学、社会实践等活动，让大学生接触社会，在分析和解决实际问题中提高自身的理财能力。

2）完善自身知识结构，掌握各类理财工具

大学阶段是储备知识、能力的阶段，投资与理财恰好是实用性较强的经济学知识。大学生在学好各自专业的同时，学习一些理财的基本知识，并用这些知识武装自己，以便将来生活得更好。财经类的学生可能对理工农医等学科知识一窍不通，但这并不影响其未来步入社会后的正常生活。但理工农医等学科的学生对财经类知识若一窍不通，就会给其未来走向社会后的正常生活带来众多负面影响。

大学校园里的学习环境好，资料信息搜集也容易，学习中出现的疑难困惑可以随时请教导师，学生间相互交流异常方便，学生的学习状态也是最为理想。一旦过了求学时期，客观环境有了明显变化，有更多的现实问题需要面对，让人朝夕奔波，疲于应对。这时再要系统学习理财知识，特别是全面的可操作知识，就显得心有余而力不足。

3）善于利用银行渠道，减轻财务负担

量力而行，学会贷款。如自己财务状况较为紧张，不妨申请助学贷款，既可减轻家庭负担，又可培养自己的独立意识。但从现状来看，大学生中存在两种不好的情况，一是无谓的虚荣心，因担心同学耻笑而不肯申请国家助学贷款，又不通过兼职方式减轻家庭经济压力，而是一味向家里索取，甚至不惜将贫穷的父母起诉到法院来获取每个月的生活用费；二是信用记录差，在校期间获得助学贷款帮了自己的大忙，大学毕业后却拒绝归还贷款本息，甚至利用就业后工作地点难以确定的状况逃废债务。第一种情况应从心理上进行素质、自立教育，对第二种情况则应当受到社会谴责甚至法律制裁。

4）关注对账单，慎用信用卡

花明天的钱圆今天的梦，这一超前消费的理念已被越来越多的年轻人接受，信用卡透支愈益普及。但同时应注意，信用卡容易助长人们的消费，甚至是不良消费习惯。受还款能力所限，信用卡债务一旦无法偿还，对学习生活必然会有负面影响，导致财务压力。大学生使用信用卡应养成良好的理财习惯，具体做法可从关注分析对账单开始，就能发现存在的问题。同时学习了解信用卡的计息方式，避免不必要的支出。

4. 转变观念，积极投资自我

多种资源投入中，加大自我投资力度最为必要。尤其是对正在大学读书的莘莘学子而言，更是如此。经常有某些大学生询问"我手中有数万元现金，应当买股票还是买基金，何者最为合算呢？"笔者的回答总是：不必买股票也不必买基金，最好的投资方式就是投资自己，比如多考几个证书，多听几个讲座，多买几本教科书，在学习知识方面多花费钱财，这都属于人力资本投资，是对未来成长见效最长，效益最高的一种投资。大学阶段正是长身体的关键时期，平时将饮食生活搞得好一些，注重营养合理，也可以称为一种营养健康投资。再如，假期游览大好河山，到国外旅游观光，参与一些交际项目，增加人际交往等，也都属于一种人生投资。有道是"世事洞明皆学问，人情练达即文章""读万卷书，不如行万里路"，都是对未来人生发展非常重要的投资。当然，将来自父母的钱财不当回事，不顾一切乱花钱，随意浪费等，则是完全不应该的。

大学生不需要节约金钱去储蓄存款或投资股票基金，更不必要硬性节俭金钱搞投资。大学期间手中拥有数千元是一笔重大资产，看得很重；大学毕业工作后，这几千元甚至是更多一些，在自己心目中的价值也会大幅减弱。大学时代的穷学生没有较多钱财可供支出消费，有必要时负债消费，借钱受教育，也是完全应当，对未来的成长也有好处。

结论就是：大学时代不必将赚钱看得过重，更不必不合理地节省金钱，应当在科学、健康、文明的基础上为增长知识、充实自己多花钱、多消费，这种钱财消费又是一种积极的人力资本的技能投资。

5. 积极参与金融理财实践

（1）现金规划。个人理财的第一步是保证良好的资产流动性和一定的支付能力。没有必要的现金和相应的支付能力，如遇到某种意外事件时会使自己陷入走投无路的境地，手持必要现金的重要性就更加凸显出来。

（2）教育投资。教育投资是理财的基础，是帮助大学生在将来获得持续稳定现金流的途径。在大学期间，应该在学好专业知识的同时，提高外语水平，增强计算机能力，考取各类相关证书并学习理财知识，为以后的投资理财打好基础。因此，努力学习，做好教育策划，也是理财的重要方式。

（3）金融工具投资。今日大学生炒股、买基金已是普遍现象，但由于资金有限、缺乏炒股经验、考虑问题还不成熟等因素，并不能保证比一般股民的业绩要好得多，亏损累累者也是大有人在。大学生投资理财的方法很多，找到适合自己的投资项目最重要，没必要局限于股票行业，即使搞点模拟炒股，增长一点经验也挺好。投资可启用小额资金，量力而行。尽管大学生做投资具有一定风险，但作为一种大胆尝试，为今后的个人理财起到"投石问路"的作用，对扩展理财意识有着积极意义。大家需要追求的不应当是从中赚取了多少钱财，而是为了未来走向社会后能够赚取更多的金钱，做好知识技能和思想观念上的积极准备。

（4）保险投资。随着金融行业的发展，中国保险市场上推出了投资保障双重功能的新险种。如中国平安保险公司推出的平安万能险，除保障重大疾病外，还有上不封顶，最低1.75%的保底收益，复利计息的优点。大学生适当购买这类保险，不仅能保障自己的人身安全，还能获得比定期存款更高的投资收益。

6. 明确收入与支出项目的积极与消极属性

大学生的收入支出项目中，有必要从积极、中性和消极的角度加以区分，判断该事项发生的合理性与否，从而做出自己的相应选择。

（1）收入判别：勤奋刻苦学习以获取奖学金收入，撰稿、做家教等勤工助学取得劳务收入，属于积极收入；借助于投资理财手段获取收入，属于积极收入；从父母亲友处取得的相当于正常标准的学费、生活费和其他合理费用，属于中性收入，超过这一标准获得的收入，则可以称为消极收入；申请国家助学贷款、申请学费减免等获取收入，属于中性收入；采取某些不正当的手段取得收入，可以称为消极收入或非法收入。

（2）支出判别：一切有助于知识学习、素质提升、人力资本技能增进的支出花费，如交纳学费，购买书本、学习用具用品、听讲座、考试认证支出等，都属于积极支出；用于正常标准的饮食、穿着、日用品、体育保健用品、旅游、文化娱乐、人际交往等项目的支出，则属于中性支出；用于高标准支出、超额消费、随意花钱的部分，则属于消极支出。

7.3.4 学生理财能力培养

1. 家庭方面

家庭教育最能熏陶出个人的理财意识，家长的言传身教可以使孩子从小就养成良好的理财习惯，对提高日后的理财能力有很大帮助。家长要对孩子从小进行理财意识的灌输。

2. 社会方面

形成全社会良好的投资与理财风气，需要政府部门和大众媒体的适度引导，即加大鼓励合理投资、反对投机行为的宣传力度；同时运用媒体和舆论，将正确的理财知识传授给人民群众，促进全社会理财意识的形成。为提高大学生的理财能力创造优良的外部环境。如在各大报刊开办理财专栏，播出一批理财指导与互动的电视节目，进行全方位的理财知识普及。

3. 学校方面

学校在大学生理财能力培养方面，应该起到核心作用。首先学校应该在平时的专业课程中多加入有关理财的实践课程，如个人资金账户管理、资产组合理论应用、证券投资实战模拟等，以增加学生的理财实践，锻炼个人的理财能力。其次是多开展一些基于理财能力的竞赛活动，如"模拟家庭投资和理财""模拟银行"等。培养学生对提高理财能力的兴趣，在竞争中形成爱好理财、善于理财的校园风气。这些活动可以增加每位学生参与经济生活的机会，强调学科内容与学生生活的联系。通过学生的体验、感悟、反思拓展学习空间，增长智慧。

4. 学生方面

大学生自身首先要树立起理财意识，将个人理财与经济理论知识的学习结合起来，活学活用，把学到的经济金融方面的知识应用到个人理财实践中去，把理财看作是像吃饭睡觉一样的日常活动，逐步养成有规律的理财习惯。其次，对财富的增值有更深入了解，熟悉尝试各种投资品种，使自己对投资组合理论有深层次的认识，为日后财富投资实践找到基本的方向。最后就是要多进行理财实践，从个人理财开始对自己的财富归类组合，找准投资方向，规避风险，按期评估投资损益，获取经验教训。具体做法可以采取参与网络虚拟投资，模拟运作等，等到积累了一定的投资经验时，再尝试参与真正的投资活动。

7.4　员工薪酬与员工福利

7.4.1　员工薪酬的状况

工资是工业革命和劳动关系的产物，是雇主对员工做出贡献的酬报，或说对员工付出劳动的补偿。工资的理论和实践主要经历了以下阶段。

（1）生命工资，其意义在于维持劳动者的生命和劳动力的再生产；

（2）基本工资，其意义在于保障工人及其家庭的基本生活；

（3）劳动工资，其意义在于根据工人劳动的时间和责任提供小时工资和月工资；

（4）补偿工资，其意义在于根据生产要素在经营活动中的投入与贡献给予相应的补偿。

20 世纪末期，在西方工业发达国家，工资的概念逐渐被薪酬（compensation）这一概念覆盖，这是时代变革的缩影。薪酬即按照生产要素投入，尤其是劳动、技术、知识等人力资源的投入与贡献等，进行全面补偿。在知识经济时期，信息传播多元化，竞争更加激烈，提供了机会也增加了风险。理智的劳动者应当对未来生活可能遇到的各种风险具有较清楚的认识。收入期望值可用式（7-1）表示：

$$收入期望值 = 当期收入最大化 + 未来收入最大化（风险最小化） \qquad (7-1)$$

这一公式即适当的工资水平、各项社会保险和企业福利的结合。伴随时代变革，分配制度也发生了变化，日趋多元化和弹性化，以满足各类岗位和多种生产要素的需要。工资演变成为包括各类当期支付和延期支付的一揽子计划，其定义被薪酬取代，即全面补偿计划，见式（7-2）：

$$一揽子薪酬计划 = 当期分配 + 延期分配 \tag{7-2}$$

7.4.2 员工薪酬的分配

1. 当期分配

当期分配即当前承诺的时间支付的薪酬，通常按月、季和年进行支付。包括以下几部分内容：① 基本工资，是员工的固定收入；② 奖金，是与企业员工的业绩直接相关的收入，使员工能够在岗位业绩的改善中获得自己应得的报酬；③ 福利和津贴，包括带薪休假、由企业购买的保险等；④ 年薪制，是根据企业员工的生产经营成果和所承担的责任、风险支付其工资收入的工资分配制度。

年薪由基础年薪和风险收入组成，基础年薪用于解决员工的基本生活问题，主要取决于员工的岗位责任和工作难度，与其工作业绩没有联系，确定基本工资的主要依据是企业的资产规模、销售收入、职工人数等指标，体现了企业对员工身份、角色的认可，因此这部分收入基本上属于固定收入；风险收入以基础年薪为基础，根据企业本年度经济效益的情况、生产经营责任的轻重、风险程度等因素确定，要考虑净资产增长率、利润增长率、销售收入增长率、职工工资增长率等指标，严格与工作业绩挂钩。

当期分配的主要特征是：① 当期兑现，属于即时权益；② 基于交易和贡献原则进行分配，以满足员工当前生活及个人发展的需要；③ 是对员工工作贡献的直接补偿，补偿形式主要是现金。

2. 延期分配

延期分配，即按照预期承诺的时间延期支付的薪酬，通常在法定和约定条件发生时进行支付。延期分配的主要特征是：① 预期兑现，属于既定权益；② 基于劳动力折旧和风险补偿原则进行分配，以补偿员工未来风险和保障其个人和家庭基本生活需要；③ 是对员工工作贡献的间接补偿；④ 补偿形式多样化，包括现金、物质和服务行为。

延期分配的主要形式包括：① 社会保障；② 员工福利计划；③ 股权期权计划等。

7.4.3 员工动态薪酬体系介绍

动态薪酬体系有以下两层含义：

（1）根据公司生产经营和发展情况对薪酬制度及时更新、调整和完善；

（2）根据调动各方面员工积极性的需要随时调整各种薪酬在薪酬总额中的比重，适时调整激励对象和激励重点，以增强激励的针对性和效果。

现行动态薪酬体系包括以下6项。

（1）基本薪酬：保持相对稳定，体现劳动力的基本价值，保证员工家庭基本生活。

（2）自保性退休金：1996年建立，员工缴纳费用，相当于基本薪酬的2%；滞后纳税，交由基金机构运作，确保增值。

（3）奖金：1997年建立，包括① 人均奖，具有保底奖励的作用；② 绩效奖金，起增强激励力度作用，使员工能分享公司的新增效益和发展成果。

（4）有价证券：1998 年建立股票期权。

（5）员工持股计划：1999 年建立，体现员工的股东价值。

（6）企业补充养老保险：2001 年建立，设立了养老基金，相当于总薪酬的 5%。

组织风格与薪酬组合如表 7-3 所示。

表 7-3　组织风格与薪酬组合

组织类型	工作环境	现金报酬	非现金报酬	
		基本薪水短期激励	水平	特点
成熟行业业务平等	平稳	中等	中等	中等
发展中行业短期定位	成长，有创造性	中等	高	低
保守资金长期安全定位	安全	低	低	高
非营利组织短期安全定位	社会影响，个人履行	低	无	低到中等
销售短期定位	成长，动作自由	低	高	低

资料来源：罗森布鲁姆. 美国员工福利手册 . 5 版. 北京：清华大学出版社，2003.

在现代企业制度所有权和经营权相分离的情况下，股权期权激励计划在缓解委托代理矛盾、降低代理成本、吸引稳定优秀人才和抑制经理人短视行为等方面，发挥着越来越重要的作用。

7.4.4　员工福利概述

1. 员工福利的定义和特征

1）员工福利的定义

员工福利（employee benefit）是指员工的非工资收入。员工福利首先是雇主责任的产物，伴随企业文化的进化而发展。狭义的员工福利仅指雇主提供的福利，如补充养老金和医疗保险等；广义的员工福利则包括社会福利和企业福利两部分。

2）员工福利的特征

员工福利具有以下特征：① 是劳动关系的产物，属于员工所有，通过企业集体协议或个体协商来决定；② 是薪酬计划中带有补充意义的部分；③ 以延期支付为主，当期表现为一种承诺，属于既定受益权益；④ 具有补偿未来社会风险的风险保障和长期激励员工生产积极性的作用；⑤ 依托企业分配计划正在制度化、福利项目和支付形式多样化，目前正日趋完善。

2. 员工福利计划

员工福利计划即企业规定和管理非工资性薪酬的具体安排，主要包括两类内容。

1）强制性社会福利

强制性社会福利是国家依法建立的基本保障计划，包括养老保险、医疗保险、失业保险、工伤保险、生育保险和住房公积金等。企业和员工负有纳税或缴费义务，员工是最终受益人。

2）补充性企业福利

补充性企业福利是企业建立的补充性保障计划。在国家基本保障计划缺位和资金不足的情形下，企业福利计划属于基本保障计划，主要包括以下几种形式。

（1）风险保障项目。这是为提供或提高员工社会风险补偿而建立的福利项目，可覆盖老年和健康风险，包括养老金、牙科治疗费、死亡、法律费、残障收入、不动产损失、医疗支出和责任判决等。

（2）增加激励项目。这是为增强人力资源制度长期激励性而建立的独立项目，主要包括：① 时间奖励，包括带薪和不带薪的休假、孕产休假、病假、公休假、陪审义务休假等；② 现金奖励，包括教育资助、搬迁费用补助、节日奖金、住房补助、交通补助、老幼扶助补助等；③ 服务奖励，如自助计划资助、娱乐项目、旅游项目、健康项目、服装项目、托儿所、财务和法律咨询等。

3. 员工福利的价值取向

员工福利具有物质激励、风险保障和成本抵减三大价值，可以根据企业动机和员工需要进行计划设计，以实现不同的企业发展和个人生活改善的目标。

1）物质激励

员工福利以其丰富灵活的表现形式，加上公平与效率有效结合的运作计划，可以极大地发挥对员工的物质激励作用。欧美企业员工和国际组织员工的福利费已经占到薪酬总收入的1/3以上，平均每个员工年福利总额超过 14 000 美元。

2）风险保障

员工福利以其人性化的设计和兑现方式，极大地发挥出对员工基本生活的保障作用，甚至起到改善生活的作用。

3）税前利润抵减

举办员工福利计划对雇主来说是划算的。员工福利以延期支付为主，可为企业节约现金支付；很多国家鼓励雇主举办各项福利计划，企业可因福利费用允许税前列支的制度规定得到税收优惠。

4. 员工福利的社会意义

1）保障功能

员工福利与退休计划通过给员工提供各种福利、援助，有助于员工及其家庭收入和生活质量的提高。企业为员工提供的各种风险防范措施，为员工在疾病、退休和可能遭受的各种身体意外伤害和经济损失方面提供了保障，有利于员工及其家庭的发展。如员工有疾病时，医疗健康保险就能有效减轻员工及其家庭的经济压力，尽快加以救治；养老保险则为员工的老年生活提供了基本保障。

2）激励功能

员工福利不仅给员工提供了经济保障，还是企业薪酬体系的重要组成部分，使企业在人才市场上具有吸引和留住人才的凝聚力。员工福利能充分调动员工的积极性，为企业创造更多价值。西方国家员工福利的形式多样，服务于员工的中介市场非常发达。

3）稳定社会

员工福利提高了员工及其家庭基本生活的保障力度，促进了企业的经营发展，并由此具有稳定社会和推进社会进步的功能。员工失业时，员工及其家人会面临收入的锐减，如没有失业保险，他和家人就会成为社会负担与潜在风险。如员工发生重大疾病甚至残疾，则不仅要失去经济收入还要耗尽原有积蓄。员工福利计划为员工提供了意外事故、疾病、失业时的经济补偿，使员工及其家庭的生活得以维持。这在经济衰退期、重大灾难发生时尤为重要。

7.4.5　假期福利

休假即经过批准的非工作时间，休假福利即带薪或其他待遇的休假。

1. 带薪休假

带薪假期具有两个特征：① 经过批准的非工作时间；② 工资和协议的薪酬待遇继续支付。带薪假期的主要形式包括节假日、个人带薪假、临时事假、奖励假。设计假期福利主要考虑员工工龄、企业职位、何时休假及休假处理办法等。

带薪休假上对国家，下对职工个人都大有裨益。在中国就业压力日益加大的形势下，还能够缓解社会就业的压力。有调查显示，若一单位实行每年两周带薪休假制度，其就业人数可相应增加 4% 左右。带薪休假还可以分散"黄金周"过分集中的旅游人流，调整旅游休闲的淡季、旺季。目前，中国推行带薪休假的时机已经成熟，通过国家意志将带薪休假制度化，将会强制单位保证员工利益，减少摩擦，使得休假有章可循。国家目前正在研究关于带薪休假的具体办法，改变长期以来带薪休假制度有名无实的现状。

2. 无薪假期

无薪假期即经过批准的非工作时间，并且不支付薪酬，保留劳动关系的持续性。许多工业化国家，开始允许员工在不影响工作的情况下延长个人假期。为解决企业富余人员的分流，雇主和员工也欢迎这一法律，雇主们开始自愿允许员工无薪休假。为保护企业利益和维护员工权益，这类休假需要有法律依据或集体协议，经劳动关系双方协商同意。

7.4.6　企业专项服务福利

1. 免费服务

在许多服务性行业中雇主常向雇员提供免费或打折的服务。如电话公司向员工提供的免费通话服务；航空公司、铁路公司向员工提供的免费航班、铁运服务等。应当注意，这类免费服务运用过当会损害一般消费者的利益。

2. 免税折扣

在商品制造和零售行业，员工免税折扣也是一项重要福利。折扣可以由出售服务的其他行业提供，如保险公司或经纪公司提供的手续费减免等。

免税折扣的规模是受到限制的。对于商品而言，折扣不能超过该商品向消费者销售时的毛利率。如雇主销售特定商品的毛利率是 40%，员工得到 50% 的折扣，超出的 10% 折扣对员工来说是应税所得。在出售服务的情况下（包括保险保单），免税折扣不能超过该企业在正常情况下向非雇员消费者收取价格的 20%。

不能享有免税政策的服务折扣有：金融机构以优惠利率提供给雇员的贷款等。

3. 税收待遇

员工折扣适用的税收条例与免费服务相似。只要员工折扣是在非歧视的基础上提供的，并且是对员工从事工作对应的商品和服务提供的折扣，均不应计入应纳税所得。如存在一些额外条款，不动产折扣及个人理财物品（如金币、证券）的折扣，不能享受免税优惠。

4. 亲属护理

双职工和单亲家庭的增多，家属护理的需求增多起来。这种人口结构的改变给雇主带来较多问题。如照顾家属可能会引起缺勤、怠工、家庭事务请假而带来的时间耗费。如雇主对员工的家庭责任漠不关心，雇主会丧失在员工中的威信。提供家属护理福利计划减轻了上述问题，且更容易吸引新员工的加入。家属护理福利计划主要包括儿童看护计划和老人护理计划等。

5. 健康计划

健康计划旨在帮助提高员工甚至是家属健康状况的计划，在近几年来日益盛行。这些计划主要包括：① 尽早发现和治疗员工的病症，以防病情恶化而导致巨额的医疗支出、残疾或死亡；② 改变员工的生活习惯，减少发生健康问题的可能性；③ 向员工提供预防医疗服务，如给员工接种流感疫苗。这类计划通过提高员工的健康状况、工作态度和家庭关系而提高了生产效率。这些计划既可以提供给任何感兴趣的员工，也可以提供给那些经过检查发现已经处于心脑血管病高危群体等，职业病群体中的员工更应优先享有这一计划。

6. 员工援助

越来越多的雇主建立了员工援助计划。提供这种计划的目的在于帮助员工解决个人问题：① 酗酒和吸毒的治疗；② 精神问题和压力的咨询；③ 家庭和婚姻问题的咨询；④ 儿童及老人护理的仲裁；⑤ 急难援助等。大量的研究表明，此类问题的恰当解决能有效节约成本并可节省医疗支出、伤残申请、病假天数和旷工。个人问题得到较好的关注，员工的士气和生产率就会有较大提高。

过去，员工援助计划是基于员工的工作表现而展开。一般来说，员工会被告知他们的工作没有达到标准，并被询问他们是否有某些个人麻烦需要帮助。如员工给予肯定回答将推荐合适的顾问和中介机构。员工的上司并不试图诊断员工的特殊问题。

新员工援助计划已经超越了这种模式，它允许有问题的员工直接向员工援助计划寻求帮助。员工家属也可以使用这一计划，在员工不知情的情况下直接申请帮助。员工援助计划的实施需要有顾问服务。顾问可以是公司自身的员工，也可以是专门从事这类计划的专业组织的专家。

7. 理财规划服务

向高层管理人员提供理财规划服务的观念已实行多年，作为提前退休咨询计划的一部分，理财规划已经提供给许多员工。任何全面的理财规划均可以考虑获得福利和潜在的福利。公司已经将这种福利看成是高管人员的必需福利，来吸引和挽留那些将财务计划看成是现有报酬增值途径的高管人员，以便使高管人员能充分发挥他们的才智，为公司的重大决策献计献策。

有些公司通过雇员自身来完成理财规划，多数公司则从律师、注册会计师、保险代理人和股票经纪人等外部专家，或专业从事全面财务计划的公司和个人那里购买理财规划。只要理财规划项目对雇主是非歧视性的，为理财规划支付的咨询费就是可以扣税的。雇主付给理财公司的咨询费则形成应纳税所得。

8. 退休咨询

越来越多的企业，在员工退休前就向员工提供退休咨询计划。这些计划有效地减轻了员工因退休而引起的恐慌感。应使这些退休前的员工了解到，有了合适的退休计划，不但可以享受舒适的财务条件，还能度过有意义的晚年。退休咨询计划主要包括以下几个方面。

1）退休后的财务计划

合适的退休后财务计划，必须在实际退休前许多年就开始筹划。有些退休前咨询计划，利用至少一半的时间开展退休后财务计划方面的咨询。这类计划可以帮助员工确定退休后的财务需求，并从公司福利和社会保障中得到资源来实现这些需求。如退休后的财务需求不能通过这些途径实现，员工将会被告知怎样才能通过投资或储蓄的办法增加退休后收入。

2）其他退休前咨询计划

除了财务需求外，退休咨询计划还注重员工在退休后所要面对的其他问题，如住房安排、健康计划；改变生活方式使退休后生活得更健康；空闲时间安排；退休后适合参加的休闲和社区活动，如何利用退休后的闲暇时间？通过什么途径寻找义工、兼职和再教育的机会？研究文献表明，在退休者人群中，酗酒、离婚和自杀行为更容易发生。在很大程度上，这是因为他们缺少有意义的活动来充实空闲时间。

3）税收待遇

只要退休咨询计划没有向员工提供特殊的、以个人为基础的歧视性福利，员工不会因参加退休咨询计划而增加应纳税所得。

9. 交通补助

有些雇主向员工提供长期的交通福利作为额外的福利项目。这种福利有很多形式，包括交通费补助、班车、免费停车、提供公司用车等。

10. 就餐设施

雇主常常设有向员工提供全额或部分补助的食堂。这种食堂给员工提供了方便就餐和讨论问题的场所，减少了员工因外出就餐而拖延的时间。提供给员工的伙食补助可以从员工的应纳税所得中扣除。

例：

某公司的员工福利计划

广州某公司的员工福利制度健全、完善、充满人情味。公司高度重视员工的薪资与福利管理，力求在提供良好的可持续平台基础上形成劳资双方对奋斗目标的一致认同，实现企业与员工的共同发展。

法定假日。每周双休日制。所有公司员工都可享有国家规定的每年 11 天法定带薪假。妇女节妇女放假半天。

带薪年假。公司为员工提供带薪年假，员工在公司工作满一年后，即可享受带薪年假 5 天。工作满 3 年，每增加一年，其带薪休假日增加一天，最多不超过 15 天为限。

公假。员工参加相关社团活动时，经公司批准可以取得有薪假期。

特别休假。员工试用期结束后，按国家有关规定享有婚假、丧假、分娩假等有薪假期。

社会保险。公司根据广州市有关规定为员工办理"养老、生育、工伤、失业、基本医疗"五项社会保险，为满足员工退休、生育、看病等不同需求提供了基本的社会保障。

商业保险。公司为员工办理了包括综合意外险、住院保险、门诊医疗保险在内的商业保险，以保证员工可以享受完整的医疗保险及发生意外时获得赔偿。

　　住房公积金。公司根据广州市有关规定为员工缴存住房公积金，为员工购房提供保障。

　　工作餐。公司向员工按标准提供工作餐。如因市内出差误餐的员工可报销误餐费，外埠出差或驻外人员享受出差补贴。

　　员工业余生活。该公司成立了工会，隶属于广州经济技术开发区工会的统一管理，工会不定时组织员工的文娱体育竞赛或其他活动，丰富了员工的业余文化生活。

◤ 小 贴 士 ◢

美国员工福利状况的介绍

　　（一）美国员工福利包括事项

　　这里的员工包括：（1）在职员工的受供养人；（2）曾为雇主工作过已退休的员工；（3）曾为雇主工作过已退休员工的受供养人；（4）病残员工及其受供养人；（5）已故员工的遗属；（6）暂时终止为雇主工作，如休假、服兵役员工等；（7）非全职重要岗位员工，如研发员工、企业主管等。员工福利包括的事项有：

　　（1）员工及受供养人、退休员工（或某些终止、中断和临时离岗员工）面临的医疗费用；

　　（2）员工因病残（短期和长期）导致的收入损失；

　　（3）在员工或其受供养人死亡、退休（或终止、中断或临时离岗）员工死亡或曾经为其工作过的员工死亡所导致的收入损失；

　　（4）员工及受供养人退休后基本生活需求；

　　（5）资金积累需求（短期和长期）、愿望和目标；

　　（6）员工失业或暂时终止、中断工作时的生活需求；

　　（7）理财咨询、退休咨询和其他咨询服务的费用需要；

　　（8）出现财产和责任风险时引出的损失；

　　（9）员工受供养人护理援助的需求（如子女护理服务或老人护理服务）；

　　（10）员工、受供养人或这两者所需的教育援救需求；

　　（11）员工及受供养人、退休人员及受供养人的监护（长期护理）费用；

　　（12）其他员工的福利需求（如参与企业股票计划和其他长期激励计划的愿望）的关键环节。

　　（二）员工福利目标列表

　　企业员工福利实践中，需要制定详细的福利目标，以下是美国一家公司的福利目标列表：

　　（1）建立一项减轻员工老年、疾病和死亡风险，补偿员工经济损失，满足员工休闲时间需要的员工福利计划。

　　（2）评估员工福利计划在提高员工士气和生产效率方面的效果，减少员工流动、空缺职位、员工的抱怨等负面影响。

　　（3）对员工福利计划与同行业的公司进行比较，保证本企业员工福利计划的成本保持在这些公司中的二线水平。

（4）保证非工会员工的福利水平与工会员工基本相同。

（5）确定各项福利成本，尽可能使之与工资保持适当的比例。

（6）对于所有福利及社会保障项目进行协调。

（7）与员工保持有效的沟通。

目标列表只是用来建立指导原则，以供管理层加以考虑，不是成熟的考虑和计划原本。

（三）美国员工

福利类型：覆盖所有员工（1999 年）

1. 法定薪酬（雇主必须付给）：
- 老年、遗属、病残、健康保险（联邦保险税特别税法）和铁路退休运输业税收；
- 失业补偿金；国家疾病福利保险；
- 工人补偿金（包括自我保险的估计成本）；
- 其他类型。

2. 退休和储蓄计划缴费（雇主单独承担）
- 待遇确定计划的缴费；
- 缴费确定计划的给付［401（K）及类似条款］；
- 股票收益及其雇员持有公司股票退休年金制；
- 利润分享；
- 保险和养老合同内的养老金计划保险费（保险和信托）；
- 管理及其他费用。

3. 人身及死亡经费（完全雇主支付）

4. 医疗及其相关福利金（完全雇主支付）
- 住院、手术、药品和主要体检保险费；
- 牙科保险费；视力保护和处方药物费；
- 其他费用；
- 短期内失去工作能力、患病或事故的保险金（企业计划或保险计划）；
- 长期失去工作能力或工资继续（被保、自保或信托）保险金；
- 退休人员（其退休费）的住院、手术、药品及主要体检费用。

5. 非工作时间工资
- 休息时间、喝咖啡间歇的工资；
- 休假日工资；节日工资；
- 病假工资；丧事假工资；
- 其他。

附录：

如何评价大学教育

美国耶鲁大学 300 周年校庆之际，全球第二大软件公司"甲骨文"的行政总裁、世界第四富艾里森应邀参加典礼。艾里森当着耶鲁大学校长、教师、校友、毕业生的面，说出一番惊世骇俗的言论。他说："所有哈佛大学、耶鲁大学等名校的师生都自以为是成功者，其实你们全都是 loser（失败者），你们以在有过比尔·盖茨等优秀学生的大学读书为荣，但比尔·盖茨却并不以在哈佛读过书为荣。"

这番话令全场听众目瞪口呆。至今为止，像哈佛、耶鲁这类名校从来都是令几乎所有人敬畏和神往，艾里森太狂了点儿吧，居然敢把那些骄傲的名校师生称为 loser。但是还没完，艾里森接着说："众多最优秀的人才非但不以哈佛、耶鲁为荣，而且常常坚决地舍弃那种荣耀。世界第一富豪比尔·盖茨，中途从哈佛退学；世界第二富豪保尔·艾伦，根本就没上过大学；世界第四富豪，就是我艾里森，被耶鲁大学开除；世界第八富豪戴尔，只读过一年大学；微软总裁斯蒂夫·鲍尔默在财富榜上大概排在 10 名开外，他与比尔·盖茨是同学，为什么成就差一些呢？他是读了一年研究生后才恋恋不舍地退学的……"

艾里森接着"安慰"那些自尊心受到伤害的耶鲁毕业生，他说："不过在座的各位也不要太难过，你们还是很有希望的，这就是，经过这么多年的努力学习，终于赢得为我们这些人（退学者、未读大学和被大学开除者）打工的机会。"

如何评价埃里森这番惊世骇俗的言论呢？若说完全没有道理，艾里森却提出了大量不可辩驳的依据；如说完全有道理，则肯定是绝大多数人士无法接受的。

今日的大学教育将众多的优秀师资和优秀学生集中在一起，运用大规模、现代化、低成本的手段，在短时间里系统、全面地传授大量的科学知识与方法体系，使得学子们能迅速走向现代知识技术的前沿。同时，大学教育又教会了大家众多的应当遵循的社会制度与规则，没有这些制度与规则，大家愿意如何就如何去做，必然会天下大乱而不可收拾；而严格地遵循这些制度规则，雷池不逾一步，又会使人们的思想和头脑被牢牢禁锢，难以创新。大学教育的一个重要宗旨是培养学生的批判精神，但我国的大中小学教育、家庭教育则往往是"听话教育"和"应试教育"，培养出的学生听话有余，创新不足，批判精神更没有。在此种情况下，艾里森等不大遵循既有制度规则的"叛逆"人员，就取得了非凡成功。

美国的生计教育

在今日的市场经济社会，学校对学生的教育是否依然停留在传统的生光化电、唐诗宋词之上，能否适应市场经济社会对培养人才的特殊需要，有意识地对学生大量开设有关职业指导、生计教育等方面的课程，以求将来能够更好地适应社会，在社会中脱颖而出，是非常必要的。美国在这方面做出了较好的榜样，值得我们借鉴学习。

（一）美国的职业指导

在美国，比较能得到大家认可的职业指导的定义是："职业指导是帮助个人发展和接纳统一而又适当的自我及在工作领域的角色印象，并使其在实现的过程中能够自我满足、造福社会的过程。"对学生的职业指导，包括了解信息、提供咨询和职业安置三个环节。生计指导特别强调对学生以下方面提供咨询和指导，更进一步拓宽职业指导的领域：

- 在幼儿园，教师帮助儿童形成"有能力工作"的意识。
- 小学 1～6 年级属于"职业了解阶段"。美国把上万种不同职业归纳为 15 个大的职业系列，从小学开始，让儿童通过活动树立起关于各种职业的价值观念，培养儿童的职业意识和自我意识，扩大他们对不同职业的了解。
- 7～10 年级是"职业探索阶段"。学校通过对农业、商业、通信、建筑、家政、文艺、医药、旅游、制造业、航海、销售与分配、私人服务等门类的一般职业训练，引导学生按自己的兴趣爱好和特点尝试着选择职业，其中 7～8 年级以校内学习为主，9～10 年级以社会实践为主。
- 11～12 年级属"职业选择阶段"。学校集中安排学生学习语文、文艺、社会科学和自然科学等基础课程，同时学习自己所选的职业课程。

（二）美国的"生计教育"计划

在美国所谓"生计教育"，即"职业前途教育"，就是集普通教育和职业教育于一身，使每个学生从幼儿园开始，在接受传统的普通教育的同时建立起职业价值观念，获得谋生能力，而不仅仅是学会某一种实用技术。这是由美国教育总署长马兰于 1971 年提出的一种教育构想，主要目的是加强学校与社会的联系，使教育更好地适应社会和个人发展的需要，使每个学生成就"自我认知、自我实现和自觉有用，能够过上富于创造、有生命价值的人生"。生计教育已在全美广泛展开，主要措施是对不同年龄阶段的学生实施相应的职业前途教育。

生计教育强调学校内普通课程与职业课程相结合的同时，还要求学校、企业、家庭相互密切合作，主张公司管理人员到学校兼课，学校也应聘请一些在事业上取得成功的或熟悉职业情况的知情人，向师生讲解"劳动价值"，传授"职业技能"，介绍各自的职业经历，同时回答学生有关职业选择的相关问题。

生计教育重视学生的实际工作经验，主张把学校内的职业课程与学生校外的工作经历结合起来，要求学生一边读书，一边参加职业活动实践。它认为"学校本身不可能培养出企业所需要的劳动技能"，只有让学生从事实际工作，才能培养学生的劳动态度，提高他们对自己事业的认识，获得成就感，"成功起点"便是生计教育的成功事例。

（三）美国的"成功起点教育"

"成功起点教育"设计的这套商业知识教育课程，分三个阶段实施。

1. 为 5～11 岁在校学生设计的课程，要求向学生讲授经商要点，教他们如何组建公司、如何组织生产和销售，还向他们讲授金融、工业和商品贸易等方面的知识，与学生共同讨论经济是怎样影响家庭和社会生活的。

2. 为 12～14 岁的初中生设计的课程，需要商业专家每周向学生讲解一次有关的基本经济理论，使学生了解经济生活中的供给与需求关系、国际贸易原理等，还要教学生学会如何安排自己的零用钱、如何购物等理财技能，学会成年后管理个人资财的办法，如何在银行开户、用支票付款、信用卡结算、避免透支等。

3. 为 15～18 岁学生设计的是商业实践课程。这一阶段教师和志愿商业专家帮助学生组建、运作他们自己的公司，美国肯塔基州儒塞威尔的 25 名学生，成功组建一家电池动力表生产、销售公司便是一例。帮助学生组建、运作公司，不仅让学生学会如何赚钱，更主要的是使学生获得一定的生产技能，锻炼了经营本领，为未来走向商业领域奠定良好的基础。

（四）美国"青年必需的教育"

在美国人看来，孩子很小就应受到较科学的理财知识教育，教给孩子正确对待金钱、运用金钱，在日常生活里，从对金钱的接触、感受中，学习自尊、自立、责任，才是最重要的事情，也是每个做父母的最应当做的事情。这一点还表现在他们的学校教育之中。1994 年，美国教育协会教育政策委员会第一次发表了关于教育需要的声明。这份声明对"青年必需的教育"有 10 条概要说明，曾被美国的多数公立学校视为这门课程编制的基础。其中有这样两条：

1. 所有青年必须掌握有实用价值的技能，形成能使自己成为美国经济社会中有学问、富有创造性的参与者的意识和态度。为了实现上述目标，大多数青年需要得到职业技能和知识的教育，同时拥有在别人监督指导下的实践工作经验。

2. 所有青年必须了解如何明智地购买商品及善于利用各种服务性行业，必须了解消费者拥有的权利和购买商品这一行为所带来的经济方面的后果。

道·琼斯认为："教你的孩子如何给汽车换油，那你可能让他一年省下50美元。但是，如果你教会他们投资，那你也许能让他们一辈子都远离经济困境。"这种理念，正是我国从古至今以来久久留传的"授人以鱼，不如授人以渔""遗金一篑，不如留一技在身"的现代版。而道·琼斯讲到的所谓"投资"，其实指的是整个"财商"教育，即关于如何处理好个人经济生活，理财规划的全部内容。

参与家政与孩子的经济意识教育

从参与家政入手，注意对孩子进行经济意识教育，教会孩子理财知识，至少可以有以下好处。

1. 教育孩子懂得一定的商品知识和购物常识，知道如何挑选、购买、算账、付款、找零。教育孩子懂得一定的经济核算知识，使孩子从小就养成计划开支、节约用费、合理花钱的好习惯，使孩子从小有经济头脑，养成先算后用、算了再用的良好习惯。核算思想有没有很重要。小至个人、家庭，大至企业、国家都是如此，没有核算就没有发展。

2. 让孩子明白金钱得来不易，可为孩子建立正确的金钱观打好基础。当孩子上幼儿园或小学，第一次给他零用钱时，就必须告诉他：这些钱是爸爸妈妈辛苦工作得来的，要珍惜它，不要随便浪费掉，让孩子明白金钱得来不易。

3. 让孩子加入家庭有关财务问题的讨论，可让孩子懂得家庭收入是有限的，在花费上必须做出取舍的道理。这些家庭讨论能成为孩子学习有关税收、保险、证券及信用卡知识的良好时机，让孩子在诸如是买辆新汽车，还是装修房间等决策上发表自己的观点，增强其在钱财使用上的处理能力。

4. 随着孩子年龄的增长，对金钱的需求也在增长。应当尊重孩子的要求，承认他们有支配金钱的一定自由。同时，要注意用正当的方式满足孩子要求，不应该满足孩子对钱的每一个要求。一年之内对孩子的零用钱审核两次，可以清楚地了解孩子支配自己钱财的情况。对孩子的打工收入可不记入规定零用钱的数额之中，以便使需求不断增长的孩子的财务预算能不断保持平衡。孩子希望购买大件商品如一辆自行车时，应当用自己的储蓄付一半款，家庭报销另一半款，教会孩子有关储蓄的道理。

5. 让孩子自主支配自己手中的零用钱，教他们认真管好、用好这笔钱，使他们在有限的零用钱的保管、运用中，用自己的切身实践培养金钱观念。让孩子从小有个经济原则，懂得怎样评价购买消费行为的合理性。

6. 让孩子懂得金钱与劳动的关系，培养劳动的观念，热爱劳动，热爱劳动的成果，父母不妨给孩子安排工作，或鼓励十几岁的孩子走出家门到外边打工。在自身生活的服务中经受劳动的磨炼，还应当积极鼓励孩子担负一定的家务，树立起自己是家中有用一员的观念，如铺餐桌、铺床、擦桌椅、倒垃圾、扫地等。做这些家务事不但可以锻炼孩子的劳动能力，也能让他们体会"付出才有收获"的观念，用自己的劳力、智力换取的报酬更值得珍惜。

7. 使孩子树立起顾全大局的观念，对家庭负有责任感。孩子在花钱的过程中，知道了自己的钱同家中的钱的关系，就不会任意花费，随意向父母要钱。从小培养起尽心守职、办事忠诚老实，实事求是，不营私舞弊的好传统。家庭实行收支记账，人人说实话，报实账，当天的账当天清，父辈就为孩子做出了榜样。一家人如果都能经济公开、理财民主，就有益于孩子形成廉洁奉公的思想。收入是为了支付全家人开销。告诉孩子，任何一个家人如果滥用金钱，将会影响全家人的生活。为了让家人有安定的日子，谁都没有权利随意花费或浪费金钱。身为家庭的一分子，应该为全家人着想，借此培养孩子的责任感。有责任感的人，不但会为自己负责，也会为家人负责。

8. 吸收子女参与家庭经济生活的决策与管理，组织家庭的记账核算，使孩子明白家中每月的收入、花费的大致状况，使他们从家庭收支安排中学到相关经济学的知识与才干。让孩子当家庭会计，是训导经济核算的第一步，还是促进学习的好办法。可以巩固算术、珠算知识，学点应用知识，尤其是学到许多课堂和书本上学不到的生活知识。一个人的身心发展要全面，要有多方面的知识能力，生活中的学问比比皆是，要注意因势利导。

9. 孩子应从小具备经济保障的意识，对有关养老退休后的经济保障能预为筹划，有着落时，就可以在找工作时有较大的回旋余地。如选择那些收入不大高，但更有可能实现自己理想的工作。

10. 培养自立能力和经济头脑，从孩提时代就应该抓起。向孩子表明对金钱的态度，尽早要开始。小孩两三岁时就认识了钱，知道钱可以用来购买到好吃、好玩的东西；到四五岁时，就会自己拿着钱到商店去购买糖、玩具等小东西。当他从父母手中得到几个硬分币，便会发出天真的赞叹，不消一时三刻，便会出现奇迹，硬分币变成了巧克力和糖块，以及孩子熟悉的任何小东西。为了让孩子知道购买是怎么回事，父母可注意让孩子自己交钱买回东西。

博士的职业选择

某人博士毕业，现在欲选择未来从业的道路。假若该博士到政府部门、到企业公司就职，或留在高校、科研院所当教师、搞研究，均可有很好的建树。若留在高校，可以较有把握地说，六七年内凭借个人的努力一定会拿到教授职称，但却很难在同样时间里，凭借个人同等程度的努力一定会做到地级市或县级市的市长，或者说同级的局长、处长等；即使到公司就职也很难确认自己一定会做到公司老总这一职级。做教授主要凭借个人努力，多出成果，多做项目课题等，是可行的。做市长、当老总却要涉及种种社会因素和机遇，并非单凭个人努力就可以达到。再者，市长、老总等管理职位上，总是有种种的职数限制，而教授这一技术岗位上的职数限制却要少得多。

本章 小结
BENZHANG XIAOJIE

1. 生涯规划是确定个人的事业奋斗目标，选择实现这一事业目标的相应职业，又是指个人在单位和社会的大环境下，自我发展与组织培养相结合，对决定一个人职业生涯的主客观因素进行分析、总结和测定，确定个人的事业奋斗目标，并选择实现这一事业目标的职业，编制相应工作、教育和培训的行动计划。

2. 良好的职业规划应具备可行性、持续性、适应性和适时性这四大特征。职业规划的期限，可划分为短期规划、中期规划和长期规划。

3. 职业规划制定应遵循原则：清晰性原则、挑战性原则、变动性原则、一致性原则、激励性原则、协调性原则、全程原则、具体原则、可评量原则和客观性原则。

4. 工资是工业革命和劳动关系的产物，是雇主对员工做出贡献的报酬，或者说是对员工付出劳动的补偿。薪酬即按照生产要素投入，尤其是劳动、技术、知识等人力资源的投入与贡献等，进行全面补偿。

5. 当期分配即具有当前承诺的时间进行支付的薪酬，包括基本工资、奖金、福利津贴和年薪制。延期分配，即按照预期承诺的时间进行支付的薪酬，通常在法定条件下和约定条件发生时进行支付。

6. 员工福利是指单位或雇主为员工提供的非工资性收入。员工福利首先是雇主责任的产物，伴随企业文化的进化而发展。狭义的员工福利仅指雇主提供的福利，如补充养老金和医疗保险等；广义的员工福利则包括社会福利和企业福利两部分。

思考题

1. 简述职业规划的含义、特征与期限。
2. 简述职业生涯项目目标与规划。
3. 制定职业规划应遵循哪些原则？
4. 论述职业规划的步骤。
5. 简述员工薪酬的含义。
6. 简述员工福利的定义和特征。
7. 简述员工福利计划的内容。
8. 简述员工福利的社会意义。
9. 论述企业的专项服务福利。

第 8 章
现金流量规划

学习 目标

1. 了解什么是家庭收入、支出与财产
2. 了解什么是家庭消费与储蓄
3. 了解什么是家庭贷款
4. 了解什么是家庭负债消费、负债投资、负债经营

8.1 家庭收入、支出与财产

家庭现金管理包括现金的流入、流出与结存管理，基本相似于家庭收入、家庭支出和家庭货币金融资产的管理。本节就从家庭的收入、支出、财产入手谈及家庭广义的现金管理。

8.1.1 家庭收入

家庭收入指家庭劳动者通过多种途径与形式，积极参加社会生产劳动或个体组织生产经营，各项证券、实业投资理财等，取得各项货币、实物、劳务收入的总和。收入是家庭劳动经营的成果，又是购买消费生活的开端。家庭收入包括劳动收入、财产收入和资本收入；形式上分为货币收入、实物收入和劳务收入，按家庭经济性质不同又分为工薪户、个体户、农户 3 种。

家庭收入一般包括以下项目：① 工作所得，包括工资、奖金、补助等；② 经营所得；③ 储蓄收入和投资收入；④ 投资收益，包括租金、分红、资本收益、权利收益；⑤ 偶然所得，包括赠予、奖学金、礼金、彩票中奖等；⑥ 政府福利补贴、资助救济；⑦ 赡养费和子女抚养费、财产继承所得等。

理清家庭收入的所有项目，并编排出适合自己家庭的收入类目，是家庭记账的基础。

尽管客户的收入项目不一定有表8-1中列出的那么多，但一个完整的收入表却是必要的。对不同项目的收入，个人理财师应帮助客户分门别类填入，为以后的理财规划打好基础。

表8-1　家庭收入明细表

目前年收入	本人	配偶	其他家庭成员
应税收入			
1. 工资、薪金所得			
（1）工资、薪金			
（2）奖金、年终加薪、劳动分红			
（3）津贴、补贴			
（4）退休金			
2. 利息、股息、红利所得			
3. 劳务报酬所得			
4. 稿酬所得			
5. 财产转让所得			
（1）土地、房屋转让所得			
（2）有价证券转让所得			
6. 财产租赁所得			
（1）不动产租赁收入（房租收入）			
（2）动产租赁收入			
7. 个人从事个体工商业生产经营所得			
8. 对企事业单位的承包、承租经营所得			
9. 特许权使用费所得			
（1）专利权、商标权、著作权费使用收入			
（2）专利技术等使用费收入			
10. 偶然所得			
应税收入小计			
免税收入小计			
收入总计			

除常规性收入外，客户还会有某些暂时性的其他收入，如这些收入的数量较大，也会对客户的财务状况产生影响。为能较好地把握客户未来的收入增长情形，在填写这类信息时，不仅要填写已经实现的收入，还应合理估计将来可能得到的收入（见表8-2和表8-3）。

表8-2　居民其他收入

收入类型	开始年份	持续时间/年	年平均收入金额	收入现值	应税与否

表 8-3　居民未来工资收入预计

本　　人			配偶及其他人员		
基准年	预计年限	收入年增长率/%	基准年	预计年限	收入年增长率/%

8.1.2　家庭支出

1. 家庭支出购买的含义

支出购买是联结家庭收入与生活消费的桥梁与纽带，是商品经济社会里家庭经济运行的最一般方式。收入是为了消费，但又必须通过支出购买，才能将获取的收入变换为生活需要的各种消费品和劳务服务。

支出购买又是家庭据以同社会各种组织和个人发生广泛经济联系的特定形式，家庭正借此对国民经济运行发挥着重要的功用和影响，使社会经济生活得以持续不断地顺利运行。支出购买还是家庭履行各项职能活动，维系家庭机体顺利运转的必具前提。

家庭支出额取决于收入的多少，又对家庭财产的拥有量、家务处理方式、生活消费水平等发挥一定影响。支出水平决定了消费水平，支出趋向则制约消费的内容，影响家庭财产的构成，同家务处理、生活方式安排和闲暇时间利用也有相应联系。

2. 家庭支出购买的意义

支出是组织家庭消费，满足家庭各项职能活动需要的必具前提，是家庭将获取的货币收入向各方面分配花销的经济活动。如货币在各种消费品和劳务服务间如何分布，才能带来最大使用价值和最佳消费效益。这种分配包括的内容有以下几项。

（1）货币在家庭中各项功能活动之间的预算安排，如赡养抚幼费、子女教育费、子女结婚成家费、伦理生活费、文化娱乐费、社会交际费、卫生保健费、日常生活费等，各职能活动履行是否顺利，同其预算支出安排的比例及侧重点显然大有关系。

（2）货币在各家庭成员之间组织分配，既保证家庭共同的生活需要，又能尽量满足各成员的特殊需要；既要优先满足家中主要贡献者的开销需要，以激励各成员赚取收入，为家庭多做贡献的积极性，用经济手段管理家庭经济；又要特别保证家中已丧失或还不具备基本劳动能力的老人和孩子的生活需要，促使家庭抚幼赡老的神圣职能发扬光大。

（3）货币在数量上分配以避免收不敷支，出现财政赤字；在时间上分配先收后支，避免借贷消费；在满足生存、享受、发展的各层次需要予以分配，既保证日常生活必需，又提高生活水平，为全面发展创造前提条件。

（4）支出购买是个人家庭遵循最大经济效用的原则，把一定数额的货币适时合理地"分配"到所需要的各种消费品和劳务之中，以满足家中生活消费需要。货币"分配"的状况、方式、内容、结构、发展趋向为何，对消费者个人及其家庭生活十分重要，消费者正借此对社会生产流通发挥着重要的"消费者主权"的作用。

3. 确立现代花钱观

人们经常要作为一名顾客出现在消费品市场上，为交换得到自身及家人生活需要的各种消费品和劳务，同各种社会经济组织发生种种交易行为。挣钱不容易，花钱也不简单。这种说法是对的。"开门七件事，柴米油盐酱醋茶"，这还仅仅涉及一个"吃"，但已够烦琐了，再加穿衣、用物、住房、行车，在今日的市场经济社会里，都要花钱，都要经过购买才能得到，然后才能通过加工制作，实现具体的消费过程，满足家庭多方面生活的需要。

或许有人认为花钱很简单，没有钱是没办法，有了钱大家都知道该怎么花。但事实上还真有许多人不晓得怎样花钱才能花出效益，花出品位，花在正道上。每个人扪心自问，个人花钱史上有无吃亏上当，不合理不科学之处，恐怕都能找出不少。精明能干、工于算计、整日奔波于菜场、商店的家庭主妇，应当是会花钱，精于购买之道，但能否做到事事满意呢？也不能。特别是，她们的花钱是否符合今日社会的新消费观呢？也不见得。从合理组织家庭经济生活而言，应当重视花钱购买的研究；从促进社会经济发展，合理组织社会经济生活而言，也应当重视消费者的花钱购买。要研究花钱的技巧，寻求花钱的规律性，总结广大消费者花钱购买实践中好的经验办法，提高花钱的效益。

4. 不同生命周期阶段家庭的支出购买状况

（1）独立生活的青年单身汉。特点是尚无经济负担，处于待婚状态，对娱乐品、文化品、餐饮、汽车、度假、服装和化妆品感兴趣，是时髦商品的带头人。

（2）年轻的离婚或分居者。特点是为支付赡养费或保留两处寓所开支，财务较紧张，购买物一般限于"必需品"，没有工作或缺乏技术特长的妇女更是如此。

（3）新婚夫妇，尚无孩子。特点是双方都在工作，经济上比较宽裕，汽车、电视机、洗衣机、烘干机、冰箱、大件家具、娱乐度假、家用器具、耐用消费品的购买率高。

（4）青年夫妇和6岁以下孩子的家庭。特点是手头较紧，储蓄额不高，孩子吃穿用品、药物、玩具，是购买的重点。

（5）青年夫妇和6岁以上孩子的家庭。特点是经济状况有所改善，妻子会出去工作，把更多的钱财用于日渐长大的孩子的食品、衣着、教育和娱乐。乐意花钱买清洁用品、钢琴等，较少受广告左右。

（6）无抚养子女负担的中年夫妇。特点是经济地位进一步改善，丈夫的工资在提高，妻子多数有工作，孩子已就业，把更多的钱用于娱乐和旅游，购买新的更美观的家具、耐用消费品、汽车等，受广告的影响小。

（7）无子女在身边，丈夫仍在工作的老年夫妇。特点是较满足其经济地位和积蓄，对娱乐和自学感兴趣，喜欢度假、旅游、馈赠和捐赠，打算改善居住条件，对新产品不感兴趣。

（8）无子女在身边，丈夫已退休的老年夫妇。特点是收入显著下降，在家过平静生活，购买药品和有助于消化、睡眠及健康的商品，喜欢旅游度假。

（9）孤寡老人。特点是收入显著下降，有护理健康、医疗和安全保障的特殊需要。

支出购买与家庭生命周期阶段有较大关联。如新婚夫妇家庭同带两个小孩的青年夫妇家庭，支出内容不完全相同，同处于衰老期的老年夫妇家庭的购买物品也不一样，每个生命周期阶段都有各自的特殊性需要。同物价波动、市场供应、公用服务业发展，以及家庭所居住地的地理环境等也有密切联系。

家庭支出表如表8-4所示。

表 8-4　家庭支出表

生活开支类型	本人	配偶	其他成员	总计
消费支出				
1. 消费支出——食				
（1）日常饮食支出				
（2）饮料与烟酒				
（3）在外用餐餐费				
2. 消费支出——衣				
（1）着装与衣饰				
（2）洗衣				
（3）理发、美容、化妆品				
3. 消费支出——住				
（1）房租				
（2）水电气				
（3）电话费				
（4）日用品				
4. 消费支出——行				
（1）燃油费				
（2）出租车、公交车费				
（3）停车费				
（4）保养费				
5. 消费支出——教育				
（1）保姆费				
（2）学杂费				
（3）教材费				
（4）补习费				
6. 消费支出——娱乐、文化				
（1）旅游费				
（2）书报杂志费				
（3）视听娱乐费				
（4）会员费				
7. 消费支出——医疗				
（1）门诊费				
（2）住院费				
（3）药品费				
（4）体检费				
（5）医疗器材				
8. 消费支出——交际				

生活开支类型	本人	配偶	其他成员	总计
（1）年节送礼				
（2）丧葬喜庆礼金				
（3）转移性支出				
消费支出小计				
理财支出				
9. 利息支出				
（1）房贷每月平均摊还额				
房贷本金				
房贷利息				
（2）车贷每月平均摊还额				
车贷本金				
车贷利息				
（3）信用卡利息				
（4）其他个人消费信贷利息				
（5）投资贷款利息支出				
10. 保险支出				
（1）财产险与责任险保费				
① 住房险保费				
② 家财险保费				
③ 机动车辆险保费				
④ 责任险保费				
（2）社保、寿险与健康险保费				
① 社保养老、失业、工伤、生育、医疗险保费支出				
② 企业补充保险计划中的保费支出				
③ 寿险保费				
④ 医疗费用险保费				
⑤ 疾病险保费				
⑥ 残疾收入险保费				
保费支出小计				
11. 税收				
12. 捐赠支出				
13. 其他偶然性支出				
支出总计				
盈余/赤字				

家庭除主要支出外，还会有某些临时性的其他支出。另外，为了预计未来开支的变化情形，还要根据家庭人口、生活水平增长、通货膨胀及其他因素，合理估计未来开支的可能增长情况。有关资料如表 8-5 和表 8-6 所示。

表 8-5　未来生活开支预计表

本　　人			配　　偶		
基准年	预计年限	生活开支年增长率/%	基准年	预计年限	生活开支年增长率/%

表 8-6　居民其他支出表

支出类型	开始年份	持续时间/年	年支出金额	支出现值	可否免税

8.1.3　家庭财产

家庭财产指社会财产中归属家庭及其成员所有，并在家庭生活中实际运用支配，来满足家庭物质文化生活需要的物质财产。家庭财产是以财产所有权的法律界定而言，从会计学角度则可称为家庭净资产，即家庭资产总额减除家庭负债总额后剩余的，完全归由家庭自有的资产，也可称为家庭对其拥有净资产的所有权。从其来源看，家庭财产是家庭收入减除消费后的积累，是家庭财富长期积聚的结果。

家庭财产就其存在形态及在家庭经济生活中可发挥功用而言，可分为资本财产和消费财产两部分。前者是该项财产可以作为投资经营性资产存在，并在未来为家庭带来预期的利益流入；后者则是该部分财产只能作为生活消费性资产存在，它以其资产的消费效用，为家庭的消费生活带来现实效用，并促使家庭消费规模的增长和水平质量的增进。

生活消费品是否构成家庭资产的一部分，大家争论不一。目前大多数的研究文献中，对家庭资产只考虑其中的不动产和金融资产，而对构成日常消费生活主体内容的消费性资产，则不大考虑入内。这显然将家庭资产的内涵大大缩小，很不合理。原因是：① 家庭生活消费品是现实地用于日常生活消费，并随着日常生活消费而逐渐耗减其价值；② 这类资产除少量的低值易耗品、即刻消费品外，大多具有或长或短的消费周期，如彩电、冰箱、空调等都可以使用较长时期；③ 家庭消费性资产的存量如何，会影响家庭金融资产的配置；④ 家庭生活费用总额的计量，是以消费品和消费性劳务在实际生活中的消耗为依据。因此，本书认为家庭资产应包括消费性资产，但在分析资产的功用，并论证资产的投资性时再将其摒除在外。

8.1.4　家庭收入、支出与财产的关系

如将家庭财产视为一个蓄水池，家庭收入和家庭消费正是这一"蓄水池"的两个

进出口。家庭收入使财产拥有量增加，家庭消费则导致财产拥有量持续减少。其中蕴含的家庭支出，则是家庭财产形式的一种变换，即从货币性财产转化为实物财产和劳务服务。家庭财产通常是指家庭资产减去家庭负债后的数额，也即家庭实质拥有财产的状况。

当期家庭收入等于当期家庭消费时，期初家庭财产的总额等于期末家庭财产的总额；通常，家庭收入额都会大于消费的额度，这又表现为家庭拥有财产量的增加。家庭收入、支出、财产与消费的关系如图8-1所示。

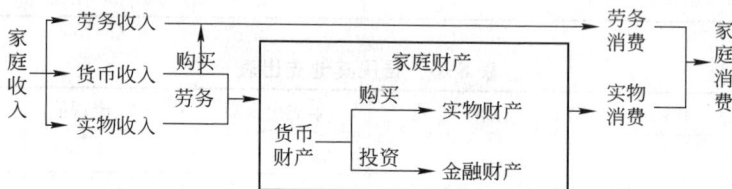

图8-1　家庭收入、支出、财产与消费关系图

图8-1中，各项指标的相互关系为：

$$家庭收入-家庭消费=家庭财产$$

$$期初家庭财产存量+本期家庭收入总额-本期家庭消费总额=期末家庭财产存量$$

这里的家庭财产是指家庭拥有的自有资产，包括实物资产和金融资产。对家庭租入、借入的资产，应予以剔除。

8.1.5　编制家庭收入、支出表

1. 编制原则

编制家庭收入、支出表的目的是提供家庭生成现金的能力和时间分布，以利于准确地做出消费和投资决策。编制需要遵循的原则有：真实可靠原则、反映充分原则、明晰性原则、及时性原则和充分揭示原则。需要说明的是，如果家庭持有某些外币资产，汇率变动对现金的影响，要在收入、支出表中单独列示，以说明对个人或家庭财务状况的影响。

2. 编制步骤

家庭收入、支出表的编制主要包括：记录收入和支出日记账并整理账簿资料、确定本期现金和现金等价物的变动额、分析原因和分类编制、检验确定、附注披露、最后汇总等步骤。其中，关键环节是确定本期现金与现金等价物的变动额，这一数额既是现金流量表所要分析的对象，又可以用来与现金流量表中计算出的现金净流量相互核对检验，以保证编报的准确性。计算公式是：

现金净增（减）额=现金与现金等价物期末余额-现金与现金等价物期初余额

3. 家庭收入、支出表的细目

表8-7给出了家庭收入、支出表的主要科目和可以进一步划分的细目。

表 8-7　家庭收入、支出表主要科目和可以进一步划分的细目

主要科目	可以进一步划分的细目
工作收入	1. 本人、配偶、工资、奖金、稿费
经营收入	2. 个体工商经营所得、其他经营所得
租金收入	3. 房屋、设备、车辆之租金收入
利息收入	4. 存款、债券、票据、股票等的利息、债息、股息红利收益
已实现资本利得	5. 出售股票、赎回基金的结算损益
转移性收入	6. 救济、遗产、赠予、理赔金、赡养费、福利彩票或体育彩票中奖
其他收入	7. 其他收入
收入合计	8. =1+2+3+4+5+6+7
所得税支出	9. 当月扣缴税额、结算申报补缴税额
其他税负支出	10. 房产税、契税、增值税
消费支出：	
食	11. 蔬菜、水果、米油盐、饮料、在外用餐费、烟酒
衣	12. 洗衣、理发、美容、化妆品、首饰
住	13. 房租、水费、电费、煤气费、电话费、日用品
行	14. 加油费、出租车费、公交车费、地铁费、停车费、保养费
教育	15. 学杂费、补习费、教材费、保姆费
娱乐	16. 旅游费、书报杂志费、视听娱乐费、会员费
医药	17. 门诊费、住院费、体检费、药品费、医疗器材
交际费	18. 年节送礼、丧葬喜庆礼金、转移性支出
消费支出小计	19. =11+12+13+14+15+16+17+18
利息支出	20. 车贷、房贷、信用卡利息、其他消费信贷利息
寿险保费	21. 住房险、家财险、机动车辆险、责任险保费
产险保费	22. 社保、寿险、意外伤害险、医疗费用险保费、残疾收入险保费
其他支出	23. 其他支出
支出合计	24. =9+10+19+20+21+22+23
当期结余	25. =8-24
本期现金变化额	26. =期末现金与活期储蓄额-期初现金与活期储蓄额
本期投资变化额	27. =期末投资置产余额-期初投资置产余额
本期负债变化额	28. =期末负债本金余额-期初负债本金余额
当期净资产储蓄额	29. =26+27-28
两储蓄算法差异	30. =29-25

4. 编制家庭收入、支出表应注意要点

（1）已实现的资本利得或损失归入收入或支出科目，未实现的资本利得为期末资产与净资产增加的调整科目，不会显示在收入、支出表中。

（2）期房的预付款是资产科目，不是支出科目。每月房贷的缴款额应区分本金与利息，利息费用是支出科目，房贷本金是负债科目，确切地说是负债的减少。所有的资产负债科目都会将期初、期末的差异显示在净资产储蓄额中。

（3）产险保费多无储蓄性质，应属费用科目。寿险中的定期寿险、残疾收入险、意外伤害险、医疗费用险保费等以保障为主的费用，属于费用性质，应列为支出科目。而终身寿

险、养老险、教育年金及退休年金，因可累积保单现值，有储蓄的性质，应列为资产科目。可将养老险的保费分两部分，实缴保费与当年保单现值增加额的差异部分当作保险费用，现值增加额的部分当作资产累积。因此，储蓄险的保费如同定期定额投资，是以储蓄累积资产的方式，不应该列入理财支出而应列入净资产储蓄额。

编制个人收入、支出表的繁简，应根据个人的时间与需求而定。如果无法每日记账，但仍想列出支出的细目，可提高信用卡的使用比率，让信用卡账单记录支出明细账目，也可以用信用卡网上购物、缴保费，甚至以信用卡缴付定期定额投资款。而缴信用卡费用时，还是由活期存款账户转账缴款。此时活期存款账户是总账，信用卡的费用明细便是明细账，由此可知消费的时间及地点，而水费、电费、煤气费、电话费也可由活期存款账户或银行卡按月转账缴款。利用银行的活期储蓄存款账户及信用卡月结单写理财日记，便可以很轻松地掌握每月的收支储蓄及资产负债变动状况。

8.2 家庭消费与储蓄

8.2.1 家庭消费

1. 家庭消费含义

家庭消费又称居民个人消费，包括家庭生产消费和家庭生活消费两类。前者指农户、个体户家庭的生产经营活动中，从事物质资料的生产、加工、流通、服务所发生的生产性耗费；后者指所有城乡家庭的生活消费活动中，衣食住行用、文娱教育、卫生保健、旅游等生活性消费。一般家庭消费仅指其生活消费。

家庭消费是家庭对取得各种消费品和劳务直接或经过一定的加工制作后，给予消耗和使用，以满足日常生活需要的经济行为。它是家庭功能履行的物质基础，对家庭组织人口与劳动力的生产与再生产有重大意义，同时它又是社会消费的主体形式，并由此而影响到消费品的生产与流通状况。家庭消费直接涉及家中拥有财产物资的耗费减少和生活费用增加。因各项财产物资的使用周期长短不同，计量其耗费状况和家庭生活费用增加，是项复杂的技术性工作，要通过各项财产的计算折旧和使用摊销的办法得以解决。

2. 家庭消费需要

消费的最大目的在于满足人们的需要。在目前的社会生活条件下，人们的基本需要大致如下。

（1）生理需要：人们为了维持生命机体的生存与发展所必需的食物、衣物、居室、阳光、空气和水的需要。

（2）安全需要：人们为了保证自己的身体和精神、心理、安全不受他人或自然灾害威胁的需要。如预防失业、自然灾害及外来盗窃、抢劫、战乱等伤害的需要。

（3）情感需要：这是人类希望给予和接受来自亲人间的纯洁亲密关系的高级情感的需要。如恋爱男女之间的交往，亲人之间的关怀等。

（4）社交需要：人是社会的动物。如参与社会交际，结识朋友，交流情感等。

（5）自立需要：人们都有生活与工作自立的诉求，希望能按自己的意愿独立生活，不依赖于他人，希望对自己的事务有一定的控制力或自主权。

（6）能力需要：这是人们希望能扩大学识与智能，充分满足求知欲望的需要。如要求工作能力、理解能力出众，学识渊博、专业造诣深等。

（7）成就需要：这是人们希望实现自己的潜在能力，取得相当的成就，对社会有较大贡献，能得到别人赞赏与尊重的欲求。

3. 家庭消费中应注意事项

（1）维持正常性消费。吃穿住行用、文娱教育、卫生保健等各方面的用费，是维持家庭功能活动的必备前提，属于正常消费，这类消费既要满足正常需要，又要考虑实际可能，还要注意消费水平与质量的与时俱进，起码应得到有效的维护，不应借口节约随意缩减。

（2）搞好投资性消费。购买与使用某些物品可以创造出或有利于创造出新的价值，人们踊跃储蓄存款、购买债券、股票等，因其可带来相当的利息或股利收益，这种用于储蓄和购买债券、股票的花费，实际上属于家庭的投资性支出，而不属于消费。

（3）发展精神文化消费。家庭不仅有物质性消费，也要注意在物质需求满足的基础上，多发展精神文化类消费，这可以丰富家庭生活，和谐家庭关系。如假日去公园游玩，晚上看电视，空闲时去旅游、观光，都可以也应该提上议事日程。

（4）增加劳务性消费。在商品消费外还要增加劳务消费，以谋求家庭服务社会化，提高劳务消费在整个消费生活中的比重。

（5）避免盲目性消费。消费必须有计划，事先订好的计划要保证执行，计划外开支应慎重，不能随意盲目花费。

（6）节制无益性消费。花钱应该伴随着效益，但也非完全如此。吸烟、喝酒类活动花钱不少，带来效益却很少，或还有负效益，如浪费钱财，有损健康。

（7）摒弃违法性消费。赌博、迷信、行贿，购买非法物品、走私品，吸毒等花费，都属于违法消费。这笔钱花了毫无正当益处，反而危害社会或触犯刑律，应予坚决抵制。

（8）减少浪费性消费。家中的浪费性消费很多，红白喜事大操大办，暴饮暴食，家中积压闲置物品过多，都属浪费。

（9）限制积压性消费。家中要有一定的物资储备，但购买应适可而止，不要一味赶时髦，致使大量衣物压箱底，不要听信商品涨价的传闻搞抢购，会造成物质积压，资金拮据。

（10）延迟损耗性消费。物品使用中不免有损耗，不仅有有形损耗，还有无形损耗。家中应当常备各种工具，家庭成员应懂些物品使用、维修的常识。学会拆拆装装，缝缝补补，节省费用，延迟物品使用期限，又可调节人体活动，增添生活乐趣。

4. 家庭消费规划编制

家庭经济活动规模不大，事情也较为简单，但要做正规的规划，也颇为复杂。就以简单的消费计划的编制而言，应当注意以下几点。

（1）各个家庭根据自己的经济状况、财产结构及收支消费水平，根据自己家中的人数和就业人数的多少，并预计社会家庭方面会影响家庭经济的各因素条件的发展变化及趋向，如国民经济发展前景、物价涨跌、工资收入增长，以及家中人数、就业人数及收入水平的增减变动状况，再参照日常消费生活习惯和生活方式，考虑家中各项功能活动履行的需要，确立家庭经济发展的长远规划。

（2）在长远目标规划的要求下，根据收入水平、财产状况、消费需要及对各项消费品的需求迫切程度，制订年度经济计划，如收支储蓄计划、耐用品购置计划等。

（3）在年度计划的要求下，根据实际需要与条件可能，具体安排日常生活消费和月度收支预算等。计划执行过程中，根据执行状况及外来因素变化，还可随时加以调节完善。

在今天人们收入增长、商品市场活跃，购买消费中不确定因素增多的状况下，家庭经济计划的编制不易，但却有了制订计划、实施计划管理的必要。今日的农户、个体户经济，因还属于生产经营单位，经济活动繁多，经济联系广泛，又面对整个社会实施商品性生产，实施计划管理就更为困难一些，但这种计划却又是更为必要，更应实施的。例如，家庭生产项目的抉择、生产要素供应、收益分配、家中生产经营与生活消费的衔接等，客观上都需要有一定的计划性。要建立起一些具体的生产计划、成本费用计划、盈利及分配计划、日常收支计划等，实施计划化管理。

➤ 小 贴 士 ◀

走出消费误区

消费是人生中满足个人需求的、愉快的持续行为，消费行为不仅受自身需求的影响，还受到外界因素的影响。当消费偏离了满足个人或家庭需求的目标而"过度"或"不当"时，也变成家庭资产的流失。为弘扬中华民族的传统美德，家庭及个人消费亟待走出误区。

1. "冲动性"消费。如看到打折就兴奋不已，在商场里泡上半天，拎出一大包便宜的商品，看似得了便宜，实际上买了很多并不需要或暂时不需要的东西，纯属额外开支。特别是大件消费品如楼房、汽车、高档家电的冲动往往还会"过度"消费，不仅造成家庭财政的沉重负担，且导致家庭资产的隐性流失。

2. "炫耀"消费。为了"面子"而非实际需求的消费，总喜欢跟别人较劲，人家能花的我也要花，而不论有无必要。在他们看来，花钱阔绰是身份的象征，以至于为获取一个带"6、8、9"的车牌号码、手机号码而不惜代价。

3. 愚昧消费。在某些农村地区，愚昧消费情况还比较严重。据一家媒体调查表明，"农村封建迷信活动所花费的钱物，一般要占农民人均收入的20%以上，如遇上游神赛会，每户家庭多则花上几万元，少则花上三五千元；一个几千人口的乡村，每次得花去上百万元，农民5年、10年的积蓄在一夜之间化为乌有"。某些人为了盼发财、保平安、求升官，不惜花费大量钱财去抽签算卦、烧香拜佛，做道场，请神汉巫婆，修坟墓，建庙宇，不一而足。辛辛苦苦赚的钱，就这样在愚昧消费中流失了。

还有"赌气"消费、"畸形"消费、"超前"消费等，都应尽量摒弃。

中华民族是勤劳俭朴的民族，"成由勤俭败由奢"，不仅是对治国者的忠告，也是对每个家庭、个人的忠告。只有树立科学、文明、健康、向上的世界观，才能从根本上解决钱财的无谓流失。

8.2.2 家庭储蓄

1. 家庭储蓄的含义

从广义上来说，储蓄是人们经济生活中的一种积蓄钱财以准备需用的经济行为；从狭义上来说，储蓄则专指银行的货币存储，是人们将暂时不用的货币存进银行生息的一种信用行为。储蓄是古来就有的，功用很多。英语中的 savings 除了储蓄的意思外，还可以做富有、丰裕甚至援救来解释。

储蓄存款是家庭金融资产的重要组成部分，是合理组织家庭经济生活的基本手段。人们组织收入主要是用于生活消费的，但不同时期的收入会有多有少，消费水平也有高有低。为了计划收支，或以防万一，或调节消费，就需要把暂时不准备动用的钱财送存银行，以准备将来支用。储蓄不仅可以帮助家庭妥善理财，积聚财富，开辟财源，计划消费，还可以帮助家庭有备无患，防患于未然。储蓄更是家庭经济稳定发展的物质保证。

2. 储蓄的动机与目标

储蓄的心理与动机是经济学家很早就给予关注的。著名经济学家凯恩斯在其大作《就业、利息与货币通论》中，详细谈到影响人们消费支出及其在收入中所占比例大小的八大主观因素，它们是：① 建立准备金以防预料不到的变化；② 为可以预料到的未来个人和家庭的需要做准备，如由于年老、子女教育、亲属抚养等的需要；③ 目前要积蓄以增加未来的收入，使未来能有更高水平的消费；④ 出于一种人类本能，总希望未来的生活程度能比现在高，所以存钱留作将来享受，尽管年纪大了，享受能力可能逐渐减少；⑤ 即使心目中不一定有什么特殊的用途，也想存钱来维持个人的独立感和有所作为的感觉；⑥ 存钱作为投资或进行生产经营之用；⑦ 把钱作为遗产，留给后人；⑧ 纯粹是一种吝啬，以致节省到不合理的程度。

一般而言，储蓄主要用于以下六大目标：① 风险保障；② 子女教育；③ 退休养老；④ 结婚嫁娶；⑤ 改善生活；⑥ 保值盈利。

3. 储蓄的方法

人们的收入是有限的，满足需要的支出则是无限的，要用有限的收入满足近乎无限需要的支出，并尽力增加储蓄，显然有一定的难度。这就需要有一种"挤劲和巧劲"，广开财源，节约开销，以增大储蓄，搞好消费。经验证有效的方法有以下几种。

（1）计划储蓄法。每月取得工资收入后，留出当月的生活费，将多余的钱拿出来储蓄。这种方法可免除许多随意性开销，使日常生活按计划运转。

（2）目标储蓄法。全家协商共同确定一个储蓄目标，为实现目标大家齐心协力去增收节支。

（3）增收储蓄法。日常如遇增薪发放奖金、亲友馈赠及其他临时性收入，将这些收入全部或大部分存入银行，权作收入没有增加过。

（4）节约储蓄法。减除一切不必要的开支，戒绝奢侈浪费性支出，把节约的钱用于储蓄。

（5）缓买储蓄法。很想买一件珍贵物品或高档耐用品时，不妨先将钱存入银行，缓后再买。缓后即有一定的思考时间，对问题可设想得更周密一些。

（6）投资储蓄法。储蓄中注意对储种、存期、利率的选择，自然可以钱生钱，利上生利，增加储蓄金额。

4. 家庭储蓄与消费的关系

讨论储蓄时，不可避免要涉及储蓄和消费的关系。这就产生了劳动期的全部收入向其终生的生活消费做出合理配置的问题。诺贝尔经济学奖获得者莫迪利亚尼认为人一生的收入总额在用于一生的消费时，收入总额等于消费总额，这时没有任何额外积蓄和负债。假如某成员寿命为70岁，工作年限为40年，40年总共可收入70万元，则在世的70年中，每年可以消费1万元。当然，在其刚出生到20岁的20年中，是由其父母抚养并承担一切生活教育费用，作为回报的是，该成员在有孩子后，同样要将孩子从零岁抚养到20岁，并为其支付一切费用。该成员的父母退休后，要靠该成员养老并予以经济资助和劳务生活照料。同样，该成员自身退休后，又靠其子女来担当这一重任。

在此种状况下，个人有生之年的收入总额等于有生之年的消费总额。个人的收入总额平均分摊于各年度的消费，最终结果是不多也不少。实质性结果应当是每个社会成员对社会的贡献都大于他来自社会的收入，如此才能使经济社会持续发展，社会财富持续增多；同样，每个家庭成员的收入总额也都大于该家庭成员的消费总额，只有如此才能使该家庭的财富、消费状况日积月累，年年增多。为达到这一目的，储蓄、积累随之出现，并成为人生幸福美满所必需。

8.3　家　庭　贷　款

8.3.1　家庭贷款的一般状况

1. 家庭贷款的含义

家庭贷款是金融机构为家庭生产经营或生活消费中资金不足而提供的一种贷款，包括生产经营性贷款和生活消费性贷款，前者存在于具有生产职能的农户、个体户，是为解决经营资金不足提供的贷款；后者存在于一切消费者个人和家庭，主要用于购建自有住宅或购买耐用消费品的资金不足而申请贷款。消费信贷有分期付款和消费贷款两种。分期付款是消费者取得消费品时，先支付部分货款，余款按合同规定分期支付；后者则是由银行或其他金融机构采用信用放款或抵押放款方式，对消费者发放贷款，并按规定期限一次性偿还本息。

庞大的个人金融资产，既构成对国民经济的一种潜在冲击力，又是实现个人消费增长的物质基础。因此，解决好个人消费信贷，实现消费快速增长，既能减轻储蓄对经济增长的压力，又能拉动经济增长。

2. 家庭贷款的种类

（1）抵押借款。用于融通不动产资金的一种分期偿还的长期借款。这种借款最重要的特征是以借款所购财产为借款的抵押品。

（2）定率抵押借款。在抵押借款到期日前，借款利率与每期还款额均为固定数的一种抵押借款。这种抵押借款的优点是每期偿还借款数量可以确定，适合于预期收入有限的年轻人。

（3）变率抵押借款。是指借款利率随借款盯住指数波动的一种长期抵押借款。这种借款的借款者每期需偿付金额随利率波动而波动，风险较大。

（4）累进还款抵押借款。每期偿还额度递增的一种抵押借款，利率与期限是固定的。累进还款抵押借款对首次购房家庭特别有吸引力，会使他们在购房的初期支付较少金额，代以后期偿还减轻目前的财务负担。

（5）分享增值抵押借款。贷款者同意收取低于同类贷款的利息，代以分享所购不动产增值额的一种长期抵押借款。虽然这会使购房者在未来失去部分财产增值的利益，但增强了他的支付能力。这种借款也有一个致命缺点，即在特定期限之后，贷款机构往往要求借款人支付累积的财产增值利得。如购房后无现金支付，他就必须出售房屋清付。

（6）循环抵押借款。利率固定、每月偿还款额固定，在借款期末整笔款项可以重新商借的一种抵押借款。这种借款的优点在于其灵活性。借款者可按自己的需要与贷款机构重新商诺，且有机会无代价调整所借金额与借款的期限。

3. 家庭借贷的用途

借贷行为的发生需要考虑借款的用途为何。贷放者放款的用途是单一的，即将自己拥有货币的使用权在一定时期内让渡给他人，以获得相应的利息收益。相形之下，借款的用途则要复杂得多。借款用途一般有以下几种。

（1）生活困难遇到特殊难关，如家人生病，生存消费受阻而临时借款，可称为消费型贷款。

（2）生产经营型贷款。经营中遇到资金临时周转不灵，或负债经营而贷款，以及经营中发生的应付未付、应交未交等经营型贷款。

（3）投资贷款。借款人欲筹措款项用于投资，如投资办实业、购买证券、买住房等，资金不敷需要时申请贷款。

4. 家庭贷款应考虑因素

每个家庭在举债前都应认真考量自己的现实状况，理智判断应举债的程度。应考虑的因素有以下几种。

（1）收入稳定性：举债的利息不论投资赚钱与否，都必须按时支付，若个人的收入来源不稳定，则可能有无法按时支付固定利息之虞，不适合过高的举债投资。

（2）个人资产：向金融机构借款，必须有实体性资产作为担保品。

（3）投资报酬率：在其他条件不变的情况下，投资报酬率越高，财务杠杆的利益就越大。

（4）通货膨胀率：通货膨胀率较高时，借款较为有利。

（5）贷款收益与贷款成本比较。如果决定使用信贷，请确定当前购买的收益高于信贷的使用成本（经济和心理成本）。

（6）风险承受程度：人们对风险的承受能力都不一样，这与个性及个人条件有较大关系。

（7）年龄因素：对年轻人而言，负债购房、购车乃至旅游、购物等已成为时尚。相比较中老年人员，年轻人更喜欢冒风险，中老年人员则较为稳妥，尽量少负债。

8.3.2 家庭消费负债

家庭负债按其用途划分，包括消费负债、经营负债和投资负债。负债消费、负债经营、负债投资是今日谈论较多的。用"明日的钱圆今日的梦"更成为勇于负债者的口号被响亮地提出。这表现了随着时代的变化，人们对负债观念认识的一大进步。

1. 家庭消费负债的含义

家庭消费负债，指家庭消费生活中遇到某些难关，如生存消费受阻，购买住房、汽车，供养子女上大学等事项，因资金缺乏而向银行、其他亲朋好友、同事等发生的负债。某些突发性事件发生急需大量资金时，也会出现这类负债。

消费负债可分为绝对负债和相对负债，前者是指家庭生活困难，收入长期低于维持最低限度的生存消费需要而产生的负债；后者则是收入用于维持最低限度生存需要，已够用且有结余，但又尚需要相当积累才能维持享受与发展的较高水平需要，故在资金积累尚不敷需要之时，提前借债以满足要求。绝对负债状况今日不能说完全绝迹，但也相当之少。相对负债的状况是较多的，但是否需要负债，负债是否合算，大家是否乐意负债、敢于负债，则是应考虑之事。

2. 家庭消费负债的因由

家庭消费负债的原因很多，大体可分为以下两项。

1) 为维持最低限度的生存、意外事项而负债

这类负债是穷人的专利，在相当多情况下是生活贫困交加，迫不得已而负债，负债的数额小，期限短。时至今日，大部分人普遍富裕的状况下，仍有某些家庭的收入过低，不能负担家人生病、孩子读书、结婚成家等较大额的开销。这种负债是正常的、必需的，也是被迫无奈的。

2) 维持较富裕乃至豪华的生活水平而负债

家庭为维持富裕乃至豪华的生活水平而负债，如借钱住宾馆、办酒席、大吃大喝、国内外旅游等，应当坚决反对。这种债务用于很不必要的事项，而非正途，难以借此增加自己的人力资本、金融资本。

总之，申请消费贷款者都是因缺钱而负债，贷入资金无论是经营或投资，都要冒相当风险。若贷款消费，则该笔款项是白白消耗而无法予以收回，将来能否赚取收入还贷就是个问题。有钱有偿还能力的高收入阶层不必贷款，无钱者很需要钱，但收入少又不稳定；绝无偿还能力的低收入阶层，很需要钱却又不可能申请到贷款。

3. 家庭应否消费负债

消费负债行为是否发生，负债状况是否适度、适意，需要考虑预期还债付息，还需要考虑负债的用途。机构贷款的目的是单一的，即将自己拥有货币的使用权在一定时期内让渡给他人，以获得相应的利息收益。但借款人负债消费是否应当，可以考虑的一项基本原则是：负债增长与家庭的资产（包括人力资本、信誉等无形资产）增长是否呈同步态势。在以下状况时，本书认为提前消费而负债是可行的，比如：① 有稳定的工作和经济收入，临时出现资金短缺；② 经济收入和财产状况预期将有较大幅度增长；③ 预期将会有一笔较大额收入，如遗产继承等；④ 预期未来会有较严重的通货膨胀，物价上涨率将会远远高于银行存贷款利率。

在第②③种情况时，负债是合算的。钱财的数额预期有较大增长时，钱财每增加一元的边际效用就会有较大减少，此时的负债随着时间推移，其实际价值已大为贬值，或在人们心目中的价值大为减值。在第④种情况时，负债同样是合算的，目前以较低利率向银行贷款，将来当然要还本付息，但物价上涨必然会导致存贷款利率的上涨。两种利率的差价正是目前贷款所获取的收益。

家庭负债状况的评价，可以计算家庭资产负债率等指标。其计算公式为：

$$家庭资产负债率 = 家庭负债总额 \div 家庭资产总额$$
$$家庭资产净值 = 家庭资产总额 - 家庭负债总额 = 家庭自有资产$$

8.3.3　家庭经营负债

1. 家庭经营负债的含义

家庭经营负债，指家庭生产经营活动中因规模扩大或临时性的资金周转困难，而引致的负债。

农户、个体工商户的生产经营活动中，经常会遇到以下事项，需要负债：① 临时性的资金周转不灵；② 经营中发生的临时大批量进货的应付货款、应付工资、应交税金等负债；③ 有好的经营项目，为扩大经营规模以获取更大盈利，但因经营资金匮乏而借债。① 和② 的借债期限短，额度低；③ 的借债则需长期和大额度。这时需要考虑的因素是：应否借债、借债是否合算及债款是否借得到等。

2. 经营负债是否合算

负债经营的认识问题易于解决，但应否负债的关键，是负债经营是否合算，是否值得为此既承担经营风险，又承担债务风险。这需要比较债务资金的成本率和收益率两个指标孰高孰低。

债务资金成本率是指以负债的形式来筹措和使用资金，所应担负的代价，包括资金使用期的支付利息及资金举借和偿还期间所需支付的手续费、公证费及其他各项可能发生的费用等。债务资本的收益率则是指所举借的债务资本投入生产经营后，可能取得的各项收益，通常指经营纯收益，即经营收入在扣减经营成本、经营费用和税金后所剩余的部分。

债务资本的收益率大于债务资本的成本率时，负债经营是合算的，且超出数额越多，债务举借就越合算，经营投资的收益在支付利息后还有相当剩余。如资金收益率等于资金成本率，则这种负债是不必要的，经营投资收益在支付利息后已是所剩无几，只是白白为银行"打工"。而在相反的情形下，则预示着该笔债务资本的取得很不必要，其效益为负，负债越多，经营亏损就越大。

3. 经营负债举借能否成功

家庭即使考虑负债经营，且这种负债预期又是非常合算时，还有一个能否举债成功的问题。需要考虑：① 举债者家庭的资信状况如何；② 资信状况如何取证并得到贷款机构的承认；③ 贷款机构放贷政策的宽松程度；④ 其他相关因素。

举债者家庭的资信状况，即通常所称个人信用问题，目前颇受公众注视。一般衡量某个人、某个企业的财力是否雄厚、信用是否良好，需要考察以下事项：① 资产拥有状况，借款人是否拥有较雄厚的财力；② 资产结构，如资产负债率的高低，全部资产中自有资产的数额为多大；③ 资产流动性，众多的资产中有多少处于流动，随时可动用的状况，还是账面资产不少，其实却有相当资产被压于固定资产和存货无法调动，或是有较多应收款项，虽说是企业自有钱财，却迟迟难以收回使用；④ 企业融资能力，如能在较短的时期内，迅速通过向银行举债，向其他企业求助等，得到大批款项供使用。这显然比单单评价资产总额更为实用。

8.3.4 家庭投资负债

家庭投资负债如家庭参与投资项目，因资金不敷需要而向银行，向其他企业单位、个人等借入款项。投资负债的风险系数较大，需要慎重对待，尤其是负债炒股等更应考虑其中蕴藏着的巨大风险。投资自然是为了取得盈利，在预期收益可观，而家庭又一时无法筹措到较多的用于投资的资金时，如能通过举债的方式获得所需要的资金，也是一大幸事。但投资性负债还应考虑借入资金的成本和预期收益率的高低，力争将风险减弱到最低限度。

家庭应否负债投资呢？如通过负债的办法取得较充足财力用于购买股票、债券等。这种负债投资应否进行，需要考虑因素较多，如：① 这种投资预期的收益率如何，能否大幅超出举债成本，否则就不应负债，这是前面已谈到的；② 投资风险大小，如负债炒股要冒相当的风险，万一失败就需要考虑债务偿还问题。

负债消费时，其消费额度为多大，尚欠缺资金为多少，都可以事先加以确定，且比较家庭财力而言，债务比例并不大，还债能力也较强。负债经营时，举借债务规模会比较大，经营风险也较大。但举借债务的增加又会相应增加经营性资产，对还债也有相当保障。而负债炒股票时，一般能够做此打算的人员，都是有相当魄力，也都计划通过这种方式迅速实现资本积累，故举借债务的额度都会很大，甚至远远超出家庭的资产规模。

负债经营时，盈利固然很难，经营亏损尤其是重大亏损也非很容易，至少也要假以相当时日。而负债炒股票时，盈利似很简单，而亏损也很容易，若某只股票连拉几个涨停板，或一连出现几个跌停板等。盈利当然是好事，但若发生亏损或亏损数额还比较大，债务偿还就非很容易了，故负债炒股票等事项应尽量避免发生。

家庭负债经营、负债投资、负债消费都是可行的，企业则只有负债经营和负债投资。企业负债只承担有限责任，在资不抵债无力偿还债务时，最多是将投资人投入企业的资本全部损失完毕。家庭负债在法律上则需要承担无限责任，故更应注意债务风险。

附录：

33 年前的储蓄在今天的实际价值

2010 年 11 月 2 日《广州日报》报道，33 年前，家住四川的汤婆婆在银行里存了 400 元钱，相当于当年全家一年的工资收入。这笔钱在当时能买半套房子或 500 斤猪肉，或 2 500 斤面粉，或 727 盒中华香烟，或 50 瓶茅台酒。汤婆婆今天取出这笔钱，连本带息共计 835.82 元，仅够买 200 斤面粉、25 斤猪肉、10 盒中华香烟或半瓶茅台酒。

同样的资金，因时代的变迁和个人理财手段的选择，最终演变成截然不同的结果。如果汤婆婆当年用这 400 元买半套房子，或许今天已产生了十数万元的财富。尽管这样的变迁与通货膨胀等宏观经济因素息息相关，但作为一个经济个体，我们有能力通过合理分配手中的财富来获取最佳回报，尽可能获得最高的生活质量，这就是个人理财的重要性。

你会攒钱吗？

如何攒钱是一个可说浅，也可说深的问题，是理财中的关键环节，需要一定的数学知识和数字思维。社会技术进步和市场经济的逐步成熟，使人们的投资和理财渠道空前地宽泛起来，单一的银行储蓄攒钱显然已过时，建立有效的投资和理财组合非常必要。

计划经济时期，个人更多表现为"单位人"，单位承担了如提供住房、医疗、养老等许多社会功能，职工的工资收入只是用来支付基本生活费，攒钱的途径和目的比较单一。向市场经济体制转轨，意味着人逐渐表现为"社会人"，住房、医疗、养老、保险等社会化，需要个人完全用货币支付，而不再是作为一种免费的福利待遇。这就需要对攒钱有更多的筹划和安排。

按照中国的计划生育政策，以前中国家庭的基本形式是夫妻两人加一个独生子女的三口之家。农村政策有些松弛，时常有两胎或多胎的情况发生。其中，孩子的生活费用、教育费用都相当高，结婚费用和住房费用开支也很大，如果再负担老人的医疗费用，更是雪上加霜。无论三口之家或多口之家，如果对于收入和支出没有合理的平衡手段，很容易出现一团糟的局面。

建议攒钱时注意下列几个方面：从储蓄型为主转向投资型为主，在持有一定数量的人民币、外币储蓄的同时，更多地购买债券、股票、基金、收藏品等具有增值潜力的事物。增加在保险方面的投入。保险具有保障型、储蓄型及投资型功能，分为医疗保险、养老保险、家庭保险及分红保险等不同种类，能够提供有效的个人生活保障。

最积极的攒钱方法莫过于拥有自己的企业。企业是直接创造财富的组织，有发展前途的企业很容易吸引到投资，若能上市就更好了，会控制更多的社会资金。当然，这需要具备很高的财商。

需要解决一个重要的认识问题，即创造和积累财富具有推动社会进步的重大价值和意义。否则，很难产生创造和积累财富的动力，从而把攒钱看成是一件相当平常庸俗的事情。为了实现追求幸福生活的理想，拥有更多的社会财富，需要人们学习金钱的知识和规律，在重视智商、情商的同时，把提高财商当作人生的重要目标，为社会也为自己。

你会花钱吗？

很多人都做过诸如"给你 100 万块钱，你怎么去花"的测试题，其实这是对拥有财商的一种检验。有的人觉得这是意外之财，不花白不花，花了也白花，于是在很短的时间内挥霍殆尽，最后又变成一文不名的穷光蛋，甚至还因此欠了债。有人意识到这是意外之财，但他懂得钱能生钱的道理，重视这个天赐良机，用这 100 万元在不长的时间内又挣了 100 万元，最终将原来的 100 万元归还他人后，还拥有了自己的 100 万元。这才叫会花钱。

现实生活中，的确有人挣了不少钱，算得上会挣钱，但认真计算一下他的财产，除了一些不太值钱的东西之外，根本没留下什么钱财。就像"黑瞎子掰棒子"一样，一边掰，一边丢，掰到最后还是只剩一个。这也是不会花钱。原因在于，他没有用钱购买可以长期积累的资产，而是购买了短期挥霍的众多消费品，挥霍之后仍旧两手空空。

例如，一个工薪阶层的普通人，工资收入除满足日常消费外并无过多结余，却一心期望购置家用轿车。结果是除花费巨资买到轿车外，还要承担燃油费、维修费、保险费、养路费等附加开支。轿车作为目前的高档奢侈品，与其说是一种资产，倒不如说是一种负债。

花钱不能简单地理解为消费，更不能看成是挥霍，同时还包含着投资的意思。可以说，从如何花掉一元钱中，都能看出一个人对金钱的认知态度，反映出这个人的财商的一个侧面。

中国人讲"把钱花在刀刃上"，就是如何实现金钱的价值最大化的意思。大部分中国人主张勤俭节约，反对奢侈浪费；也有些人爱面子，讲排场，出手时很大方慷慨，终其一生也不会积累下什么资产。这是传统小农经济条件下的消费观念。

建议你花钱时要考虑下列几个问题：

你是在购买消费品、奢侈品，还是在购买资产？购买消费品、奢侈品是一种使金钱消耗的消费行为，购买资产则是一种使金钱增值的投资行为。你用钱是购买资产，还是购买负债？这需要你分清什么是资产，什么是负债，在购买资产的时候又如何最大限度地规避风险或把风险降到最低限度。

在购房、购车等重大开支方面，要谨慎消费信贷，善于利用银行存单、国债、股票、收藏品等的抵押价值。要学会和保险打交道，花钱买保险是生活中的必要支出，有时为了节省一点点保险费，可能会造成巨大的财产损失。

北大报告：中国 1% 家庭占有全国 1/3 以上财产

2014 年 7 月 25 日

北京大学中国社会科学调查中心发布《中国民生发展报告 2014》。该报告内容包括中国家庭财产、消费模式、医疗开销与负担、家庭经营与自雇、住房、主观幸福感六项，报告认为：

（一）顶端 1% 的家庭占有全国 1/3 以上的财产

报告指出，中国财产不平等程度迅速升高：1995 年我国家庭净财产的基尼系数为 0.45，2002 年为 0.55，2012 年达到 0.73，顶端 1% 的家庭占有全国 1/3 以上的财产，底端 25% 的家庭拥有财产总量仅在 1% 左右。

中国财产不平等程度明显高于收入不平等。城乡差异和区域差异是造成家庭财产不平等的重要原因。特征是：（1）体制内工作的家庭财产水平及财产增长幅度明显高于体制外工作的家庭，将导致体制内外家庭财产差距进一步扩大；（2）中等收入家庭财产增长幅度大，低收入和高收入家庭财产增幅相对较小。

（二）中国家庭消费模式呈现出两极分化

根据报告，中国家庭消费模式可以分为贫病型、蚂蚁型、蜗牛型、稳妥型和享乐型 5 种类型。贫病型家庭消费水平和消费品拥有比例最低，医疗支出比重相对较高，带有贫病交加特征。蚂蚁型家庭的各项消费水平和消费品拥有比例较低，以低水平消费为特征，就像辛苦积累的蚂蚁。蜗牛型家庭负担沉重，总消费不低，但并不体现在日常基本生活消费上，也很少有汽车、文娱和奢侈品消费，而是把很大部分开支用于房租房贷、教育、医疗，住房、教育和医疗负担像蜗牛背负的躯壳，限制了这些家庭提高其他方面的消费尤其是享受性消费。

稳妥型是中等消费家庭，支出水平总体居中，但消费品拥有高于平均水平，医疗和住房支出比例略低于平均水平，有一定的文娱教育消费。享乐型家庭享受着相对高品质的、健康的物质生活，有车、有房比例很高，各项消费品拥有比例及消费水平很高，教育、文娱支出水平明显高于其他家庭。

从全国分布来看，中国家庭消费模式呈现两极分化：不消费、抑制消费的蚂蚁型家庭或医疗、教育、住房负担沉重的蜗牛型、贫病型家庭占大多数。少部分享乐型家庭已享受着丰富的物质生活。城乡消费模式差异大，农村贫病型家庭多，稳妥型和享乐型家庭少。城镇贫病型家庭较少，享乐型、稳妥型家庭明显多于农村。

（三）房产是我国城镇家庭财产最重要组成部分

报告指出，房产是我国城镇家庭财产最重要的组成部分，占城镇家庭财产比例的中位数在 80% 左右，与近年来房价快速上涨密切相关；农村房产以自建自住为主，土地成本很低，房产价格较低，占家庭财产比例的中位数在 60% 左右。人均 GDP 高、经济发达的地区，房产占家庭财产比例高；家庭收入或家庭总资产越高，房产占家庭财产比例的中位数越高。如以房价收入比衡量购房压力，城镇家庭房价收入较高，住房负担重。

（四）家庭医疗保健支出高于世界主要发达国家

根据报告，我国家庭医疗保健支出占家庭消费支出的比重为 11%，高于世界主要发达国家。2012 年家庭医疗支出绝对值升高，但医疗负担（医疗支出占总消费支出的比例）有所减轻。经济发展水平越高的省份，家庭人均医疗支出越高，居民医疗消费能力强、投入多，占消费支出比重却较低，说明医疗负担相对较轻。城乡家庭的医疗支出与负担差异较大。城镇家庭的人均医疗支出、住院费用均高于农村家庭，但医疗支出比重、住院自付费用和比例均低于农村家庭。

医疗负担影响家庭的生活水平，医疗支出比重越高，家庭陷入贫困的可能性越高。医疗负担对低收入家庭的打击尤其严重，与家中无人住院的情况相比，家中有人住院会使低收入家庭医疗支出发生率的上升更为明显，由此增加其致贫的可能性。

（五）家庭资产对个人生活满意度影响显著

报告指出，中国居民总体生活满意度呈中等偏上，主观社会地位感受呈中等偏下。家庭资产（如住房及汽车拥有）对个人生活满意度和主观社会地位影响显著。家庭相对收入高的人群生活满意度及主观社会地位较高，且家庭收入对女性的影响力要大于对男性的影响力。

该报告的第一作者、北京大学千人计划学者谢宇教授介绍，综合来看，伴随着经济改革，中国家庭财富迅速积累，消费水平、结构和质量变化日新月异，家庭经营与自雇方兴未艾。城镇与农村、不同区域在房产、消费模式、医疗资源投入方面差异显著，体制内与体制外家庭的财富水平、财富增长幅度、消费模式等存在明显的不平等。同时，住房困难、医疗负担问题逐渐改善和调整。

谢宇介绍，财富不平等及相关的经济不平等是许多社会矛盾的根源，已成为不可忽视的社会问题，财富不平等具有自我强化作用，可能出现"富人越来越富，穷人越来越穷"的恶性循环，学术界有必要深入研究财富不平等问题。

本章小结
BENZHANG XIAOJIE

1. 家庭收入指家庭通过多种途径与形式，诸如积极参加社会生产劳动或个体组织生产经营等，取得各项货币、实物、劳务收入的总和。研究家庭收入的性质形式、各类型收入占据比重及其发展趋势，以及不同类型家庭组织收入的特殊方式对满足生活消费需要，维系家庭关系，履行家庭功能，促进社会经济发展等都有重大意义。

2. 支出购买是商品经济社会的家庭经济运行的普遍方式，是联结家庭收入与生活消费的桥梁与纽带。家庭支出额取决于收入的多少，又对家庭财产的拥有量、家务劳动处理的方式、生活消费的水平发挥一定影响。

3. 家庭财产指社会财产中归属家庭及其成员所有，并在家庭生活中实际支配运用来满足家庭及其成员物质文化生活需要的物质财产。家庭财产作为家庭、家庭经济活动的对象，与作为家庭经济单位主体的家庭成员一道，是家庭、家庭经济运行的基本要素，缺一不可。

4. 家庭消费是家庭对所取得的各种消费品和劳务直接或经过一定的加工制作后，予以消耗使用，以满足日常生活消费需要的经济行为。它是家庭功能履行的物质基础，对家庭组织人口与劳动力的生产与再生产有重大意义。

5. 家庭贷款是金融机构为家庭生产经营或生活消费中资金不足而提供的一种贷款，包括生产经营型贷款和生活消费型贷款，前者存在于具有生产职能的农户、个体户，是为解决经营资金不足申请提供的贷款；后者存在于一切消费者个人和家庭，主要用于购建自有住宅和购买耐用消费品。

6. 家庭消费负债可分为绝对负债和相对负债，前者是指家庭生活非常困难，收入长期低于其维持最低限度的生存消费需要而产生负债；后者则是收入用于维持最低限度生存需要已足够且有余，但要能维持享受与发展水平的较高需要，则需要较多的积累，故在资金积累不敷需要之时，提前借债以满足要求。

思考题

1. 简述家庭收入的类型。
2. 简述家庭支出的种类。
3. 简述家庭贷款的种类。
4. 如何编制家庭消费规划？
5. 简述家庭储蓄的方法。
6. 简述一次性消费与永久性消费的关系。
7. 简述家庭收入、支出与消费之间的关系。
8. 简述家庭贷款的用途及应考虑的因素。
9. 简述家庭消费负债的缘由。
10. 如何衡量家庭负债经营的成败？

第 9 章
证券投资规划

9

学习 目标

1. 了解投资的概况
2. 学会投资决策
3. 了解什么是投资收益与风险

9.1 投 资 概 述

个人投资理财是一种管理个人财产的艺术，利用这种艺术和技术的结合，使个人的金钱达到有效利用。个人投资理财不是有钱人的专利，也不是入不敷出的人才需要掌握，任何人都需要这门技术。

9.1.1 投资的含义

1. 投资理财的含义

投资（investment）是指投资者为了在未来获取收益而在目前进行的资产购建活动。这里的资产既包括房屋、土地、厂房、设备等实物资产，也包括期货、股票、债券等金融资产。广义上的投资则还包括了人力资本投资、医疗健康投资、情感投资等内容。

2. 投资理财的内容

个人家庭投资的事项一般包括以下几个方面。

1）实业投资

实业投资又称生产经营性投资，即投资办公司、办经济实体。它始于农村的联产承包经营责任制，农户为了获得更多的收入而追加投资，共同积蓄资金创办乡镇企业。在城镇，个体民营企业家以自身的积累作为起家资本，从事各种生产经营活动。

2）证券投资

证券投资即参与股票、债券的买进卖出，这是目前城市家庭中出现较多的。具体方式有以下几种。

（1）存入银行。这是一种传统的投资方式，安全性强，但收益性差。

（2）债券投资，指个人以购买债券的形式进行的投资，其目的是定期收取利息和到期得到本金。债券的收益是固定的且到期才能偿还，市价波动幅度不大。债券投资比股票投资安全、比储蓄投资收益大。具有安全性、流动性、收益性的优势，是居民进行投资的很好选择。

（3）股票投资，这是一种风险大、收益也大，人们乐于从事的一种投资方式。

（4）保险投资。人们投资保险不仅使自己的财产、人身等免除或减轻损失，还可使自己的资产得到增值。

3）房地产投资

房地产投资即家庭在自有住宅之外，额外买进第二套乃至更多套房屋，用于价格上涨时出售或通常对外出租，以谋取相应的经济利益。

4）实物资产投资

实物资产投资通常有以下几类：① 不动产如公寓、写字楼等；② 收藏品如集邮、古玩、字画、古币、邮票等；③ 贵重金属如黄金、白银等；④ 珍宝如钻石、宝石等。

投资实物资产的优点是：① 能有效地抵消通货膨胀给投资者带来的贬值损失；② 提高投资者资产组合分散化程度，降低投资风险；③ 给投资者及其家庭带来生活乐趣。

投资实物资产也有不少缺点：① 没有巨大的流通市场，难以确定其真实价值；② 难以转手变现，变现时往往需要有经纪人等中介机构；③ 经纪人收取佣金往往要达到售价的 2%～5%，比股票、债券转手的交易费要高出很多；④ 实物资产会发生折旧费、修理费等损失。

3. 投资理财的原则

（1）量入为出。只有养成良好的储蓄习惯，才能确保后半生生活无忧；

（2）投资组合多样化，投资多元化，投资策略积极进取；

（3）杜绝高利贷，避免高成本负债；

（4）制订应急计划，重要的不是现金本身，而是有能及时变现的途径；

（5）顾及家人，扶老携幼，家庭和谐，幸福美满；

（6）做好财产规划，一旦发生意外，家人也知道如何处置好财产。

4. 投资理财的意义

个人参与投资的好处很多，极易引起大众的关注。包括以下几项。

（1）除工作收入外，可以比别人更快地积累财富；

（2）可以获取更多的财富，从而保障漫长养老时期的消费所需；

（3）可以使既有资产免受通货膨胀的侵蚀；

（4）可以更加自由、轻松、快乐地赚钱，而非为赚钱受到太多的劳累；

（5）可以提前退休实现并享受自己的人生梦想；

（6）抵御生病、失业等意外事故等带来收入下降的风险；

（7）让拥有的金钱能"自动"为自己工作，而非自己终生为金钱工作。

9.1.2　投资目标

人们在开始投资理财积累"第一桶金"时，必须设定合理的投资目标，目标应该高于目前拥有资产的净值，但又不能超出太多。目标太宏伟就会不切实际，反而带来众多的负面效果。合理的目标应该接近于可以达成的水准，同时要考虑当前投资市场的平均报酬率水平，以此作为参考基准。如对投资市场的一些基本情况和投资工具缺乏基本了解，还必须首先补充和掌握这方面基础知识，为正式进入投资理财做好准备。

1. 设立投资目标应询问事项

以下问题将帮助客户建立有效的投资目标。

（1）你既有资金的用途是什么，有多大比例能用于投资项目上？

（2）你需要多少钱才能达到既定的投资目标，目前拥有的钱财能否满足投资理财的需要？

（3）你如何得到用于投资的这些钱财，为此需要负债时是否乐意？

（4）你需要多长时间积累钱财来达到投资目标？

（5）列出你想参与的投资品种是什么，擅长什么？

（6）评估所有投资风险因素的潜在收益，比较收益率状况。

（7）你的风险承受能力如何，愿意为投资计划承担多大的风险？

（8）你的花钱理财方式属于积累型还是消费型，积累与消费的比例是多大？

（9）考虑到你的经济状况，既定投资目标合理吗？发生什么状况时会改变投资理财目标？

（10）你愿意为达到既定的投资目标做出较大的牺牲吗？

（11）如果你没有达到投资目标，后果将会是什么？

（12）你的投资技能怎样，历史上投资收益的状况如何？

2. 投资目标分类

针对客户投资的需求，个人理财师可首先将客户的投资目标分为短期、中期和长期目标。

（1）对短期投资目标（短于两年），个人理财师通常采用现金投资和固定利息投资两种类型。可以从市场风险、通货膨胀、利率风险和流动性等因素评估不同的投资品种，识别并评价投资信息的来源，评价不同种类的符合客户理财目标和生活状况的债券投资品种，找出可能适合各种企业债券的近期表现，研究政府债券与市政债券的近期表现，最终确定应当如何应用这些投资品种。

（2）对中期投资目标，个人理财师要更多地考虑投资的成长性和收益率，同时也意味着投资的风险水平会上升，出现亏损的概率也会大一些。

（3）对长期投资目标，个人理财师主要考虑投资的成长性。此外，个人理财师还可以考虑采用具有税收效应的投资产品（如养老金、杠杆投资等），来帮助实现客户的长期投资目标。

投资目标确定之后，为很好地实现这一目标，通常需要把握个人资本、收入的状况及发展潜力等方面，根据不同的风险承受能力，设计多个收益不同的固定投资组合。根据客户的需要、风险承受能力及投资理念，设计多个（通常在 3 个左右）投资组合方案，每个组合都有独特的风格，客户可以根据自身的偏好选择这些组合中的一个。客户储蓄账户中的存款，将按照投资套餐的规定模式进行投资。在实务中，个人理财师可以通过问卷的方式了解客户并制定投资策略。在具体实施的过程中，个人理财师可以将问题与前面测试客户风险偏好的问题一并向客户提出，并要求客户认真填写。这里根据美国的资料，在表 9-1 中给予简要介绍[①]。

表 9-1　投资目标与投资组合关系一览表

投资目标	投资组合	资本增长潜力	当前收入潜力	本金稳定性
最大限度的资本增长	具有高速增值潜力普通股票	非常高	非常低	很低或低
高度的资本增长	具有长期增值潜力普通股票	高或非常高	非常低	低
资本增长与当前收入	具有很高红利与资本增值潜力的普通股票	中等	中等	中等
高额的当前收入	红利很高的普通股票和高利息债券	非常低	高或非常高	中等
当前收入与保护本金	各种证券	无	中等或高	非常高
免税收入与保护本金	短期的州市政府债券	无	中等或高	非常高
当前收入与最大限度的本金安全	联邦政府或联邦政府机构的各种债券	无	中等或高	非常高

9.1.3　个人投资理财应遵循的原则

投资理财的管理，即个人对投入资本市场的资金的管理营运与合理配置。资金管理在具体的个人理财投资中无处不在，做不好资金管理，就不能在投资理财中获得成功。要做好资金管理，需要遵循以下几项原则。

1）家庭保障第一

进入资本市场是现代人的重要标准之一。不管有什么样的投资计划，进入什么样的投资市场，首先要考虑建立良好的家庭保障，留出至少半年的生活费用和供房、供车的款项，买好保障险种。投资成功的关键是心态良好，良好心态从哪里来呢？衣食无忧、生活稳定、家庭平和是基础。

2）资金安全第一

深入过投资市场的人都承认，资本市场的投资机会很多，能否把握好这些机遇就是做投资的关键，机会随时有，但不要设想抓住所有的机会。不贪机会，谋定而启动，不做计划外操作。特别是刚刚步入一个新的投资领域，还不够了解的情况下，可能要交一定的学费，但如坚持资金安全第一的原则，就会少交学费而又能迅速获益。经济景气时多购买住宅等实体资产，经济不景气时多购买债券、基金等金融资产，不失为保障资金安全的好办法。

3）投资赢利按比例转移

国外的投资家一般建议的比例是 50%，即按月或按季将当期获取的单笔较大赢利取出，国内投资者可根据情况具体决定。投资也是做生意，不能只进不出，要收回前期投资。市场风险很大，投资赢利如不及时取出往往又会很快返还市场。

4）合理分配资本投资和实业投资的比例

理想的情况是：个人名下既有一家或若干家企业，在各自领域均运转良好；又有一笔资

---

① 卢光. 美国式增财理财方法：计划·投资·增值. 北京：中国经济出版社，1998.

金由投资公司运作。两者有分有合，相得益彰，如虎添翼，能发挥出数倍威力。

5）寻找乐趣

在进行资金管理时，虽说主要面对的是数字、表格和各种分析结果，但不要感到枯燥和无聊，而要保持高昂的兴趣。有了兴趣才有动力，才愿意付出心力，有深刻的经验和感受，得到好的心态和结果。

6）委托他人

如果自己不行，就大胆地将钱委托他人投资，至少是购买各类基金，借助专家理财。现在，世界各国的投资渠道、投资工具越来越多样化，多种信息收集要做到准确、全面将更加困难，收集成本也越来越高。个人投资者在市场上很难常立于不败之地。因此，把资金委托他人，或购买受益凭证，或组建共同基金，都是投资成功的窍门。

在商品经济发达的条件下，引入市场调节的方式动员居民自愿投资，基本途径是健全和完善不同流动性、风险性、收益性的投资品种，供个人投资者进行投资时选择。这就需要合理的组合产品，进行资金的运用和配置，并运用自己掌握的知识去理财，使财富在原有的基础上逐年有所增长。

9.2　投资决策

9.2.1　投资理财需要把握事项

（1）投资赢利按比例转移。国外投资专家一般建议的比例是 50%，即按月或季度将当期获取的单笔较大赢利取出。投资也是做生意，不能只进不出，前期投资要收回。市场风险很大，如不及时取出赢利，落袋为安，往往又会很快返还市场。

（2）投资金融资产最重时机，抓住时机，快人一步，才能掘得第一桶金，这比把握具体品种更重要。很多人在风潮一起就跟随追涨，自然可大赚一笔。为此必须在市场还没有形成风潮前，先预期可能发生的变化，低价铺货，所谓一分心力，一分收获。冷门投资常可以随风潮兴起成为热手货。

（3）风险和收益成正比例存在，高利润与高风险并存是投资"铁律"，它要求投资者要有足够的风险防范意识。要赚大钱当然可能，血本无归的可能也同样高。

（4）长期投资仍是投资者理想的选择，投资股票只要能涵盖两个经济周期，长期状况下必定有利，注重短线操作则往往会碰在下跌阶段。投资专家指出，股票投资的时间若要历经两个经济循环，长达 10 年之久，会比其他投资方式更为优越，能保证"稳赚不赔"。但前提条件是：① 不买会倒闭公司的股票；② 保持一定的经济增长率。

（5）自有资金不足时要学会"四两拨千斤"，用借债方式投资。熟练运用财务杠杆原理，最大好处是用少数自有资金享受大量增值收益。但投资收益率必须大于债息率，才能不亏老本，否则就会白忙活，赚的钱不够交付利息。

（6）投资要顺应市场发展趋势，顺势而为，个人力量微小，不可能同整个市场大势强行对抗。不论何种投资渠道或投资工具，都有所谓"风潮"，一般人对某类投资形成一股热潮后，就会有蜂拥而至的资金，这种潮流不会瞬间即逝。

（7）合理分配资本投资和实业投资的比例。理想的情况是：个人名下有一家或若干家企业，在各自领域运转良好，又有一笔资金由投资公司运作，两者有分有合，相得益彰。这是如虎添翼，能发挥出数倍威力。有位颇有名气的投资家，专做豆粕的现货和期货生意，对现货市场行情了如指掌，一旦发现有大机遇来临，就会杀入期货市场狠赚一笔，然后迅速撤退继续现货生意。

（8）寻找乐趣。理财主要面对的是数字、表格和各种分析结果，但不必因此感觉枯燥和无聊。保持高昂的兴趣和动力，才会愿意付出心力，并有深刻的经验感受和好的心态与效果。当然，鼓励大家清点和有效管理配置自己的资金，成为各具特色的理财高手，并非要每个人都成为"财迷"，更非生活中一塌糊涂的"月光""年清"一族。理财方面的付出和努力，会使自己的人生富足、自由、充满乐趣。

（9）集合小资本联合投资，取得规模效应，降低运作成本。这是采取联合方式，募集数人资金，形成共同基金，交由其中某能人操作，常会有意想不到的投资收益。

（10）投资与投机是一体两面，无法严格区分，应根据市场状况而定，不必拘泥于概念，受过多条条框框的限制。

投资时应考虑的因素很多，如年纪轻、收入多、心理素质好者乐意冒险，能承担风险。还应考虑各种投资工具的分散情形，如仅仅投资股票，份额又特多，成败对家计影响很大时，就不可轻易冒险。

9.2.2 投资决策影响因素评价

投资决策是投资者评价各种投资标的物，选择具体投资目标的过程。不同投资者的运作环境不同，投资目标与要求也不同。每个投资者在投资决策的过程中，都要对具体的投资对象进行评价，一旦确定了各种资产类型间合理的投资比例，就要选择具体的投资类型，选择中应综合考虑以下因素。

1）资本增长

个人理财师首先要分析历史上该类型投资的资本增长水平，确定客户能否从此投资行为中获得合理的回报及回报的实现形式。

2）现金收入

个人理财师分析选择的投资类型是仅仅带来现金收入，还是又能带来资本增长。个人理财师还应关注现金收入何时取得、以何种方式取得及预期数额等因素。

3）税收支出

税收支出是个人理财师决定投资类型，影响投资实际收益时要考虑的重要因素，个人理财师应当充分分析与所选择投资类型相关的各种税收支出，如资本利得税、个人所得税及税收减免等。

4）易管理性

投资决策做出后不可能一成不变，个人理财师需要定期对投资组合进行监控，并做出适当调整。为此，个人理财师在投资决策前要考虑投资的易管理性，并充分了解投资组合管理的方式。

5）成本开支

获取收益是投资的本性。考虑收益的状况下，对成本也需要给予相当关注。投资决策的制定和监控是需要成本的，个人理财师要充分掌握与投资相关的各种费用、佣金成本等状况，判断所制定的投资策略是否在经济上具有可行性、收益性与安全性。

6）风险性

风险防范是个人理财规划中极为重要的因素，投资决策也不例外。许多投资者在选择投资品种时，收益率是首要关注的问题，但更要注意的是风险和收益的匹配，天下没有免费的午餐，期望获得的回报越高，承受的风险也就越大。

7）适合性

家庭理财活动的进行，应当与自己的职业特征、知识结构、兴趣爱好紧密结合。为避免出现大的投资风险，不仅要考虑自身的能力和特点，还要注意经济发展周期性的规律，关注物价涨幅和储蓄投资利率的变化，切实进行投入产出的计算，只有这样，才能做出可行、安全的决策，保证投资活动的经济效益。每个人的具体情况不同，并不存在所谓最好的投资品种，而只有最适合的投资品种。

8）流动性

所谓流动性，是指各种资产变现的难易程度，或者在较短时期内变为现金的能力。一般而言，金融资产的流动性强，而实物资产则缺乏流动性。个人理财师在做出投资决策时必须要充分考虑这一点。需要为投资组合中的具体投资品种确定不同的投资期限，以满足客户对资金流动性的需求。

以上各种因素的综合评价中，风险性、收益性、流动性应予特别考虑。为此，需要对各种投资产品的回报、风险、时间范围进行量化，在各种资产类型间风险分散，以便对这些投资产品进行决策与监控。每种投资方式从本金投入到收回都有或长或短的时间间隔，即投资期限，投资者的未来生活也具有许多不确定性，有时会出现急需现金的情况。作为个人投资者来说，应该把"三性"原则很好地统一起来，使投资既具有较好的收益性、流动性，同时所承受的风险也较小。

9.2.3 投资工具的选择

1. 投资工具分类

要从事投资，必须有相应的投资工具，通常包括以下几种。

（1）股票。股票是股份公司发行的一种可以转让的有价证券，也是证明股东权益的证书。到目前为止，股票仍是证券市场上最重要的金融产品。股票作为一种资本工具是永久性的，无须还本付息，投资股票有较大风险。

（2）债券。债券是一种表明债务的借款凭证，是政府、金融机构、企业等机构直接向社会负债筹措资金时，向投资者发行，并承诺按规定利率支付利息并按约定条件偿还本金的债权凭证。债券作为一种重要的融资手段和金融工具，具有以下特征：偿还性、流动性、安全性、收益性。债券是具有到期期限的交易品种，债券的收益率一般是固定的，到期必须还本付息。

（3）信托。依照我国《信托法》的规定，信托是指委托人基于对受托人的信任，将其财产权委托给受托人，由受托人按委托人的意愿以自己的名义，为受益人的利益或特定目的进行管理或处分的行为。信托财产是信托得以组建的第一要素，且具有独立性。信托不因委托人或受托人的死亡、依法解散或被宣告破产而终止，也不因受托人的辞任而终止，具有一定的连续性和稳定性。我国已有的信托品种包括房地产租赁信托、企业重组信托、不良资产处置信托等。

（4）期货。期货是买卖双方同意在事先指定的日期以约定的价格买入或售出某种商品的协议。期货可分为商品期货和金融期货，金融期货又主要包括利率期货和股价指数期货。期货是一种高风险、高报酬的投资工具，盈利或亏损的数额较大，且国内交易制度还不完善，投资者遭受到损失的可能性很高。目前我国的期货市场主要有三个：大连期货交易所，主要交易品种是大豆；上海期货交易所，主要交易品种是天然橡胶、铜、铝等有色金属；郑州期货交易所，主要交易品种是小麦。

（5）期权。期权是投资者在一定的时间内以双方商定的价格买入或卖出某种商品或金融资产的一种权利，根据交易对象的不同，期权可以分为商品期权、股票期权、债券期权、股指期权、外汇期权，等等。期权的买入须支付期权费用，即为了得到权利而付出的代价。投资者可以行使这种权利，也可以放弃这一权利。期权买卖的是一种权利，而不是真实的商品。期权的投资者买入期权的风险是有限的，但其收益是无限的，而期权的出售者是投机者，要承受较大的风险。

在现代证券市场上，期权交易也是一种重要的金融创新，它能够使市场交易趋于活跃，而且能分散投资的风险，稳定市场。

（6）外汇。外汇是货币行政当局（中央银行、货币管理机构、外汇平准基金组织及财政部）以银行存款、国库券、长短期政府债券等形式保有的在国际收支逆差时可以使用的债权。外汇作为国际经济交往的产物，是国际交往中不可缺少的计价、购买、储备、清偿债务的手段。个人理财规划者所持外汇，按照国家制度规定不能购买国外股票，只能将其存于银行或进行期权交易。外汇投资的目的是获得存款利息收入或通过不同货币的交易来赚取差价。

2. 投资工具设计

个人理财师根据可供选择的资产种类及投资者的风险偏好及其他约束条件，运用金融投资的理论及实践经验，为客户提出可供参考的几种投资理财方案及其收益计算与风险衡量工具，以便于顾客的计算和比较。这些工具大体包括对不同投资方案进行利率的敏感性分析；对不同保险、证券投资与银行储蓄的收益率水平做出比较；国债买卖中到期收益率计算、持有期收益率计算及当年收益率计算等。

3. 投资工具比较

这里将国内常见的各种投资工具，从其安全性、获利性和变现性三个方面加以比较，得出表 9-2 所列的状况。

表 9-2　中国家庭常用投资工具比较

投资工具	安全性	获利性	变现性
储蓄	*****	*	*****
国债券	*****	**	***

续表

投资工具	安全性	获利性	变现性
公司债券	****	**	***
基金	***	***	****
股票	**	****	*****
期货	*	*****	****
房产	****	****	*
收藏	***	***	**

说明：*号越多，相应的指标数值越好。

需要说明，在对投资工具从安全性、收益性、流动性等标准判断中，投资者总是希望自己的投资能风险相对较小而收益相对较高，且又具有一定的流动性。这愿望本身就是一大矛盾。投资者只有结合个人因素的具体情况进行运作，才能达到令人满意的效果。

4. 各种投资工具的选择

北京某市场调查有限公司 2002 年四五月间，在北京、上海、广州等七大城市范围内进行了一项有关居民理财风险的调查，在一定程度上回答了投资工具选择的问题。如表 9-3 所示。

城市之间的差别，反映的是各地金融市场活跃的程度及人们金融投资观念和投资技巧的差异。在金融市场比较活跃、居民投资知识丰富的地区，如上海，金融资产分流的趋势比较明显，居民储蓄比例相对其他城市较低。理财方式多元化程度与家庭人均收入密切相关，家庭收入越高，理财的方式和种类越多，这再次印证了"丰富是多元化之前提"的道理。而在金融市场不够发达和活跃的其他城市，尤其是武汉、沈阳等，金融资产仍然集中在传统的渠道，居民的银行储蓄比例相对较高。

表 9-3　七城市居民家庭拥有各类投资工具的情况　　单位：%

理财方式	北京	广州	重庆	西安	上海	武汉	沈阳	总体
银行存款	99	99	100	98	98	100	99	99
股票	11	32	28	27	40	15	18	24
国库券	68	50	50	64	71	38	57	57
各类债券	21	30	15	20	35	21	16	23
保险	26	29	23	30	41	15	15	26
其他	2	3	7	3	2	4	2	3

9.2.4　不同年龄段的投资组合

无论采用哪种模式，年龄都是重要因素，没有一成不变的投资组合。投资者应根据个人年龄情况设计投资组合，具体包括激进型、中庸型和保守型三种不同模式可供运用，随着年龄的增长，投资策略从激进、中庸逐步趋于保守。

1. 个人投资的六大阶段

个人一生所处年龄段不同，对投资组合和实际理财运作的要求也不同。通常将人生分为六大阶段。

（1）成长期，指0～24岁阶段。包括出生、完成学业、踏入社会、参加工作直到结婚以前。这期间经济状况还不能独立，财富积累还很少，主要任务是节约花销，养成良好的消费购买习惯，同时尽可能地学习充实理财知识技能，为未来参与理财实践活动打好基础。

（2）青年期，指25～35岁阶段。这期间的特点是家庭初始构筑，花销数额大幅上升，积蓄渐渐增加，对投资理财有了初步了解，也开始摸索投资的技能和规律。投资人在这个时期可承担一定的风险，应采取较积极的投资策略来分配投资组合，如用较高的比例放在与股票有关的投资上。

（3）成年期，即结婚10年后的36～45岁。这期间收入渐趋稳定，财富积累明显增加，应特别注意提升投资收益，追求较高的投资回报。这期间的花销多集中在购房、家庭装修、买车等较为昂贵的项目。此时对风险的承受能力较高，投资组合应偏向积极型，将资金投入积极增长的股票，但也要留有小比例资产投入保守类项目。

（4）成熟期，指结婚后第二个10年，亦即46～55岁。其特点是，收入已超过支出，子女的教育费用上升为主要家庭负担。这一年龄段的财务目标应为筹措子女的教育经费，投资时应兼顾收益和成长的平衡。投资组合以积极型和保守型平衡为宜，包括股票、基金、债券和定期存款。

（5）稳定期，指结婚后第三个10年前后（56～65岁）。这时，个人的事业和收入已达到高峰，积蓄退休后的花费成为重点。此时应调整投资组合的比例，减低积极型投资，侧重收益型、保守型投资，以期避开较高的风险。投资组合以保守为主导，还可适当配以小比例的积极型投资，用以追求最大增值。

（6）指66岁以上的退休期，这时投资安全保本增值为主要目标。应着眼于固定收入的投资工具，使老年生活确有保障。投资组合以保守型和适度保守型为主，既可保本，又可使生活更加宽裕。

故此，遵循一般的经验，这里建议客户根据年龄确定投资比例，可运用"100减去目前年龄"的经验公式。这一公式意味着：如果投资者现年60岁，至少应将资金的40%投资于各种证券；如现年30岁，至少要将70%的资金投资于各种证券。基于风险分散原理，需要将资金分散到不同的投资项目上，就该项资产做多元化分配，使投资比重恰到好处。随着年龄增长，收入越来越多时，将手中的资金分散到不同领域是明智之举。表9-4为处于不同阶段个人的投资目标。

表9-4 处于不同阶段个人的投资目标

投资者类型	短期目标	长期目标
大学高年级学生	• 租赁房屋 • 获得银行的信用额度 • 满足日常支出	• 偿还教育贷款 • 开始投资计划 • 购买房屋
20多岁的单身青年	• 储蓄，进行本人教育投资 • 建立备用基金 • 购买汽车 • 将日常开支削减10% • 实现环球旅行	• 进行投资组合 • 建立退休基金

续表

投资者类型	短期目标	长期目标
30 多岁的已婚投资者 （子女尚幼）	• 将旧的交通工具更新 • 子女的教育开支 • 增加收入 • 购买保险	• 进行子女教育基金的投资 • 购买更大的房屋 • 将投资工具分散化
50 岁左右已婚投资者 （子女已成年）	• 购买新的家具 • 提高投资收益的稳定性 • 退休生活保障投资	• 出售原有房产 • 制定遗嘱 • 退休后旅游计划 • 养老金计划的调整

资料来源：陈工孟，郑子云．个人财务策划．北京：北京大学出版社，2003.

2. 各类经济状况家庭投资理财特点

各类经济状况的家庭，投资理财的特点是有差异的。具体表现如表 9-5 所示。

表 9-5 各类经济状况家庭投资理财特点

家庭类型	特 征	理财建议
工薪收入家庭	家庭收入以工资为主，且薪酬较低，家庭基本开支占总收入比例较大	宜采取保守型策略，以规避风险和获取稳定收益为首要理财目标，选择金融产品时注意选择有较好变现能力的产品
收入不稳定家庭	家庭收入以租金为主，家庭成员没有稳定的薪酬收入，家庭基本支出占总收入比例大	应采取稳健型策略，在风险控制的前提下，通过优化家庭资产金融投资组合，保证能够获得较好的投资收益
高收入家庭	家庭成员有较高的薪酬收入，而且收入中还有稳定的租金收入，家庭基本开支占总收入比例不大	可采用积极进取型策略，适度加大金融风险投资部分的理财比重
高投资家庭	家庭收入以租金和风险投资收益为主，基本支出占总收入比例不大，家庭财力雄厚，已超出打工糊口阶段	在留出足够生存保障基金的前提下，可以采用冒险型策略，以股票、期货等回报较高的金融品种为主，安排家庭资产进行组合投资，谋求创造更大的家庭财富

9.2.5 投资策略

1. 投资决策的步骤

个人理财师制定的理财方案，只有经过投资决策并形成具体的投资项目才能帮助客户实现其未来的财务目标，而投资决策的质量将直接影响理财方案的最终执行效果。一般来说，投资决策是由以下 3 个基本步骤组成的：

步骤 1，确定投资于各种资产类别的合理比例；

步骤 2，在各个资产类别中选择投资类型；

步骤 3，选择具体的投资品种并推荐给客户。

2. 资产分配策略

所谓资产分配策略，是指个人理财师根据客户的目标和风险偏好，确定客户总资产在各类投资产品之间的合理比例。个人理财师一旦确定了客户的资源、目标及风险偏好，并选定了合适的投资策略，紧接着就要确定各种资产类别间的合理比例。

个人理财师在针对每个客户的具体要求制定投资策略时，必然会影响到客户拥有资产的分配状况。如客户希望获得稳定的现金收入，在分配过程中必然会提高现金投资与固定利息投资的比例。如客户希望减少税负支出，则股票投资、政府债券投资等会在总投资中占有更大比重。个人理财师应当尽量详细地掌握客户投资策略的出发点，帮助客户制定合理的资产分配策略。

个人理财师确定的最优资产组合应当包括经济资源和人力资本在内的综合资产组合。财务策划实务中引入人力资本因素，有助于个人理财师为客户提供更加广泛而有效的专业建议。

3. 选择具体的投资产品

选择投资项目：理财计划采用多重管理策略以尽量达到分散投资组合的效果，如可以选择各基金公司提供的专业化投资项目，进行资产组合。客户投资在各种资产类别之间的分配比例主要取决于三个因素：客户风险偏好、客户投资策略与国民经济发展前景。

个人投资方式可以分为两类：① 直接投资，即通过定期储蓄、直接持股、直接拥有房地产等方式进行投资；② 间接投资，即通过专业的基金管理公司、财务公司等进行投资。两种方式各有优缺点，具体采用哪一种要根据客户的情况确定。尽管间接投资可以让客户在不用花费过多精力的情况下获得一定回报，但与直接投资相比要支付较多的佣金、管理费等交易成本，也无法对具体投资品种进行有效控制和及时调整。

值得注意的是，由于各个国家的实际情况不同，投资产品种类及具体特性不同，个人理财师在选择投资产品时要结合所在国投资产品的具体特性。一般来说，成熟的投资市场都会有专业人员从事各种投资产品的分析研究，并将研究结果通过一定的媒介公布出来。这些研究和分析成果都是投资决策时需要特别关注的重要参考，个人理财师要善于利用这些资源提高投资决策的质量和效率。

9.3 投资收益与风险

9.3.1 投资收益分析

投资收益是指投资者在一定时期内进行投资活动的所得与支出的差额。投资者进行投资决策时，重要的是比较各种证券的收益大小，不同证券的收益形式有所差异。

1. 投资收益的构成

（1）利息或债息收入。指投资者储蓄存款或投资于债券并按面值和票面利率计算的定期获得的收益。

（2）股利收入。指投资者购买股票并持有一定时间而获得的收益，包括股息发放与红利分配两部分。

（3）资本利得。资本利得即证券交易收益，指证券卖出价与买入价之间的差额。卖出价大于买入价称为资本增值，卖出价小于买入价称为资本损失。

2. 证券投资收益的衡量指标

1）股票投资收益指标

股票投资者的收益状况，可通过以下两个指标体现。

（1）投资获利率。指投资者购买股票的成本与可能获得股利的百分率。用公式表示：

$$投资获利率＝当期每股股利/每股市价×100\%$$

指标数值越大，投资者的获利越多。

（2）持有期股票收益率。股票没有到期日，但投资者持有股票的时间却有长有短。股票持有期内所得收益包括买卖差价收益和股利收益，其计算公式为：

$$持有期股票收益率＝[（出售价格-购买价格+每股股利）/购买价格]×100\%$$

2）债券投资收益的衡量指标

债券投资者的收益状况，可通过 3 个指标来体现。

（1）本期收益率。这是以目前的市场价格为基础，衡量投资者购买债券后每年可带来的收入。本期收益率是投资者每年获得的利息收入与其投资支出的比率，计算公式为：

$$本期收益率＝年利息收入/购买价格×100\%$$

（2）持有期收益率。是指投资者买入债券开始到卖出债券这一时期的实际收入，按持有天数换算为年收益率，计算公式为：

$$持有期收益率＝\{[（卖出价-买入价）/持有期年数+年利息]/买入价\}×100\%$$

（3）到期收益率。指债券投资者在二级市场上购买债券持有到满期时得到的收益率，计算公式是：

$$到期收益率＝\{[年利息+（债券面值-购买价格）/剩余年数]/购买价格\}×100\%$$

3）期望收益率计算

期望收益率是指一项投资的预期收益占投资总额的比率，综合了投资的每一可能性收益及其可能性大小的单一数值。计算公式是：

$$\overline{X} = \sum_{i=1}^{n} (P_i \times X_i) \tag{9-1}$$

式中：

$\overline{X}$——期望收益率；

P_i——第 i 种结果出现的概率；

X_i——第 i 种结果出现后的可能收益率，如某一证券投资可能遭遇景气、一般、萧条 3 种股市行情，发生概率分别为 0.3、0.4 和 0.3，预期收益率分别为 9%、3%、-5%，则这一证券的期望收益率为

$$期望收益率＝9\%×0.3+3\%×0.4+（-5\%）×0.3＝2.4\%$$

9.3.2　投资风险分析

风险是一个较难掌握的概念，定义和计量有很多争议。风险广泛存在于各种投资活动中，并对投资目标实现有重要影响，使得投资者无法回避和忽视。

1. 风险的概念

风险是指投资者不能在投资期内获得预期收益，造成损失的可能性，是对期望收益的背离。风险来自于事件本身的不确定性，具有客观性。与证券投资相关的所有风险称为证券总风险，根据风险的影响范围不同，风险可以分为系统风险和非系统风险两类，如图 9-1 所示。

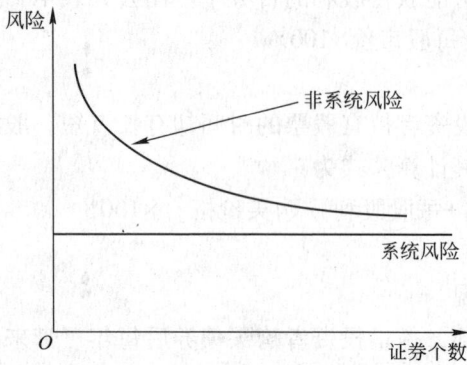

图 9-1 证券总风险

1）系统风险

系统风险是指由于某种全局性的共同因素引起的投资收益的可能变动，这种因素以同样的方式对所有证券的收益产生影响。系统风险包括政策风险、周期波动风险、利率风险和购买力风险等。这类风险涉及所有的投资对象，不能通过多元化投资来分散，又称为不可分散风险或市场风险。

2）非系统风险

非系统风险是对某个行业或个别公司的证券产生影响的风险，它通常是由某一特殊的因素引起，与整个证券市场的价格不存在系统、全面联系，而只对个别或少数证券的收益产生影响，非系统风险包括信用风险、经营风险、财务风险等，这类风险可以抵消或回避，又称为可分散风险或可回避风险。

2. 风险衡量

证券投资分析中，对风险的测定通常采用收益或收益率的标准差、变异系数和 β 系数表示。

1）标准差

在统计学上分别用 σ、V 两个符号表示标准差和方差，用来表示随机变量与期望收益之间离散程度的指标。计算标准差的公式是：

$$\sigma = \sum_{i=1}^{n} \sqrt{(R_i - \overline{R})^2 \times P_i}$$

表 9-6 是某 4 只股价指数的日收益率的标准差，从中可以发现，我国 A 股市场的标准差较小，而 B 股市场的标准差则较大，这反映出 B 股市场的风险大于 A 股市场。

表 9-6 收益率的标准差

	上海 A 股指数	深圳 A 股指数	上海 B 股指数	深圳 B 股指数
样本数 N	1 801	1 801	1 801	1 801
样本区间	1996. 10. 23—2004. 4. 19	1996. 10. 24—2004. 4. 19	1996. 9. 25—2004. 4. 1	1996. 9. 17—2004. 3. 19
标准差	0. 016 745 58	0. 018 247 12	0. 025 568 63	0. 026 158 09

方差的计算公式为：

$$V = \sum_{i=1}^{n} \left[(R_i - \overline{R})^2 \times P_i \right] \tag{9-2}$$

即：$\sigma^2 = V$

式中：

$\overline{R}$——期望收益率；

R_i——第 i 种结果出现后的可能收益率；

P_i——第 i 种结果出现的概率。

如某个价值为 100 元的股票，期望收益率为 8%，可能收益率为 4%、8%、12%，各自的概率分别为 0.25、0.50、0.25，则该股票的标准差为：

$$\sigma = \sqrt{(4\% - 8\%)^2 \times 0.25 + (8\% - 8\%)^2 \times 0.50 + (12\% - 8\%)^2 \times 0.25} = 2.83\%$$

2）β 系数

整个股市波动时，各只股票的反应并不相同，有的发生剧烈震荡，有的只发生较小变动。计量个别股票相对于整个市场波动的变动程度的指标是 β 系数，它可以衡量出个别股票的市场风险，而不是公司特有风险。

β 系数可用直线回归方程求得，即：

$$Y = \alpha + \beta X + \varepsilon \tag{9-3}$$

式中：Y——个别证券的收益率；

$\quad\quad X$——市场平均收益率；

$\quad\quad \alpha$——与纵轴的交点；

$\quad\quad \beta$——回归线的斜率；

$\quad\quad \varepsilon$——随机因素产生的剩余收益。

当 $\beta > 1$ 时，表明该证券的风险高于市场平均风险；当 $\beta = 1$ 时，表明该证券的风险程度与整个市场的风险程度一致；当 $\beta < 1$ 时，表明该证券的风险低于市场平均风险。

应该指出，β 系数不是某只股票的全部风险，而只是与市场有关的部分风险，另一部分风险 $\alpha + \varepsilon$ 则只与企业经营活动本身有关，与市场无关。特有风险可通过多元化投资分散掉，市场风险就成为投资者注意的焦点，β 系数成为证券投资决策的重要依据。

标准差和 β 系数是衡量风险的指标，它们均可利用统计资料计算，借以反映证券风险程度的大小，但各自体现的内容不同：标准差度量证券本身在各个不同时期收益变动的程度，比较的基础是证券本身的平均收益；β 系数度量某一证券的收益相对于同一时期内市场平均收益的波动程度，比较的标准是市场的波动程度。

3）变异系数

标准差是计算投资报酬率值的离散差程度，用来度量投资风险的方式称为绝对风险，但当一组统计资料数值的期望值及标准差较大，而另一组统计资料数值的期望值及标准差较小，此时如果要比较两种数据标准差的大小来决定哪种投资风险较小，通常并无多大意义。也就是说，比较不同投资替代方案的风险大小时，应该以相对风险的观念来衡量，而相对风险的表达方式可用变异系数来加以表示：变异系数=标准差/期望收益率。

如有 A、B、C 3 种证券投资机会的期望收益率、标准差及变异系数的数据如表 9-7 所示。

表 9-7 相对风险的衡量

证券	期望收益率	标准差	变异系数
A	0.10	0.01	0.10
B	0.10	0.02	0.20
C	0.20	0.02	0.10

可以发现，证券 A、B 有相同的期望报酬率，然而 B 的标准差比 A 大，理性的投资者必然会选择投资 A；但若与投资证券 C 相比，投资证券 A 的标准差虽然比 C 小，但其期望收益率亦较低，若用标准差表示的绝对风险值将无法判定投资证券 A 与 C 的优劣。这时，只

有通过相对风险（变异系数）来加以观察，可以发现证券 A 与 C 二者之风险相当，但投资证券 C 之报酬率期望值较高，这种情况下，投资抉择主要取决于投资者的效用函数。

9.3.3 证券投资收益和风险的关系

证券投资收益和风险的基本关系是：收益与风险是相对应的，也就是说风险大的证券要求的收益率也高，收益率低的投资往往风险也较小，正所谓"高风险，高收益；低风险，低收益"。

在理论上，风险与收益的关系可以用下面的关系表述：

$$预期收益率＝无风险真实利率＋风险溢价＋预期通货膨胀率 \tag{9-4}$$

1）无风险真实利率

无风险真实利率相对于确定性投资而言，是投资收益率扣除物价变动因素后的比率，一般认为政府债券的投资是无风险的，故常用政府债券的利率表示。

无风险真实利率是由提供给大众最安全的投资机会决定的，利率与证券价格都是以名义价值表示的，且通货膨胀率也常常无法事先得知，并不能直接观察到真实收益。

2）无风险名义利率

国库券的本利都是用名义利率表示的，这种名义比率可以分解成两部分，即无风险真实利率加上预期通货膨胀率。在这种条件下，投资收益可以写成：

$$投资收益＝无风险名义利率＋风险溢价 \tag{9-5}$$

对任何一种证券来说，期望收益的一部分总是由无风险名义利率来决定的。所以，改变政府债券的利率水平，可以导致所有证券的期望收益发生变化，从而引起价格变化。另外，尽管对于所有证券来说，期望收益中的无风险名义利率是相同的，但风险溢价则各不相同。

3）风险溢价

现代资本市场理论认为，风险溢价是证券市场系统风险的以下 3 个因素的函数。

（1）企业风险：是指企业营业收入的不确定性，通常企业营业收入用扣除利税前的收益来表示。该指标变动越大，风险也就越大。

（2）金融风险：是指运用负债的附加风险。按照传统观点，公司运用负债的数量越多，则收益越不可靠，风险也越大。

（3）流动性风险：是指资产变现时的风险。在不明显改变资产价格的条件下，容易快速买进或卖出的资产，其流动性较好。这样，该资产买进或卖出速度和数量的不确定性越大，流动性风险也越大。

4）避险工具与风险投资工具的配比

将避险工具与风险投资工具相匹配，是个人投资理财的基本原则。但在投资理财的具体实践中，仅做好了避险工具与风险投资工具的较好搭配，还远远不够，还必须根据不同家庭的不同背景，对避险品种与风险投资品种在数量上给予正确配比。投资品种配比上的误区，是避险工具与风险投资工具的组合不协调、不适应，是避险品种与风险投资品种在量的配比上脱离了家庭的实际。要实现这种匹配，简单而言，就是合理分流家庭资产，即在避险的基础上，以较少的投入获得稳定的较多的投资收益。两者的关系大致如表 9-8 所示。

表 9-8　投资风险与投资工具的搭配

投资风险	极 高	中 高	中 低	极 低
类型描述	冒险型	积极型	稳健型	保守型
主要投资工具	期货外汇、认股权证、投机股、新兴市场基金	绩优股成熟股市全球型基金	优先股公司债平衡型基金	定期存款、公债、票券、保本投资型基金
财务杠杆扩大信用	融资融券1～2倍	以理财型房贷机动运用	自有资金操作	自有资金操作
操作期间	短期	中短期	中长期	中长期
利益来源	短线差价	波段差价	长期利益	长期利益
预期平均报酬率	15%～20%	10%～15%	5%～10%	3%～5%
最大本金损失	70%～100%	50%	20%	5%

9.3.4　投资风险决策

投资面临的经济社会大环境充满了不确定性，投资决策的过程其实就是风险决策的过程。

1. 风险决策的影响因素

1）风险成本

鉴于风险的客观性，任何个人想要完全摆脱风险都是不现实的。要降低风险就必须付出相应的代价。由风险导致的费用称为风险成本，包括风险本身所造成的损失、对风险的前期预防费用及后续的风险处置费用。

2）风险收益

风险收益是指因承担某种风险投资而获得的回报。正如证券投资提到的那样，投资的预期收益比无风险收益更高，这部分多出来的用于补偿风险成本的收益又称为风险溢价。

3）信息

随着投资者获得信息量的增加，投资者面对的不确定性因素逐渐减少，这就可以提高投资者决策行为的正确度，降低决策风险。

2. 决策方法

根据投资者对风险的态度和所掌握的信息情况，可采用不同的决策方法。

1）最大可能法

最大可能法的实质，是将概率最大的投资结果看成是必然事件，即发生的概率为1，而将其他结果看作不可能事件。这一方法适用于某一投资结果比其他结果发生概率大得多的情形。投资者的决策行为也就变成了确定性决策。该方法的前提是投资者掌握了足够的信息来判断投资结果发生的概率。如果仍然存在许多不确定性因素影响概率的判断，则不适宜采用该方法。

2）期望值法

利用期望值法进行风险决策，要考虑投资者的风险偏好程度，其步骤是在收集相关资料后，列出主要的可行方案，算出每个可行方案的期望值来加以比较。如投资者是风险厌恶型的，目标是损失最小，则应该采取期望值最大的可行方案。如投资者是风险偏好型的，目标是收益最大，则应选择期望值最高的可行方案。该方法结合了概率分析和投资者对风险和收益的态度，在大多数情况下都是适用的。

3）概率不确定下的风险决策

在现实生活中，有时只能对风险发生的后果进行估计，很难估计事件发生的概率。投资者这时是在一种不确定的情况下进行决策，决策结果在很大程度上依赖于自己对风险所持的态度。

在上述投资组合中，要考虑某个家庭的主要特点，即稳健投资或高风险投资。在家庭经济生活中，这种投资组合既可以为投资者获取高额投资回报提供广阔天地，又特别注重了各种情况下家庭资产的保值增值和风险规避，以确保家庭经济的终生无忧。

3. 投资风险防范的措施

稍作观察和调查研究，不难发现众多家庭投资理财的实践活动存在一种"偏食"行为，即投资工具的选择大多是"单线作业"，这种投资行为全然不顾及投资市场的风险，特别是投资市场的周期性风险和系统性风险，这种情形须避免。

1）风险防范

（1）做好充分的调查准备工作。首先，应该了解投资者的风险承受能力，包括风险偏好的类型、个人财力、自身知识结构等。

（2）优化分析。在掌握大量信息的基础上，投资者应该依靠经验或技术方法进行风险分析，优化投资策略，最后确定适合投资者的最佳方案。

（3）选择正确的投资时机。市场价格的波动受到经济周期的影响，经济过热时，各类资产的价格也存在泡沫，投资时机的选择尤为重要。

2）合理组合以应对风险，构筑家庭生活的"防火墙"

对于资金实力雄厚的个人投资者，可以考虑组合投资，即在对投资市场细分的基础上，选择不同类型的投资工具和投资时机进行组合投资。如投资期限的长短结合、高中低档有机搭配、投资区域分散、不同用途组合等。

现代家庭在经济生活中进行投资理财时，首要关注的事情有两点：① 构筑好家庭经济生活的"防火墙"；② 通过运用风险投资工具，使家庭的经济生活更加美好。

在实践中，从大的方面看，无论哪种类型的家庭，首先都要根据家庭经济生活的近期、中期、远期收入预期和支出预期，切实做好现金流的调控。银行存款或现金是每个家庭不可或缺的避险工具和应急工具。其次，作为避险的重要工具，健康保险和意外伤害保险也是每个家庭必备乃至不可或缺的。最后，根据家庭成员对风险投资工具的认知程度和对市场运行规律的把握能力，选择一些风险投资工具进行投资。在家庭投资理财活动中，将上述 3 个方面的投资工具进行组合，应该说是最基本的组合模式。

▶▶ **小 资 料** ◀

投资中金钱的时间价值

大学生应该进行退休规划吗？当然啦！年轻时是启动投资计划的最佳时间。道理很简单：如果你年轻时就开始投资计划，只要金钱的时间价值发挥作用，而且你的投资健康，那么到退休时就完全可以高枕无忧了。

以玛丽和米勒夫妇为例。玛丽 32 岁，是中学历史老师。米勒 35 岁，拥有自己的计算机咨询公司。他们每年的收入大约是 8 万美元，而且都非常喜欢自己的工作。两个人都希望等米勒 65 岁时已经有足够的钱可以退休了。

米勒夫妇 10 年前结婚时，已经确立了一个长期目标，要在退休时积累 150 万美元。他们向朋友推荐的个人理财师雷诺兹咨询。雷诺兹说如果他们选择年收益率 12% 的高质量投资，每年只要投资 2 000 美元，40 年后米勒 65 岁时他们的投资组合总值将达到 1 534 180 美元。他说大多数投资收益来自金钱的时间价值的作用。金钱的时间价值是一种投资概念，它指投资升值时产生的所有收益、分红和账面升值可以在长时间内积累。雷诺兹说现在就是最好的投资时间。为了证明她的观点，她做计算为：如果米勒夫妇 10 年后再开始投资，然后投资 30 年，他们的投资组合总值将只有 482 660 美元，整整损失了 100 万美元。不用说，米勒夫妇立刻意识到应该马上投资。

今天，米勒夫妇已经投资股票和基金 10 年了，他们的投资现在已经价值 45 000 美元，虽然离 150 万美元还比较遥远，但雷诺兹保证，只要他们继续进行同样的投资，金钱的时间价值将使他们的投资总值在米勒 65 岁时超过 150 万美元。

▶ 小 贴 士 ◀

投资理财七大戒

一戒盲目跟风。道听途说某项目投资赚钱，不加分析调查便盲目跟风，十次有九次要失败。

二戒优柔寡断。市场瞬息万变，最佳投资机会往往稍纵即逝。犹豫不决、观望徘徊只能眼巴巴看着别人发财。正确把握时机，看准后便当机立断，是成功投资者不可缺少的素质。

三戒与亲戚做生意。投资以利润为目标，没有照顾，不讲面子。如投资行为过多夹杂着温情，兼顾由来已久的情面，不但有可能赚不到钱，还可能把原本挺好的亲戚关系弄得很僵。

四戒和不熟知的人合作。与他人合作投资，必须了解对方的从业经历、经济实力、个人素质、品德修养。如糊里糊涂地与其合作共事，难免上当受骗。

五戒目标比天高。不同领域、不同时期的投资回报是不一样的，制定投资目标时，一定要纵横比较，切实可行，否则就难免永不知足，永无宁日。

六戒投资于自己并不擅长的领域。不了解市场行情，自身实力不具备，贸然投资，极易误入迷宫，坠入云雾。解决方案一是抓机会抽逃，二是从头学起争做行家。

七戒把钱投在一处。稳妥办法莫过于分散投资，避免万一遇险全军覆没的悲剧。

附录：

理财六大攻略

金融危机对居民的家庭理财无疑是沉重打击。在我们刚刚意识到自己或许有财可理、也有愿望理财时，突然发现主要收入来源的饭碗都岌岌可危。从来没有过这样的时期，让老百姓如此深刻地认识到小家庭财务会随着世界经济的动荡而起伏，就像一叶小舟载着我们在风雨中飘摇。打理好自己的财产，是我们实实在在的唯一依靠。

第一，理财有目标。

如同出海有目的地一样，我们需要明确自家要朝着哪个方向进展。理财理的是资产，规划的是生活。而如何生活，从大的层面来说，决定你抱有何种生活目的和人生观；从小的方面来说，它受制于家庭结构和成员间的互动，反过来也影响你的成就感、幸福感，影响到家庭成员未来的发展。从追求生活品位和人生目的出发，在现有家庭结构的基础和条件上，尽可能多地考虑确定和不确定因素，对未来生活有个总体策略安排，就是明确理财目标的过程，我们把它称作理财规划。不是所有人都需要请理财师为自己量身打造这样的理财规划，但都应有这样的意识，做这样的安排，且最好落实到纸面上。

有了明确的目标，家庭理财才能坚持长久、连续的策略，才能在学习中不断修正和发展，从而获得成功；没有这样明确的目标，容易见异思迁，在小事上迷失，甚至做出错误的安排，让家庭承受过分的风险甚至损失。

第二，生活有保障。

如同自驾小船出海需要准备一只救生圈一样，我们必须为生活中有可能发生而一旦发生会对我们家庭正常生活造成重大影响，甚至灾难性危害的事件做好准备。

强调家庭日常应急备用金的准备，即准备3～6个月平均消费用的金额，应对意外发生的紧急支付情况。这笔钱应该用方便提取的方式储存，如活期账户或银行卡，收益不是重点。具体金额视消费水平和家庭资产情况而定，若家有体弱多病的老人、活泼多动的小孩或其他情况，应该储备偏多。应急备用金可以说是家庭应对意外发生的第一道防线。

第二道防线是国家强制执行和单位参加的医疗保险、工伤保险等，包括城镇职工基本医疗保险和农村合作医疗制度下覆盖的保险。需要提醒的是，并非所有人都清楚自己拥有哪些基本保险，具体的金额和赔付要求是怎样的，建议到人事部门去了解一下。

第三道防线是适当补充的商业保险。从理财的角度出发，强调保费支出在家庭的正常承受范围，防止欠保和过保。买保险重在购买产品的保障功能，如果有人劝你买只镀金的救生圈，要坚决地说 no。

其实无论几道防线，要想抵御大风大浪，最根本的还是船主人要身强体壮、丰收不断，才好把家庭这艘船打造得越来越结实。

第三，收入有源头。

如同出海打渔总要准备好的渔网一样，家庭要生存、要发展，就要有可靠的财务来源。年轻朋友在考虑投资前，先要想清楚什么是擅长和有条件给家庭带来稳定收入的，就是分清主业。无论是做生意还是打工赚钱，主业经营是立家之本。有助主业发展的支出，在消费控制的时候应该优先考虑。事业成长阶段的年轻人，如花3 000元钱参加有助职涯发展的课程学习，比花费1 000元钱旅游更值得投入。

第四，消费有规划。

这是唯一和出海航行不挂钩的，除非海上真有迷人的妖怪。我们生活在商品社会，每天必须消费，不消费无法改善生活，享受生活。但消费诱惑无处不在，商家努力鼓动的只有两件事：可买可不买的东西要买，必须要买的东西买更贵的或买得更多。所以才会有盲目消费、冲动消费，才会出现"拉卡族""月光族"。为此就需要唤醒大家理性消费的意识。

理性来自于对家庭财务状况的清醒认知，将整体的财务规划和目前的收入状况相结合，用从上到下的思维方式决定合理的消费水平，即：收入−需要的投资（储蓄）＝可支配消费，而非剩多少存多少，不剩不存，甚至入不敷出。

消费控制通常是说起来容易做起来难，记账是个好工具，首先解决钱花到哪里去的问题，统计以往的数据就可以制定以后的预算，就起到了控制的作用。记账并不很麻烦，可以分类记、隔一定时间（天、周甚至月）记一次，记账过程是家庭财务梳理的过程，也是夫妻交流的重要内容。

第五，投资有门道。

如果你一直都是划桨出海，你希望给船装上帆么？投资就有这样的效果。

方便的互联网让林林总总的投资产品和我们走得如此之近，几乎唾手可得。花一定的时间学习和研究，是投资入门必需的。投资者需要了解目前市场上有哪些投资产品，其风险和收益情况，需要的投资期限，到哪里购买，费用如何，等等。然后比对自己的情况，认清自己的风险偏好，将理财规划中预计的未来项目纳入投资安排。具体投资品种的选择，从两个方面掌握：一是由用钱时间来决定投资期限；二是由资金用途来决定可承受风险大小。

如你手中现有 10 万元钱，明年一定要结婚或孩子出国留学，合适的投资就是 1 年期定期存款，你不应该在乎收益多少，重点是到时你手里正好有这笔钱。假设这 10 万元钱准备明年出国旅游，你判断现在股市有不错的机会，不妨一试，即使全部亏掉并不影响你的正常生活。再比如，你现在才 20 岁，考虑准备退休后的养老金，股票、权证这些高风险的投资都可以学，因为你有足够的时间改正可能发生的错误。

把握市场风险需要在实战中学习，投资者自身的风险承受能力也需要反复磨炼。磨炼过程中需要认清的一点是：投资的根本目的是改善生活品质，获得快乐，如果投资对你没有快乐，说明这种投资并不适合你。

第六，未来有打算。

孩子是从大船上分离出的一叶小船，会在风浪中成长，然后代替我们继续前行。

普遍而言，孩子的教育、婚嫁是父母的责任，尤其教育费用预计在未来仍会持续上涨，一是金额大，二是到时就需要发生花费，年轻家庭应该早做打算。工薪阶层可以持续逐月积累，专款专用，选择低风险的基金和债券投资，还可以选择教育储蓄，如对名目繁多的投资品种弄不明白，定期存款永远是不过时的好办法，考虑未来利息变动的可能，不宜存期太长，存期一年就好，可以采用"十二存单法"。

考虑家庭主要成员自身的养老准备，主要包括生活费用和健康医疗费用。通常情况下生活费用会比退休前有所降低，健康医疗费用则会显著增加，现代医学让大众生命普遍延长，同时带来巨额医药费。老年人的收入来自退休金、投资收益、子女赡养等，还有商业医疗保险和寿险给付做补充，收入和支出的差额是养老准备金的预计需求。养老金的准备可依赖适当投资，投资风险和养老金的准备时间相匹配，剩余的准备时间越短，越应该保守，注意流动性。除自己投资储蓄，目前时有议论的以房养老，未来可能出现的养老信托等新的养老金方式，都值得关注。中国人忌讳提遗嘱的事，其实遗嘱是规划身后事的很好工具，未来事情早做安排，才能从容享受生命。

掌握好以上方面，家庭财务之船便会乘风破浪勇往直前。金融风暴也没那么可怕，或许还是我们旅途上的一道风景线呢。（中国新闻网，2010年2月25日）

小资料

善于理财的好处

个人理财计划虽然未必可以使人人致富，但善于理财，有系统、有计划地理财，却有下列好处。

1. 降低投资风险。投资是广义理财的一个环节，理财则是一整套延续人生全过程的包罗万象的用钱计划，其中也包括投资。一套完善、有效的理财计划使你明白投资会引致的风险，并将这些风险降到最低，不致对你产生沉重打击。

2. 拥有财务安全感。高度竞争、政治经济因素扑朔迷离的当今社会，人们普遍缺乏安全感。善于理财、妥善保护已有财富并使之增值致富，可使你充满安全感，不致终日惶惶不安。

3. 降低无辜损失。妥善的理财计划不会教你全副身家存入银行，亦不会全部投入股市或任何单一市场。它会使你的资金铺排得井然有序，降低类似存钱入国商银行化为乌有，或者买中某些宣布清盘的公司股票，导致全军覆没的风险，减少无辜损失，至少不会令你一朝破产。

4. 提高生活水准。善于理财虽然未必一定会快速致富，但却可以使你的生活水平慢慢改善，渐渐变得富裕，改善衣食住行，提高个人及家庭的生活水平。

5. 保障家人。个人的存在，不可以太过为自己，亦要为家人着想。完善的理财计划如保险制度就是引申为家人而设，除个人受惠、保障自己外，亦保障家庭成员，使全家受惠。

6. 达成个人理想。理财计划的好处是它可以使你实现自己的理想，只要该理想不是奢望（如希望1年内赚1亿美元）。缺乏理财计划，这个愿望可能要推迟十年八年才能达到，完善理财可以将你的愿望拉近且早日实现。

本章小结
BENZHANG XIAOJIE

1. 投资是指投资者为了在未来获取收益而在目前进行的资产构建活动。这里的资产既包括房屋、土地、厂房、设备等实物资产，也包括期货、股票、债券等金融资产。广义上的投资则还包括了人力资本投资、医疗健康投资、情感投资等内容。

2. 投资决策就是投资者评价各投资标的物，选择具体投资目标的过程。不同投资者的个人环境不同，从而其投资目标、投资要求也不同。每个投资者在进行投资决策的过程中都要对具体的投资对象进行评价。

3. 投资决策是由确定投资于各种资产类别的合理比例、在各资产类别中选择投资类型，以及选择具体的投资品种并推荐给客户3个基本步骤组成。

4. 资产分配策略是指个人理财师根据客户的目标和风险偏好，确定客户总资产在各类投资产品之间的合理分配比例。个人理财师一旦确定了客户的资源、目标及风险偏好，并且选定了合适的投资策略，紧接着就要确定客户分配在各种资产类别之间的合理比例。

5. 风险是指投资者不能在投资期内获得预期收益造成损失的可能性，是对期望收益的背离。风险来自于事件本身的不确定性，具有客观性。与证券投资相关的所有风险称为总风险，根据风险的影响范围不同，总风险可以分为系统风险和非系统风险两类。

6. 在证券投资中，收益和风险是相对应的，风险大的证券要求的收益率也高，收益率低的投资往往风险也比较小，正所谓"高风险，高收益；低风险，低收益"。

思考题

1. 个人家庭投资应包括哪些事项？
2. 论述客户的投资目标。
3. 论述投资组合与投资目标之间的关系。
4. 简述个人投资应遵循的原则。
5. 论述个人投资决策的影响因素。
6. 如何选择个人投资工具？
7. 简述证券投资收益与风险之间的关系。
8. 在证券投资分析中，如何进行风险的衡量？
9. 如何使避险工具与风险投资工具相匹配？
10. 如何进行投资决策？

第 10 章
保 险 规 划

10

1. 了解家庭面临的风险及应对措施
2. 了解保险的基本原理
3. 了解保险规划的程序
4. 了解保险规划的种类

10.1 风 险 管 理

风险是促使保险产生和发展的根源与动力，也是保险的对象，没有风险也就不存在保险。有了风险就使得家庭有必要进行风险管理，个人理财师可以帮助客户有效地规避风险。

10.1.1 家庭面临的主要风险

一般来说，家庭面临的风险主要包括人身风险、财产损失风险和责任损失风险等。

1）人身风险

人身风险是指在日常生活及经济活动中，家庭成员的生命或身体遭受各种损害，或者因此造成的经济能力降低或人身死亡、生病、退休等风险。家庭的人身损失风险有：① 家庭收入的终止或减少；② 额外费用增加，每个家庭成员都可能因死亡、生病、受伤、残疾而发生丧葬、医疗护理等额外费用。

2）财产损失风险

家庭都拥有的财产若损毁就会遭受经济损失。家庭财产通常可分为不动产和动产两大类，不动产主要包括土地及其附属物，如房屋、树木等；其他财产都属于动产。个人财产可以是具有实物形态、能够触摸的有形财产；也可能是不具有实物形态、看不见摸不到的无形财产，如专利权、著作权等。

3）责任损失风险

责任损失风险的基础是某个家庭或机构造成另一个家庭或机构伤害时，对受害方的经济损失后果负有法律责任。伤害包括身体伤害、财产损坏、精神折磨、声誉损失、侵犯隐私等多种形式。责任险需要保证自己的财产没有对他人构成威胁。责任险的判例尺度，适用于解决法律错误或对他人的伤害的民事侵权行为。如已经采取了合理的预防措施，法庭将不再追究相应责任。

4）家庭对风险的承担能力

一般来说，风险承担能力与个人的个性、条件及家庭状况有关。风险承担能力的通则可适用于多数人：① 年龄越大，承担风险的能力越低；② 家庭收入及资产越高，承担风险的能力越强；③ 家庭负担越轻，承担风险的能力越强。总而言之，风险程度应限制在个人从主观上愿意承担，客观条件也容许承担的范围之内。

10.1.2　明确家庭风险管理目标

家庭风险管理目标是以较小成本获得尽可能大的安全保障，满足家庭效用的最大化。个人的风险管理活动，必须在风险与收益之间进行权衡，以有利于增加家庭的价值和保障。家庭风险管理目标可以分为损前目标和损后目标。

1. 损前目标

风险管理的损前目标主要包括经济合理目标、安全状况目标、家庭责任目标和减轻担忧目标 4 个方面。

1）经济合理目标

损失发生前，风险管理者应比较各种风险处理工具、各种安全计划及防损技术，并进行全面细致的财务分析，谋求经济合理的处置方式，实现以最小成本获得最大安全保障的目标。

2）安全状况目标

风险的存在对家庭来说主要是针对个人面临的安全性问题，风险可能导致个人的人身伤亡，影响个人的安全。因此个人风险管理目标必须尽可能削弱风险，给个人创造安全的生活和工作空间。

3）家庭责任目标

个人不可避免地承担一定的家庭责任，为更好地承担家庭责任、履行家庭义务和树立良好的家庭形象，是开展风险管理的目的。

4）减轻担忧目标

风险的存在与发生，不仅会引起各种财产损毁和人身伤亡，还会给人们带来种种的忧虑和恐惧。如主要收入来源者会担心自己失去劳动力后给家庭带来风险，就会在生活中表现得小心谨慎，采取各种方法使对损失风险的担心和忧虑最小化，使得家庭能保持一种平和的精神状态。

2. 损后目标

风险管理的损后目标包括减少风险、提供损失补偿、保证收入稳定和防止家庭破裂。

1）减少风险

损失一旦出现，风险管理者应该及时采取有效措施予以抢救，防止损失的扩大和蔓延，将已出现的损失降低到最低限度。

2）提供损失补偿

风险造成的损失事故发生后，风险管理的目标应能够及时向家庭提供经济补偿，维持正常的生活秩序，不致使其遭受灭顶之灾，这是风险管理的重要目标。

3）保证收入稳定

及时提供经济补偿，可实现家庭收入的稳定性，为家庭的完美生活奠定基础。

4）防止家庭破裂

风险事故的发生可能直接导致个人严重的人身伤亡，对一个完美的家庭造成无可挽回的损失。风险管理的目标应该在最大限度内保持家庭关系的连续性，维护家庭稳定，防止家庭的破裂和崩溃。

10.1.3 选择合适的风险管理技术

1. 合适的风险管理技术应考虑的因素

通常人们谈及风险管理就会联想到保险，甚至认为保险是管理家庭风险的唯一工具。事实上，适当的风险管理方案并不能完全依赖保险，而是要根据特定家庭面临的风险状况和管理目标，有针对性地选择合适的风险控制和融资技术，形成一个包括保险在内的管理技术组合，确保在保障程度一定时，风险管理费用会最小；风险管理费用一定时，保障程度则最高。

通常首先要考虑的是各种风险预期发生损失的频率和损失幅度，如表 10-1 所表现的那样，损失频率/损失幅度矩阵为选择风险管理技术提供了有益的指导作用。其次是考虑如何选择个人风险的融资技术。

表 10-1　合适的风险管理技术

	损失幅度高	损失幅度低
损失频率高	回避、转移、自留 预防和抑制	预防 自留
损失频率低	预防和抑制 转移	自留 预防

2. 运用保险来防范风险

保险是家庭将风险造成经济损失的后果转移给商业保险公司或政府机构，将自己不能承担的风险通过保险来规避，寻找风险的共同分担者。

风险管理的技巧有风险规避、风险降低、风险承担及风险转移等。利用保险设计风险管理计划时，应当首先设计家庭保险计划，确定要达到的目标及达到目标的计划，将计划付诸实施并审阅实施后的结果。最好的风险管理计划应当有一定的灵活性，能使客户灵活应对变化的生活环境。目标是设计一个保险方案，随着保护需求的变化而扩张。具体操作办法可如表 10-2 所示。

表 10-2 风险管理计划

行动	应对事项
1. 设定目标	（1）与组织或个人的整体目标一致 （2）重点强调风险与收益之间的平衡 （3）考虑人们对安全性的态度及接受风险的能力
2. 识别问题	（1）问题是风险事故、保险标的及风险因素的综合 （2）需要运用多种手段进行识别 （3）识别对于有效管理而言是关键问题
3. 评价问题	（1）衡量损失的频度和强度 （2）与组织特性和目标相关 （3）利用概率分析 （4）考虑最有可能发生的事故和最大可能遭受的损失
4. 识别和评价可选方案	（1）基本选择：避险、损失控制、损失融资 （2）损失控制包括防损和减损 （3）损失融资包括转移和自留，一般运用不止一种方式 （4）评价基于成本、对损失频度和强有力度的影响及风险的特性
5. 选择方案	（1）运用决策规则在可选方案中做出选择 （2）选择应当基于第一步设定的目标
6. 实施方案	（1）要求处理问题的技巧 （2）成功包括对组织行为的全局性观点
7. 监督系统	（1）重新评价每一因素 （2）选择是在动态环境中做出的，持续不断地加以评价

3. 考虑家庭能够自留或承受风险的损失幅度

在一定的状况下，风险自留即自我承担风险也是可以考虑的，可以是部分自留或全部自留。部分自留是指部分损失风险由自己承担，剩余部分通过保险或非保险转移出去。面对可能发生的损失，家庭首先应明确自己能够承担的损失金额，即确定损失自留额。对损失的幅率，通常需要明确最大可能损失和最大可信损失两个概念。前者是估计在最不利的情况下可能遭受的最大损失金额；后者是估计在通常情况下可能遭受的最大损失金额。最大可信损失通常小于最大可能损失。

风险承受能力直接导致投资者对投资工具的选择、收益率水平的期望、投资期限的安排等内容。投资者对损失收益和本金的风险的承受能力，受到以下因素影响：

（1）投资者本人的工作收入情况及工作的稳定性；

（2）投资者配偶的工作收入情况及工作的稳定性；

（3）投资者及家庭的其他收入来源；

（4）投资者年龄、健康、家庭情况及其负担情况；

（5）任何可能的继承财产；

（6）任何对投资本金的支出计划，如教育支出、退休支出或任何其他大宗支出计划；

（7）投资者对风险的主观偏好；

（8）生活费用支出对投资收益的依赖程度等。

4. 比较损失幅度和风险管理成本

在选择风险管理技术时，必须将可能的损失幅度与风险控制或风险融资成本进行比较。当可能损失幅度小于可供选择的风险时，采用风险管理技术就非明智选择；反之，风险管理成本小于损失幅度，则应认真考虑如何采取风险管理技术。

非保险转移是为了减少风险单位的损失频率和幅度，将由此引致的法律责任借助合同或协议方式转移给保险公司，或提供保险保障的政府机构以外的个人或组织。非保险转移可采用买卖合同的形式，将财产等风险标的转移给其他人，或者通过租赁合同将租赁期间的某些风险，如财产损毁的经济损失和对第三方人身伤害的财务责任转移给承租人等。

家庭考虑损失幅度后，还需要考虑损失发生的频率。如一次损失的金额并不大，但在一定期限类似的损失还会多次发生，也会导致难以承受的损失金额。损失频率可能改变人们对风险自留的决策，转而采取某些合适的风险管理技术来降低或规避风险。

10.1.4 风险控制与监测

1. 风险控制

风险大小和出现概率，决定了控制风险所花费的时间和资金量。利用保险手段控制风险是较好办法。如果无法利用保险手段控制风险，就需要做更多的工作去控制风险。如保险的途径是现成的且成本较低，那么事前就可能不需要采取什么措施。具体而言，风险控制的应对措施如表 10-3 所示。

表 10-3 风险控制的应对措施

风险		降低经济冲击的战略		
个人事件	经济冲击	个人资源	私人部门	公共部门
残废	收入损失、服务损失开支增加	储蓄、投资家庭安全预防措施	残废保险	残废保险
疾病	收入损失灾难性住院开支	增强健康行为	健康保险健康维护组织	医疗保健计划医疗援助计划
死亡	收入损失、服务损失最后开支	遗产规划风险降低	人寿保险	退伍军人人寿保险社会保险存活者福利
退休	收入降低无计划生活开支	储蓄、投资嗜好、技能	退休与/或养老金	社会保险政府雇员养老金
财产损失	灾难性暴风雨、盗窃损失财产损毁、修补或更换	财产修补与安全计划更新	汽车保险、车主保险洪水保险	洪水保险
责任	索赔与安置成本诉讼与法律费用个人财产与收入损失	遵守安全预防措施维护财产安全	住房所有者保险汽车保险失职保险	

2. 风险回避或规避

家庭风险管理可分为风险控制和风险融资两大类，前者是针对可能诱发风险事故的各种因素采取相应措施。如损前减少风险发生概率的预防措施，损后改变风险状况的减损措施，其核心是改变引起风险事故和扩大损失的条件。后者则是通过事先的财务计划筹集资金，以便对风险事故造成的经济损失进行及时而充分的补偿，其核心是将消除和减少风险的成本分摊在一段时期内，以减少巨灾损失的冲击，稳定财务支出和生活水平。表 10-4 列出了家庭风险管理的各种方法和措施。

表 10-4 家庭风险管理的方法和措施

风险控制	风险融资
风险回避	保险
风险控制（包括损失预防、损失抑制）	非保险转移
风险单位隔离	风险自留

3. 损失预防和抑制

损失控制技术分为预防和抑制两类，前者侧重于降低损失发生的可能性或损失率；后者侧重于减少损失发生后的严重程度。许多控制措施同时涉及损失预防和损失抑制，如家中安装防火报警器。损失控制技术对家庭风险管理普遍而实用。如开车可通过定期检查汽车制动状况，养成良好的开车习惯，从而降低汽车事故发生的概率。

风险单位隔离主要是通过分离或复制风险单位，使得任何单一风险事故的发生不会导致所有财产损毁或丧失。以文件安全为例，通常采用文件备份的方式，将重要文件或数据存储于独立于计算机系统的移动硬盘或硬盘上，以免计算机系统遭受病毒感染丢失文档的风险，这就是复制技术；一般还会将这些存有重要文件的移动硬盘、硬盘，分别放在办公室和个人住所，这就是分离技术。

4. 监测风险

风险管理包括的内容不只是保险，人们也不可能只关心一时的风险管理，随着生命周期的变化，大家面临的风险和风险承担能力也会发生变化。这就需要在前期工作的基础上重新确定、识别风险和风险评估。生命周期发生变化时，如结婚、生子、离婚、孩子可独立生活、退休、丧偶等，这些事情发生时就需要重新考虑风险管理控制计划。即使没有上述明显变化，考虑风险问题也是必要的。如一年重审一次保险范围，就是个不错的主意。

总之，风险管理是伴随一生的过程，它可以划分为识别、评估、控制、规避、预防和监测。个人面临的风险随着生命周期阶段的不同而不同。评估风险应该考虑可能带来的损失及风险发生概率两方面因素。可以通过风险控制技术和保险进行风险管理，特别是在生命周期阶段发生变化时，应该定期重审面临的风险状况。

10.2 保 险 规 划

个人理财师主要是将保险作为一种风险管理的工具，了解保险的基本原理、技术基础对风险管理相当必要。

10.2.1 保险的概念与职能

1. 保险的概念

保险是风险管理的一种重要手段，是发生损失后预先安排的一种经济补偿制度，或是保险人与被保险人间的一种法律关系。

就保险的经济补偿制度来说，保险的理论依据主要是大数法则。保险人通过承保大量同质风险，并以稳健的精算模型和方法估算其损失的可能性与损失幅度，从而确定并收取充足、适当、公平的保险费，建立相应的保险基金。当少数被保险人遭受风险损失时，保险人动用保险基金给予其经济上的补偿。

就保险的法律关系来说，保险是指在国家相关法律的规范下，双方当事人缔结协议，被保险人以缴纳保险费为对价，以换取保险人对其因意外事故所导致的经济损失负责赔偿或给付的权利。保险人之所以要承担补偿被保险人经济损失的责任，是保险合同中做出了可执行的法律允诺，是按合同履行义务。

2. 保险的职能

保险职能可划分为基本职能和派生职能。基本职能包括分散风险职能和补偿损失职能。保险将某一单位或个人因偶然的灾害事故或人身伤害事件造成的经济损失，以收取保费的方式平均分摊给所有被保险人，实现分散风险的职能。保险人将收取的保险费用为被保险人因合同约定事故所导致的经济损失提出补偿，实现补偿损失的职能。分散风险和补偿损失是保险本质的基本反映，是保险的基本职能。

保险的派生职能是在保险固有的基础上发展而来，归根到底是伴随着保险分配关系的发展而产生。它包括基金积累职能、风险监督职能和社会管理职能。

10.2.2 不同年龄阶段的保险规划

不同年龄阶段的人，对保险的需求显然有较大不同，应该相机选择一些适合本年龄段的险种（见表 10-5）。对此可提出以下建议。

18～25 岁的人，意外伤害的可能性和影响的后果比较大，加上收入有限，尚未建立家庭，因而首先选择人身意外伤害保险，如仍有余力，可以选择一份健康医疗保险。

26～35 岁的人，意外伤害保险不失为一种最有必要的保障。这个年龄段的人刚刚建立家庭，家庭责任的增加使他们要考虑更多的生活风险，可以开始投保一些人寿险，尤其是终身寿险。

36～50 岁的人，家庭、工作、收入均比较稳定，子女也逐渐长大成人，这一阶段以寿险为第一选择，因为此年龄段的人正值中年，往往是全家收入的主要来源，投保人寿保险对于家庭至关重要。同时，由于年龄的增加，生病的概率也日渐增大，第二选择是投保健康及医疗保险，如果尚有余力，还可以为家庭财产投保家财险。

51～65 岁的人，以医疗保险为最必要的选择。

在认清风险的同时，还需要考虑保险支出占家庭收入的比重，保险费一般以家庭总收入的 10%～12% 为宜，保险金额根据具体情况而定，家庭收入稳定的，保障额一般可控制在年薪的 6～7 倍。

表 10-5　人生不同生涯阶段的保险需求

人生阶段	特　点	理财活动	保险需求
单身期 （参加工作至结婚）	个性冲动、经济收入低、开销大	加强职业培训、提高收入水平阶段	意外伤害保险、责任保险、定期寿险
家庭建立期 （结婚至小孩出生）	家庭收入开始增加，消费逐渐增大	储蓄购房首付款，增加定期存款、基金等方面的投资	意外伤害保险、责任保险、财产保险、定期寿险
家庭成长期 （小孩出生至大学）	收入进一步提高，保健、医疗、教育等为主要开支	准备退休金，进行多元化投资活动	意外伤害保险、健康保险、人寿保险、财产保险、子女教育金保险
家庭成熟期 （子女上大学时期）	收入增加，费用支出主要体现在医疗、子女教育上	准备退休金，进行多元化投资活动	意外伤害保险、健康保险、养老保险、财产保险
空巢期 （子女独立至自己退休）	负担最轻、储蓄能力最强	重点准备退休金，降低投资组合风险	健康保险、投资型保险、年金保险、财产保险
养老期 （退休之后）	收入、消费减少，医疗保健支出增加	以固定收益投资为主	年金保险、医疗保险

10.2.3　不同收入水平的保险规划

个人的收入水平是影响保险需求的重要因素，按照收入水平可以将消费者分为中低收入阶层、高薪阶层和高收入阶层 3 个细分市场。个人理财师应分析各阶层的特点及其购买力，为委托人介绍合适的保险规划。

1. 中低收入阶层

中低收入者在整个社会中占绝大部分，是社会的中流砥柱。他们从事的职业种类广泛，收入相对较低，抵御风险的能力也较差，是寿险公司的主要对象。我国实行多年的就业、福利、保障三位一体的社会保障制度，目前正处于改革当中，中低收入者普遍希望寻求一种能够取代社会保障，而又花钱较少的保障方式。低保费、高保障的险种，如保障型的人寿保险和短期的意外伤害保险是他们的首选。总的来说，中低收入者应该主要考虑定期保障型保险、健康保险、医疗保险、分红保险和储蓄保险等险种，保费支出通常占家庭收入的 3%～10%。

2. 高薪阶层

高薪阶层主要是指外资或合资企业的高级职员、高收入的业务员、部分文体工作者及高级知识分子。这一阶层的物质生活和精神生活都比较优越，生活水平较高。但他们一般不享有国有单位的福利待遇，存在诸多后顾之忧。这部分人群由于收入较高，保险购买力较强，同时保险需求也较为强烈。在进行保险规划时，应该尽早考虑保障期长，能够应付养老问题的险种。同时，为了应对疾病风险和医疗费用，必须购买足够的健康保险和医疗保险。家庭的主要收入来源者还应该购买意外伤害保险。多余资金可考虑购买投资连接型产品。具体来说，该阶层消费者主要考虑养老保险、终身寿险、健康保险、医疗保险、投资连接型和分红保险、意外伤害保险等。家庭的总保费支出可以占到家庭总收入的 10%～15%。

3. 高收入阶层

高收入阶层是指率先致富的部分经商者及演艺界、体育界明星，这部分人数量不多，但收入很高，有很强的经济实力和抵御风险的能力。虽然这部分人群自认为能够很好地应对将来，但实际上，他们面临着收入不够稳定、职业状况波动大、未来保障较差等较大的财务波动，很需要购买保险来转移风险。根据这部分人群的特点，在保险规划中应该考虑以下因素：

（1）考虑遗产税，进行资产提前规划，高收入阶层是遗产税关注的重点；

（2）重点选择意外伤害保险，以应对未来不确定的人身风险；

（3）满足特殊的精神需求，高额寿险保单往往是身价、地位的重要体现；

（4）健康保险是需要考虑的重点，对高收入者而言，疾病的高额花费和疾病期间收入的损失将更高。

综合而言，高收入者应该考虑定期保障型保险、意外伤害保险、健康保险、终身寿险等险种，保费支出可以占年收入的 20% 以上。

10.2.4 保险规划的步骤

1. 建立个人保险方案的步骤

（1）明确保险目标。风险管理的目标，是最大限度地降低个人、财产与责任风险。保险目标应该明确如何保障生活中的基本风险，提供经济资源以弥补风险损失的成本。

每个人都有自己的目标，如收入、财富、年龄、家庭规模、生活阅历、习惯经验及责任都影响目标的确定，购买保险必须能够反映这些目标。咨询专家建议基本风险管理的目标必须能降低：

- 因家庭主要赚取收入者过早死亡、疾病、意外事故或失业而导致的潜在收入损失；
- 因家庭主要赚取收入者疾病、残废或配偶死亡而导致的收入损失及额外费用；
- 因家庭主要赚取收入者外伤、疾病或其他家庭成员死亡而导致的额外费用；
- 因火灾、盗窃或其他灾害而导致住宅或个人财产的潜在损失；
- 因个人责任而导致收入、储蓄及财产的潜在损失。

（2）有目标的保险规划是一种成熟的标志，是主宰生活而非顺其自然的生活方式。如你面临的风险是什么？无须在目标上作任何妥协就可以承受的风险是什么？你可以使用的保险资源有哪些？是公共计划、个人资产，还是私人风险共享计划？

了解并使用可控制的保险资源，必须获得好的信息，这意味着对购买的保险产品能有清晰认识，明晰不同保险公司的可信度及需要保险品种的比较成本。

（3）实施计划：实施计划时，应根据相关资源和个人计划做出预算，并利用这些资源达到风险管理的目标。如发现现有保险保障不能保障基本风险，可以购买额外保险，改变保险品种，重新预算规划弥补增加的保险成本，同时强化储蓄或投资计划以降低长期风险。

风险管理计划应该以储蓄账户或其他现金作为紧急备用金以应付意外的经济问题，使客户能灵活应对变化的生活环境，目标是设计一个随着变化的保护需求而扩张的保险方案。

要让风险管理计划发生作用，必须回答以下 4 个基本问题：① 保险主体是什么，是人还是物，谁最应该参与保险？② 保险时期和准备保险的金额是多少？③ 准备防范的风险是什么，应该购买什么样的保险品种？④ 何时从哪家保险公司购买该保险产品？

（4）审阅结果请定期评估保险计划，至少每两到三年评估一次，或者家庭状况发生变化时重新予以评估。应该询问的问题包括：该保险规划有效吗？能够保护你的计划和目标吗？高效率的风险管理会坚持检查决策的结果，密切关注任何可能降低当前风险管理计划的有效性的变化。

2. 理财师策划保险方案遵循的步骤

（1）确定保险标的，即作为保险对象的财产及相关利益，或者是人的寿命和身体。房、车等财产保险是重要的，对人的保险则更为需要。对人的保险中又以对人的养老寿险、大病重病保险、医疗健康保险等更为重要。家庭若干成员的保险中，关注的重点首先应当放在家庭"顶梁柱"的身上，而非像我国大多数家庭那样先放在幼小子女身上，失去了保险的本意。

（2）理财师帮助客户选定具体的保险产品，根据客户的具体情况合理搭配不同险种。

（3）确定保险金额，即当保险标的的保险事故发生时，保险公司所赔付的最高金额。保险金额的确定，一般应以财产的实际价值和人生的评估价值为依据。

（4）明确保险期限。这是影响客户未来收入的重要原因，个人理财师应根据客户的实际情况确定合理的保险期限。

10.2.5　保险规划的实施

（1）人身保险的家庭总需求和净需求的计算结果，可能受通货膨胀率、贴现率、收入增长率、年金系数等假设的影响，应该注意分析计算结果的合理性和可靠性，以及某些假设变化时可能造成的影响方式和影响程度，而不能过分迷信定量分析，个人理财师等专业人员的直觉和经验也很重要。

（2）采用不同的分析方法可能会得出不同的结果，因此，个人理财师、保险代理人等金融服务人员在提供客户服务时，应认真分析不同方法产生差异的原因，进而得出较为合理的结果。

（3）个人和家庭的保险需求不是一成不变的，而是会随着家庭财产、收入水平、消费水平、家庭人口构成与年龄、法律政策变化等因素的变化而变化，应该每隔一段时间（如3~5 年）或发生重大的家庭事件时，重新评估保险需求和保险规划的适当性。

（4）个人/家庭保险需求还可能包括残疾收入保险、长期护理保险等各个方面，要谨防某些风险保险过度，同时防止遗漏某些保险需求或保障不足。经过定性分析和定量分析得到的保险需求，必须与个人/家庭的收入能力相匹配，否则，必须适当调整财务目标或险种组合，直到匹配为止。

今后一段时期内，家庭保险规划和理财规划在人们的生产和生活中会显得愈益迫切和重要，这对推广以人为本理念、实现小康社会的基本目标具有显著的贡献。投保人在个人理财师、保险代理人、保险经纪人或其他财务顾问的帮助下，能够更全面细致地分析不同保险标的所面临的风险及需要投保的险种，综合考虑各类风险的发生概率、事故风险后可能造成的损失幅度，以及个人的风险承受能力、经济承受能力等因素，选择合适的保险产品，有效管理和化解个人/家庭风险。

投保人在确定购买保险产品时，应该注意险种的合理搭配与有效组合，如购买一个主险，然后在公司允许范围内附加重大疾病、意外伤害、残疾收入等条款，使得保障更加全面，而保费不至于太高。在确定整个保险方案时，必须进行综合规划，做到不重不漏，使保费支出发挥最大的效益。

▧ 小 资 料 ◤

寿险理财需要注意的事项

（一）短期养老寿险理财

1. 确定符合当前生活状况的寿险需求；

2. 比较不同寿险品种和不同寿险公司的保费及保障范围；

3. 评估理财规划中的年金用途。

（二）长期养老寿险理财

1. 了解并跟踪不同寿险公司及寿险品种保障范围和成本的信息资源；

2. 设计一个根据家庭和住房环境发生变化时重新评估保险需求的计划。

（三）人寿保险的目的

大多数人购买人寿保险的目的是保护那些依赖他们的人免受因他们死亡所带来的经济损失。这些人可以是未工作的配偶或单收入家庭的子女，也可以是双收入家庭的妻子或丈夫，或是年老的父母，或是商业合伙人，甚或是企业。

（四）人寿保险赔款的用途

- 死亡时偿还家庭抵押贷款或其他债券；
- 当子女达到一定年龄时一次性提供一大笔钱；
- 为子女提供教育经费或收入；
- 死亡后进行慈善遗赠；
- 提供退休收入；
- 储蓄积累，为活着的家庭成员提供定期收入；
- 建立遗产传承规划，支付遗产税和死亡税。

如果一个人的死亡将给其配偶、子女、父母或任何希望保护的人带来经济困难，那么应该考虑购买人寿保险。在生命周期的阶段及生活的家庭类型将左右所做决策。独自生活的个人或与父母同住的个人一般没有或几乎不需要人寿保险。

（五）确定人寿保险目标

考虑人寿保险种类时，必须清楚被保险人和被赡养人希望获得的收益。

第一，如果今天就去世，被保险人希望留给被赡养人多少钱财？这些钱财以何种状态分布？

第二，随着时间的推移，需要的保险保护是增加还是减少？

第三，被保险人希望什么时候退休？被保险人认为被保险人和配偶退休时需要多少收入？

第四，被保险人希望为保险计划花多少钱？随着时间的推移，生活开支需求是上升还是下降？

▶ **小 贴 士** ◀

购买商业养老保险注意的事项

购买商业养老保险有什么注意事项，保险专家提出以下建议。

1. 对最重要的保险责任，即养老金给付，给付年限要尽量拉长。

2. 现金流的分配要合理。养老保险的收益主要在于其长期投资带来的复利效应。如过早大量领取保险金，真到养老所需的时候，账户积累反而会显出不足。

3. 缴费灵活。投保前应当结合自身的收入水平和财务规划选择合适的缴费期。

4. 保费豁免。保费豁免功能非常重要，可确保自己无论发生什么情况都能正常领到养老金，对养老金功能实现是重要保障。

5. 保证资金的购买力。为抵御通货膨胀，利用很多养老年金保险带有的分红功能，选择有分红的产品，确保长期、稳定的给付，还能在一定程度上保证年轻时攒下的养老金具备当年的购买力。

▶ **小 资 料** ◀

老年人的健康险

俗话说："没什么别没钱，有什么别有病。"人在年轻时，身体机能处于强盛期，得病概率较低，即使偶尔生病，休养一段时间也很容易恢复过来。但退休后已处于生命周期尾端，身体器官衰退加速，各种疾病随之出现。疾病一旦缠身，将会对退休族生活带来致命打击：生活质量迅速下降，吃不能吃，玩不能玩，有再多的钱也无法享受，还要忍受肉体和精神的双重折磨；医疗支出迅速增加，极大地吞噬退休养老金。

规避策略：要保持身体健康，无非是老生常谈的要诀，如劳逸结合，饮食合理，营养均衡，作息规律，积极运动，心情舒畅等。但老年人保养得再好，迟早还是要和医院打交道的。老年人的患病概率高，保险公司一般不愿意承保 60 岁以上老年人的健康险，需要提早做好保险规划，在中青年时代购买终身健康险和重大疾病险，且越早投保费率越低，也就越划算。收入较充裕的家庭尽早购买终生健康险是规避退休后健康风险骤增的好办法。

退休族应该定期对身体进行全面检查，身体如有不适，也应该尽早去医院检查，一些恶性疾病越早查出，越早治疗，治愈概率越大，医疗费用也越少。眼下有许多老年人为了节省医药费，身体有点不舒服了往往以为没有大碍，忍一下就好，殊不知，这一忍，小病就忍成了大病，最终受害的还是自己。所以老年人要尽量做到以下几点：

- 保持身体健康，减少患病；
- 保持平衡营养，控制体重；
- 避免吸烟，不要饮酒过量；
- 保证足够的休息、娱乐和锻炼；
- 安全第一，注意家里可能的意外事项与火灾险情。

本章 小 结
BENZHANG XIAOJIE

1. 风险是促使保险产生和推动保险发展的根源和动力，也是保险的对象。一般来说，家庭面临着不同风险，主要包括人身风险、财产风险和责任风险这些纯粹风险。

2. 家庭风险管理目标是以较小的成本获得尽可能大的安全保障，实现家庭效用的最大化。个人风险管理活动必须有利于增加家庭的价值和保障，必须在风险与收益之间进行权衡。家庭风险管理目标可以分为损前目标和损后目标。

3. 风险管理的损前目标主要包括经济合理目标、安全状况目标、家庭责任目标、担忧减轻目标4个方面。风险管理的损后目标包括减少风险、提供损失补偿、保证收入稳定和防止家庭破裂。

4. 非保险转移是为了减少风险单位的损失频率和幅度，将由此引致的法律责任借助合同或协议方式转移给保险公司，或者提供保险保障的政府机构以外的个人或组织。非保险转移可采用买卖合同的形式，将财产等风险标的转移给其他人，或者通过租赁合同将租赁期间的某些风险，如财产损毁的经济损失和对第三方人身伤害的财务责任转移给承租人。

5. 家庭风险管理技术，可分为风险控制和风险融资两大类。损失控制技术可分为预防和抑制两类，前者侧重于降低损失发生的可能性或损失率；后者侧重于减少损失发生后的严重程度。

6. 保险是风险管理的一种重要手段。作为一门科学，保险可以解释为一种经济补偿制度，或是保险人与被保险人间的一种法律关系。

7. 个人的收入水平是影响保险需求的重要因素，按照收入水平可以将消费者分为中低收入阶层、高薪阶层和高收入阶层3个细分市场。

思考题

1. 简述家庭面临的主要风险。
2. 简述风险管理的损前目标和损后目标。
3. 论述风险管理计划所包括的内容。
4. 投资者对损失收益和本金的风险的承受能力，受到哪些因素影响？
5. 如何进行风险控制？
6. 简述保险的职能。
7. 简述保险的基本原则。
8. 简述保险规划的步骤。
9. 如何进行不同阶段的保险规划？
10. 如何进行不同收入水平的保险规划？
11. 论述银行理财与保险理财的异同。

第 11 章
税 收 筹 划

学习 目标

1. 了解与个人理财相关的中国税制体系
2. 了解个人所得税的纳税确认及计算
3. 理解税收筹划的原则及技术
4. 了解个人所得税的税收筹划技巧

11.1 税 收 基 础

11.1.1 个人税收状况

个人税收筹划主要涉及个人所得税——即对个人（自然人）取得的各项应税所得征税的筹划，其他税种涉及个人家庭者较少，这里不予赘述。

1. 纳税人

在中国境内有住所，或者无住所而一个纳税年度内在中国境内居住累计满一百八十三天的个人，为居民个人。居民个人从中国境内和境外取得的所得，依照本法规定缴纳个人所得税。

在中国境内无住所又不居住，或者无住所而一个纳税年度内在中国境内居住累计不满一百八十三天的个人，为非居民个人。非居民个人从中国境内取得的所得，依照本法规定缴纳个人所得税。

纳税年度，自公历一月一日起至十二月三十一日止。

2. 征税项目和应纳税额计算

下列各项个人所得，应当缴纳个人所得税：

（1）工资、薪金所得；

（2）劳务报酬所得；

（3）稿酬所得；

（4）特许权使用费所得；

（5）经营所得；

（6）利息、股息、红利所得；

（7）财产租赁所得；

（8）财产转让所得；

（9）偶然所得。

居民个人取得第（1）项至第（4）项所得称为综合所得，按纳税年度合并计算个人所得税；非居民个人取得前款第（1）项至第（4）项所得，按月或按次分项计算个人所得税。纳税人取得前款第（5）项至第（9）项所得，依法分别计算个人所得税。

3. 主要免税项目

下列各项个人所得，免征个人所得税。

（1）省级人民政府、国务院部委和中国人民解放军军以上单位，以及外国组织、国际组织颁发的科学、教育、技术、文化、卫生、体育、环境保护等方面的奖金；

（2）国债和国家发行的金融债券利息；

（3）按照国家统一规定发给的补贴、津贴；

（4）福利费、抚恤金、救济金；

（5）保险赔款；

（6）军人的转业费、复员费、退役金；

（7）按照国家统一规定发给干部、职工的安家费、退职费、基本养老金或者退休费、离休费、离休生活补助费；

（8）依照有关法律规定应予免税的各国驻华使馆、领事馆的外交代表、领事官员和其他人员的所得；

（9）中国政府参加的国际公约、签订的协议中规定免税的所得；

（10）国务院规定的其他免税所得。

4. 减税项目

有下列情形之一的，可以减征个人所得税，具体幅度和期限，由省、自治区、直辖市人民政府规定，并报同级人民代表大会常务委员会备案：

（1）残疾、孤老人员和烈属的所得；

（2）因自然灾害遭受重大损失的。

国务院可以规定其他减税情形，报全国人民代表大会常务委员会备案。

11.1.2 个人所得税费用减除标准

1. 工资薪金所得计税方法

2018年10月1日，《个人所得税法》经修订后正式实施。根据新税法规定，工资、薪金的个人所得税免征额从旧法的3 500元提高到5 000元。税法以纳税人每月取得工资、薪金收入额减除 5 000 元起征点后的余额为应纳税所得额，按照七级超额累进税率计算应纳税额，税率表如表 12-1 所示。

表 12-1 个人所得税税率表一（综合所得适用）

级数	全年应纳税所得额	税率/%
1	不超过 36 000 元的	3
2	超过 36 000 元至 144 000 元的部分	10
3	超过 144 000 元至 300 000 元的部分	20
4	超过 300 000 元至 420 000 元的部分	25
5	超过 420 000 元至 660 000 元的部分	30
6	超过 660 000 元至 960 000 元的部分	35
7	超过 960 000 元的部分	45

注 1：本表所称全年应纳税所得额是指依照本法第六条的规定，居民个人取得综合所得以每一纳税年度收入额减除费用 60 000 元及专项扣除、专项附加扣除和依法确定的其他扣除后的余额。

注 2：非居民个人取得工资、薪金所得，劳务报酬所得，稿酬所得和特许权使用费所得，依照本表按月换算后计算应纳税额。

2. 个体工商户的生产经营所得计税办法

个体工商户的生产经营所得，以纳税人每一纳税年度的生产、经营收入总额，减除与其收入相关的成本费用及损失后的余额，为应纳税所得额。按照五级超额累进税率计算应纳税额，相关税率表如表 12-2 所示。

表 12-2 个人所得税税率表二（经营所得适用）

级数	全年应纳税所得额	税率/%
1	不超过 30 000 元的	5
2	超过 30 000 元至 90 000 元的部分	10
3	超过 90 000 元至 300 000 元的部分	20
4	超过 300 000 元至 500 000 元的部分	30
5	超过 500 000 元的部分	35

注：本表所称全年应纳税所得额是指依照本法第六条的规定，以每一纳税年度的收入总额减除成本、费用及损失后的余额。

成本费用是指纳税义务人从事生产经营所发生的各项直接支出和分配计入成本的间接费用，包括销售费用、管理费用、财务费用；损失是指纳税义务人在生产、经营过程中发生的各项营业外支出。上述生产经营所得，包括企业分配给投资者个人的所得和企业当年留存的所得（利润）。

个人独资企业的投资者以全部生产经营所得为应纳税所得额；合伙企业的投资者按照合伙企业的全部生产经营所得和合伙协议约定的分配比例，确定应纳税所得额。合伙协议没有约定分配比例的，以全部生产经营所得和合伙人数量平均计算每个投资者的应纳税所得额。

11.1.3 应纳税所得额计算

（1）居民个人的综合所得，以每一纳税年度的收入额减除费用 60 000 元及专项扣除、专项附加扣除和依法确定的其他扣除后的余额，为应纳税所得额。

（2）非居民个人的工资、薪金所得，以每月收入额减除费用5 000元后的余额为应纳税所得额；劳务报酬所得、稿酬所得、特许权使用费所得，以每次收入额为应纳税所得额。

（3）经营所得，以每一纳税年度的收入总额减除成本、费用及损失后的余额，为应纳税所得额。

（4）财产租赁所得，每次收入不超过4 000元的，减除费用800元；4 000元以上的，减除20%的费用，其余额为应纳税所得额。

（5）财产转让所得，以转让财产的收入额减除财产原值和合理费用后的余额，为应纳税所得额。

（6）利息、股息、红利所得和偶然所得，以每次收入额为应纳税所得额。

劳务报酬所得、稿酬所得、特许权使用费所得以收入减除20%的费用后的余额为收入额。稿酬所得的收入额减按70%计算。

11.1.4 专项扣除规定

个人将其所得对教育、扶贫、济困等公益慈善事业进行捐赠，捐赠额未超过纳税人申报的应纳税所得额30%的部分，可以从其应纳税所得额中扣除；国务院规定对公益慈善事业捐赠实行全额税前扣除的，从其规定。

专项扣除包括居民个人按照国家规定的范围和标准缴纳的基本养老保险、基本医疗保险、失业保险等社会保险费和住房公积金等；专项附加扣除，包括子女教育、继续教育、大病医疗、住房贷款利息或住房租金、赡养老人等支出，具体范围、标准和实施步骤由国务院确定。

11.1.5 纳税调整

有下列情形之一的，税务机关有权按照合理方法进行纳税调整。

（1）个人与其关联方之间的业务往来不符合独立交易原则而减少本人或其关联方应纳税额，且无正当理由；

（2）居民个人控制的，或者居民个人和居民企业共同控制的设立在实际税负明显偏低的国家（地区）的企业，无合理经营需要，对应当归属于居民个人的利润不作分配或者减少分配；

（3）个人实施其他不具有合理商业目的的安排而获取不当税收利益。

税务机关依照前款规定作出纳税调整，需要补征税款的，应当补征税款，并依法加收利息。

11.2　税收筹划概述

11.2.1　税收筹划的概念

1. 税收筹划的定义

税收筹划就是日常所说的合理避税或节税。是指纳税义务人依据税法规定的优惠政策，采取合法的手段，最大限度地享用优惠条款，以达到减轻税收负担的合法行为。对个人来说是指根据政府的税收政策导向，通过经营结构和交易活动的安排，对纳税方案进行优化选择，对纳税地点做低位选择，从而减轻纳税负担，取得正当的税收收益。

从定义表述中可以看出：① 税收筹划的主体是具有纳税义务的单位和个人，即纳税人；② 税收筹划的过程或措施必须科学，在税法规定的范围内并符合立法精神的前提下，通过对经营、投资、理财活动的精心安排才能达到；③ 税收筹划的结果是获得节税收益。只有同时满足这 3 个条件，才能说是税收筹划。偷税尽管也能节省税款，但因手段违法，不属于税收筹划的范畴，被绝对禁止；不正当避税违背了国家的立法精神，也不属于税收筹划的范畴。

2. 避税与税收筹划

避税是指纳税义务人以合法或半合法的手段减轻或避免纳税义务的行为。通常人们将税收筹划与避税混为一谈，实质上两者并不完全一致。税收筹划是国家鼓励提倡的合法行为，避税的实质则在于钻税法的空子，俗称打税法的"擦边球"，对此给予必要的界定是应当的。

3. 节税与税收筹划

节税一般是指在多种营利的经济活动方式中，选择税负最轻或税收优惠最多的而为之，以达到减税的目的。在税法中，有些规定的税额计算办法有多种，可以由纳税人自行选择，何者要以较低税率纳税，何者可以得到定期减免税优惠，投资者可以选择最为有利者。此外，企业在实际经营中，还可以通过控制所得实现时间等方法来减轻当期税负或延后纳税，延后缴纳税款就如同得到一笔无息贷款。

立法意图是确定节税与避税的区分标准。节税是用法律并不企图包括的方法来使纳税义务降低；避税则是对法律企图包括但由于这种或那种理由而未能包括进去的范围加以利用。

4. 税收筹划的分类

1）按税收筹划是否涉及不同的税境分类

（1）国内税收筹划，是纳税人利用国内税法提供的条件、存在的可能进行的税收筹划。

（2）国际税收筹划，纳税人的税收筹划活动一旦具备了某种涉外因素，从而与两个或两个以上国家的税收管辖权产生联系，就构成了国际税收筹划。它是在不同税境（国境）下的税收筹划，比国内税收筹划更普遍、更严重、更复杂。

2）按针对税收法规制度的税收筹划

（1）利用选择性条款税收筹划，是针对税法中某一项目、某一条款并列规定的内容，纳税人从中选择有利于自己的内容和方法，如纳税期、折旧方法、存货计价方法等。

（2）利用伸缩性条款税收筹划，是针对税法中有的条款在执行中有弹性，纳税人按有利于自己的理解去执行。

（3）利用不明确条款税收筹划，是针对税法中过于抽象、过于简化的条款，纳税人根据自己的理解，从有利于自身利益的角度去进行筹划。

（4）利用矛盾性条款税收筹划，是针对税法相互矛盾、相互冲突的内容，纳税人进行有利于自己的决策。

11.2.2　税收筹划原则

税收筹划是纳税人在充分了解掌握税收政策法规基础上，当存在多种纳税方案可供选择时，指导纳税人以税收负担最低的方式来处理财务、经营、组织及交易事项的复杂筹划活动。要做好税收筹划活动，必须遵循以下基本原则。

1. 合法性

税收筹划在合法条件下进行，是以国家制定税法为对象，对不同的纳税方案进行精细比较后做出的优化选择。一切违反法律规定，逃避税收负担的行为，都属于偷逃税范畴，要坚决反对和制止。税收筹划必须坚持合法性原则。

坚持合法性原则必须注意以下 3 个方面：① 全面、准确地理解税收条款和税收政策的立法背景，不能断章取义；② 准确分析判断采取的措施是否合法，是否符合税法规定；③ 注意把握税收筹划的时机，要在经营、投资、理财活动的纳税义务发生之前，通过周密精细的筹划来达到节税目的，不能在纳税义务已经发生时，再人为地通过所谓的补救措施来推迟或逃避纳税义务。

2. 节税效益最大化

税收筹划本质是对税款的合法节省。在税收筹划中，当有多种纳税方案可资比较时，通常选择节税效益最大的方案作为首选方案。坚持节税收益最大化，并非单就某一税种而言，也非单是税收问题，还应综合考虑其他很多指标。不仅要"顾头"还要"顾尾"，从而理解和把握好这一原则。

3. 筹划性

筹划性是由税收的社会政策所允许和引发的。国家贯彻社会政策，以促进国家经济发展和实施其社会目的，从而运用税收固有的调节功能，作为推进国家经济政策和社会政策的手段，税收的政策性和灵活性是非常强的。纳税人通过一种事先计划、设计和安排，在进行筹资、投资等活动前，把这些行为所承担的相应税负作为影响最终财务成果的重要因素考虑，通过趋利避害来选取最有利的方式。

4. 综合性

综合性原则是指纳税人在进行税务筹划时，必须综合规划以使纳税人整体税负水平降低。纳税人进行税务筹划时不能只以税负轻重作为选择纳税的唯一标准，而应该着眼于实现纳税人的综合利益目标。税务筹划时还要考虑与之有关的其他税种的税负效应，进行整体筹划，综合衡量，力求整体税负和长期税负最轻。

11.2.3 税收筹划技术

税收筹划的关键是运用各种节税技术，合法地使纳税人缴纳尽量少的税收的技术手段与运作技巧。在税收筹划理论研究与实践运作的基础上，可以把节税技术归纳为：免税技术、减税技术、税率差异技术、分劈技术、扣除技术、抵免技术、延期纳税技术和退税技术。8种节税技术可单独运用，也可以联合运用。如同时采用两种或两种以上节税技术时，必须注意各种节税技术间的相互影响。

1. 免税技术

免税技术是指在合法和合理的情况下，使纳税人成为免税人，或使纳税人从事免税活动，或使征税对象成为免税对象而免纳税赋的税收筹划技术，包括自然人免税、机构公司免税等。

免税实质上相当于财政补贴，各国一般有两类不同目的的免税：① 税收照顾性的免税，对纳税人是一种财务利益补偿；② 税收奖励性的免税，对纳税人是财务利益的取得。照顾性免税往往是在非常情况或非常条件下才能取得，一般只是弥补损失，税收筹划不能利用其来达到节税目的，只有取得国家奖励性免税才能达到节税目的。

2. 扣除技术

扣除技术是指在合法和合理的情况下，使扣除额增加而直接节税，或调整各个计税期的扣除额而相对节税的税收筹划技术。在同等收入的情况下，各项扣除额、宽免额、冲抵额等越大，计税基数就会越小，应纳税额越小，所节减的税款就越多。

扣除技术可用于绝对节税，通过扣除使计税基数绝对额减少，从而使绝对纳税额减少；也可用于相对节税，通过合法和合理地分配各个计税期的费用扣除和亏损冲抵，增加纳税人的现金流量，起到延期纳税的作用，从而相对节税，与延期纳税技术原理有类似之处。扣除是适用于所有纳税人的规定，几乎每个纳税人都能采用此法节税，是一种能普遍运用、适用范围较大的税收筹划技术。扣除在规定时期是相对稳定的，采用扣除技术进行税收筹划具有相对确定性。

3. 延期纳税技术

延期纳税技术，是指在合法、合理的情况下，使纳税人延期纳税而相对节税的税收筹划技术。纳税人延期缴纳本期税收并不能减少纳税人纳税总额，但等于得到一笔无息贷款，可以增加纳税人本期的现金流量，使纳税人在本期有更多的资金投入流动资本，用于资本投资；如存在通货膨胀和货币贬值现象，延期纳税还有利于企业获得财务收益。

延期纳税技术是运用相对节税原理，一定时期的纳税绝对额并没有减少，是利用货币时间价值来节减税收，属于相对节税型税收筹划技术。延期纳税技术可利用相关税法规定、会计政策与方法选择及其他规定进行节税，几乎适用于所有纳税人，适用范围较大。延期纳税主要是利用财务原理，而非相对来说风险较大、容易变化的政策，具有相对确定性。

4. 退税技术

退税技术是指在合法和合理的情况下，使税务机关退还纳税人已纳税款而直接节税的税收筹划技术。在已缴纳税款的情况下，退税无疑是对已纳税款的偿还，所退税额越大，相当于节税额越大。① 退税技术直接减少纳税人的税收绝对额，属于绝对节税型税收筹划技术；

② 退税技术节减的税收，一般通过简单的退税公式就能计算出来，有些国家还给出简化的算式，更简化节减税收的计算；③ 退税一般只适用于某些特定行为的纳税人，适用范围较小；④ 国家之所以用退税鼓励某种特定投资行为，往往是因为这种行为有一定的风险，这使退税技术的采用同样具有一定的风险性。

11.3 个人所得税筹划策略

随着经济发展和个人收入水平的不断提高，个人储蓄存款的增加及纳税意识的增强，投资理财在经济生活中占有越来越重要的地位，也越来越成为热门话题。在金融理财理念的驱动下，个人手中的余钱在获得投资收益的同时，如何通过合法途径合理筹划个人所得税呢？

11.3.1 个人所得税筹划的若干规定

1. 纳税人身份的认定

（1）居民纳税人与非居民纳税人的认定。

（2）享受附加减除费用的纳税人身份的认定。

两项身份认定见于本节和 11.2 节内容。这里从略。

2. 所得来源的确定

对纳税人所得来源的判断应反映经济活动的实质，要遵循方便税务机关实行有效征管的原则。所得来源地的具体判断方法如下。

（1）工资薪金所得，以纳税人任职、受雇的公司、企事业单位、机关团体等单位的所在地作为所得来源地。

（2）生产经营所得，以生产、经营活动实现地作为所得来源地。

（3）劳务报酬所得，以纳税人实际提供劳务的地点作为所得来源地。

（4）不动产转让所得，以不动产坐落地为所得来源地；动产转让所得以实现转让的地点为所得来源地。

（5）财产租赁所得，以被租赁财产的使用地作为所得来源地。

（6）利息股息红利所得，以支付利息股息红利的企业、机构、组织的所在地作为所得来源地。

（7）特许权使用费所得，以特许权的使用地作为所得来源地。

（8）境内竞赛的奖金、境内有奖活动中奖、境内彩票中彩；境内以图书、报刊等方式发表作品的稿酬，以其收入实现地为所得来源地。

11.3.2 税收筹划的基本策略

税收筹划是通过各种方法，将客户的税负合法地减到最低。这些方法即构成税收筹划的基本策略。影响应纳税额通常有计税依据和税率两个因素，计税依据越小，税率越低，应纳税额就越小。税收筹划无非是从这两个因素入手，找到合理、合法的办法来降低应纳税额。

税收筹划的基本出发点是，在充分考虑客户风险偏好的前提下，优化客户的财务状况。下面对税收筹划中可能用到的几种税收筹划策略做个简单介绍。

1. 收入分解转移

所得税在大部分国家都采用超额累进税制，这意味着如能将收入和其他所得以较低的边际税率征税，就可减少税负支出，获得显著的税收利益。收入分解转移的核心，是将收入从高税率的纳税人转移到低税率的纳税人，从而使收入在较低的边际税率上征税。

我国的个人所得税对工资薪金所得适用的是 7 级超额累进税率；个体工商户的生产经营所得和对企事业单位的承包经营、承租经营所得适用的是 5 级超额累进税率；劳务报酬所得征收比例税率，但一次收入畸高的实行加成征收原则，实际适用的也是超额累进税率。超额累进税率的重要特点，是随着应税收入增加，适用税率也相应提高。对纳税人而言，收入集中意味着税负增加，收入分散便意味着税负减轻。

根据《中华人民共和国个人所得税法实施条例》第 37 条，纳税义务人兼有个人所得税法规定征税范围中两项或以上所得的，应分项分别计算纳税；在中国境内两处或两处以上取得工资薪金所得，个体工商户的生产经营所得，对企事业单位的承包承租经营所得，同项所得合并计算纳税，纳税人应根据自己的实际情况，尽量将可以分开的各项所得分开计算，以使各部分收入适用较低税率，从而达到总体税负最轻的目的。除此以外，税法中还规定了一些具体做法，充分利用这些政策，会有利于纳税人的节税筹划。

2. 分次申报纳税的税收筹划

如某甲在一段时期内为某单位提供相同的劳务服务，该单位或一季，或半年，或一年一次付给某甲劳务报酬。这笔劳务报酬虽是一次取得，但不能按一次申报缴纳个人所得税。假设该单位年底一次付给某甲一年的咨询服务费 6 万元，按一次申报纳税的话，其应纳税所得额为：

$$应纳税所得额 = 60\,000 - 60\,000 \times 20\% = 48\,000（元）$$

属于劳务报酬一次收入特别高，应按应纳税额加成征收，其应纳税额为：

$$应纳税额 = 48\,000 \times 30\% - 2\,000 = 12\,400（元）$$

该个人如以每个月的平均收入 5\,000 元分别申报纳税，每月应纳税额和全年应纳税额分别为：

$$每月应纳税额 = (5\,000 - 5\,000 \times 20\%) \times 20\% = 800（元）$$
$$全年应纳税额 = 800 \times 12 = 9\,600（元）$$
$$12\,400 - 9\,600 = 2\,800（元）$$

按月纳税可规避税收 2\,800 元。

3. 收入转移的税收筹划

与投资相关的收入可在家庭成员之间进行转移来获得税收利益，其中与投资相关的收入包括利息、股利、租金收入和其他业务收入。在通常情况下，为了转移与资产相关的收入，需要先将该资产的所有权转移出去。一般来说，可通过赠予和销售两种常用方法做这种转移。

1）合伙

家庭合伙是用于减税目的的一种有效税务计划工具，大致做法是家庭成员共同进行贸易或投资合伙经营，然后将主要收入获得者的所得在家庭成员之间进行分解，这就使得收入在较低的边际税率上征税，从而达到减少税负支出的目的。

有些国家的税务机关认同家庭合伙来减少税负支出的行为。在另一些国家，税务机关已经意识到合伙经营可以被用作收入分解的工具。为抑制这种行为，当合伙人并没有对合伙实体进行实际和有效的控制或处置，税务机关将提高对合伙收入的税率。在这些情况下，所适用的税率通常是最高的边际税率。在把家庭合伙收入用于减税目的时，要充分考虑这些限制性条款。

2）家庭信托

收入的分解转移还可以通过家庭信托进行。具体来说，可采用全权家庭信托和单位信托等形式。全权家庭信托可以使家庭成员间的收入和资产分配具有更多的灵活性。正是由于家庭信托可以进行收入的分解转移，从而减少税负支出。单位信托是将信托财产的收益权分成一定数量的信托单位，且信托财产完全由信托单位持有者所有。单位信托形式中，信托管理人没有任何自由处置信托资本和决定收入分配的权力。在全权信托形式中，信托管理人可每年决定一次哪些信托受益人应获得收入分配权。

3）赠予

赠予是最常用的收入分解转移法，尤其是在一些不征收赠予税的国家（如澳大利亚），赠予在税务计划中被广泛应用。赠予并不仅仅是将资产赠送给他人这么简单。成功地运用赠予进行收入分解转移，需要满足一定的条件。受赠者必须在与所赠资产相关的收入实现之前取得资产的所有权或取得与资产相关的收益权。要使赠予有效地用于减税目的，赠予还必须是不可撤回的。如赠予双方达成一致，在未来的某个时间，受赠者要将赠予物归还给赠予者，那么从赠予物上所获得的收入仍然要计入赠予者的收入中进行纳税。此外，潜在的资本利得税也是在赠予运用中必须充分考虑的因素。

4）销售

销售同赠予同样是常用的收入分解转移手段，通过销售盈利性的资产，可以将收入从高边际税率的个人转移到低边际税率的家庭成员（或家庭信托）手中，从而达到减少税负支出的目的。这种销售既可以用现金支付，也可以采用负债的形式。后者的债务应当是免息的，即使有利息支出也必须低于从资产上获得的收入。很多国家销售资产都要征收资本利得税和印花税。

4. 收入延期税收筹划

纳税人可以通过将本纳税年度的收入延迟到下一纳税年度，或者将以后期间的扣减额提前到本纳税年度，从而减少目前的税负。假设某国的纳税年度截至每年的 6 月 30 日，纳税人就可以将各种税收扣除额（如捐赠等形成的扣除额）提前到 6 月 30 日之前，或者将奖金、利息等收入延迟到 6 月 30 日之后，从而获得减税收益。

收入延期的减税收益从两方面获得：① 在未来税率保持稳定的情况下，将收入延期可以获得所延期收入应纳税额的时间价值；② 如预计未来税率会下降，通过收入延期不仅可获得延期收入应纳税额的时间价值，还可以减少应纳税额。

5. 投资于资本利得的税收筹划

一般来说，投资收益需要在实际获得的纳税年度纳税。个人从投资中既获得利息、股利等收入，又得到投资本身的增长，即资本利得。从税收角度来看，从投资中获得利息、股利收入，一旦获得就必须交税，而资本利得则是在最终卖出资产，实现利得时才需要交税。由此可见，投资于资本利得可以有效地延缓税收负担。在某些国家和地区，法律规定资本利得不需要交税，在这种情况下，投资于资本利得对客户更有利。

6. 资产销售时机的税收筹划

在减少税负支出的各种策略中，资产销售时机是一种简单但十分有效的策略。所谓资产销售时机，就是合理把握和控制资产销售的时机，使客户从销售资产中获得的收入与客户的整体收入状况协调一致，以实现税负支出的最小化。

7. 充分利用税负抵减的税收筹划

为鼓励纳税人参与公益活动或其他特殊行为，大多数国家一般都规定了具体的税负抵减项目，允许纳税人在税前抵减这些支出。对个人理财师来说，税负抵减可帮助客户减少应纳税所得额，税务策划中应充分利用这些项目。

税务策划中可能遇到的税负抵减项目包括：① 慈善捐赠，指捐赠给慈善机构、教育和医疗机构及政府机关的现金及财产等；② 政治捐款，指捐赠给各种政治团体的资金；③ 老人抵减额，指适用于 65 岁或以上年龄老人的特别抵减额；④ 残疾人抵减额，指适用于身体或精神上有严重缺陷的个人的特别抵减额；⑤ 教育培训费，指用户再教育和职业技能培训的费用；⑥ 儿童保育费，指为了让大人能安心工作而发生的临时照顾、托儿所和其他的育儿费用；⑦ 离婚赡养费，指根据书面协议或法院判决，由夫妻一方在离婚后支付给另一方的生活费；⑧ 法律费用，指为了从雇主手中取得未支付工资、解雇费或为了保证合同的执行而发生的各种法律费用。

以上所列只是税负抵减项目中的一部分，且各国/地区的具体规定也有很大区别。因此，个人理财师在帮助客户进行税务筹划时，必须认真研究所在国或地区的税负抵减的具体规定，充分利用法律条款，为客户争取最大的税收利益。

11.4 个人所得税筹划技巧

根据个人所得的来源不同，其筹划技巧也不同，下面就各种不同情况分别阐述。

11.4.1 工资、薪金与劳务报酬的纳税筹划

1. 收入纳税筹划

工资薪金所得应尽量平均实现，以避免高收入下要适用高税率。如某公民每期收入差异很大，1 月份工资薪金所得为 2 800 元，2 月工资薪金所得为 20 800 元，则 1 月纳税为 0 元，2 月纳税为 $(20\,800-3\,500)\times25\%-1\,005=3\,320$（元），合计 3 320 元。若平均两个月的工资、薪金，则为 11 800 元，纳税 $[(11\,800-3\,500)\times20\%-555]\times2=2\,210$（元），节税 1 110 元。

劳务报酬所得宜分次计算，避免收入畸高被加成征收。若某项劳务用时数月，可设法把按次纳税转化为按月纳税。如某项劳务服务需用时 3 个月，报酬为 75 000 元，若一次性取得收入，应纳税 $75\,000\times(1-20\%)\times40\%-7\,000=17\,000$（元），若分 3 个月领取收入，每次领取 25 000 元，则应纳税 $[25\,000\times(1-20\%)\times20\%]\times3=12\,000$（元），节税 5 000 元。

当每月收入为 20 890 元时，按工资薪金所得计算纳税 （20 890-3 500）×25%-1 005=3 342.50 （元），按劳务报酬所得计算纳税 20 890×（1-20%）×20% =3 342.50 （元），两种情况纳税结果一样。所以，当所得少于这一数额时，应设法使之转化为工资薪金；多于这一数额时，则应设法使之成为劳务报酬。

2. 工资薪金与劳务报酬的纳税筹划

某些人同时干两份甚至三份工作，从多处取得收入就需要多处纳税。税收筹划的方法是：如两处收入都较少，可考虑都使其为工资薪金所得。但当收入较高时则要具体分析。如某人从两处取得收入，分别为 10 000 元和 20 000 元。若两处收入都为工资薪金，则纳税 3 865元；若两处收入都为劳务报酬，则纳税 4 800元。

若 10 000 元为工资薪金，20 000 元为劳务报酬，则工资薪金部分纳税 745 元，劳务报酬部分纳税 3 200 元，合计 3 945 元。

若 20 000 元为工资薪金，10 000 元为劳务报酬，则工资薪金部分纳税 3 120 元，劳务报酬部分纳税 1 600 元，合计 4 720 元。

如何达到最佳筹划节税效果应仔细计算。收入性质究竟是工资薪金所得还是劳务报酬所得，并非纳税人自己说了算。《中华人民共和国个人所得税法实施条例》对工资薪金所得与劳务报酬所得的范围作了严格规定，《征收个人所得税若干问题的规定》进一步明确了其中的区别："工资薪金所得是属于非独立个人劳务活动，即在机关团体、学校、部队、企事业单位及其他组织中任职、受雇而得到的报酬；劳务报酬所得则是个人独立从事各种技艺、提供各项劳务取得的报酬。两者的主要区别是前者存在雇佣与被雇佣关系，后者则不存在这种关系。"因此，税收筹划的关键问题是：应根据具体情况决定是否签订劳动用工合同，构成雇佣与被雇佣关系。

工资薪金所得的筹划具有一定的局限性，即纳税人必须确实处于税收法规界定的特殊情形之中，没有出现税法规定的这些特殊情形，这种筹划就失去了存在的基础。税务筹划需要按照税法规定的步骤进行。没有纳税人的申请，税务机关不会特意上门帮助解决，自己提出申请很有必要，不提出申请或未经税务机关的核准自行延期纳税，可能的后果就是遭受税务机关的严厉处罚。纳税人还要明晰个人所得税的各种计算方法，并依此计算出应税所得。权衡税负的大小，创造一定的相互转化条件，才能确保筹划成功。

3. 工资化福利的筹划

增加薪金能增加个人收入，满足个人消费的需求，但由于工资、薪金个人所得税的税率是超额累进税率，当累进到一定程度，新增薪金带给个人的可支配现金将会逐步减少。把个人现金性工资转为提供必需的福利待遇，照样可以达到消费需求，却可少缴个人所得税。

（1）由企业提供员工住宿，是减少交纳个人所得税的有效办法。即员工的住房由企业免费提供，并少发员工相应数额的工资。

王经理每月工资收入 6 000 元，每月支付房租 1 000 元，除去房租，王经理可用收入为 5 000 元。王经理应纳的个人所得税是：应纳个人所得税额=（6 000-3 500）×10%-105=145 （元）。

如公司为王经理免费提供住房，每月工资下调为 5 000 元，则王经理应纳个人所得税为：应纳个人所得税额=（5 000-3 500）×10%-105=45 （元）。

如此筹划后，王经理可节税 100 元；公司支出没有增加，还可以增加税前列支费用

1 000 元。

（2）企业提供旅游津贴。企业员工利用假期到外地旅游，将旅游发生的费用单据，以公务出差的名义带回企业报销，企业则根据员工报销额度降低工资开销。企业并没有增加支出，个人则增加了旅游心情放松的收益。

（3）员工正常生活必需的福利设施，尽可能由企业给予提供，并通过合理计算，适当降低员工的工资。企业既不增加费用支出，又能将费用在税前全额扣除，且为员工提供充分的福利设施，对外还能提高企业的形象。员工既享受了企业提供的完善福利设施，又少交了个人所得税，可实现真正意义的企业和员工双赢的局面。

企业一般情况下可为员工提供下列福利：提供免费膳食；提供车辆供职工使用；为员工提供必需的家具及住宅设备。

（4）把一次取得收入变为多次取得收入的筹划。

把一次取得收入变为多次取得收入并享受多次扣除，从而达到少缴税的目的。如某专家为一上市公司提供咨询服务，按合同约定该上市公司每年付给专家咨询费 6 万元。

① 如按一次收入申报纳税，应纳税所得额为：

$$一次性申报应纳税所得额 = 60\ 000 - 60\ 000 \times 20\% = 48\ 000（元）$$
$$应纳税额 = 48\ 000 \times 20\% \times (1 + 50\%) - 2\ 000 = 12\ 400（元）$$

② 如按每月平均 5 000 元，分别申报纳税，则其应纳税额为：

$$按月申报应纳税额 = (5\ 000 - 5\ 000 \times 20\%) \times 20\% = 800（元）$$
$$全年应纳税额 = 800 \times 12 = 9\ 600（元）$$
$$两者相比节约税款 = 14\ 200 - 9\ 600 = 2\ 800（元）$$

11.4.2　稿酬所得的个人所得税筹划

1. 系列丛书筹划法

我国的个人所得税法规定，个人以图书、报刊方式出版、发表同一作品，不论出版单位是预付还是分笔支付稿酬，或者加印该作品再付稿酬，均应合并其稿酬所得按一次计征个人所得税。但对不同的作品却是分开计税，这就给纳税人的筹划创造了条件。如果一本书可分成几个部分，以系列丛书的形式出现，则该作品将被认定为几个单独的作品，单独计算纳税，这在某些情况下可以节省纳税人不少税款。

使用这种方法应该注意以下几点：① 该著作可以被分解成一套系列著作，且该种发行方式不会对发行量有太大影响，有时还能促进发行；② 该种发行方式要想充分发挥作用，最好与著作组筹划法结合；③ 该种发行方式应保证每本书的人均稿酬少于 4 000 元。因为该种筹划法利用的是抵扣费用的临界点，即在稿酬所得少于 4 000 元时，实际抵扣标准大于 20%。

王教授准备出版一本关于税务筹划的著作，预计将获得稿酬所得 12 000 元。试问王教授应如何筹划？

（1）以 1 本书的形式出版该著作，则：

$$应纳税额 = 12\ 000 \times (1 - 20\%) \times 20\% \times (1 - 30\%) = 1\ 344（元）$$

（2）在可能的情况下，以 4 本一套的形式出版系列丛书，则王教授应纳税为：

$$每本稿酬 = 12\ 000/4 = 3\ 000\ （元）$$

$$每本应纳税额 = （3\ 000 - 800）\times 20\% \times （1 - 30\%） = 308\ （元）$$

$$总共应纳税额 = 308 \times 4 = 1\ 232\ （元）$$

王教授如采用系列丛书筹划法可节省税款 112 元。

2. 著作组筹划法

如某项稿酬所得预计数额较大，可以考虑使用著作组筹划法，即改一本书由一人写作为多人合作。与方法 1 一样，该筹划法是利用低于 4 000 元稿酬的 800 元费用抵扣，该项抵扣的效果会大于 20% 抵扣标准。

运用这种筹划方法应当注意，成立著作组后各人的收入会比单独创作少，虽然少缴税款，但个人的最终收益减少。这种筹划法一般用在著作任务较多，比如有一套书要出，或者成立长期合作的著作组。且因长期合作，节省税款的数额也会由少积多。

如某大学张教授准备写一本财政学教材，出版社初步同意该书出版之后支付稿费 24 000元。如张教授单独著作，可能的纳税情况为：

$$应纳税额 = 24\ 000 \times （1 - 20\%）\times 20\% \times （1 - 30\%） = 2\ 688\ （元）$$

如张教授采取著作组筹划法，并假定该著作组共 10 人，则可能的纳税情况为：

$$应纳税额 = （2\ 400 - 800）\times 20\% \times （1 - 30\%）\times 10 = 2\ 240\ （元）$$

3. 费用转移筹划法

根据税法规定，个人取得的稿酬所得只能在一定限额内扣除费用。众所周知，应纳税款的计算是用应纳税所得额乘以税率而得，税率是固定不变的，应纳税所得额越大，应纳税额就越大。如果能在现有扣除标准下，再多扣除一定的费用，或者想办法将应纳税所得额减少，就可以减少应纳税额。

一般的做法是和出版社商量，让其提供尽可能多的设备或服务，以将有关的费用转移给出版社，自己基本上不负担费用，使稿酬所得相当于享受到两次费用抵扣，从而减少应纳税额。可考虑由出版社负担的费用有：资料费、稿纸、绘画工具、作图工具、书写工具、其他材料、交通费、住宿费、实验费、用餐费、实践费等。现在普遍对收入明晰化的呼声较大，而且由出版社提供写作条件容易造成不必要的浪费，出版社可考虑采用限额报销制，问题就好解决了。

如某经济学家欲创作一本关于中国经济发展状况与趋势的专业书籍，需要到广东某地区进行实地考察，与出版社达成协议，全部稿费 20 万元，预计到广东考察费用支出 5 万元，应该如何筹划呢？

如果该经济学家自己负担费用，则

$$应纳税额 = 200\ 000 \times （1 - 20\%）\times 20\% \times （1 - 30\%） = 22\ 400\ （元）$$

$$实际收入 = 200\ 000 - 22\ 400 - 50\ 000 = 127\ 600（元）$$

如改由出版社支出费用，限额 5 万元，则实际支付给该经济学家的稿费为 15 万元。

$$应纳税额 = 150\ 000 \times （1 - 20\%）\times 20\% \times （1 - 30\%） = 16\ 800\ （元）$$

$$实际收入 = 150\ 000 - 16\ 800 = 133\ 200\ （元）$$

因此，第二种方法可以节省税款 5 600 元。

11.4.3　特许权使用费所得的税务筹划

特许权使用费所得，是指个人提供专利权、商标权、著作权、非专利技术及其他特许权的使用权取得的所得。这一税收筹划对从事高科技研究、发明创造者会经常用到。

如某科研人员发明一种新技术并获得了国家专利，专利权属个人拥有。如果单纯将其转让可获转让收入 80 万元；如果将该专利折合股份投资，当年及以后各个年度每年可获取股息收入 8 万元，试问该科研人员应采取哪种方式？

方案一：将专利单纯转让，按营业税的有关法规规定，转让专利权的适用税率为 5%，应纳营业税额为 80×5% = 4（万元），缴纳营业税后的实际所得为 80-4 = 76（万元）。

根据个人所得税法的有关规定，转让专利使用权属特许权使用费收入，应缴纳个人所得税。特许权使用费收入以个人每次取得的收入，定额或定率减除规定费用后的余额为应纳税所得额。因此人一次性收入已超过 4 000 元，减除 20% 的费用后应纳个人所得税为：76×（1-20%）×20% = 12.16（万元）。

缴纳个人所得税后的实际所得为：76-12.16 = 63.84（万元）

将两税合计，此人缴纳 16.16 万元（4+12.16）的税，实际所得为 63.84 万元。

方案二：将专利折合成股份，首先，按照营业税有关规定，以无形资产投资入股，参与接受投资方的利润分配，共同承担投资风险的行为，不征收营业税。其次，由个人所得税法规定，拥有股权所取得的股息、红利，应按 20% 的税率缴纳个人所得税。那么，当年应交纳个人所得税 = 8×20% = 1.6（万元）。

税后所得为：8-1.6 = 6.4（万元）

通过专利投资，当年仅需负担 1.6 万元的税款。如果每年都能获取股息收入 8 万元，经营 10 年就可以收回全部转让收入，还可得到 80 万元的股份，今后每个年度都可以得到一笔收益。

两种方案利弊明显，方案一没有什么风险，缴税之后的余额就实实在在地成为个人所得。但它是一次性收入，税负太重且收入固定，没有升值的希望；方案二缴税少，有升值可能性，但风险大，收益不确定。如希望这项专利能在相当长时间持续收益，或者该科研人员想换个工作环境以追求个人价值最大化，还是选择投资经营为好。这里的投资经营又包括两种。

（1）合伙经营，一方提供专利技术，另一方提供资金，建立股份制企业。只要双方事先约定好专利权占企业股份的比重，就可根据各自占有企业股份的数量分配利润。如案例中的方案二，专利权折股 80 万元，这 80 万元将在经营期内分摊到产品成本中，通过产品销售收回。对该科研人员来讲，仅需要负担投资分红所负的税收额，股票在没转让之前不需负担税收，还可以得到企业利润或资本金配股带来的收入。所需负担的税收是有限的。既取得专利收入又取得经营收入，与单纯的专利转让相比税收负担轻，收益高。

（2）个人投资建厂经营。这种方式是通过建厂投资后，销售产品取得收入。新建企业大多可享受一定的减免税优惠，且专利权没有转让，取得收入中不必单独为专利支付税收。要负担的税收仅仅是流转税、企业所得税和工薪税等。将收入与税收负担相比，必然优于单纯的专利转让收入纳税。

专利权是由国家主管机关依法授予专利申请人或其权利继承人，在一定期间内实施其发明创造的专有权。特许权使用费所得的税收筹划应从长远考虑，全方位地进行筹划。

11.4.4　个人所得税的节税要领

《税法》对应纳税所得项目概括为 11 项，并在《中华人民共和国个人所得税法实施条例》中对 11 项应税所得的具体范围逐一做出解释。节税范围的主要几项如下。

1. 工资薪金所得的节税要领

指个人因任职或受雇而取得的工资、薪金、奖金等及与任职或受雇有关的其他所得。此项所得的节税要领是：① 收入福利化；② 收入保险化；③ 收入实物化；④ 收入资本化。

2. 个体工商户的生产经营所得节税要领

个体工商户的生产经营所得，必须使用 5 级超额累进税率，在使用该税率之前经过必要的扣除，此项所得的节税要领有：① 收入项目极小化节税；② 成本、费用扣除极大化节税；③ 防止临界点档次爬升节税。

3. 劳务报酬所得的节税要领

劳务报酬所得根据应纳税额的 20% 税率征收。因此，此项所得节税要领有：① 大宗服务，收入分散化；② 利用每次收税的起征点节税。

4. 稿酬所得的节税要领

稿酬所得的税率为 20% 比例税率，再加上减征 30% 的优惠。因此，此项收入的节税要领包括：① 作者将书稿转让给书商获得税后所得；② 作者虚拟化；③ 利用每次收入少于 4 000 元按 800 元扣除；④ 利用每次收入超过 4 000 元的 20% 扣除；⑤ 利用 30% 折扣节税。

5. 特许权使用费所得的节税要领

特许权使用费所得的节税要领包括：① 将特许权使用费捐献无偿化；② 将特许权使用费低价转让化；③ 将此项收入包含在设备转让价款之中。

6. 利息、股息红利所得节税要领

利息、股息红利所得是指个人拥有债权、股权而取得的利息、股息红利所得。此项所得的节税要领包括：① 利息收入国债化；② 股票收入差价化；③ 红利收入送股配股化。

7. 财产租赁、财产转让所得节税要领

财产租赁、财产转让所得的节税要领包括：① 成本扣除极大化；② 房产原值评估极小化；③ 费用装饰极大化。

11.4.5　税收筹划风险

税收筹划面临各种不确定因素，不管是个人理财师或客户在税收策划时，都必须警惕这些风险，避免对双方的利益造成损害。以下是财务策划过程中可能会遇到的一些风险。

1. 违反反避税条款的风险

前面讲到避税、偷税与税收筹划间的区别。尽管税收筹划是完全合法的，但并不代表不需要考虑反避税条款。一般来说，各国或地区政府为规范税收的征缴，防止纳税人利用税法漏洞逃避纳税义务，都制定了相应的反避税条款，凡有违反行为者都要受到法律的制裁。个人理财师为客户制订税收筹划方案时，应充分考虑到这一点，避免提出的税收筹划建议违反相关条款，从而损害个人理财师个人及客户的利益。个人理财师在工作中对具体法律事宜不清楚时，应主动寻求律师或税务专业人士的帮助。

2. 法律、法规变动风险

税收筹划受到法律、法规的影响，主要源自法律、法规的不确定性，尤其是关于养老金、利息费用的抵减等方面法律、法规更有明显的不确定性。市场经济比较成熟的发达国家，法律、法规的变动一般较少。发展中国家因其整个经济体系尚不成熟，社会、政治、经济状况变动比较频繁，法律、法规的变动风险就较大。税务筹划受到法律、法规的约束，而法律、法规本身又存在变动风险，税收筹划过程中，个人理财师应当将所有可能潜在的法律、法规变动风险向客户做充分的揭示。

3. 经济波动风险

税收筹划是与经济状况紧密相关的，宏观或微观的经济波动都可能对客户的税负产生一定影响。采用杠杆投资策略时，客户可能会遭遇借入资金利率上升的风险，或者因收入减少无法归还贷款。经济波动风险通常是由国家的整体经济状况决定，个人理财师凭一己之力无法改变。个人理财师在进行税务筹划时，应当对未来的经济波动风险有清晰的认识，避免当风险降临时手足无措，给客户的利益造成损害。

4. 资产失控风险

收入分解转移策略可通过他人的名义取得资产或将资产转移给他人、信托投资公司、合伙实体，使从资产中获得的收入在一个较低的边际税率上征税，从而减少客户的税负支出。但这种安排同时也意味着客户需要通过捐赠或转让放弃资产的所有权。

资产失控的风险是客户在决定是否转移资产及转移给何人时，必须考虑的重要因素。某些潜在的受赠者和受让人可能并不具备将这些资产管理好的能力。此外，在某些国家/地区，法律限制未成年人作为赠予程序参与者签署合同的能力。这些转移资产上获得的收入，未成年人通常要以比较高的税率纳税。

资产所有权的变化除涉及印花税、资本利得税等税收问题外，还会引出许多家庭问题。如可能导致婚姻的破裂等。这些问题在个人理财师进行税务筹划时，很容易被忽视。

5. 婚姻破裂风险

发生婚姻破裂或其他家庭变故时，夫妻双方共同拥有的资产和承担的债务会成为关键性问题。如双方一旦离婚，一方又被要求偿还大额贷款时，就会给双方共同经营的业务带来风险。因此，当夫妻双方在决定运用信托或转移资产等策略减少税负支出时，都应当清楚地认识到今后一旦婚姻破裂，可能带来的各种法律问题。

附录：

有钱后做什么事税负最低

某人现有货币资金 100 万元，这笔钱用来做什么税负才能最低呢？可有购买消费、经营实体、投资理财等各类选择，每类选择中又包括若干细小事项。

1. 购买消费。购买不同的物品，其税负不大相同。某人号称每日吸软中华烟 2 包，每年仅烟费即达 3 万元，其中 70% 就是为国家财政做贡献。假如改吸烟为吃巧克力，同样的 3 万元消费，只需要纳税约 10%，如系日用品、一般食品的购买消费，税负会更低一些。

2. 如将 100 万元存入银行，每年可获取利息收入若干，按照国家税法规定需要交纳

20%的个人所得税（目前已暂时停征）；但如将这笔钱用来买国债，或者购买年金类寿险产品，或者购买人民币理财产品，可获取利息、债息收入和寿险金返还的部分，按照规定则不需要缴税；用这笔钱财购买股票、基金或期货产品，除按照交易额需要交纳印花税外，投资收益不必要缴税。

3. 个人将拥有的资金投资办公司，自己当老板主持公司的营运，需要按照《中华人民共和国企业所得税法》的规定，交纳企业所得税，如将税后利润提取自己使用时，则需要再缴纳个人所得税。如果开办的是合伙企业或个体企业，则不需要缴纳企业所得税，仅交纳个人所得税即可。如果希望得到国家的税费优惠待遇，则需要考虑兴办高科技类企业。

4. 个人如将这笔钱对外捐赠，如系任意性赠予，当期个人所得税负并无减少，如系捐赠于希望工程、慈善基金等，则可以减免当期个人所得税负的若干部分。如将这笔钱财作为遗产由子女等亲属继承，目前不需要纳税，未来遗产税开征后则需要依法缴税。

以上事项的选择，考虑因素众多，减轻税负是应予考虑的重要因素之一。

▶ 小 资 料 ◀

个人财务隐私保密

个人财务隐私是指用户为获得金融产品或服务提供给银行或理财经理的个人可识别资料，包括个人资料、交易资料及其他衍生信息，还包括机构与用户间曾发生业务交易的事实本身。这里所谈只是银行开办个人理财服务，但对第三方理财机构而言，基本原理是相同的。

（一）银行个人财务隐私保密的缘由

随着信息化和网络化程度的不断提高，银行经营中掌握的大量客户财务数据已成为重要的商业资源。对消费者财务数据的收集、存储、处理、传递和复制等，都变得更加方便，加强对这些财务隐私的保密就显得愈益重要。依法有效保护个人财务隐私不受侵犯和非法滥用，已成为金融机构必须履行的重要职责。缘由如下。

1. 个人理财业务开办中，财务信息资料保密事项引人关注，这一工作状况如何，对个人理财业务顺利开办十分重要。

2. 完善个人财务隐私保密措施，可增加用户对银行的信任度，拓宽业务渠道，增加业务量，取得竞争优势。

3. 完善银行保密法律、有效的监管和先进的保密技术，促进网络银行业务发展，消除用户对财务隐私可能泄密的顾虑。

4. 为社会整体利益的需要，政府、司法及税务部门要有适当的公民财产知悉权，要在隐私权和知悉权间达成平衡，既保证公民的财产隐私不向第三方透露，又保证国家能正确行使权利。个人财务隐私保密法律和制度健全，可使政府部门行使知悉权时有法可依、有法必依。

5. 我国银行开展了网上银行业务，支持电子结算，但投资者顾虑或担心个人财务隐私在网上可能被泄露，对网上银行抱迟疑观望态度，保护消费者个人财务隐私，可推动电子商务发展。

（二）个人财务隐私保密的对象和内容

1. 个人财务隐私的受保护者

（1）一般消费者。指已获得或正在申请获得金融产品或服务的家庭消费者或个人，如消费信贷者或向机构申请投资、理财的咨询者。

（2）银行服务申请者。不管申请是否通过审查，提供个人财务资料都需要得到保密承诺。

（3）客户。指已在银行开户、得到贷款、购买保险产品或委托机构理财等，表示客户和机构已建立服务关系。

2. 受保护的个人财务隐私

（1）业务往来时客户提供给机构的个人资料，如姓名、住址、电话号码、个人收入状况等。

（2）客户的业务交易数据，如交易记录、交易金额、账户余额、支付记录、透支记录、借贷记卡的购物信息等。

（3）机构与客户交往中获取的其他衍生信息，如对客户的主观印象、挖掘分析客户数据的信用报告及潜在价值信息。

（4）银行与客户发生业务交易的事实及银行在网上通过 cookies 收集个人信息。

（三）个人财务隐私被透露可予免责的事由

并非任何情况下，金融消费者都有拒绝个人财务隐私被透露的权利。为维护社会公共利益，给消费者提供更好的服务，银行可在某些情况下透露消费者的个人财务隐私而不承担泄密责任。有以下免责事由：

（1）在消费者同意或未拒绝的情况下，银行可把消费者个人财务隐私透露给第三方；

（2）发现消费者有欺诈或非法交易，银行不负有个人财务隐私保密的义务；

（3）把消费者的财务隐私透露给其法律代表或合法利益关联方；

（4）把消费者的财务隐私透露给其保险公司、担保机构及银行上级检查评估人员；

（5）把消费者的个人财务隐私提供给现金交易报告机构；

（6）根据法律要求把消费者的个人财务隐私提供给法院、公安及税务等部门；

（7）第三方与银行间有合同约定关系，如银行需要第三方提供技术支持、账户维护或开发信用卡程序等。但合同中应明确规定禁止第三方向外泄露消费者个人财务隐私；

（8）各个金融机构共同为消费者提供金融产品或服务，之间可共享消费者财务隐私，但禁止任何一方向外泄露。

（四）借鉴国外经验，我国应健全个人财务隐私的立法

（1）明确银行对个人财务隐私进行保密，是法定义务；

（2）严格界定受保护主体的范围，使银行个人财务隐私保密具有可操作性；

（3）严格界定受保护的个人财务隐私范围；

（4）保障消费者对自己财务隐私的控制选择权，有权拒绝个人财务隐私在法律许可范围外公开或透露给其他第三方；

（5）具体规定有哪些免责事由如发生，银行应该或可以披露客户财务隐私而不需要承担法律责任；

（6）明确银行及其工作人员未尽保密义务时应承担的法律责任；

（7）统一规定机构和部门有权查询消费者个人财务隐私及查询的条件和程序，如这些机构在其职权范围外构成对消费者个人财务隐私的威胁，消费者应采取的救济手段等。

本章小结
BENZHANG XIAOJIE

1. 税收是财政收入最主要的来源，是国家用以加强宏观调控的重要经济杠杆，对国民经济社会的加快发展具有十分重要的影响。目前，中国的税收制度共设有 24 种税，按其性质和作用大致可以分为流转税、所得税、资源税、特定目的税、财产税、关税、农业税、行为税八大类。

2. 税收筹划是指纳税义务人依据税法规定的优惠政策，采取合法的手段，最大限度地享用优惠条款，以达到减轻税收负担的合法行为。要做好税收筹划活动，必须遵循合法性、节税效益最大化、筹划性和综合性 4 项原则。

3. 在税收筹划理论研究与实践运作的基础上，可以把节税技术归纳为：免税技术、减税技术、税率差异技术、分劈技术、扣除技术、抵免技术、延期纳税技术和退税技术。8 种节税技术可单独运用，也可以联合运用。如同时采用两种或以上节税技术时，必须注意各种节税技术间的相互影响。

4. 税收筹划面临各种不确定因素，不管是个人理财师还是客户，在进行税收策划时，都必须警惕这些风险，避免对双方的利益造成损害，包括违反反避税条款的风险、法律法规变动风险、经济风险、资产失控风险和婚姻破裂风险等。

思考题 ▶▶▶

1. 简述中国目前的税收体系。
2. 论述个人所得税的优惠政策。
3. 简述税收筹划的分类。
4. 简述税收筹划的基本原则。
5. 论述税收筹划技术。
6. 论述税收筹划的基本策略。
7. 税务筹划中可能遇到的税负抵减项目有哪些？
8. 简述个人所得税的节税要领。
9. 论述税收筹划的风险。

第12章
住房规划

12

学习 目标

1. 了解住宅投资的基础
2. 深入了解住宅抵押贷款的制度和运作
3. 了解住宅投资的策略
4. 把握住宅投资的规划
5. 把握目前住宅市场的运作特性

12.1 住宅概说

12.1.1 住宅状况

房地产从其存在的自然形态认识，主要分房产和地产。房产是指土地上建造的各种房屋，包括住宅、厂房、仓库、医疗用房等；地产则是土地和地下各种基础设施的总称，包括供水、供热、供气、供电、排水排污等地下管线及地面道路等。我国房地产市场形成时间不长，具有浓厚的转型时代的色彩，按国家政策规定，主要有以下类型。

1. 商品房

商品房是指房地产公司取得土地使用权后开发销售的房屋，居民购买后拥有住宅的独立产权，按照国家法律规定，住宅附着土地的使用权通常为 70 年。商品房的价格由市场供求关系决定。目前，房地产市场大量交易的就是这些商品房。

2. 安居房、解困房和经济适用房

安居房是国家实施安居工程修建的住房，国家推动住房制度改革，加大对低收入群体的住房保障，专门安排贷款和地方自筹资金，面向广大中低收入家庭修建的非营利性住房。解困房是指地方政府为解决城镇居民的住房困难修建的住房。经济适用房是指政府部门联同房地产开发商，按普通住宅标准建造的，以建造成本价向中低收入家庭出售的住房。

3. 房改房

房改房是指国家机关、国有企事业单位按照国家有关规定和单位确定的分配方法，将原属单位所有的住房以房改价格或成本价格出售给职工。住房制度改革初期，房改房有一套特殊政策，随着时光的流逝，人为附加到房改房的这些特殊政策已过期而失去效用，开始享有与商品房同等的待遇。

12.1.2 住宅功能

住宅具有以下功能，较好地了解这些功能，对参与购买或投资住宅是有益的。

（1）生活居住。民无居不安，大家买房首先是为了自己和家人的生活居住，使居住生活质量得到提升和改善，居住是住宅的基本功能。为更好地实现这一功能，需要对住宅所处的周边生态环境、交通便利、购物生活、上班上学乃至楼盘、朝向等，有较多关注。

（2）投资盈利。买房又称炒房，是期望从住房的买进卖出中赚钱盈利。事实上，房价迅速上涨的状况下，投资房产的收益远远超出投资其他项目。如最近 10 多年来，京沪穗深杭等地的房价飞涨，几乎达到 10 余倍之多，如早年集聚全部财力投资于房地产，若再加按揭贷款的杠杆方式投资于房地产，时至今日其收入非常可观。

（3）融资便利。家庭生活中总是有某些临时或偶然、必然事件发生，需要大笔钱财却又一时难以筹措。如有住宅作抵押向银行申请贷款，问题就得到了较好解决。

（4）税费减免。我国居民买房，往往是一次定终身，有的子女大学一毕业父母就准备好一百多平方米的房子。美国居民买房，则往往是因循着家庭规模按 "小—中—大—小" 的轨迹，单身时先买个单身公寓，结婚成家后卖掉单身公寓买个中等居室，到家庭人口增多时再卖掉中等居室，改买大居室，若干年后经济状况大为好转时，再置换个豪华别墅或公寓，到人生的晚年时期，子女相继结婚分居单过，再置换中小居室安度晚年。房产置换中应当向国家缴纳的税金，就可以按规定有较大的减免或延缓缴纳。

（5）养老保障。年轻时努力赚钱买房，买大房，买好房，到年纪老迈赚钱无力时，就可以依据房产中蕴含的巨大价值变现、套现，用于养老保障中的现金不足。这就是 "60 岁前人养房，60 岁后房养人"。

（6）传承后代。年轻人买房是为自己生活居住，老年人买房则大多还为未来自己身故后，能将该房产传承给子女继承。某些传统观念浓郁的父母，还将自己死亡之时能为子女留下最大限度的遗产视为自己生活的最高宗旨。

住宅的各项功能中，居住是基本功能，其他事项则属于派生功能。基本功能要坚决履行，派生功能也需要大力发挥，使得住宅的价值能得到最好的实现。

12.1.3 购买住宅

1. 购买住宅的策略和需求分析

购买住宅计划的第一步，是确定期望的目标和需求，需要通过大量数据的收集和分析来明确。购买住宅的最终目的，是提供居住环境的平稳过渡和家庭拥有资产的优化配置。因住户的需求和期望时常变化，平稳过渡和对资产的优化配置比较难以达到，保持住宅计划的灵活性，应放在重要位置。

策略一：评价各种住房选择。影响选择住房的主要因素是对住房的需求、生活状况及经济资源。应从经济成本和机会成本的角度了解各种租赁和购买住房的选择。

策略二：设计出售住房的战略。出售住房时，必须确定是否应进行某些维修和改善工作，再确定出售价格，并在自行出售住房和利用中介服务两者间做出选择。

策略三：实施购房程序。购买住房涉及 5 个阶段：① 确定拥有住房的需求；② 寻找并评估待购买的房产；③ 对房产进行定价；④ 对购房款申请贷款融资；⑤ 完成住宅交易。

策略四：计算与购房有关的成本。包括首期付款、交易手续费（如转让费、律师费、产权保险费等）及支付住房所有人保险和房产税的保证账户。

2. 购买住宅需要考虑的因素

个人购买住宅需要注意的事项有以下几项。

（1）确定购房的目的，是购房自居的刚性需求还是投资炒房，前者要考虑工作生活便利和周边居住环境等因素；后者则多要考虑房价增值的空间高低。

（2）慎选购房时机，房价未来持上升或是下跌趋势，投资炒房时对此要有特别关注，房价下跌时往往会导致购房资金被套牢。

（3）考察房地产市场的供需状况，特别注意房屋的建成、销售和存量状况，如住宅增量长期大于销量，存量房过高时往往会引起房价的下跌；销量大于增量，存量房过少时则必然会引起房价的上涨。

（4）住宅投资应该是低价买入高价卖出，而非股市短线操作那样追涨杀跌。这种认识与普通人认为的时机选择有一定差距。短线投资者是在短期内几易其手以获取差价，这在房地产投资中并不适合。

（5）住宅投资买进与售出的交易手续办理缓慢而麻烦，交易成本表现得较高，需要关注国家房地产政策和相关税费、信贷政策的变动状况，揭示政策变动与住宅投资的影响。

（6）查明地段地号，调查房屋产权是否明晰，再申请产权过户；查阅建造执照。有的公司尚未建造房屋或尚未申请建造执照，就先预售该房屋，俗称"售楼花"，目前已被立法禁止。

（7）明了房屋设计，这与居家品质有密切关系，注意楼盘朝向、层数、居层是否合适及每层户数不宜过多。

（8）注意起造人与签约人是否一致，有否权利出售，建造是否逾期，竣工日期有无延误，还应注意都市规划的区属、分区。

3. 购买住宅前需做的工作

（1）个人缺乏房产开发和住宅建筑的专门知识，应予弥补，注意现场调查，尤其是住宅建造的质量状况。

（2）防止虚假不实广告误导，或者因其将巨额广告费转嫁入住房成本，使价格上扬。

（3）注意住宅产权是否清晰，避免后遗症，尤其是当不良中介机构参与时。

（4）搜集有关信息，防止误导，注意做长期打算，防止个人财务被还贷付息拖垮。

（5）寻求易于脱手的房屋，需要地段强，外观好，管理严格，建设公司信誉好。

（6）评判决策，勿上当冒险，寻找转手卖主时，委托信用好的中介或可信赖的专家。

（7）欲购房用于出租赚钱者，要注意租金收益同房款及利息成本的核算。

（8）详细计算并分析利率、价格和效益，注意交易中税费缴纳。

（9）考虑物业管理如何，后续维修管理费用，房屋日常清扫、外观维护及修缮整建等。

（10）签订契约时，注意其中有无阻碍自由转让的条款，避免他人分利。

（11）寻找银行的策略是货比三家，要认真比较各家银行能给予的优惠条款。

（12）考虑能否借新还旧或降低利率，或者多借款迟还款，房屋新、地段好，还款能力强，银行方可予以通融。

4. 购买住房的动机

购买住房需要周期长、资金数额大、搜集信息多、技术性强，事前需要仔细评估和计划。购买住宅是用于居住或用于投资谋利，或者两者兼顾，动机不同会带来房屋选择的差别。

（1）用于居住。购买住房首先是满足对生活居住场所的需求，这是纯粹的消费需求。为提高居住生活质量，选择已形成或即将形成一定生活氛围的居住环境和便利的交通条件，细致选择住宅的具体状况，如朝向、楼层、坐落地段等。

（2）用于租赁。购房目的是获取租金收入，可购买易租给单身或流动人口的小户型住宅，或者购买适宜出租给经营者的沿街店面、商场和办公楼。

（3）用于盈利。若买房为获取价差收入，可购买房价相对便宜，未来有较大升值潜力的住宅或店面房来赚取买卖差价。投资者要想在住宅市场上获取价差，必须要经验丰富、决策科学，再加行动果断。

（4）用于养老保障。用房子养老，以寻找新的养老资源，加固脆弱的养老保障体系，已受到大家的热捧，这是将住宅作为一种养老保障的重要工具，是对住宅功能的新开发。

（5）用于减免税收。发达国家的政府为了鼓励居民置业，通常规定购房支出可用来抵扣个人应税收入。上海、杭州市政府也都出台了购房支出可用于抵扣应纳个人所得税基数的规定。

购房目的与关注重点如表12-1所示。

表 12-1 购房目的与关注重点

购房目的	关 注 重 点
首次购房用于自住	满足居住需求，是准备一次到位还是做过渡房。前者需要考虑将来家中人口增加对居住功能要求的增加；做过渡房以后再出租或出售，则要考虑出租或出售的难易程度及回报高低
第二次购房改善居住条件	居住功能希望扩展，如生活和工作的交通方便，想换套面积大一些的，换套套型合理、功能增强或楼层更好，或者想换个好的环境小区等
购房用于投资盈利	升值空间和出售难易程度。特别注意房屋短期内特别是销售期间内的升值潜力，主要是了解城市规划是否涉及楼盘交通、配套设施改善。如在楼盘周边规划有地铁或社区里引入知名中、小学校等。但需要先于众人得到这些信息
购房用于出租，以房养老	需要考虑住宅长期投资的升值空间、租金水平和出租难易程度。需要对当地租房群体有大致了解。高档住宅租房群体追求生活舒适，中档住宅租房群体要求公共交通方便，周边配套齐全；低档住宅租房群体只要求满足基本的生活需要，对价格较敏感。就业机会多的区域，房屋容易出租，大学周边的低档住宅较抢手，单身公寓和"中性平面"住宅有较大市场

购房目的	关 注 重 点
购房投资为了货币保值	升值空间大小，通货膨胀时期，居民选择购买住宅实现货币保值。购房投资属于长期投资，看重楼盘的长期升值潜力和出租难易程度。要求购买楼盘和户型适宜居住，没有明显缺陷，在综合能力上优于周边楼盘
为孩子上学购房	为孩子教育购房时首先考虑的是房子周边有无知名中、小学校，购房后是否继续和孩子同住，开发商直接将名校引入小区，这样的楼盘当然是首选
为老人购房	为老人买新房时，需要考虑周边有较好的医院以方便就医，离子女居所不远方便照顾。开发商顺应需求推出"2+1"户型。给老人购房带有电梯比较好，这样方便年龄大的老人经常出去活动。适合老人居住的区域或地处城区、生活交通购物方便、配套齐全；或者地处生态环境优越、青山绿水的市郊
为孩子买婚房	孩子经济实力不够，家长出钱为孩子购房，会考虑为孩子购买的房子距家长居所近便，即常说的"一碗汤的距离"
购房为了商住两用	同时满足办公和居住需求，内需要有采光充足的大空间，居住部分和办公部分有一定间隔。为方便客户到访，要求楼盘交通方便、出入容易、停车便利

12.1.4　购房状况估算

1. 个人支付能力评估

购房前要正确估量个人资产，再根据需求和实际支付能力，综合考虑住宅购买计划的具体选择。

（1）个人净资产。估算个人支付能力的核心是审慎计算个人的净资产，这是个人总资产减去个人负债后的余额，主要包括自用住宅、家具、债券、股票等。自住房屋属于个人资产，不属于长期投资，只有以赚取租金收入或赚取交易差价为目的的房屋，才算投资住宅。普通工薪阶层的个人资产，还包括已缴纳的住房公积金。

（2）个人综合支付能力。确定个人投资住宅的综合支付能力时，不仅要看其净资产，还要分析个人的固定收入、临时收入、未来收入增长、个人必需的支出和预计未来支出。

如个人净资产为正，投资者首先要确定用来投资住宅的资金数额，再根据月收入的状况及预期，最终确定用于购买住宅、偿还银行按揭贷款本息的数额。基本原则仍是量力而行，既满足住宅投资需求，又不会给自己带来沉重的债务负担。

2. 估算自己的购买能力

过分追求完美，往往会给生活增添额外烦恼。很多购房者因种种原因对长达数十年支付按揭款力不从心，使自己的生活质量严重下降，经济和精神的双重压力使他们无法享受生活的快乐。产生这种现象的缘由是购房者不能恰当盘算自己的经济能力，不能客观理性地分析自己目前和远期的经济状况。购房者在买房之前要仔细估算购买能力，询问自己以下问题。

（1）家庭总资产有多少？其中有多少货币金融资产，打算拿出多少钱来买房？

（2）家庭年收入是多少？包括利息收入及各种货币补贴，长期收入是否稳定可靠？预期未来的收入状况会是如何？

（3）每年的支出是多少？除日常生活费外，还有哪些特殊支出，如医疗、教育、保险及预防意外灾害的预备金等？

（4）我可以为买房缴付多少首付款？

（5）准备用多少年供房，每月能够负担供款是多少？

（6）为什么购房，是自己居住，还是为儿女、父母购房，是投资获利、对外出租或是留作子女遗产？

（7）希望在哪个地段购房，对楼盘、朝向、楼层等有哪些特殊要求？希望购买哪个开发商开发的楼盘，缘由何在？

（8）对未来房价走势的大致预期如何，是看涨还是看跌？

3. 购房需要做的工作

1）确定自己的资金来源和收支状况

① 目前家庭资产的总值为多少，资产的结构怎样；② 有无意外所得。如继承遗产，获得奖金，别人赠送或亲戚朋友的资助等；③ 家庭近期和远期的收支状况。计算家庭收入时应侧重固定可靠的资金来源，如工资、存款利息、债息等，股票、集邮等投资因存在投资风险，暂不列入稳定收入。家庭支出包括每月的物业管理费、水电气费、通信费用、正常生活开支、娱乐教育费用等，还包括应偿还的债务，如按揭还贷、汽车分期付款等。对年轻、高学历、单位效益较好的购房者来说，预期收入是正向增加，还款额和还款期选择可以相对宽松，未来有较大支出计划的家庭（如留学、生孩子等），则要把警戒线放得低一些，以免影响正常的家庭生活。

买房要根据需要和支付能力综合考虑，先买支付得起的房子，再买喜欢的房子，其要诀是审慎地计算家庭目前和预期未来的支付能力。

2）确定购房总额及首付金额

根据自身家庭的积蓄、可以获得房贷的数额（其中公积金贷款和商业性贷款的状况）、可从亲戚朋友处得到的货币支持，或者其他项资金来源，估算出自己能拿出多少首付款，用来投入到买房这大的一项投资行动中，以此决定自己的实际购房能力。购房前一定有一笔资金支持，居民才能做出买房的决定。这笔资金的数额有 20 万元、50 万元、80 万元或是上百万元，甚至更多，购房资金的不同数额准备，直接影响居民想购买物业的品质和行为。

3）购房税费缴纳

购房税费较为复杂，不同类型的房产税费不同，全国各省市税费种类大致相同，但税费率有较大不同。另外，房地产业作为国家主导产业，税费作为国家宏观调控工具，征收与否、征收税率及收费的多少都会发生变动。购房者要根据自己的实际情况确定该交纳税费。如一手房交纳的税费有契税、印花税、交易手续费、产权登记费和工本费等；二手房还需要交纳营业税、个人所得税、土地收益金、土地增值税；办理按揭须缴纳的费用有律师费和保险费；入住过程中需交费用包括住宅公用部分共有设备维修基金和物业管理费。

12.1.5　适合住房的选择

根据不同生命周期、不同的需求，对住房类型的选择不尽相同。

1. 住房类型选择

表 12-2 为住房类型的选择。

表 12-2　住房类型的选择

	优　点	缺　点
租赁公寓	• 容易搬迁 • 维修责任小 • 财务压力小	• 没有税收优惠 • 改建房型有一定限制 • 养宠物等活动可能受限
租赁住房	• 容易搬迁，维修少 • 比公寓面积大 • 财务压力小	• 公用事业费比公寓高 • 改建房型、装潢住房限制 • 感觉飘着的一代，没有稳定感
拥有新房	• 拥有住房的自豪感 • 以房养老，晚年生活有保障 • 税收优惠	• 经济负担重 • 生活开支比租房高，压力大 • 流动性小
拥有二手房	• 拥有住房的自豪感 • 以房养老，晚年生活有保障 • 税收优惠	• 经济负担重 • 可能需要维修或重置 • 流动性小
拥有共有公寓	• 税收优惠 • 维修责任比住房小 • 通常离娱乐和商业区较近 • 便于日后调整住房	• 隐私性不如一般住房 • 经济负担重 • 影响物业价值的需求不确定 • 可能与室友在居住规则上有矛盾 • 需要房产评估费
拥有合伙型住房	• 非营利组织拥有产权 • 住宅价值稳定	• 出售的难度相当大，内部易于引起纠纷 • 各成员合住或产权交易时会发生矛盾 • 其他成员需要负担未出租单位的成本
拥有预制型住房（流动住房）	• 比其他住房形式便宜 • 选择住房特点和设施自由度大	• 未来出售难度较大 • 难以获得融资 • 建筑质量较差

2. 不同生命周期阶段的住房选择

表 12-3 为不同生命周期阶段的住房可行类型。

表 12-3　不同生命周期阶段的住房可行类型

人群	住房可行类型
青年夫妇	可先租赁住房，便于日后经济条件上升随时加入购房大军。住房维修应尽可能少，一旦调换工作也容易调换住房
单身父母	购买住房或合住公寓可获得税收和财务的优惠 租赁的住房提供了一个适合孩子生长的环境，以及一定的安全感

续表

人群	住房可行类型
无子女的 年轻夫妇	购买不太需要维修，能满足家人财务和社会需求的住房 租赁住房提供了一定的便利性，使生活方式易于变化 购买住房以获得财务优惠，同时建立长期的理财安全感
有小孩的夫妇	租赁住房在各种需求和理财环境变化时提供一定的安全性和灵活性
退休人士	购买不太需要维修并符合生活方式需求的住房 租房可满足理财、社会及生理需求，避免自己死亡后的资源浪费 购买交通生活便利，周边能够提供必需的护理保健服务的住房 在生态环境优越的郊区购买适于老年人居住的住房

12.2 购房信贷

一般情况下，因住宅价格远超过大部分工薪阶层全款购买的能力，所以在购买时进行信贷行为是必要和可行的。

12.2.1 家庭购建住房与信贷

1. 认识住房信贷

民以居为安，居者有其屋，购买属于自己的房屋，已成为多数居民正在积极实现的理想。但如手中资金不足，不可能为买房一次性拿出数十万元时，按揭贷款就是应时而生的好办法。

购房是一种消费又是一种投资，如何看待这一事项呢？

衣食住行用的日常生活消费中，是一次性交付现金，所购买日用品的消费周期也很短，短则即刻消费殆尽，多则十天半月，最长也不超出数年。购买一般物品用具，或者彩电、冰箱等大件高档耐用品，是一次性也支付全部价款取得其产权。虽然也是家中一项大事，但付出价款顶多数千元，一次性也负担得起。在家庭的日常生活消费中，资产负债率是较低的，负债额几乎为零。但一套住房动辄数十万元乃至数百上千万元，单靠当事者的财力积聚达不到，必须借助按揭贷款来筹措资金。

2. 住房信贷的特性

有人认为贷款买房属于超前消费，是无钱硬要借债花钱，这种观点有待商榷。若某人贷到一笔100万元款后，整日花天酒地，一两个月折腾干净，手中资产没有任何增长，且又背了大笔债务。这种行为的确是超前消费，不应鼓励。

贷款买房、买车则不然。房、车都是长期耐用品，价值巨大，使用期超长，尤其是住房的使用期常常可达五六十年之久，且使用期间还会有价值增值。住房不仅是一种耐用消费品，更是一种极具价值的投资品。另外，一套住房又是不动产，不能移动，不能零碎分割，否则就要受损。这就只能一次性整体购买，分期逐步使用消费。

　　需要说明的是，居民负债购房，主观心理上可以不将其视为负债。住房是家庭的最大产业，购房消费周期长达数十年，故可视为分期购买，分期使用消费。事实上，住房贷款在归还期间，如果实在无法持续性长期付款时，房屋产权固然丧失，但购房者受损并不为多。虽说交付了部分房款，但也居住了相当长时期，就算是每年交房租住房也罢。

　　取得住房产权大多通过购买方式，一次性筹措款项不易，日后长期居住期间压缩消费归还贷款，也是极为合理。故此，贷款购房并非"花明天的钱，住今天的房"，而是"花整个居住期的钱，住整个居住期间的房"。该项贷款如在较短期间就能全部归还，不仅不是超前消费，还应称作延期消费。即为了购房及归还住房贷款，延缓了其他项目的及时消费。

　　资产证券化有利于盘活资产，方便企业对存量资产和新增资产的优化配置，受到社会各界的关注。该办法能否运用于住房，可以探讨。将住房这项资产以证券化的形式变现、出售、产权转让等，都将变得比较容易。住房价值稳定可靠且有上涨预期，住房本身又是不动产，不能隐匿、移动、转移，如同购买绩优股，是完全可行的。

3. 贷款购房的益处

　　贷款购房可节约花费，提高住房的收益，好于储蓄购房。房屋同其他物品不同，其他物品会随着使用而磨损贬值、价格下降。房屋虽然随着使用发生损耗，却也会随着地价升高带来整体价值的上升。相当多的情形下，房价升值速度会快于存款乃至贷款的利率增长。如某人将 20 万元存入银行，年利率 5%，计划 3 年期满可拿到本利 23 万元。如用这笔钱购买住房，房屋价格上涨为 8%，3 年后即涨到 24.8 万元，利息增长赶不上房价增长。还有一点需要考虑，将钱财存入银行只是得到微薄的利息收益，将钱买成房子马上就可以入住，从而节省一笔昂贵的租房用费。

　　住房的提早改善对家庭的益处较多，房屋既是居住生活的场所，又是事业发展的巨大空间，尤其是知识经济迅猛发展，网络四通八达，已越来越多地深入到社会家庭生活的各个方面，许多工作完全可以脱离单位与集体工作的局限，而置于家内操作。故此，住房条件的改善，特别是计算机、网络等现代设备得以借机尽早进入家庭，对工作的益处就更明显。

4. 贷款买房与租房

　　贷款购房是否合算呢？可将购房与租房做个比较，购房取得房屋的长久产权，租房取得的只是房屋一定时期的使用权。但为购房并为此支付全部价款就是个极大负担，倘若只是整个使用期平均支付等额房价，那就非买房而是租房。换个角度观察问题，显然很有用处。

　　若考虑有一套价值 30 万元的住房可居住 50 年，年使用成本为 6 000 元，每月 500 元，每日为十六七元。这同每日用于食品菜蔬的十六七元有何区别呢？食品菜蔬是每日要花钱买回家，住房则不同。居住期间当然会为房屋维护修理保养等付费，且非小数，但住房本身随着地价上升也会发生价值升值，该住房居住 50 年期满时，其地价增值可不是一个小数目，这是住房与一般消费品不同的地方。

　　将住房的一次性产权购买下来，通过租房转化为使用权的分期购买，这种做法对住房商品化是一大促进。但问题在于建造住房中的巨额成本，是由房地产商一次性垫付，其资金收回又应如何操作呢？若等待分期收租显然对房地产商十分不利，大笔垫付款项无法较快收回。故此，金融机构提供信贷资金，居民按揭贷款买房，就是解决该问题的好办法。

12. 2. 2 住宅抵押贷款

购买住宅的金额大、时期长、程序复杂，只有少部分购房者能一次性付清所有款项，抵押贷款融资在住宅购买中具有重要意义。

1. 住宅抵押贷款

抵押是一种以还贷为前提，从借款人到贷款人的抵押物权利的转移，该权利是对由借款人享有赎回权的债务偿还的保证。当投资者以抵押贷款形式购房时，房屋产权实际上已转移给贷款银行，投资者只能在贷款债务全部还清后，才能获得对该房屋的全部产权。这种从贷方重新获得产权的权利叫作担保赎回权，抵押实质上是对贷款的担保。

商业性个人住宅贷款又称"按揭"，是银行用信贷资金发放的自营性贷款，具体指具有完全民事行为能力的自然人，在购买自住房时，以购买的住房产权或银行认可的其他担保方式为抵押，作为偿还贷款的保证而向银行申请商业性贷款。目前我国的银行在为投资者办理住宅抵押贷款时，都要求贷款人必须购买商业保险。

2. 住宅抵押贷款的特点

住宅抵押贷款与其他贷款有着明显区别：① 主要面向个人家庭；② 只与住房购买、修葺、装修等有关；③ 贷款数额大、期限长，一般可达5～30年；④ 定价方式既有固定利率，也有可变利率；⑤ 采用分期付款方式；⑥ 以所购住房为抵押；⑦ 参与各种形式的住房保险，防范信贷风险；⑧ 有政策法规支持并受到严格监管。这些特殊性，通常由专门抵押贷款部门管理，并形成系列政策规定。

12. 2. 3 住宅抵押贷款偿还的方式

住宅抵押贷款偿还的方式目前有等额本息还款、等额本金还款、等额递减还款和等额递增还款4种。对有购房打算的人，要清楚每种还款方式的特点，判断哪种方式更适合自己，在未来漫长的还款期内如何做才更有利，下面简要说明。

1. 等额本息还款

等额本息还款即每月归还同等的本息数额，如李先生向银行申请20年期30万元贷款（利率5.508%），在整个还款期内，李先生的月供均为2 065元（利率不变，还款数额也保持不变）。

适合人群：适用于收入处于稳定状态的家庭，如公务员、教师、普通工薪族等，这是目前大多数客户采用的还款方式。

专家点评：借款人等额支付月供，还款操作相对简单，方便每月收支安排。但这种方式前期占用银行资金较多，还款总利息较相同期限的等额本金还款法要高。

2. 等额本金还款

等额本金还款即每月归还贷款本金数额不变，利息则随着本金的逐期偿还而逐渐减少，每月归还本息总额随之减少。如李先生向银行申请20年期30万元贷款（利率5.508%），采用等额本金还款。前6个月的还款额分别约为：2 627元、2 621元、2 616元、2 610元、2 604元、2 598元，而最后一个月（第240个月）的还款额只要1 264元。

适合人群：适用于目前收入较高但预计将来收入会逐步减少的人群，如面临退休的人员。

专家点评：使用等额本金还款，开始时每月还款额比等额本息还款要高，在贷款总额较高，贷期较长的情况下，相差甚至可达数万元。随着时间推移，还款负担会逐渐减轻。

3. 等额递减还款

等额递减还款即每期还款的数额等额递减，先多还款后少还款。如李先生向银行申请 20 年期 30 万元贷款（利率 5.508%），采用每 6 个月递减 50 元的等额递减还款法，第 1～6 个月的还款额均为 2 860 元，从第 7 个月开始减少 50 元，即第 7～12 个月每月还款 2 810 元，以此类推，第 240 个月还款额为 910 元。

适合人群：适用于目前还款能力较强，但预期收入将减少，或者目前经济很宽裕的人，如中年人或未婚的白领人士。

专家点评：使用等额本金还款法，客户每个月的还款额都不相同，且逐渐减少。而使用等额递减还款，客户在不同的时期内还款虽然不同，但会有规律地减少，而在某特定的同一时期，客户的还款额是相同的。

4. 等额递增还款

等额递增还款即每期还款的数额等额递增，先少还款后多还款。如李先生向银行申请 20 年期 30 万元的贷款（利率 5.508%），采用每 6 个月递增 25 元的等额递增还款法，第 1～6 个月的还款额均为 1 667 元，从第 7 个月开始增加 25 元，即第 7～12 个月每月还款 1 692 元。以此类推，第 240 个月还款额为 2 642 元。

适合人群：适用于目前还款能力较弱，但预期收入将会逐步增加的人群，如目前收入不高的年轻人可优先考虑此种方式。

专家点评：此方法同等额递减还款方法正相反。

各种还款办法并无优劣之分，重要的是选择适合自己的方式。只有根据自身的预期现金流、还款需求等多种因素，才能合理应对还款压力，节省利息偿还。国外还有其他多种住宅贷款还款方式，这里不再一一介绍。不同住房按揭贷款方式的利弊和适合人群，可以如表 12-4 所示。

表 12-4　不同还款方式的选择

还款方式	优　点	适合人群
双周供	还款频率高，单次金额少，承担的心理压力小	除工资外还有其他稳定收入来源的人群
等额本息	还款额本金比重逐月递增、利息比重逐月递减	收入稳定者，有固定工作者（公务员、教师）
等额本金	可以按月还款和按季还款	当前收入较高，日后收入可能减少的人群
按期付息、按期还本法	除按月还款外，还提供按双月、按季度等方式	支付首期款后有较大还款压力的人
任意还本法	此种方式最为灵活，也是同等利率下最方便、优惠的一种还款方式	工作收入不是很稳定的人群

续表

还款方式	优　　点	适合人群
等额递增法	前期负担轻，随收入增长还款额增加	预期未来收入会逐步增加的人群
等比递增法		

▶ 小 资 料 ◀

贷款买房的趣闻

20 世纪末期，为配合中国住房商品化和住房信贷制度的推出，有个房地产专家特别编撰了中国老太太和美国老太太天堂对话的小故事，一经炒作就引起社会巨大的轰动，几乎所有的媒体都在争相炒作这一话题。

中国老太太是省吃俭用积攒了一辈子的钱财，总算在临近死亡的前一天买到了属于自己的新房，老太太在新房中住了一个晚上，心满意足地上了天堂，感觉一辈子的辛苦没有白过。而美国的老太太，则是年轻时贷款买房，在新房里居住了一辈子，总算在临近死亡的前一天，将贷款本息全部偿还清结，没有给儿孙们留下后遗症，同样是心满意足地来到天堂。比较两个老太太，自然是美国老太太的做法要聪明得多，故此，贷款买房的新办法在中国得到了迅速推广。

在贷款购房的问题上，也有多种技巧需要探索。如张三和李四各有存款 100 万元，准备用来买房，当时每套住房的价值也是 100 万元，张三用 100 万元现金购买价值 100 万元的住宅，很庆幸既有新房住，又没有欠下任何债务。李四则用 100 万元做购房首付款，不足的 200 万元向银行申请房贷，一次性购买了三套住房。三五年之后，房价大涨，李四出售其中的一套房，得到售房款 200 多万元，除一举将贷款本息全部还清外，自己还有两套房，比张三拥有的房产多了一套。

12.3　住宅投资策略

住宅投资的成功与否，很大程度上取决于投资策略的运用状况，具体包括以下几方面。

12.3.1　住宅投资的一般状况

1. 住宅投资的含义

住宅投资是指投资人把资金投入到土地及房屋开发、房屋经营等服务活动，以期待获得收益或回避风险的活动。它的活动成果是形成新的住宅或改造利用原有住宅，其实质是通过住宅的投资活动实现资本金的增值。应当说明，购买第一套住宅不能称为投资，只有购买第二套或多套住宅时，才能称为住宅投资。

住宅投资一般包括两个方面：① 涉及住宅购买的资金筹措与运用；② 对现有住宅给予适当财务安排的权益理财，具体操作中有某些交叉。房价不断上涨的时代，随着住宅交易完善及交易税费降低，灵活利用这一投资工具，能较好地实现家庭居住生活质量的改善和资产保值增值乃至一举致富的目的。

2. 住宅投资的优点

（1）可观的收益率。投资住宅收益主要来源于持有期的租金收入和买卖价差。投资住宅的平均收益率一般高于存款、股票和债券、基金等其他投资项目。我国十多年前开始实行住房制度改革和商品化，房价也从刚开始的畸低（缺位）、适中（到位）演变到目前的畸高（越位），这种畸高中即蕴含了较大的价格泡沫和投资风险。

（2）现金流和税收优惠。在美国，人们投资于住宅，取得的现金流或税后收入不仅依赖于该资产的运作升值，还依赖于相关的折旧和税收。一般来说，住宅会随着时间的推移而贬损，折旧费用可以作为一项现金流出，在纳税前从收入中扣除，从而减轻税负，使得资产所有者提高了补偿这部分贬损价值的津贴。

人们为改善居住生活质量会出售小房再买进大房，按照一般常规，两者交易中都会产生一定的税费需要交纳。许多国家对此实行优惠政策，人们在出售小房时已向政府交纳的税费，在购买大房时又会重新得到返还。

（3）对抗通货膨胀。住宅投资能较好地对抗通货膨胀，原因在于在通货膨胀时期，因建材、工资的上涨使得新建住宅的成本大幅上升，各项消费居住成本及住宅价格都会随之上涨。通货膨胀还带来有利于借款人的财富分配效应。在固定利率贷款的住宅投资中，住宅价格和租金上升时，贷款本金和利息是固定的。投资者会发现债务负担和付息压力实际上是在大幅减轻，个人净资产相应增加。

（4）价值升值。从各国的历史来看，总的来说，在 20 世纪七八十年代的大部分时间，住宅价值增长率持续超过通货膨胀率，也超过其他各种投资项目。对某项住宅营运收益的估价，不仅包括租金流入的折现，主要还在于房价本身的升值，其内涵又主要是所附着土地的价值升值。

3. 住宅投资的缺点

（1）缺乏流动性。住宅一般属于不动产，流动性相对要低得多。住宅交易费力费时，再加上缺乏便捷有效的交易市场，影响了房产交易，人们买进住宅后，不可能随时随地再按市价或接近于市价轻易售出。

（2）投资数额大。住宅投资通常需要有大笔首付款，如手中仅有几百元时只能存放于银行；手中有上万元时，则可能开户炒股票；要参与住宅投资，手中没有数十万元是无法操作的。对大多数家庭而言，住宅投资所需资金过于庞大，无法满足资产多元化的目标。

（3）周期波动性较大。住宅市场呈现明显的上升、高涨、衰退等周期性特征，住宅投资固然能抵御通货膨胀风险，但在经济衰退期也极可能会发生贬值。当衰退期到来时，房价和租金的下跌，对投资者贷款购房非常有利的财务杠杆，此时就变得非常不利。

（4）存在机会成本。人们常常根据生活环境和各种财务因素决定住房类型，但应考虑相应的机会成本。住房投资决策的机会成本因人而异，但以下成本普遍存在：① 用于住房首期款或租住公寓押金的利息损失；② 居住郊区房空间大、费用低，但上班时间和交通成本会相应增加；③ 在城里租住离工作点较近的公寓时，会丧失房价增值带来的收益；④ 住房维修和装饰要花费时间和金钱。

（5）风险性。风险性是指住宅投资获取未来利益的不确定性。从 2007 年以来，美国的房价出现大幅下跌，并由此引发了次贷危机和席卷全球的金融危机。我国的某些城市也因前期房价上涨得过快过高，出现了一定幅度的下跌，说明住宅投资的风险还是客观存在的，需要注意并很好防范。

12.3.2 住宅投资地段

地段选择对住宅投资的成败有着至关重要的作用，投资者应根据所选地段的不同，投资不同类型的住宅。香港首富李嘉诚某次介绍住宅投资的经验时，就再三强调"第一是地段，第二是地段，第三还是地段"。从住宅投资的实践来看，即使在其他方面存在策略失误，但只要地段选择正确，较长时期内就可以弥补所发生的损失，地段好，房产的流动性较好，还可以减少投资风险。

选择住宅投资地段，不应忽视以下问题。

1. 把握城市规划

城市规划在城市建筑布局及未来发展中具有重要作用，对住宅投资有重要影响。城市规划包括政府对土地用途、容积率、覆盖率、建筑高度、交通道路、公益事业布局等未来走向的规划。土地用途的允许范围越大，越便于规划设计，越有利于获取投资收益。容积率大小直接决定了建筑面积的大小。容积率小的地块投资效益较差；容积率大的地块，往往是好的投资地块。覆盖率越高，说明建筑物面积越大，越便于规划设计。城市规划允许的建筑高度越高，可建造层数越多，建筑面积越大，越有利于投资者。交通道路规划对地段的影响很大，越接近交通要道或临街面积越大的地块，越是增值快的地块。再如地铁、公园、学校、公用设施的布局规划等，都会对其周边的房价发生较大影响。

2. 把握投资地段升值潜力

住宅具有增值性，增值潜力大小，利用效果好坏都与地段有密切关系。选择投资热点地段时，既要判断近期，还要判断中长期。但不同地段的升值潜力有较大差异，要尽力抓住那些升值潜力大的地段。如开发土地已完成了区域规划，具备基本的交通条件和供水、供电保障，这些土地的价格适中，投资潜力大，可作为住宅投资的首要选择。刚纳入规划尚未开发的地段，土地价值较低，未来升值的潜力极大，但需要冒的风险也较高。

3. 明确投资房产目的

如系自己居住，需要考虑自己上班、孩子上学的交通便利；生活便利，周边有大的购物中心；生态环境优越，空气清新等。如系投资，则只需要考虑未来房价升值的潜力高低，房子出售的难易与否即可。如系年轻人买房，交通便利、生活娱乐设施对家庭生活质量十分重要，要考虑自己上班和孩子上学方便，文化娱乐设施众多，购物生活便利。如系已退休的老年人，则周边的生态环境如何、就医便利与否、购物是否方便等，是首先需要考虑的。住宅楼应建在交通方便、购物便利之地，便于住户的工作和生活。住宅在社区环境中的既定地段也应特别注意，如朝向是否朝阳、楼层高低是否适中等。

4. 是否是学区房

有较强教育力量的社区，是人们尤其是家有学龄子女选择住房位置时要考虑的重要因素。可从该地域重点中小学、幼儿园的配置等加以考察。两套住宅往往只有一条马路之隔，每平方米价格却可能差异两三千元乃至更多，缘由就在于学区房的有无及优劣上。

5. 生态环境

生态环境状况优劣与否，对房价的未来增长趋势非常重要，可从住房四周的建筑、环境空间、生态绿化等加以考察。老百姓手中的钱包越来越鼓，而好的居住环境则越来越少，故此"物以稀为贵"，如别墅应该建在远离城市的市郊，那里山清水秀、环境幽静，便于主人的修身养性。生态环境优越的区域，依山傍水、青山绿水的区域，就日益受到大家的青睐。

6. 掌握有用的地段选择点

掌握某些地段选择要素，对投资房产具有重要作用。

（1）上风口发展：城市的烟尘污染严重，为免受其害，人们必然会涌向城市的上风口地区，从而使上风口地段成为良好投资契机。

（2）高走：高地势房产不易受周边环境影响，开阔、通风、透光好，城市将向地势高处发展，人们愿意选择这类房产生活居住。故此，明显高于周围地区的地段投资状况良好。

（3）近水发展：沿江、沿湖的地方景色秀丽、空气清新、生态环境好，城市将向河、湖、海的方向发展，人们愿意近水居住，从而使其成为良好的投资地段。

（4）沿边发展：城市将沿着铁路或公路两边、江河岸边、境界边发展，沿边地段是良好的投资地段。

12.3.3　期房投资的选择

期房与现房相对应，又称为房屋预售，投资期房与投资现房有个比较选择问题。

1. 期房投资的好处

（1）价格便宜。房屋预售是开发商筹集资金的重要渠道，为了更多地吸引资金，期房销售时，开发商都会在价格上有较大优惠，一般比现房价格优惠 10%～25%。在房产价格较快上升时，期房预售还可以起到"价格锁定"的效应。

（2）设计新潮。开发商十分看重住宅产品设计，设计好坏直接影响产品销售，相对而言，期房设计大多会避开当前市场上现房的设计弱点。

（3）选择空间大。当投资者在建好的现房中选房时，楼层、朝向好的房子往往早早售出，余下者大多为楼层不理想、朝向不佳的。买期房可在买主较少时介入，选定位置较好的房子。

（4）升值潜力高。期房如买得合理、适当，升值潜力会比现房大。某些尚未形成规模的地带，当时期房售价较低，随着开发住宅增多，形成一定规模，各种相关条件改善后，房价也会相应上涨。

2. 期房投资的劣势

（1）资金成本。预售房屋时，购房者将房款全额交付后，往往要一年半载或更长时期才能交付入住。在这段时间中，因资金占用大，利息损失也较大。如投资现房，这段时间的利息支出可由房屋出租所得租金抵付。

（2）不能按时交房或质量、面积、配套设施不合要求等。预售房屋通常只能看到房屋的大致结构和朝向、视野等，细节之处往往会被开发商印刷精美的宣传材料所遮蔽，极有可能出现成品房与合同不符的情况，导致投资者上当受骗。

（3）房价下跌的风险，如房价下跌，购房者提前交付全额房款，就花了冤枉钱。

（4）周边环境变化可能存在的各种因素，导致住房建成后贬值。

12.3.4 住宅投资风险

住宅投资中有些特有风险必须予以考虑，主要包括以下几方面。

（1）流动性风险。住宅交易存在区域性，无法跨区域移动，投资住宅的资金流动性差，不易变现。如急需变卖住宅，却不易找到买家时，就可能要大幅降价来变现。

（2）市场风险。住宅市场受经济周期变动、社会政治环境、供求关系的影响。如政局稳定、经济繁荣，住宅的价格可能看涨，反之则会降低。如没有正确预期价格变化的趋势，投资住宅就可能招致损失，不能在住宅价格泡沫已很大时非理性介入。

（3）利率风险。市场利率变动会影响住宅价值，预期收益一定的情况下，市场利率越高，住宅投资价值就越低，两者成反比关系。用按揭贷款购买并获取租金收益的住宅投资，利率变化的影响尤为显著。我国目前的利率水平处于多年难见的低位。但房贷利率在整个贷款期内并未实行固定利率，随着经济波动和利率市场政策的推行，需要较长操作时间的贷款购房，将面临利率波动风险，有可能增加债务负担。

（4）购买力风险。住宅投资具有抗御通货膨胀的能力，但如房价和租金涨幅低于通货膨胀，实际收益仍会减少，是威胁住宅投资的主要风险。如大幅提高住宅售价，又会形成"有价无市"的局面。如对未来收入来源把握不准，估计过高，没有量力而行地选择适当的贷款成数及期限，就会造成被动。假如经济社会状况处于不景气状态，经济大势出现萧条，将直接影响人们消费住宅的能力，购买力水平下降，建好的房屋销不出去，造成投资损失。

（5）交易风险。住宅交易市场的信息不对称，使得投资者购买住宅时可能发生交易风险。如投资人对住宅交易涉及的法律条文、城市规划和税费等不够熟悉，或者对开发商出售住房的结构和质量、是否有内在缺陷等不大了解。现实生活中的众多交易纠纷，正是因为这种信息不对称所致。

（6）自然风险。地震、洪涝、台风、火灾等自然灾害导致的风险，人力不可抗拒，使住宅实体受损，投资者利益遭受损失。环境污染、土地退化等也会使住宅贬值，让投资者遭受损失。住宅投资者需要认真对待，注意必要防范。

（7）变现风险。变现是指住宅投资在不低于市场价的情况下，迅速将其兑现成现金的可能性。住宅不像一般商品那样轻易脱手，也不像股票、债券等证券可以随时分割交易并在短时间内兑现。只能等待合适机会，在住宅市场形势较好的情况下，才能使投资变现。投资者要多赚钱，就要考虑放弃变现性，并具有抗变现风险的能力，否则会遭受经济损失。

（8）社会风险。住宅市场的形势好坏及投资效果如何，均与社会政治、经济发展的趋势休戚相关。住宅价格的涨跌受到该地区政治稳定与否，经济发展快慢的直接影响。投资者应以长远目标审视住宅市场，在认清社会政治、经济形势的情况下，深入学习有关政策、法规和市场知识，增强住宅投资的社会风险意识。

小资料

买房还是租房

买房还是租房，是大家关心的话题，下面对二者做一下比较。

买房的好处很多。住房具有天然的增值保值特性，是一种最好的长期投资工具，买房后可以享受房价升值后的收益，如置备有两套住房者，房价上涨后再卖出去，可获利不菲；租房住则不可能享受房价上涨的益处，却要忍受房租上涨的痛苦，并看着人家赚钱赢利。购房人可以期待住宅增值的利益，租房者则只能期待房东不要随时调涨房租。房价和房租呈现大幅长期上涨之时，这种感受就更为强烈。

中华民族极为重视"安居乐业"，将住房看得如同"家"一样至高无上。买房后，这个房子是自己的了，住起来十分安心，租房住则会感觉自己如同无根的浮萍，没有着落。租房者的流动性较强，购房者则通常希望永久定居。买房后可以将该住房当作储钱罐，有钱添进去，无钱时再从中融资取出来，灵活方便；租房住则没有这种便利。

年轻时买房住要集资首付款、借贷还贷十分辛苦，但却先苦后甜，老年时以房养老就十分轻松。租房住是年轻时代轻松，却一辈子都不会很甜，老年时也活得很累，有限的退休金还要持续支付高额房租。

买房后可以在自己晚年将该住房作为遗产留给子孙后代，还可将住宅用于抵押、出售、出租、置换，换取现金以弥补晚年生活费用的不足，加固自己的养老保障；一辈子租房住则无此保障。

买房也有劣势，若希望到外地谋求更好的发展，租房住可做到毫无牵挂，自由随意，买房对事业发展的羁绊就必须要考虑。房子买到手，若感觉地段、功能、面积等不大称心时，这个烦恼长期萦绕心头，难以释怀；租房住则可以根据自己的需要随意做出选择，常住常新，即使选择失误，校正起来也很容易。

总体而言，购房和租房之间通常没有泾渭分明的界限，租房成本短期内较低，而拥有住房有长期优势。

小资料

买房还是买车

买房还是买车，在今天已不属于同一等量级的话题，大家也很少做出这样的比较。但如将决策时间提早至10年之前，时至今日又会发生什么呢？

10年前，我们在市中心买套100平方米的住房大致需要30万元，买辆性能较好的进口小轿车，同样需要30万元。假如手头总计只有30万元，房与车，或者鱼与熊掌两者不可兼得时，如何做出选择呢？

成本效用分析法是大家评价不同决策方案时运用较多的。房与车的购买与使用，都需要花费众多的代价，又都会因此而带来较大收益。对此可以用下面的表予以说明：

10 年前购房成本	30 万元	10 年前购车成本	30 万元
居住成本	每年物业费 3 000 元	用车成本	每年养车用费 3 万元
今天住房价格	150 万~200 万元	今天车辆价格	0（已使用报废）
购买住房受益	每年节约租房支出约计 3 万元	购买用车受益	每年节省打车成本约计 2 万元

买车是一种纯粹的消耗品，买房除同样的居住消费外，还带来较高的房价增值收益。10 年前买辆车与买套房，花费一次性代价都是 30 万元，买车使用 10 年后已是一堆破铜废铁，一钱不值；10 年前买套房，白白居住 10 年后尚余存价值可达 150 万~200 万元。如这套住房在京沪等地，价值应当已达到 300 万元或更多。买房每年需要支付物业费 3 000 元，买车每年的用车成本则是 3 万元之多。如果不买房，需要租房住，同类地段、面积、功能的住房，每年需要房租 3 万元，如果不买车，每日打车出行年消耗大概为 2 万元，且又减少了自己开车的种种麻烦。另外，买车后还需要有一个车位，价码大致又是一辆车的花费。

通过以上资料的对比分析，如家中钱财只能任选其一，买车不如买房，买房应优先考虑；如家中钱财足够，自己又十分喜欢开车，买车也无不可，若对开车没有兴趣，也不必硬要为充面子好看而作"有车一族"。

小资料

购房决策的机会成本

人们常常根据生活环境和各种财务因素决定住房的类型，但还应该考虑可能需要放弃的东西，即机会成本。决定住房状况的机会成本因人而异，不过以下成本是普遍存在的：

- 用于住房首期款或公寓押金的利息收益或损失；
- 在市郊购房，住房费用会较低，住房空间会较大，但上班时间和交通成本相应增加；
- 在城里租间离工作地点较近的公寓时，会丧失税收优惠和股权增值；
- 在廉价住房的维修和修缮上花费了较多的时间和金钱；
- 根据个人喜好修建住房，要为此耗费大量的金钱、时间和精力。

和所有理财决策一样，住房决策需要考虑时间、精力及金钱的耗费。

案例剖析：

炒股与炒房

某男士炒股票的技能和运气颇好，到 2001 年，已赚取 30 万元人民币，这笔钱可以购买市区 100 平方米的住房一套；也可以继续炒股票等待价值翻番后，购买一套更大的住宅。是抛售股票买新房，还是继续炒股票，颇伤脑筋。

该男士自恃炒股技艺高超，再加上他对未来股市行情判断是持续向好，认为沪股指数可以从当时的 2 000 点持续上涨到 3 000 多点。故此，他决定暂时先租一套房子作婚房用，30 万元继续炒股。由于股市行情持续不景气，屡次买股都被深套，而同期的房价却大幅上涨，勉强过了 5 年后，30 万元只剩余 12 万元，而市区同等住房的价值已上涨到 100 万元之多，

12万元仅仅能买个卫生间加厨房，他只得宣告投资决策的失败。

我们应当把握不同投资项目的各自行情，选择好投资的方向，方向做错了，理财就必然会出现极大的失误。

小 贴 士

住宅是什么

我们应当如何看待住宅，它是代表了一个家，或者只是件可以随意买进与售出的普通投资品？

比如，我花了100万元买了第二套住宅，这是我的重要资产；若花了100万元买某种股票，同样是我的重要资产，且两者的价值完全相等。人们可以根据股市的涨落随时买进卖出赚取差价，为赚钱每日忙得不亦乐乎，并不会对手中持有的某种股票寄予过多情感。房子同样可以根据个人需要和行情变化随时出售再重新购回，这都是正常的，没有什么特殊之处。但大家却往往会对该住宅寄予某种特殊的情感。

按照中国的传统观念，房子是人身归属和社会地位、身份的象征，是家族归属、香火延续的标记，家族是靠着房子尤其是所谓的"祖屋"才实现延续。以房养老的最大罪名不是将"房子搞没"了，而是将自己的"家"出卖了。在国人的传统观念中，将家"卖"了还了得吗！至少也要被冠以"败家子"的恶名。但有的年轻人则大大咧咧说话了，房子是什么，不就是自己花大价钱买的大件物品吗？我们既然能将房子买进来，也就可以将它再随意卖出去，买进售出都很正常，不必要给予过多留恋。

如果一定要找股票和住房交易的特殊之处，就是股票操作有股市这个大平台，有行情报价询价交易系统，有互联网的触角伸向四面八方，有或真或伪的信息铺天盖地而来，操作起来异常容易，一个月之内买入卖出十次八次都不在话下；房子投资交易的环境则要差得多，交易事项繁杂得多，交易成本要高得多，运作周期要长得多。股市交易的印花税和相关费用合计下来，一进一出只有总价的0.5%～0.7%；住房买进再卖出，需要时间有时长达1年，相关交易税费则往往要达到总价的8%～10%之多。

看待住房的观念不同，对待以房养老的态度肯定天壤之别。前者将住房看得高于一切，很难对以房养老的理念产生认同，不到万不得已，不大会参与这一业务；后者对以房养老的理念则会举双手赞成，参与这一业务更是轻而易举。

附录：

投资房产的几种理财方式

结合房产的开发投资提出几点设想，以便客户结合自己的实际情况选择适宜的方式。

1. 炒卖楼花：也叫期楼。炒卖楼花就是选准富有升值潜力的期楼，在楼花抛售之初予以购进，待机转卖，从买卖交易中赚取差价。选准具有升值潜力的楼宇是成功卖楼花的关键。

2. 合建分成：合建分成就是寻找旧房，拆旧建新，共售分成。

3. 以旧翻新：即把旧楼买来或租来，然后投入一笔钱进行装修，以提高该楼的附加价值，最后将装修一新的楼宇出售或转租，从中赚取利润。

4. 以租养租：即长期租赁低价楼宇，然后以不断提升租金标准的方式分期转租，从中赚取租金差价。以租养租这种操作手法又叫当"二房东"。

5. 以房换房：以洞察先机为前提，看准一处极具升值潜力的房产，在别人尚未意识到之前，以优厚条件采取以房换房的方式获取房产，待时机成熟再予以转售或出租，从中获利。

6. 购买"二手次新房"，是指楼龄在 5 年内较新的二手房，或全新的二手房。"二手次新房"产生的原因，在于房产投资市场的旺盛，投资者以较低价格购入期房，待交房后随着市场行情看涨，再以高价位在二手房市场抛售获利。实际上，该住宅并未有任何居住。

购房者"买涨不买跌"的消费心理，"二手次新房"的买卖为楼市"火上浇油"，促成了二、三级市场的良性联动，给多方带来共赢局面。市场经济导向决定了在某地取得成功的行为，必将给全国带来示范效应。

思考题 ▶▶▶

1. 简述住宅都包括哪些种类？
2. 购房和租房各自的利弊是什么，你准备做何选择，原因是什么？
3. 住宅抵押贷款的特点是什么？
4. 住宅抵押贷款的贷放和归还有哪些类型？
5. 论述商业性住宅抵押贷款的流程。
6. 住宅投资的时机都受到哪些因素的影响？
7. 住宅投资地段选择时，应考虑哪些事项？
8. 简述期房投资的优缺点。

第 13 章

退休养老规划

13

学习 目标

1. 了解退休规划的步骤及具体策划
2. 了解养老规划的步骤及具体规划
3. 了解养老保险的含义、分类及意义

13.1 退休规划

大部分人都会面临退休，在此之前就需要做好规划，否则到退休那天才发觉都没做好准备，岂不很被动。

13.1.1 退休规划的重要性

1. 退休规划的意义

随着社会经济的发展和人民生活水平的提高，国人的平均寿命正在不断延长。我国目前已经进入老龄社会，老龄化速度快，老年人口规模大。预计到 2045—2050 年，我国的老龄人口将达到历史的最高峰 4.54 亿人，占全部人口的 28% 左右。北京、上海等特大城市的老年人口还将达到全部人口的 40% ～45% 之多。退休养老问题就很现实地摆在大家面前，对退休养老规划的关注也与日俱增。

就大多数国家的情况来说，居民退休金的来源主要有 3 个层次：

（1）社会基本养老制度提供的退休金；

（2）企事业用人单位、雇主提供的企业年金或团体年金；

（3）个人参与养老储蓄和商业性年金保险。

就我国当前的情况来说，基本养老金制度只能保障居民晚年基本生存对退休金给付的需要，还不能满足居民晚年幸福生活的要求。我国的企业年金制度才刚刚起步，还相当不成熟，居民目前很难通过这一途径获得退休后的坚实保障。有 30% ～50% 的退休金还需要居民自己筹集。国人素有"养儿防老"的传统，但随着计划生育的实施，"四二一"家庭的大量出现，未来子女的养老负担将越来越重，在赡养父母方面逐渐变得"心有余而力不足"。如期望退休后能颐享天年，过上财务自主、独立、有尊严的生活，退休规划就应该受到足够的重视。

2. 提早退休规划的好处

养老应该未雨绸缪，退休规划讲究编制、运作得越早越好，有篇文章就谈到"三十岁做出养老规划"。虽然 30 岁年龄段的人士距离退休还为期尚远，似乎不急于考虑养老问题，但中国正步入老龄化社会，靠儿孙满堂养老的时代已经结束。从经济核算的角度而言，考虑到保险收益计算的复利因素，30 岁投保更为合算。

30 岁年龄段的人士正处于事业的上升阶段，有较强的经济能力和足够的时间，通过各种理财手段为自己积累足够多的财富。及早制订自己的养老规划，实现退休后的财务目标，比 40 岁、50 岁年龄段的人士更有优势。

表 13-1 假定某人期望到 65 岁退休时能有 100 万元用于养老补贴，在年投资回报率 12% 的情形下，开始投资年岁分别从 25 岁、30 岁、40 岁和 50 岁时投资的成本和收益状况。

表 13-1　退休投资收益率比较（假定年投资回报率 12%）

开始投资年岁	投资总年数	月投资额/元	年投资额/元	总投资额/元	累计价值/元	增值率
25	40	85.0	1 020	40 800	100 万	23.51 倍
30	35	155.5	1 866	65 310	100 万	14.31 倍
40	25	532.0	6 384	159 600	100 万	5.26 倍
50	15	2 001.0	24 012	360 180	100 万	1.78 倍

从表 13-1 可以看出，投资年岁越早，所得收益就越高。若期望在 65 岁退休时养老金能够达到 100 万元的数额时，25 岁开始投资时，每个月的投资额只需要 85 元，总投资为 40 800元，增值率为 23.51 倍，十分可观；而到 50 岁才开始投资时，每个月需要投资 2 001 元，总投资额要达到 360 180 元，增值率就只有 1.78 倍了。

13.1.2　退休养老规划的制定步骤

为了保证退休养老规划的准确性和有效性，规划制定必须遵循一定的程序。为此，必须先考虑与理财目标有关的事项，包括经过合理设定的投资报酬率、通货膨胀率及与退休有关的法律规定。

一般来说，合理可行的退休养老规划离不开对以下环节的考察。

（1）目前的年龄和希望退休时的年龄，尚存的年龄差距还有多大；

（2）自己退休后可能会生活的年数，一般根据当地的社会平均余命，考虑个人的身体健康状况适当增加一定年限设定；

（3）根据退休当时的生活水准，考虑晚年生活的需要增减若干项目和标准，预计退休后每年的消费额度；

（4）预期退休期间可能的长期通货膨胀率，以及个人年投资报酬率的高低；

（5）依据所服务公司的退休章程，计算自己可能得到退休金的数额，来自商业寿险的退休金、子女的定期馈赠及其他资金的来源渠道；

（6）计算退休后每期需要资金和能够得到资金的数额，计算两者之间的差额，如何对不足部分组织相应的资金来源，并做出相应的退休养老规划；

（7）执行退休养老计划，并根据实际情形变化随时对规划做出相应的调整和修订。

以上内容的关系可以大致如图 13-1 所示。

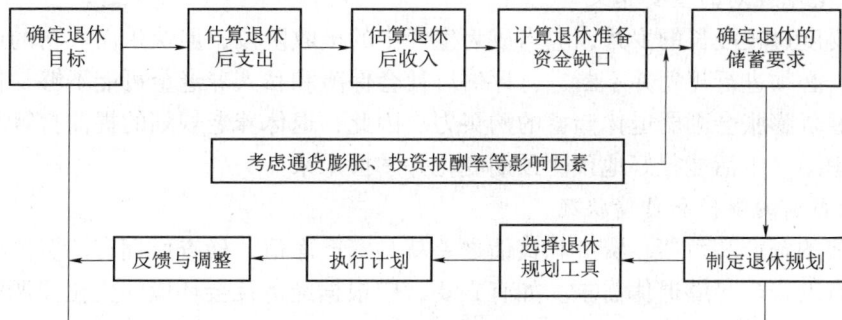

图 13-1 退休养老规划的制定步骤

1. 退休收入的主要来源及优缺点

一旦确定了未来退休后的大概开支，就需要对退休收入的来源和数量进行测算。许多退休人士的收入主要来自社会保险、其他公共养老金计划、雇主养老金计划、个人退休计划及年金保险。退休收入的主要来源及优缺点，如表 13-2 所示。

表 13-2 退休收入的主要来源及优缺点

收入来源	优 点	缺 点
社会保险		
规划中	强制储蓄 与雇主分担成本 更换工作时可携带入新单位	随着人口老龄化，对社会保险体系的经济压力增加
退休时	与通货膨胀率挂钩的存活配偶的权利	规定最低退休年龄 退休后的工作收入可能部分抵消社保福利
员工养老计划		
规划中	强制储蓄 雇主分担或完全承担成本	不可携带 无法控制资金的投资方向
退休时	存活配偶的权利	不定期提供生活成本上升的挂钩优惠
个人储蓄和投资（包括住房、个人退休账户）		
规划中	当期有税负优惠（如个人退休账户） 容易与家庭需求结合起来（如住房） 可携带，能控制资金的投资方向	当期需求与未来需求有冲突 提前支取会受到一定惩罚
退休时	可抵御通货膨胀的影响 通常在需要时随时支取所需资金	一些收入需纳税 个人退休账户强制最低支出限制

收入来源	优　　点	缺　　点
退休后就业		
规划中	可以使用自身具备的特别技能	就业需要的劳动技能变化迅速，不能赶上时代
退休时	可抵御通货膨胀的影响	身体健康不佳不利于该收入来源

2. 退休收入规划的目标

1）认识退休规划的重要意义

退休后要度过较漫长的岁月，应当成为生命中的丰收阶段，但快乐而成功的退休岁月不会自动出现，必须进行规划并不断进行评估。社会保险和私人养老金可能不够支付退休后的生活开销，通货膨胀会削弱退休储蓄的购买力。因此，退休养老规划的提前打算具有重要意义，提前考虑退休生活能很好地预测预期变化并掌握未来。

2）分析当前的资产和负债状况

分析当前的资产和负债，资产和负债之差就是资产净值，检查所拥有的资产状况，确保退休时所拥有的资产足够退休需求。如有必要，应根据经济社会环境的变化而调整相应的投资和财产规划。

3）预测退休的消费需求

退休人士的消费习惯会发生变化，要准确预测退休时需要的资金是不可能的。但可以大致估计未来的支出。

4）明确退休后的住房需求

退休后的居住环境将影响到对资金的需求，只有自己才能决定退休后适合养老居住的环境和住房。如是安于现状还是要搬家到更适于居住的场所，要仔细考虑搬家的各种社会因素。

5）确定退休收入的计划

估计退休后的开支，在开支中加入通货膨胀的相应影响。如拥有自己的住房，住房就是最大的单项资产，但房费可能超出退休收入可支付的水平。大家可能想出售现有房产，买个便宜点的住房。选择面积小、维护方便的住房能降低住房维护费用。节约的资金可以存到储蓄账户或投资其他生息品种。如已付清了大部分或全部购房费用，可选择购买年金保险，退休时就可以有额外收入了。

6）根据退休收入建立收支平衡预算

将预测退休总收入与退休总开支（含通货膨胀因素）进行比较。如两者相似，证明财务状况是健康的。如总开支大于总收入，则必须寻找其他收入来源，如早年参与人寿保险等。大家可能购买为子女提供教育资助的人寿保险，或者希望将部分寿险资金转换成现金或收入，或者通过降低寿险投保金额减少保费支出，这样就有额外资金支付生活费用或用于其他投资项目。

13.1.3　退休计划模型

1. 退休计划模型的一般状况

为了对退休生活进行科学规划，人们需要明确退休生活的目标，合理预算退休后直至个人最终死亡时的收支状况，认真考虑相关的税收、风险和投资问题，甚至还需要考虑所欠债务的偿还等。关键之处在于，当退休那一天到来时，大家已经没有任何机会再犯错误，这时只能依靠退休前积累的财富养老，而不会再有其他额外新增的收入。

这里用几个基本符号模拟个人财务要素的基本退休计划。t 代表未来的某年；n 是指距离退休还有几年；d 是指从退休到死亡间的年数；0 代表现在计划的起点；W_n 是指退休生活所需的财富总额；W_0 是指目前拥有并可用于退休消费的货币数量；k 表示贴现率；E_t 是第 t 年不含投资收益的收入所得；C_t 即第 t 年的消费支出，不含可实现为退休金的投资消费。

下面的公式概括了退休计划的有关数据计算的全部内容。公式左边是目前的收入和未来每年的消费结余，是随着一定利率增长的混合值；中间部分的 W_n 是指退休养老生活所需要的全部金钱；公式右边是退休后为维持一定生活水平而必要的支出：

$$W_0(1+k) + \sum_{t=1}^{n} [(E_t - C_t)(1+k)^{n-t}] = W_n = \sum_{t=n+1}^{d} \frac{C_t}{(1+k)^{t-n}} \qquad (13-1)$$

使用模型前，要清楚贴现率、余存寿命和退休金计划 3 个基本概念，将贯穿于整个退休规划的设计中。

2. 通货膨胀率、税率及贴现率

税率和通货膨胀率都将影响贴现率。对此做以下标记：

k_n——税前名义贴现率；　　　　k_r——税前实际贴现率；

$k_{n,AT}$——税后名义贴现率；　　$k_{r,AT}$——税后实际贴现率；

T——税率；　　　　　　　　　L——通货膨胀率。

1）通货膨胀

通货膨胀会导致购买力发生变化，使未来消费标的不同于货币现值，也无法将未来的财富与现在的财富作有益比较。因退休计划要跨越较长时间，通常会按照目前的生活支出思考问题，并借助通货膨胀率用当前货币代替未来的名义货币来衡量一切，并尽量使用长期平均通胀率。我们知道：实际货币的贴现运用实际贴现率，名义货币的贴现运用名义贴现率。名义折扣率和实际折扣率间的关系为：$1 + k_n = (1 + k_r)(1 + i)$。本等式最先由美国经济学家 Fisher 推出，又被命名为 Fisher 等式。

2）所得税

税后贴现率公式为：$k_{n,AT} = k_n(1-T)$，其中 $k_{n,AT}$ 为税后名义贴现率，k_n 为税前名义贴现率，T 为税率。适用于公式（13-1）存款部分公式左边的税率是边际税率，储蓄收入是家庭正常收入的主要部分。边际税率因取决于储蓄，投资收益因项目的免税或非免税，故不易计算。公式消费部分的税率是平均税率。在这种状况下，投资收入是退休后的全部收入。为获取准确的税率，可根据未来的情况设计税务计划模型，计算产生的边际税率和平均税率。

所得税按名义收入而非实际收入计算，这意味着要按通货膨胀影响的收入来纳税，尽管这不大令人愉快。用 $K_{n,AT}$ 表示所有的现金流。为能准确反映通货膨胀下的实际税率，必须用税收因素将税前名义利率转化为税后实际利率，即 $k_{r,AT} = \dfrac{k_n(1-T)}{1+i}$。

3. 生命预期

在上面建立的模型里，假设价值 d 是已知的，但人去世的时期是不确定的，因此，不得不对预期寿命与实际寿命做出大致估计，对此可以查询我国所在地域的任何年龄段死亡的生命统计概率和死亡率标准表得到帮助。

为编制退休计划，需要得到某一特定年龄累计生存的概率。累计概率包括每一年直到某一特定日期所发生的一切。这个概率对起始的年龄有条件限制。在养老规划里，我们期望知道，为退休收入着想，到退休为止应工作多少年，即 d 的大小。一名女性已 65 岁，她活到多少岁时死亡的概率会达到 50%，或者说她活到某一年龄的概率有多大，具体如表 13-3 所示。

表 13-3　65 岁的人活到某一指定年龄的可能性

概率/%	年龄/岁		概率/%	年龄/岁	
	女	男		女	男
50	85	80	20	92	88
40	88	83	10	96	91
30	90	85			

4. 需求分析

1) 机械方式的运算

把不同的范例放到数字案例中去，可以观看它们是如何发挥作用的。如有张平和李静夫妻俩，同岁，计划一同工作到 65 岁退休，他们希望税后年收入能达到 3 万元。考虑到所得税因素，收入将划分为几个等额部分。假设他们没有养老金，也不情愿透支退休收入，准备将一半资金用于长期储蓄存款，期限从 1 年到 5 年，另一半资金投资股票，预期投资回报率为每年 4%，退休时他们能有多少储蓄呢？

对此需要计算以下数据（折现率是给定的）：① 折现现金流的时间跨度；② 他们退休时的平均税率及由此产生的税前现金流；③ 退休金要求的现金流的现值。

预期张平有 10% 的可能性工作 31 年，李静有 10% 的可能性工作 26 年。这里分别按 30 年和 25 年计算终生收入的现值。假定他们每人年收入为 15 000 元，并支付平均税率为 5% 的所得税，税后收入为 28 500 元。当收入为 18 000 元时，相应税率为 9%。他们部分收入来自于股票投资，假定税率是没有股票收入时的估算值（这里的税率稍显保守，对应的所得税低一些）。如收入接近 33 000 元，税率为 7%，税后收入为 30 690 元，取 16 500 元的 4% 做退休年金现值，计算后可知，30 年（或 25 年）后他们退休时已积攒了约 570 637 元（515 529 元）的储蓄。

假设张平和李静希望他们退休后每年能从养老金中领取 22 000 元的现金，如贴现率为 4%，他们需要攒下多少钱，才能使退休后的税前实际收入达到 33 000 元呢？

按照实际税前收入，把养老金从预期消费中扣减出去。假定养老金与通货膨胀有一定的指数关系，当贴现率为 4% 时，30 年（或 25 年）后每年获得 11 000 元的现金值为190 212元（或 171 843 元），这是为满足退休后的收入水平，现在就应积攒的金额。

2) 退休后需求的确定

个人期望目标决定了为退休养老应积攒的具体钱数，精细的财务策划可以将个人目标转化为财务目标，并计算为达此目标还应该做些什么及做到什么程度。首先需要知道退休后将需要多少收入，如按照现在收入标准的 70% 而定（高收入者的退休可定位在当前收入的 50% 左右，低收入家庭则比这个比率要高一些）。没有住房的家庭应提高收入中储蓄的比例，一旦发生了通货膨胀，没有住房这个保护伞，就会使养老生活陷于窘境。

决定退休收入目标的更为准确的方法，是估算为实现这个目标所必需的消费水平。最好的起始点是检测当前年度的支出。大家不会期望退休后比退休前生活得更好，却可以期望退休后的消费支出会按照表 13-4 的内容及水准部分发生改变。并非每个人都会改变生活方式。如退休后仍然居住在目前的房子里，住房支出就不会有大的减少；如工作时经常自己带午餐，食物成本也不会减少太多。

表 13-4　退休后费用变化情况表

费用减少：
食品——年龄越大，消费越少
外面就餐——没有工作餐
衣服和清洁——不再需要业务套装
房屋清洁（对住房生活质量不再做过多讲究）
住房——会搬入较小的房屋
按揭偿还——按揭贷款已全部付清
个人所得税、五险一金不再需要缴纳
费用增加：
医疗保健——身体状况变差，医疗保健开始受到关注，相关费用大幅增加
雇主提供的福利——健康计划，牙科计划，团体计划等
家务——根据年龄和身体状况，需要大量借助于社会服务，自己能够做的家务越来越少
娱乐——加大旅游的力度，越来越多地享受娱乐保健活动
住房——可能会搬入地段更适合养老的房屋

表 13-5 列出了退休收入的来源，住房资产和个人储蓄性养老保险是家庭的重要财富，也是退休后养老的重要资金来源。工作期间参与的养老保障金同样是老人拥有财富的一部分，可用简单的方法把养老保障金并入养老规划，并用于每年所需的支出消费。养老保障金不能满足消费需要的部分，则依靠个人储蓄性养老保险的提取和住房资产的特殊变现予以弥补。

表 13-5　退休收入的来源

实物资产	货币金融资产
住房	个人储蓄性养老保险
空置资产	养老保障金
免税资产	基本养老金计划
未免税资产	企业补充养老保险
其他资产	锁定基金

实施目标计划时所处的人生阶段会影响消费的数额。如某个年轻的家庭正抚养着一两个孩子，还有大额住房按揭贷款需要偿付，现在的支出就会比退休后期望的支出大得多。而一对快退休的夫妇，住房贷款已全部付清，孩子已长大成人并结婚成家，当前的实际支出和退休后期望的支出就会比较接近，不会有较大改变。

理财需求不仅仅是退休需求筹划。许多人已工作多年，行为习惯已根深蒂固，退休会使日常生活发生显著改变，没有人再要求用大部分时间工作，也不再把自己视为单位的一分子。对这些人来说，退休是对自我的突然打击，一时还无法从退休生活中享受到快乐（退休后的精神需求如何处理，这里不予讨论）。需要提醒的是，注意这些与财务需求同等重要，应该为退休后的闲暇生活做好打算。

5. 收入确定

家庭收支平衡表为退休计划提供了基础。可以作为永久退休收入保留和投资的净流动资产，是计划等式中的 W_0，净值是收支平衡表必不可少的数值，但和 W_0 不同，它不只是和提供退休收入的资产有关，而是和所有资产有关。

6. 资金分配

这里着重介绍计算 W_n 时间价值的方法和退休积累的税务与投资方面的内容。

某个家庭的年收入为 W_0，希望在退休时能得到更多的退休金。但 W_0 是否能产生足够的金额弥补退休金消费的不足呢？如不能，这个家庭还需要再储蓄多少款项呢？

还以前面张平和李静夫妇为例，当他们 55 岁时，除了前面提到的养老金，还将 1 万元投资到政府债券，1 万元投资到共同基金，此外还有一处价值 11 万元的房子，他们用房子做了 2.5 万元的抵押，并希望能在退休前还清。他们的银行账户有 1.5 万元储蓄，用于为小儿子支付大学学费。他们有自己的住房，但该套住房不会带来额外的现金流入。抵押贷款要由未退休前的储蓄收入支付，所以此收入没有扣除。为小儿子的教育准备金已经交付。

张平和李静从退休金得到的保障还有 190 212 元的不足。如果他们按计划在 10 年后退休，目前的积累能弥补这个不足吗？如不能，10 年中每年应存多少钱在退休储蓄计划里。假设目前证券收入的边际税率是 20%，其他收入的边际税率是 30%。短期国库券的利率是 2.5%，证券的收益率是 6.1%。如保持投资方案不变，在真实税前受益的情况下计算现行退休储蓄的现值。

（1）1 万元是个人储蓄养老金计划。按短期国库券利率 2.5% 复利计算，10 年得到 12 801 元，免税。

（2）1 万元投资证券基金。按税后真实资产税后收益率 $0.061 \times (1-0.2) = 4.9\%$，复利计算得到 16 134 元。为和其他计算结果一致，需要该数据的税前值。因为税已经被包括在内，退休税率较低，税前值和税后值的差异不大，这里粗略估计为 5%。由 $16\ 134 \div (1-0.05) = 16\ 983$ 得到，退休日积累总值为 29 784 元，$190\ 212 - 29\ 784 = 160\ 428$（元）为养老金不足的额度。

如以投资退休储蓄计划为例，按税前真实收益率 6.1% 算，需要每年再多储蓄 12 114 元。退休储蓄计划的存款税率较低，减少消费的程度也较轻，他们每年应存入 480 元。

如张平和李静将存放到退休储蓄计划的钱转投到证券，就可以更多地减少最初投入。如 1 万元投放到证券，按 6.1% 的复利计算，10 年可得到 18 078 元。按上面同样的步骤计算，存入养老储蓄的金额就可以降为 11 706 元。

附录：

退休后财务状况检查评估

当你年届退休时，请用下面的检查表评估自身的财务状况。千万不要等待，否则就会丧失提高未来理财独立性的机会。

（1）是否和家庭成员定期坦率地讨论理财？

（2）你了解退休后的收入来源，以及每个来源的收入金额与时间安排吗？

（3）你是否按计划储蓄，并从增长型投资转到安全的收益型投资呢？

（4）你知道自己退休后的健康保险来自哪里？保险的范围是什么吗？

（5）你是否审查自己的健康保险，考虑转换为现金、调换其他投资品种的选择呢？

（6）你是否有信用记录，表现是否欠佳？

（7）你是否有遗嘱，是否有信托？

（8）你计划退休后去哪里生活，是否已确定？

（9）你知道自己的退休计划及将财产传承给后代的税负影响吗？

（10）你子女或其他有责任的家庭成员是否知道除保存重要文件之处，一旦有问题时的联络人是谁吗？

（11）你是否有类似遗嘱或律师委托书等法律文件，说明死亡或患上丧失意识的疾病时的意愿呢？

（12）你是否认同年老时的目标和生活方式？

13.2　养老规划

在通货膨胀率、税率、生命预期、收入、需求等因素的影响下，退休收入模型对如何做好退休规划有比较细致的阐述。现在提炼这个模型，在退休规划步骤层面提出更一般性的方法——"四步法"来制定养老规划。

13.2.1　养老规划的制定——"四步法"

养老是整个人生理财规划中的关键部分，为了晚年能过上体面、尊严的生活，每个人都应该及早制订养老筹划方案。制订养老规划方案的过程较为复杂，为能迅速掌握其核心内容，本书在此将这个过程简化为 4 个步骤。

1. 估算养老需要的费用

估算养老所需要的费用既包括每年度需要支付养老费用的额度，也包括预期存活年龄，而预期存活余命是难以预计的。每年度的养老费用容易估计，重病医疗费用则难以预测。实际上，要准确地预计养老究竟需要多少费用是做不到的，它受到生存寿命、通货膨胀、存款利率变动、个人和家庭成员的健康状况、医疗和养老制度改革等各种因素的影响。国外的个人理财师在为客户做养老规划时，常常会按照客户目前的生活质量、需求偏好进行预算。

首先看"养老金替代率"这个指标，这是国际通用的衡量劳动者退休前后养老保障水平差异的基本标准，通常以"某年度新退休人员的平均养老金与上年度在职职工的平均工资收入的比例"获得。我国如今已退休的老职工，养老金替代率通常在 80%～90%，有人会盼着提前退休，退休后他们仍能维持过去的生活水准甚至还有所提高。但对 35 岁以下的青年人来说，鉴于老龄化危机的日益严重，未来的养老金替代率将会下滑到 50%～60%，保障程度将远远低于父辈。针对这一现象，各大商业保险公司已经开始做准备，针对年轻高收入的白领阶层纷纷推出了自己的养老产品，保额高达千万元的富人养老险种也纷纷问世。

2. 估算能筹措到的养老金

如果处在一个静态的经济环境，估算能筹措的养老金会简单得多。现实情况是个人财务预算和财务状况受到不断变化的经济环境影响，包括薪资水平变化、投资市场行情变化等。只有把问题和困难考虑得多一些，做最坏的打算，才能争取到最好的结果。

3. 估算养老金的差距

如果能比较科学合理地估算出养老需要的费用和自己能筹措到的养老金，寻找两者之间的差距就比较容易了。

4. 制定养老金筹措增值计划

人们拥有养老金的数额，直接以收益增长速率为依据，在不同的投资收益率下，资金增值的速度有较大差别。根据我国有关部门的资料，2006—2015年间每年至少会有3%～4%的通胀率，按此水平计算，2005年的200万元只相当于目前108万元的购买水平。如某个家庭每年需要支出60 000元才能维持现有生活水准，200万元也只能支撑18年光阴，这还不包括随时可能发生的需要应急的支出。

只有持续性投资才可以让退休金账户不断升值，从而减轻自己的养老负担。用于养老金的投资应当以稳健为主，有较大风险承受能力的低龄老人也可以尝试股票、外汇等风险大、收益也相对较高的投资，但需要在投资前做好详细的规划。有个方法可做出较好的目标设定，就是在记录本上明确写下来，理财目标表如表13-6所示。

表13-6 理财目标表

1. 目标	2. 达成时间	3. 所需年数	4. 所需金额	5. 现有金额	6. 现有金额以8%增长	7. 尚需金额	8. 每年需存金额（利率8%）
退休养老规划	2021年底	12年	25 000元	1 500元	4 000元	21 000元	1 100元

表13-6中的百分比都以年率表示，其中第5项"现有金额"是指现在已准备好要在将来用作退休金的金额，第8项是依据复利表从第7项估算，第6项则依据第5项计算。

必须强调的是，每个人想追求的退休生活和自身所处状况（如年龄、工作及收入、家庭状况等）都有较大不同，不同人群设定的目标会有较大差异。即使同一个人的理财目标也会有长期、中期和短期之分，不论目标期限如何，设定时都必须明确而不含糊。

13.2.2 养老基金安排

1. 养老基金的一般状况

社会养老保障虽然可以为客户退休后的生活提供一定保证，但它的数额较小，一般只够支付客户的基本生存费用。若客户希望提高退休后的生活质量，则需要另作财务上的妥善安排。基于这一需要，许多国家的保险公司或基金管理机构为居民提供各种养老基金。这类养老基金安排和政府提供的社会保障有所不同，它的数额可以由客户根据自己的需要和财务状况随意购买。

2004年5月1日，国家人力资源和社会保障部颁布的《企业年金试行办法》出台，我国很多企业和职工在依法参加基本养老保险的基础上，自愿建立了由企业资助职工参加的企业年金，作为对基本养老金的有益补偿。企业提供养老金，将会成为我国居民养老金来源的重要补充。

2. 参与养老基金的数据调查表

养老基金的安排中，有关状况的数据调查十分必要。对于数据调查表中的这个项目，养老金安排表如表 13-7 所示。

表 13-7　养老金安排表

养 老 金	本　人		配　偶	
	个人退休投资	单位退休投资	个人退休投资	单位退休投资
项目名称				
面值总额/元				
现值总额/元				
成员、单位				
基金名称、种类				
收益初始日期				
保险种类				
投资种类				
保险数额/元				
死亡赔偿/元				
伤残赔偿/元				
收入保障/元				
公司承担金额/元				
个人承担金额/元				
支付方式				
每年收益（年金支付）/元				

注："支付方式"填"一次性支付"或"年金支付"，请选择所有适合的选项。

本人：该计划已考虑通货膨胀，或只有_____% 的收益考虑了通货膨胀。

如配偶死亡，养老金收益将支付给本人；一次性支付方式下，本人获得总额_____% 的受益；年金支付方式下，本人每年获得原年金_____% 的收益。

配偶：该计划已考虑通货膨胀。只有_____% 的收益考虑了通货膨胀。

如配偶死亡，养老金收益将支付给本人；一次性支付方式下，本人获得总额_____% 的受益；年金支付方式下，本人每年获得原年金_____% 的收益。

养老基金安排的特点是，当投资或购买该安排的居民去世后，该安排的补偿将支付给去世者的配偶，但不会全额支付，客户需要填写补偿的比例，客户已收到的养老金。

13.2.3　退休养老规划设计

完整的退休养老规划，包括工作生涯设计、退休后生活设计及自筹退休金的储蓄投资设计。第一是退休后生活设计，引导出晚年生活到底需要花费多少钱；第二是由工作生涯设计估算出可领取多少退休金（或企业年金、团体年金等）；第三是计算两者之间的差距，就是应该自筹的退休金。

自筹退休金的途径，一是运用过去的积蓄款项，二是运用目前到退休时的剩余工作生涯中的储蓄积累。退休收入规划的最大影响因素是通货膨胀率、工作薪金收入增长率与投资报酬率，退休年龄既是期望变数，也是影响以上三项设计的枢纽。

1. 退休金运用不能太保守，否则即使年轻时就开始准备，仍会不堪负荷

存款利率扣除通货膨胀率，通常只能提供 2%～3% 的实质性收益。若借此办法积累退休金，无论哪个年龄段都要为退休准备留下半数收入，这就会大幅降低工作期的生活水平。如采用定期定额投资基金的办法，投资报酬率可达 12%，平均储蓄率 20%～30% 大体可满足晚年生活需求。但如假设退休金报酬率能达到 20% 以上，过高估计的结果使每期投资额可能很低，不易达到累积退休金的目标。

2. 以保证给付的养老寿险或退休年金保障基本支出，以报酬率高但无保证的基金投资满足生活品质提升支出

养老寿险或退休年金的优点是保障性较好，缺点是收益率偏低，需要有较高储蓄能力，才能获得退休需求的保额。解决之道是将退休需求分为基本生活支出和生活品质支出。退休后收入如低于基本生活水平，需要依赖他人救济才能维生；生活品质支出则是实现理想退休生活所需的额外支出，有较大弹性。对性格保守、安全感需求高的老人来说，以保证给付养老险或退休年金来满足基本生活支出，另以股票或基金等高报酬、高风险的投资工具满足生活品质支出，这种资产配置可兼顾退休养老保障和充分发展退休后兴趣爱好。

假设某人 20 岁工作，60 岁退休，工作期 40 年，预期寿命为 80 岁，退休养老期为 20 年。最晚应从 40 岁开始有 20 年工作储蓄准备退休后生活。假如退休后基本生活支出占工作期收入的 40%，工作期的 40 年中，需将收入的 20% 购买有确定给付的养老险；若储蓄率可达到 40%，多出来的 20% 可投资定期定额基金，投资成果作为退休后生活品质支出；若投资绩效较好，退休后支出可能比工作期还多，可用于环游世界等实现梦想生活开销，富余资金再作为遗产留给后代。否则即使每月投资已做最佳运用，剩余时间积累的退休金也不足以保障晚年享受舒适悠闲的生活。

上面详细论述了养老规划制定的具体步骤和安排，下面分别就 30 岁和 40 岁两个年龄段的理财特点，给出养老规划的案例，以供读者参考。

13.2.4　案例分析：30 岁养老规划——未雨绸缪早计划

虽然 30 岁年龄段的人士距离退休还有二三十年的时间，似乎不急于考虑养老问题，但中国正步入老龄化社会，靠儿孙满堂养老的时代已经结束。从经济核算的角度出发，考虑到保险收益计算的复利因素，30 岁投保更为合算。30 岁年龄段的人士正处于事业的上升阶段，有较强的经济能力和足够的时间，通过各种理财手段为自己积累足够多的财富，及早制订自己的养老规划，实现退休后的财务目标，比 40 岁、50 岁年龄段的人士更有优势。所以，养老更应该未雨绸缪，趁早规划。

1. 案例背景

李先生是一位律师，今年 30 岁，月收入 1 万元左右。去年他刚结婚，妻子汪女士是一家公司的法律顾问，今年 27 岁，月收入约 4 000 元。再加年终奖约 1 万元，目前小家庭年度总收入为 17.8 万元，年度开支为 8 万元。李先生预计日后收入会有较大增加，妻子收入相对稳定。

李先生计划在 1 年后按揭贷款买一辆 10 万元到 15 万元的私家车，并在两三年后生育一个小孩。李先生和妻子的兴趣爱好比较简单，目前未涉足任何投资领域。他们对股票、债券和基金等金融投资方式均不感兴趣。

李先生希望自己能于 60 岁正常退休，退休后的生活水平与目前的生活水平基本相当。

李先生一家的资产负债及收入支出、保障安排等基本状况，如表 13-8～表 13-11 所示。

表 13-8　每月收支状况　　　　　　　　　　　　　　　　单位：元

收　入		支　出	
本人收入	10 000	基本生活开销	4 000
配偶收入	4 000	医　疗	100
其他收入	无	房　贷	1 500
合　计	14 000	合　计	5 600
结　余	8 400		

表 13-9　年度收支状况　　　　　　　　　　　　　　　　单位：元

收　入		支　出	
年终奖金	10 000	保险费	4 800
其　他	无	赡养父母	4 000
合　计	10 000	外出旅行	4 000
结　余	-2 800	合　计	12 800

表 13-10　家庭资产负债状况　　　　　　　　　　　　　单位：元

资　产		负　债	
银行存款	50 000	公积金住房贷款	70 000
房地产（自用）	550 000	商业住房贷款（限期 10 年）	100 000
资产总计	600 000	负债总计	170 000
资产净值	430 000		

表 13-11　家庭保障安排情况　　　　　　　　　　　　　单位：元

个人保障		单位保障
本　人	养老保险（附加医疗险及意外险），年交保费 4 800 元，交 20 年，48 岁开始领取养老金	四　金
妻　子	无	四　金
父　母	无	四　金

2. 养老规划分析

1）估算养老所需要的费用

从李先生一家每月的收支状况表和年度收支状况表可知，全家每年收入为：1.4 万元×12+1 万元＝17.8 万元。如李先生在退休后的收入与目前水平相当，考虑通货膨胀的因素，则李先生在 60 岁时的收入应该为 43 万元左右。从 60 岁到 80 岁，李先生总共需要的养老费用为1 238.8万元左右。

2）估算能够筹措到的养老金

首先，李先生30岁时，每年全家收入17.8万元，根据工资收入平均每年增长5%的假设，李先生一家在退休前总共的工资收入约为1 259.5万元。

其次，李先生在30岁时，每年家庭开支为0.56万元×12+1.28万元＝8万元。李先生准备一年后贷款买车，两三年后生育一个小孩。预计李先生31岁时每年的家庭开支需10万元左右；32岁以后，有了小孩，每年的开支需要增加至12万元左右。同时根据家庭开支平均每年增长3%的假设，李先生从30岁到60岁，家庭所需的总支出大约为560.6万元。

此外，李先生目前有一套自住房产，考虑到这套房子一般情况下不可能变卖，这里不把该项资产计算在养老规划内（按照后文谈及的"以房养老"而言，该项房产完全可以打入养老资源的范围之内），还有一笔5万元的存款，因李先生在一年后要按揭贷款买车，这笔费用将用于贷款买车的首付款，也不计算在内。

估算李先生在30年时间里仅靠工资收入能积累多少资金时，为了计算方便，没有把银行利息计算在内。30年时间里，李先生一家仅靠工资收入，且不做任何投资的情况下，能积累的资金为：1 259.5－560.6＝698.9（万元）。

3）估算养老金的差距

从60岁到80岁，李先生总共需要的养老费用为1 238.8万元，而从30岁到60岁，仅靠工资收入，李先生一家能积累的资金为698.9万元，养老费用的缺口为：1 238.8－698.9＝539.9（万元）。

可见，仅靠工资收入而不做任何投资的话，李先生的养老规划很难实现。这就需要李先生将生活费的结余部分拿出来用于投资，投资的收益应当正好能弥补养老费的不足（计539.9万元）。

4）制定养老金筹措增值计划

鉴于李先生对股票、债券和基金等金融投资方式均不感兴趣，且作为律师，业余时间有限，没有过多的精力涉足金融投资领域。专家暂不建议李先生投资股票、债券和基金等。但李先生可以考虑投资房产。李先生以前曾在一家房地产公司做法律顾问，现在接手的案子也大多是房地产方面的，投资房产比较合适。

李先生可以大概做一个投资房产的规划。根据专家对各种投资预期收益率的分析，投资房产的综合收益率（包括出租和出售）为4%～5%。李先生目前5万元的存款将用于购买私家车，要投资房产还需要用一定时间积累资金。李先生可以5年为一个积累期和投资期。如35岁时，李先生可积累资金大约为52.9万元。

李先生35岁时可以投资一处大约50万元的房产。以此类推，李先生在45岁和55岁时，还都可以再投资一处房产。这样，如李先生一直持有这些房产，到李先生退休时就可以拥有3处房产。当然，其中可能有买有卖，或者不一定等到10年期再投资另一处房产，这是要根据当时的情况而定。

可以大概估算李先生投资房产的收益情况。如把投资房产的平均收益率定为5%。从李先生35岁开始到60岁的25年时间里，李先生投资房产的收益大约为915.1万元。

李先生到60岁时，可获得资产为：915.1+220.3（从55岁到60岁，李先生从工资中积累的资金）＝1 135.4万元。这就是说，李先生如按该计划投资房产领域，到退休前，李先生至少能获得 1 135.4 万元的自有资产，距离 1 238.8 万元的养老费用已经非常接近。

在计算时没有把银行利息计算在内，如加上银行利息，或者李先生在退休后继续进行房产投资的话，李先生的养老规划完全可以轻松实现。

13.2.5　案例分析：40 岁养老规划：增值和稳健并重

1. 40 岁养老规划的一般情形

经过 20 岁的"初涉养老"、30 岁的"未雨绸缪"，40 岁步入"不惑"之年的人开始进入养老规划的攻坚阶段。这时候家庭一般都处于成长期，工作和生活已步入正轨。"上有老"，夫妻双方需要赡养 4 位老人；"下有小"，子女通常处于中学教育阶段，教育费用和生活费用猛增。在这种情况下，40 岁的家庭与年轻家庭相比往往要承受较大的风险和动荡。

随着子女的自理能力不断增强，父母精力充沛，时间又相对充裕，再加积累了一二十年的社会经验，工作能力大大增强，家庭收入进入高峰期，现金流比较好。这一时期又是家庭重要的资产增值期。

40 岁的家庭应该是投资理财的主体，努力通过多种投资组合使现有资产尽可能增值，不断充实自己的养老金账户。但养老规划总的来说应该以稳健为主，稳步前进。

对那些此前已通过投资积累了相当财富，净资产比较丰厚的家庭来说，不断增长的子女培养费用不会成为生活负担。一般性家庭开支和风险也完全有能力应付，可以抽出较多的余资发展大的投资事业，如再购买一套房产或尝试投资实业等。

对那些经济不甚宽裕的家庭，夫妇两人的工作收入几乎是唯一的经济来源，一旦两人中有一方下岗或发生伤残等意外，家庭财务状况很可能急剧下滑。对这样的家庭，夫妇两人的自身保障就显得更为重要。这就需要将部分收入用于商业保险，具体来说，可以购买低额终身寿险加上较便宜的定期寿险，再搭配最需要的医疗险、意外险等。如条件允许时再搭配重大医疗险。

购买商业保险后，多余的资金可考虑做其他方面的投资。

2. 案例背景

43 岁的王先生和同龄的王太太收入丰厚，年薪加起来约 26 万元，年终还有总共 50 万元的奖金。女儿现在读初中，准备 6 年后出国深造。家庭每月开支在 8 300 元左右。夫妻俩分别投有寿险和意外险，为女儿也投有一份综合险，加上家庭财产险等，每年的保费总支出为 3 万元。除去其他各种不确定费用 3 万元左右，每年约有 44 万元的现金结余。

王先生有一套现值 150 万元的房产，用于自己居住。夫妻俩没有炒过股，也没有买过基金或债券，余钱基本上都存入银行，现有活期存款 5 万元，定期存款 40 万元。夫妻俩对养老生活要求较高，希望至少不低于现在的生活质量。且因两人身体状况都不大好，希望 10 年后能提前退休。

3. 养老规划

1）估算养老所需要的费用

日常开支：王先生家庭目前每月的基本生活开支为 8 300 元。假定通胀率保持年均 3% 的幅度，按年金终值计算法，退休后王先生家庭要保持现在的购买力不降低的话，总共需要支付 167 万元的费用。

医疗开支：王先生夫妇两人身体都不好，又没有购买任何商业医疗保险，医疗保健开销将是老两口最重要的一项开支。假定两人退休后平均每人每年生病4次，每次平均花费3 000元，27年看病的总花销就是64.8万元。身体不佳每月的护理更是少不了，假定每人每月护理费为1 000元，27年需要的护理费总共是64.8万元。如此一来，王先生夫妇的养老生活仅医疗需求就达到130万元。

旅游开支：假如前15年平均一年旅游2次，每次平均花销1.5万元，后12年每年旅游1次，每次平均花销3万元，总共需要旅游费用为81万元。

王先生家庭需要养老费用，依照表13-12所示，大约是378万元。

表13-12　王先生家庭20年总共需要的养老金　　　　　单位：万元

现有家庭资产			未来35年获得收入			20年需养老金				
存款	房子	总计	工资收入	存款收入	总计	充实养老金账户资金	日常开支	旅游开支	医疗开支	总开支
45	120	165	764	134	898	283	167	81	130	378

2）估算能够筹措到的养老金

现在看看王先生和王太太从现在起到80岁总共能拥有多少资金用作养老。

王先生夫妇的收入来源比较简单，主要来源于以下两个方面。

工资收入：王先生和王太太目前离退休还有10年，10年中能积累的工资收入为22 000元×12月×10年，即264万元，加上10年的年终奖金50万元×10年即500万元，总共是764万元。

存款收入：假定年平均利率为3%，按复利计算，王先生的定活期存款45万元，存37年后本息总计为134万元。王先生夫妇的收入虽然比较高，但支出也较大，还有女儿留学等大笔资金需要支付。假定上述共计898万元的总收入中，有30%可留存用作养老，夫妇两人能够为自己积累的养老金是269万元。

3）估算养老金的差距

需要储备的养老金减去能够积累的养老金，得出的结果是相差109万元。

4）制定养老金筹措增值计划

（1）王先生家所有的结余基本上都沉睡在银行里，如此丰厚的收入却不让钱为自己"打工"实在可惜。假如从现在起到退休前每年从结余中提取10万元用于投资，收益率为7%，10年后便能拥有138万元的金融资产。如在以后的年月里继续追加投资，王先生的资产将会达到很高的数值。

（2）王先生如对金融产品不感兴趣，建议王先生做一些房产投资，从长期来看，房产投资比较稳健，收益率也较好，退休后"以房养老"也是一个很好的选择。

4. 点评

所谓"量入为出"，有什么样的收入水平就有什么样的支出水平。从上述的案例中可以看出，王先生一家虽然资产雄厚，但要高质量养老，仍有不小的资金缺口。这就提醒我们，无论目前的家庭财务状况多么好，花钱不愁，但如不能做一些提前规划的话，仍可能达不到真正的"财务自由"境界。

表13-13所示为几种常用保险险种的特色对比。

表 13-13　几种常用保险险种的特色对比

险种	特　色	内含报酬率情况	购买重要注意的问题	适合人群
传统养老险	到期领取固定金额的养老金	2%～2.5%（年复利）	因通货膨胀等因素，可能导致约定领取的养老金在未来出现实际购买力下降的问题	适合没有良好储蓄习惯、理财风格保守，不愿承担风险的人群
分红型养老险	到期可领取养老金，大部分为固定，小部分根据分红有浮动，分红增加了抵御通胀能力	固定部分通常在1.8%～2.4%（年复利），分红部分不固定	销售时候的分红水平演示只是一种假设，不作为未来的保证或承诺之用	适合对长期利率看涨、对通货膨胀因素特别敏感的人群
万能型保险	前几年缴费时需要收取一定的初始费用，缴费方面比较灵活	保证保底利率最低1.75%，目前产品大多设为年2%～2.5%，这几年的实际结算利率在3.25%～5.5%（年化）	保证保底利率和结算利率都是针对"个人投资账户"而言，而非所有投入的保费，开始几年若提前支取，可能需要一定的收费	适合收入较高，但常有波动者
投资联结保险	收益随资本市场变动而动，收益可能较高，波动性也比较大，类似基金的专家理财	不保底，不确定，收益主要取决于投资账户风格	收益不确定，运作过程中可能出现亏损，收益和风险由投保人100%享受或承担	适合收入高、期望高收益，风险承受力高者

13.2.6　退休规划可能需要的修订

1. 退休规划的修订

（1）目前设定养老生活费的社会标准过低，退休后的实际标准将会有较大提升；

（2）投资收益率没有达到预期目标，致使养老金额度出现较大短缺；

（3）通货膨胀率超出预定标准，每个月需要支付的生活费远远超出预期；

（4）每个月的生活费结余大大减少，或者要用到其他更重要的事项；

（5）希望自己去世时能给子女留取一定数额的遗产；

（6）实际存活寿命可能超出预想期限，养老费用需要有较大幅度增加；

（7）漫长的退休生活中可能出现各类大病、重病，致使费用开销远远超出预算；

（8）子女或孙子女的生活不是很好，希望能够继续给予一定的支持；

（9）自己期望的事业发展目标，希望在退休后继续完成，需要较大数额的资金支持；

（10）晚年生活需要适当留有余地，备而有余，勿使短缺。

2. 退休金供应不足时应采取的对策

（1）能否降低晚年的生活质量和费用标准，节约各类费用开销；

（2）延长退休年龄，或退而不休，发挥余热，继续从事有报酬的职业劳动；

（3）整理好投资组合，搞好投资项目，提升投资收益率；

（4）想方设法增加其他收入来源渠道，如子女赡养金等；

（5）从四五十岁开始，尽早做好退休理财的打算；

（6）加强身体锻炼，提升身体素质，减少退休后的医药保健费用开销；

（7）利用房子在自己身故后仍然具有的价值，提前变现套现，实现以房养老；

（8）变换养老场所，到生态环境优越的农村或养老基地生活居住，降低生活用费，提升养老质量。

附录：

退休养老期间的财务状况如何自我测定

当你年届退休，请用下面的检查表评估自身的财务状况，千万不要等待，否则会丧失提高未来理财独立性的机会。

（1）你是否和家庭成员定期和坦率地讨论理财计划？家人是否认同你年老时的理财目标和生活方式？

（2）你的身体健康状况如何，是否有大病、重病，预计还有多少存活寿命？

（3）你的儿女和孙儿女的经济状况与情商状况如何，能否在你有需要时给你以较好的援助和支持？

（4）你目前拥有住房的面积、功能、价值状况如何，你是否考虑过在资金不足时以房养老？

（5）你是否了解退休后的收入来源，如社保金发放、发挥余热赚取收入、养老寿险返还、养老储蓄支取、子女的经济资助等。

（6）退休后每种养老收入来源的金额有多大，能否满足晚年生活需要？

（7）养老收入来源的时间进程如何，能否赶得上养老支出开销的需要？

（8）目前每个月的生活费开销有多大，如期望退休后仍保持目前生活品质不下降，每月需要开销的费用会达到多大？

（9）你希望晚年生活是好于、低于或相当于目前的生活状况，需要开销的费用是高于、低于或相当于目前的状况？

（10）退休后每期的收入状况能否满足每期的生活费开销状况，不足部分准备如何解决？

（11）退休后可能发生的某些重大事项开销，如大病、重病等，能否有个大致的预计，是否已有较好的财务安排？

（12）你的人生需要安排的重大事项，是否在退休之时已全部安排完毕，在财务上是否已有了较好安排？

（13）你的儿女的收入或财富状况如何，是高于、低于或相当于自己的收入财富状况？

（14）退休后准备每年旅游度假吗，大致有何安排，花销费用预算如何，是否已有较好安排？

（15）退休后是否还有未竟事业需要继续安排完成，为此需要的财务开销是否已有较好安排？

（16）是否按计划进行储蓄，并逐步从增长型投资转移到安全的收益型投资呢？

（17）你知道自己退休后的医疗健康保险来自哪里？保险的范围是什么吗？

（18）是否审查过自己的健康保险，考虑转换为现金、调换其他投资品种的选择呢？

（19）是否有信用记录，记录状况如何，是否会对晚年生活带来某种负面影响？

（20）是否注意到晚年财产信托事项，是否准备参与这一事项？

（21）准备退休后在哪里生活，是老地方，还是准备到机构养老，或者到养老基地养老？

（22）是否知道自己的退休规划及将财产遗传给后代的税负影响？

（23）是否对为子女或孙子女留得较大限度的遗产有很大兴趣，甚至不惜降低自己晚年的生活水平？

（24）你的子女或其他家庭成员是否知道你保存重要文件的地方，以及一旦有问题发生时的联络人呢？

（25）是否已立有遗嘱，或者律师委托书等法律文件，说明你死亡或患上丧失意识的疾病时的意愿呢？

➤ 小 贴 士 ◄

不同生活际遇下的退休计划

（1）离异者应该尽量提高其公司退休金计划的投资量，同时单独设立储蓄账户，保护自己的退休资产。

（2）离婚时可以考虑为抚养子女的一方购买人寿保险，或残疾保险。

（3）离婚后要修改你的房产计划。一些法律规定，如果遗嘱或一些信托资产的受益人是你的配偶，离婚并不会自动废止这些遗嘱或信托契约。

（4）如果你的工作单位允许雇员为非配偶购买联结生存保险，你一定要在退休前把自己的想法告诉养老金计划顾问，否则退休后就无法更换资产配给方式了。

（5）未婚者应该在有法律约束力的文件上（你一定要立遗嘱）明确表达自己的意愿，因为有血缘关系的亲戚，常常会在死后的遗产争夺战中占上风。未婚者应该采用各种降低房产税的技术，如慈善型信托基金。

（6）如果你的家庭关系不佳，应该存下相当于 75%～80% 的退休前总收入的一笔钱，一旦你的亲戚无法资助你，还可以实现自力更生。

（7）保险。你的雇主如降低健康和人寿保险的支付金额，你必须提高个人的支付额度，医疗保健计划可能抵消部分增加的开支。

（8）医疗开支。每个人的医疗开支都不相同，随着年龄的增长而上升。

（9）娱乐活动开支。许多人退休后，休闲时光会更多，可能想多存一点钱去旅游或参与大的娱乐项目。

（10）礼物和捐赠。许多人退休后会继续花钱买礼物捐赠，但当发现这笔开销占收入的比重上升，就需要重新评估这些消费开支。

具体做法是用工作收入表列出现在的开支，同时预测退休后的开支有哪些予以比较。为了使比较更贴近实际，列出主要的消费类别，先列房租费、抵押贷款支出、公用事业费、保险费、税收等固定开销，然后列出可变开支——食品、衣物、交通等，此后是杂项开支，如医疗开支、娱乐、度假、礼物、捐赠及一些无法预测的支出。

本章小结
BENZHANG XIAOJIE

1. 退休人士的收入主要来自社会保险、其他公共养老金计划、雇主养老金计划、个人退休计划及年金保险。

2. 养老保险是指国家和社会根据一定的法律和法规，为解决劳动者在达到国家规定的解除劳动义务的年限，或者因年老丧失劳动能力退出劳动岗位后的基本生活而建立的一种社会保险制度。养老保险的产生与发展，是社会化大生产的产物和社会进步的标志，与国家的政治经济和社会文化紧密结合在一起的。养老保险是社会保障制度的重要组成部分，是社会保险五大险种中最重要的险种之一。

3. 企业补充养老保险制度也称企业年金或私人年金，是以企业为主体建立的补充养老保险，由雇主一方缴费或由雇主和雇员共同缴费，保障覆盖面低于基本养老保险，重点是有酬就业者。企业补充养老保险是指由企业根据自身经济实力，在国家规定的实施政策和条件下为企业职工建立的一种辅助性的养老保险。

4. 个人储蓄性养老保险是由个人自愿向商业性保险机构投保养老寿险，向商业银行储蓄养老金等，在晚年养老金不足使用时作补充养老使用。

思考题

1. 简述退休收入的主要来源和优缺点。
2. 简述退休收入规划的目标。
3. 如何制定养老规划？
4. 简述养老保险的特点和类型。
5. 尝试设计一个养老规划的方案。

第 14 章
遗 产 规 划

学习目标

1. 了解遗产的概念、分类及范围
2. 了解遗产规划的概念、特征及工具
3. 了解遗产规划的步骤

14.1 遗 产 概 述

14.1.1 遗产的概念

人有生老病死，家庭这种特殊的"人"的活动单位，也有个"生老病死"的问题。"生"是家庭的起始初建；"老"是家庭的发展、壮大至衰老；"病"是指家庭的残缺、分居与独居；"死"就是家庭的离异与成员先后死亡而解体。遗产是死者遗留的个人合法财产，继承则是依照法律规定，把死者的遗产转移给继承人，这是因人的死亡而产生的继承人与被继承人的一种法律关系。

1. 遗产传承的必要性与时代变迁

遗产传承是必然的，是从人类社会出现至今的 5 000 多年来一直流传的，对社会的财富积累，人类的正常延续，子女的养育和社会家庭的安定，起到了重要的功用。苏联十月革命后，一度认为遗产传承是万恶的私有制之源，是一种不劳而获的剥削行为，应予坚决取缔，故此颁布法令取消了遗产继承行为，引起较多的社会乱象，半年后又被迫宣告恢复遗产传承行为。

随着时代的变迁，遗产传承的必要性也在发生较大的改变。20 世纪五六十年代里，每个家庭大都有好几个孩子，而父母的寿命大都只有五六十岁，经常是最小的孩子尚未养大，父母就提前去世，为将最小的孩子养育到自食其力为止，遗产的留取和传承是非常需要的。许多传统观念浓郁的父母更是将为子女留下最大限度的遗产作为自己生活的最大目标。

今天的家庭大都只有一两个孩子，父母的寿命大都达到七八十岁之多，到老父母最终去世时，子女通常都已四五十岁或更大些，且依靠自身的努力已过上较为富裕的生活，遗产传承的必要性即大大减弱。再加上经济社会的快速发展，儿女的经济状况应当大大超出父母一代。对这些老儿老女而言，父母能够遗留大笔遗产自然是锦上添花，若全无遗产日子也都过得很不错。这就为老年人运用自己的财富为自己养老，提供了现实可能性。当然，寿命终结时财产尚未花费完结的部分，就构成了这里谈到的遗产和遗产传承。

遗产是指公民死亡时遗留的可依法转移给他人所有的个人合法财产，也可能是尚未归还的遗留债务。遗产包括当事人持有的现金、证券、公司股权、汽车、家具、债权、房地产和收藏品等，以及因死亡而带来的死亡赔偿费、寿险公司支付赔偿费等财产。负债则包括生前所欠未清偿的消费贷款、抵押贷款、应付医疗费用和税收支出等。作为遗产的财产是一个总体，即一定财产权利和财产义务的统一体。不但包括所有权、债权、知识产权中的财产权等"积极财产"，也包括像债务那样的"消极财产"。遗产是死者遗留的个人合法财产，继承则是依照法律规定，把死者的遗产转移给继承人，这是因人的死亡而产生的继承人与被继承人的一种法律关系。

2. 遗产的特征

遗产是自然人死亡时遗留的个人合法财产。根据《继承法》第 3 条的规定，遗产具有以下特征。

（1）遗产是已死亡自然人的个人财产，具有范围限定性，他人的财产不能作为遗产。

（2）遗产是自然人死亡时尚存的财产，具有时间的特定性。

（3）遗产是死亡自然人遗留的合法财产，具有合法性。

（4）遗产是死亡自然人遗留下来能够依法转移给他人的财产，具有可移转性。不能转移给他人承受的财产不能作为遗产。

（5）遗产作为一种特殊的财产，只存在于继承开始到遗产处理结束这段时期。公民生存时拥有的财产不是遗产，只有在该公民死亡，民事主体资格丧失，遗留的财产才能成为遗产。遗产处理后即转归承受人所有，也不再具有遗产属性。

14.1.2 遗产关系人

1. 遗嘱订立人

遗嘱订立人是制定遗嘱的人，他通过制定遗嘱将自己的遗产分配给他人。在遗产规划中，个人理财师将客户假定为遗嘱订立人，通过对客户财务状况和目标的分析，为其提供遗产规划服务。在西方国家里，对立嘱人的资格要求不尽相同，但一般均有以下要求：① 年龄：一般规定只有成年人才有立嘱资格；② 精神状态：法律要求立嘱人在立嘱时应清楚地知道他所从事事务的意义及其后果；③ 环境要求：法院否认在立嘱人受威胁的条件下所立遗嘱的合法性。

2. 受益人

受益人是指当事人在遗嘱中指定的接受其遗产的个人和团体。受益人是遗嘱订立人的配偶、子女、亲友或某些慈善机构等。

3. 遗嘱执行人

遗嘱执行人是负责执行遗嘱指示的人，也称为当事人代表，通常由法院指定，代表遗嘱订立人的利益，按照遗嘱的规定对其财产进行分配和处理。其主要责任是管理遗嘱中所述的各项财产。遗嘱执行人在遗嘱兑现中的责任重大，立嘱人须慎重抉择。立嘱人如生前没有指定遗嘱执行人，则由法庭指定。执行人的佣金一般由法律规定。在必要时，遗嘱执行人可聘请律师协助其办理有关事宜，律师费用从遗嘱订立人的遗产中扣除。

14.1.3　遗产范围

我国《继承法》第 3 条规定了遗产的范围，主要包括以下事项。

（1）公民的收入，主要包括：① 劳动所得；② 劳务报酬；③ 法定孳息所得；④ 财产借贷或财产租赁所得；⑤ 特许权使用费所得；⑥ 受奖励所得。

（2）公民的房屋、储蓄和生活用品。

（3）公民的林木、牲畜和家禽。

（4）公民的文物、图书资料。

（5）法律允许公民所有的生产资料。

（6）公民的著作权、专利权中的财产权利。

（7）公民的其他合法财产。根据《最高人民法院关于贯彻〈继承法〉的意见》第 3 条规定，公民可继承的其他合法财产包括有价证券和履行标的为财物的债权等。

14.1.4　遗产除外规定

根据有关法律、法规和司法解释的规定，下列标的不能作为遗产。

（1）复员、转业军人的回乡生产补助费、复员费、转业费、医疗费。

（2）离退休金和养老金。这些费用的领取权只能由离退休人员和有关组织成员享有，不得转让，亦不得在他们死亡后由继承人继续行使。

（3）工伤残抚恤费和残废军人抚恤费不能视为遗产。

（4）人身保险金。

（5）与被继承人人身密不可分的人身权利。

（6）与公民人身有关的专属性的债权、债务。

（7）国有资源的使用权。

（8）自留山、自留地、宅基地的使用权。

14.1.5　遗产转移的方式

遗产转移方式是指公民死亡后，其遗留财产转归亲属、非亲属或国家，或者生前所在单位所有的方式。具体包括的方式有以下几种。

（1）法定继承：指公民死亡后，由法律规定的他的一定范围的亲属，依法承受死者的财产权利和财产义务。

（2）遗嘱继承：被继承人在遗嘱中指定具体应由哪些人继承遗产，不必受继承顺序的限制，可由法定继承人继承，也可以由其他指定人员继承。

（3）遗赠扶养协议：协议中的扶养人也就是受遗赠人，只能是法定继承人以外的公民或集体所有制组织。

（4）无人继承又无人受遗赠的遗产：归国家或死者生前所在组织所有。

遗产转移方式的法定程序为：有遗赠扶养协议的，首先按遗赠扶养协议办理；无遗赠扶养协议有合法遗嘱的，按遗嘱办理；没有遗赠扶养协议又无遗嘱的，按法定继承办理；无人继承又无人受遗赠的遗产归国家所有，死者生前是集体所有制组织成员的，遗产归所在集体组织所有。

14.1.6 遗产传承与家庭关系

1. 亲子关系与遗产传承

父母是不遗余力为子女遗留尽量多的遗产，还是尽可能减少身故后遗产的馈赠，而将其尽早用于培养子女，投资子女的知识技能增进。美国著名经济学家加里·贝克尔教授认为，后者对父母及子女双方的利益维护都是有利的。如就此予以简单评析时，父母可就以下方案予以选择。

（1）给子女留下一笔遗产，足以维持其一生的小康生活，但子女的文化程度却可能仅仅是初中或小学水平。这种父母偏重于物质财富积聚，却对子女的人力资本投资、知识技能增进等持无所谓态度。这是很不负责任的，目前已为公众所抛弃。

（2）父母没有给子女留下任何遗产，但却将子女培养到大学、研究生毕业，使子女有较好的谋生技能和较高的社会地位，这笔谋生技能足以保障子女终生有较高的经济收入和社会地位。

人们的智力素质与非智力的素质技能，像拥有财富一样，同样会通过先天遗传和后天培育的方式传给下一代。父母的教育水平高，子女的先天智力水平也会较高，这已为科学家的无数试验所证实。高智力水平的父母对子女的后天帮助、关怀、学业辅导、高期望的鞭策、优越物质条件的资助供养，以及家庭所居住的较高的人文环境等，同样是父母为子女创造的极为珍贵的财富，对子女素质的改善具有十分重要的作用。物力资本投资的收益仅限于经济物质方面，人力资本收益还广泛见于社会、文化、精神面貌、社会地位诸多方面，且收益率要远高于物力资本投资，发挥效用更为持久。

2. 代际财富传递需要解决的问题

（1）谁向谁传递财富，父母向子女传递财富及子女向父母传递财富，两种形式的财富传递表现的状况及传递的程度、形式等。

（2）财富传递的表现方式为何，如父母与子女之间的赡养与抚养、家庭内的物品赠予、父母对子女的人力资本技能增进的投资、遗产继承等多种形式。

（3）代与代之间应当传递什么样的财富，是物质财富还是良好的家风等精神财富。

（4）代际财富传递的内容通常是房产和货币金融资产等，劳务服务无法传递，精神情感的寄托、慰藉等，通常都未能包括在内。

（5）家用房产的代际传递问题，反向抵押贷款、售房养老及家庭内部售房购房行为的出现，将会对家庭代际财富的传递发生哪些重大影响。

3. 父母与子女的房产代际传递方式

父母与子女间房产的代际传递，是家庭财富传递的重要内容，通常可表现为以下方式。

（1）临终的父母将自己的住房作为遗产向子女继承。

（2）父母为子女购买房屋并作为儿女结婚的馈赠品。

（3）父母将自有住房的使用权部分或全部出让，供已成家的子女居住。

（4）成年子女为年老父母购买养老房，供其养老居住，并于父母百年后收回该套房产。

（5）成年子女将父母接到家中共同生活居住，父母的住房则提前出售，房款用于养老，贴补生活日用。

（6）年老父母将自有住房出售给成年儿女，并取得相应的经济补偿来补充养老生活用度。

（7）年老父母将自有住房出租给成年儿女，并按期收取租金做自己的养老用费。

代际财富传递包括有偿传递与无偿传递，第（6）（7）两种方式即家庭财富的有偿传递，可以改变家人间身故后的无偿赠予、继承为生前的有偿交易行为。这种家庭财富的有偿传递主要表现在欧美等国，在我国则因不合国情、民情等，目前到可预见的将来，还不会有较多的出现。但这种状况的出现，需要明确一点，就是"天上不会掉馅饼"，即使来自父母的财产也需要为此付出相应的代价才能取得。这将会对确立市场经济时代的新型代际关系起到重要功用。

14.2　遗产规划工具

遗产规划过程中，会遇到一些专业术语及专业工具需认真掌握。

14.2.1　遗产传承规划的概念

1. 遗产传承规划

遗产传承规划是指当事人在其生前就有意识地通过选择遗产传承规划工具，制定遗产传承规划，妥当安排所拥有的各种资产和负债，确保在自己去世或丧失行为能力时，遗留的财产能够按照自己的愿望做出有效分配，以尽可能实现个人为其家庭（或相关的他人）所确立目标的安排。遗产传承规划又可称为人们为使其遗产继承人在未来能从遗产中享受到最大经济利益，而在生前对其未来遗产的分配与管理做出适当的安排。

在某种程度上，人生理财由两部分事项组成：① 通过劳动、储蓄、投资和保险建立自己的财富基础，满足自己生前各方面生活消费的需要；② 在自己死亡后根据生前的详细指令将余剩财产转移给自己的儿女。为此，人们在整个劳动期间创造的财富，在减除当期消耗外，剩余部分一是用来满足退休期间养老生活的需要，二是作为遗产留交给子女继承。

2. 遗产传承规划工具

遗产传承规划涉及许多专业术语，制定遗产传承规划时也需要使用各种专门工具。理财师在和客户沟通时，应首先对这些术语加以详细解释，使客户能真正理解这些术语的确切含义。

理财师进行遗产传承规划时，需要客户填写有关的个人资料，并准备各种相关文件。该客户去世时，如这些文件资料准备齐全，有利于其亲友办理有关遗产传承手续。一些常见的必须性文件如下所示：① 出生证明和结婚证明；② 姓名改变证明；③ 保险单据、保险箱证明和记录；④ 银行存款证明；⑤ 社会保障证明；⑥ 有价证券证明；⑦ 房产证明；⑧ 购车发票及其他证明；⑨ 养老金文件；⑩ 遗嘱和遗产信托文件。这些文件中，最为复杂的是遗嘱和遗产信托文件。

3. 正确看待遗产传承规划

人的生死存亡必须要遵循新陈代谢规律，死亡和出生一样，正常而又自然，遗产传承规划作为整个理财规划安排的终结，居于重要地位。西方国家的人们年满 40 岁后，就会考虑开列一份遗嘱，以后的每年初都会考虑遗嘱的代换或更替，以供当年可能发生的不时之需。父母年届高迈时，也会同儿女和其他家人共话家常，就自己死亡后遗产如何分配的事项予以讨论。但因价值观的不同，大多国人潜意识中不愿意提前考虑与死亡有关的事宜，忌讳谈及这一话题。为此，国人应当正视死亡，正确看待死亡，提前安排好死亡后需要面对的种种事项，其中最重要的是遗产传承后代，实现家庭财富的正常延续。

当然，理财师对客户进行遗产传承规划咨询时，也要注意语言的选择和表达，并根据客户的情况对遗产传承规划的概念和价值等进行解释。

14.2.2 制定遗产规划的必要性

对每个人而言，死亡都是不可避免的，死亡时间往往又难以预料。若在生前未能对遗产做出妥善安排，死亡事件发生时，就可能因税收、管理费、诉讼费等原因把遗产耗尽；或者使亲人之间为争夺遗产发生纠纷；或者使遗产落入不当继承人之手。为避免这种现象的发生，事先的遗产规划是很为必要的。

1. 使遗产分配符合自己心愿

许多人生前制定了遗产计划，明确个人的遗产分配方案，以使其符合自己的意愿。个人理财师全面了解客户的目标期望、价值取向、投资偏好、财务状况和其他有关事宜，应当是协助客户遗产规划的最佳人选。

每个国家对居民遗产税的课征都有相应的法律规定，一般而言，如果居民没有在遗嘱中特别指定，将其财产平均分配给子女和配偶。但在现实生活中，正和多数客户的期望相距甚远。例如，某客户的财产高达 500 万元，有个不满 5 岁的女儿，他担心自己去世后，女儿没有能力管理和支配这笔财产，希望能指定监护人，在照顾女儿的同时管理好这笔遗产，等到女儿成年后再将遗产转交给她。如果客户没有遗产规划，他的上述愿望就将难以实现。

2. 有遗产计划优越于无遗产计划

有遗产计划和没有遗产计划的差异是很大的。一个精心策划的遗产规划至为重要。遗产规划就是用最佳的方式来保护遗产，并最终能最大限度地按自己的心愿对遗产组织分配。表 14-1 是对有无遗产规划的利弊比较，结果一目了然。

表 14-1　有无遗产计划的差异

有遗产计划	无遗产计划
由客户亲自决定谁来继承遗产	由法庭判决遗产继承人，但这可能违背客户的心愿
由客户亲自决定何时以哪种方式继承遗产	法律规定何时继承，继承人可能无法控制客户的遗产
客户亲自决定由谁来管理客户的遗产	由法庭任命执行人员，他的安排可能与客户的设想不完全相同
客户本人可能设法减少遗产税的交纳，减少遗产执行费	某些不必要的花费和纳税，遗嘱执行费用和遗产税可能很高
由客户本人挑选子女的监护人	由法庭来为客户的子女任命监护人
客户可以有条不紊地把家庭经营投资事项安排妥当，或者将其出售	因交纳高额遗产税不得不廉价变卖财产，导致家财损失

3. 减少遗产税交纳

在征收遗产税的国家和地区，人寿保险在缴纳遗产税和保全遗产方面起着重要的作用。美国联邦政府规定，当遗产超过规定金额后需要征收遗产税。死者的遗产中没有足够的现金支付这些费用和税收时，遗嘱执行人必须变卖部分遗产以满足现金需求。这种被迫变卖的遗产价格可能远低于市场价值，使遗产继承人的利益受损。同时降低遗产处置的费用和应纳税金额，增加实际获取遗产的价值。

由于我国目前公众的收入还相对较低，遗产数额不大，政府对遗产税的征收尚未开始。

目前各国的遗产税征收制度，对高收入尤其是豪富阶层的征税是很高的。如美国大名鼎鼎的"猫王"，遗产总额愈 1 000 万美元，征税及其他相关处置费用即达到 737 万美元，高达 73%。同样大名鼎鼎的华尔特·迪士尼，遗产总额愈 2 300 万美元，经过适当的节税策略后，税额占据总遗产的比例下降到 30%，大为缩减。表 14-2 对此做出相应的解释。

表 14-2　美国部分已故富豪遗嘱检验和遗产税剥夺的遗产

	遗产总额/美元	处理成本/美元	遗产净额/美元	缩水/%
艾尔维斯·普莱斯利（猫王）	10 165 434	7 374 635	2 790 799	73
约翰·D. 洛克菲勒	26 905 182	17 124 988	9 780 194	64
克拉克·盖博	2 806 526	1 101 038	1 705 488	39
华尔特·迪士尼	23 044 851	6 811 943	16 192 908	30

4. 减少自己死亡后给家人带来的麻烦

当某人身故后，遗嘱执行人或遗产管理人会负责清理死者的所有财产及负债，并将剩余资产分配给死者的继承人。法律程序上的安排只是遗产规划具体行为的落实，从财务角度进行的合理规划才是遗产规划的核心内容。遗产规划涉及的内容很多，在个人理财师的帮助下通过制定和执行遗产规划，不但可以帮助当事人实现遗产的合理分配，还可以减少客户的亲人在面对其死亡时的不安情绪，降低当事人亲友的心理和财务负担。缺少完善的遗产计划会直接影响事业、家庭、退休计划，不要让个人一生的积蓄被纳税、诉讼费及继承人以外的他人侵吞。适当的遗产规划能够在个人的有生之年及去世后仍能很好地照顾好家人。

14.2.3 遗产规划工具的分类

1. 遗产规划工具的一般解说

遗产规划涉及了许多专业术语，或者是遗产规划的基本概念，或者是制定遗产规划时需要使用的各种专门工具。个人理财师在和客户沟通时，应首先对这些术语加以详细解释，使客户能真正理解这些术语的确切含义。

2. 遗嘱

1）遗嘱的含义

遗嘱是人们对某自然人死亡后欲行事务提出的一种具有法律效力的、强制性的声明。遗嘱是遗产规划中最重要的工具，但又常常被客户所忽视。许多客户由于没有制定和及时更新遗嘱而无法实现其目标。订立遗嘱文件并不困难，客户只需要依照一定的法律程序在合法的文件上明确写明如何分配自己的遗产，然后签字认可，遗嘱即可生效。一般来说，客户需要在遗嘱中指明各项遗产的受益人。

遗嘱给予客户分配遗产的很大权利。客户的部分财产，如共同拥有的房产等，需要客户与其他持有人共同处置。但这类财产在客户的遗产中通常只占很小比例。客户可以通过遗嘱来分配自己独立拥有的大部分遗产。现实社会中，多数客户的遗产规划目标都是通过遗嘱实现的。法律通常规定，居民的遗产应平均分配给去世者的配偶和子女；但如客户比较疼爱妻子，且子女已经成年，就可以在遗嘱中将妻子指定为大部分遗产的受益人。

2）遗嘱的类型

遗嘱可以分为正式遗嘱、手写遗嘱和口述遗嘱 3 种。

（1）正式遗嘱是具有书面文字，由立嘱人签名，两个或两个以上证人签字的一种遗嘱。这种遗嘱最为常用，法律效力也最强。它一般由当事人的律师办理，要经过起草、签字和遵循若干程序后，由个人签字认可，也可由夫妇二人共同签署生效。遗产受益人不能充当遗嘱证人。

（2）手写遗嘱是指由当事人在没有律师的协助下手写完成，并签上本人姓名和日期的遗嘱。由于此类遗嘱容易被人伪造，在相当一部分国家较难得到认可。由立嘱人亲笔起草、签名的遗嘱，如经过适当的公证，这种遗嘱就成为正式遗嘱。

（3）口述遗嘱是指当事人在病危的情况下，向他人口头表达的关于遗产分配的声明，这种遗嘱仅在特定的条件下才有效。除非有两个以上的见证人在场，否则多数国家不承认此类遗嘱的法律效力。

为了确保客户遗嘱的有效性，个人理财师应该建议客户采用正式遗嘱的形式，并及早拟定有关的文件。如果客户确实留下了有效的遗嘱文件，对遗产的处置将根据遗嘱进行。

3）遗嘱的内容

遗嘱的重要内容是规定遗嘱遗产。遗嘱遗产是在所有者死亡时，由遗嘱执行人或管理人处理并分配的遗产。它包括：① 以已故者自己的名义直接拥有的财产；② 作为共同拥有者所持有的财产权益；③ 在死亡时，应支付给已故者遗产的收入或受益金；④ 共同体财产中属于已故者的那一半。遗嘱的具体内容如表 14-3 所示。

表 14-3 遗嘱的具体内容

一般条款	订立该条款的目的
身份和取消条款	当事人的身份和住址,声明这是最新的遗嘱,以前的全部取消
指定执行人	指明指定的执行人(个人或机构)及其执行人的报酬
债务支付	指示执行人支付所有债务,如抵押、贷款及葬礼和遗产管理费
税费支付	授权执行人缴纳所得税和其他税费
特定遗产	列示特定遗产(如珠宝古玩、汽车等)的分配方式
遗赠	指明需要特别支付的金额
剩余财产	列示所有具体财产分配后剩余财产的分配方式
信托	列明遗嘱中所设信托的条款
权利条款	授权执行人在管理财产时执行各项权利,而不必经过法院的同意
生活利益条款	用于将某项资产的收入或使用权留给某人,而不是资产本身
一般灾难条款	列示当某个受益人与当事人一起死亡时遗产的分配方式
监护人条款	指明可指定为当事人幼小子女的监护人,同时指明幼小受益人应得财产
证书证明条款	在遗产的最后列出,以确保遗嘱有效执行

4)遗嘱检验

遗嘱检验是法庭验证立嘱人最后订立遗嘱或遗言有效性的一种法律程序。遗嘱检验首先是由遗嘱执行人向法庭递交有关文件,要求法院确认遗嘱的有效性。法庭收到申请后,通知所有的有关利益主体,在规定时间到法庭听证。在听证会上,遗嘱证明人要出庭作证,并出示有关材料。如遗嘱证明人已经死亡,或因其他原因无法到庭作证,在对遗嘱有效性不存在任何疑义的条件下,法庭仍可以允许遗嘱通过检验。完成了听证程序,在各方均无异议的条件下,法庭即可确认遗嘱的合法性。

5)遗嘱争议

人们对遗嘱的合法性可能会提出争议,遗嘱听证会是提出遗嘱争议的较好机会,是证明遗嘱无效性的法律程序。从法律角度看,人们对遗嘱提出争议的焦点主要集中在以下方面:① 遗嘱手续不当,如没有足够证人;② 立嘱人没有立嘱能力;③ 立嘱人在受威胁环境下立嘱;④ 遗嘱具有欺诈性质;⑤ 遗嘱已经由立嘱人修改,修改前或修改后难以认定;⑥ 立遗嘱人先后立了多份内容相互矛盾的遗嘱,最终难以认定先后真伪。

6)个人理财师应做工作

个人理财师需要提醒客户在遗嘱中列出必要的补遗条款。借助这一条款,客户在希望改变其遗嘱内容时不需要制定新的遗嘱文件,只要在原有文件上进行修改即可。在遗嘱的最后,客户需要签署剩余财产条款的声明,否则该遗嘱文件将不具有法律效力。

需要说明的是,尽管个人理财师不能直接协助客户订立遗嘱,但仍有义务为客户提供有关信息,如在遗嘱订立过程中可能出现问题时需要的文件。这需要个人理财师对遗嘱术语、影响遗嘱的因素和有关法规等有充分了解。这些知识不仅能帮助个人理财师拟定遗产规划,还能促进个人理财师和有关人士如会计师和律师等之间的沟通。

3. 遗产委托书

遗产委托书是遗产规划的工具,它授权当事人指定的一方在一定条件下代表当事人指定其遗嘱的订立，或者直接对当事人遗产进行分配。客户通过遗产委托书，可以授权他人代表自己安排和分配其财产，而不必亲自办理有关遗产手续。被授权代表当事人处理遗产的一方称为代理人。在遗产委托书中，当事人一般要明确代理人的权利范围。后者只能在此范围内行使权利。

遗产委托书有普通遗产委托书和永久遗产委托书两种。如果当事人已去世或已丧失了行为能力，普通遗产委托书就不再有效。当事人可以拟定永久遗产委托书，以防范突发意外事件对遗产委托书有效性的影响。永久遗产委托书的代理人，在当事人去世或丧失行为能力后，仍然有权处理当事人的有关遗产事宜。所以，永久遗产委托书的法律效力要高于普通遗产委托书。许多国家对永久遗产委托书的制定有严格的法律规定。

4. 遗产信托

遗产信托是一种法律契约，当事人通过遗产信托指定自己和他人管理自己的部分和全部遗产，从而实现与遗产规划有关的各种目标。遗产信托的作用很多，它可以作为遗嘱的补充规定遗产的分配方式，用于回避遗嘱验证程序，增强遗嘱计划的可变性。采用遗产信托进行分配的遗产称为遗产信托基金，被指定为受益人管理遗产信托基金的个人称为托管人。

根据遗产信托的制定方式，可将遗产信托分为生前信托和遗嘱信托。生前信托是指当事人仍然健在时设立的遗产信托，这种信托可认为是可取消的生前信托，即授予者可在任何时候改变或终止的信托，也可认为是不可取消的信托，即授予者不能依法改变或终止的一种信托。遗嘱信托是指在死者遗嘱中确立的，并在遗嘱受检后生效的一种信托。它是指根据当事人的遗嘱保管设立，是在当事人去世后成立的信托。信托的托管人不可能是当事人本身。这种信托的授予者为已死亡的人，故不可取消。

5. 人寿保险

人寿保险在遗产规划中受到个人理财师和客户的重视，客户如果购买了人寿保险，在其去世时就可以现金的形式获得大笔赔偿金，增加遗产的流动性。然而，人寿保险赔偿金和其他遗产一样，要支付遗产税。此外，客户购买人寿保险，需要每年支付一定的保险费。如果客户在规定的期限内没有去世，可以获得保险费总额和利息，但利率通常低于一般的储蓄利率。如客户在即将去世时才购买人寿保险，保险费会很高，客户应大致估计自己的生存时间，再做出选择。

6. 捐赠

赠予是人们在生存期间把自己的财产转赠给社会或他人的一种行为，是当事人为了实现某种目的将某项财产作为礼物送给受益人，而该项财产不再出现在遗嘱中。赠予的主要动机在于减轻税负。许多国家对捐赠财产的征税要远低于对遗产的征税。根据美国税法，任何人每年赠予他人价值低于 10 000 美元的现金或财产，可免征赠予税。夫妻之间、父母与子女之间的赠予也可免征赠予税。另外，一旦财产已被赠予，即不属遗产范畴。故在赠予者死亡时就可减少其遗产量。再如某些财产未来会有大幅升值，现在赠予因其价值较低，可付较少的税，避免未来因资产升值而增加税负。

赠予这种方式也有缺点，财产一旦赠给他人，当事人就不再对该财产拥有控制权，将来情况有变故时也无法将其重新收回。有的老年父母为了子女能很好地赡养自己，往往在生前就与子女签订房产赠予合同，并办理房产过户手续。但最终导致的结果却可能是：不孝儿孙们凭借对房产的合法权利，将老父母们从该住房中"扫地出门"。

7. 最后指令书

最后指令书是帮助遗产管理人更好地管理遗产，在遗嘱之外另行起草的一种文件。这种文件的主要内容，是死者希望其死后别人按其意志去执行的，但又不便在遗嘱中写明的各种事项。主要包括：① 遗嘱存放处；② 葬礼指示；③ 其他有关文件存放处；④ 企业经营指令；⑤ 没有给予某继承人某项遗产的原因说明；⑥ 对遗嘱执行人有用但又不便或不愿意在遗嘱中公开的有关私人隐秘；⑦ 推荐有关会计、法律事务服务机构等内容。最后指令书一般在立嘱人即将死亡时开出。它不是一种法律性文件，不可用来取代遗嘱。

14.3　遗　产　规　划

在遗产规划中，需按一定的步骤进行，经过对遗产的评估并制订方案，有效地规避风险。

14.3.1　遗产规划的一般状况介绍

遗产规划的目的是让自己原有的财富可以顺利转移到亲属或指定的受益人手中。遗产规划其实是以遗产传承为目的的财务安排，可能包括留下教育基金给子女们完成高等教育，或者留下一笔"安家费"以备自己身故后能用于支付家中各项支出，让仍在世的亲人多点积蓄以备不时之需等。所以，客户手中拥有的一切财产和财产的承继人，都是遗产规划的对象。

遗产规划的主要步骤具体包括以下内容：① 把所有遗产集中起来，编制遗产目录；② 对各项遗产进行估价；③ 填制遗产税表格；④ 处置各种对遗产的要求权；⑤ 执行遗嘱中所有的指示；⑥ 管理遗产；⑦ 保管遗产交易记录；⑧ 把剩余财产分配给有关受益人；⑨ 向法院与受益人递交遗产最终结算报表等。

14.3.2　计算和评估客户的遗产价值

1. 个人情况记录的准备

个人理财师在进行遗产管理时，除了需要客户填写有关的个人资料外，还要求客户准备个人情况记录文件。当客户去世时，这些齐全的文件资料有利于亲友办理相关手续。

个人记录应包括以下信息：① 原始遗嘱和信托文件的放置位置；② 顾问名单；③ 孩子监护人的名单；④ 预先计划好的葬礼安排信息；⑤ 出生和结婚证明；⑥ 保险安排和养老金计划；⑦ 房地产权证；⑧ 投资组合记录、股票持有证明；⑨ 银行账户、分期付款/贷款和信用卡等。

2. 计算评估遗产价值的作用

遗产规划的第一步是计算和评估客户的遗产价值，它的作用有以下几点。

（1）通过计算客户的遗产价值，可帮助其对资产的种类和价值有个总体了解。

（2）可使客户了解与遗产有关的税收支出。由于不熟悉遗产税的有关规定，客户最终的税收支出常常会高于预期，且数额巨大，影响到遗产规划的实施。在制定遗产规划之前，有必要对应纳税额进行计算。

（3）遗产的种类和价值，是个人理财师选择遗产工具和策略时需要考虑的重要因素之一。

3. 遗产种类与价值的计算

客户的遗产种类和价值，个人理财师可以在收集客户财务数据时获得，然后通过报表进行归纳和计算，表 14-4 为遗产规划中遗产种类与价值的计算表。

表 14-4　遗产规划中遗产种类与价值的计算表

资　产		负　债	
种　类	金额	种　类	金额
现金及等价物、储蓄账户		贷款	
银行存款：货币市场账户		消费贷款、一般个人贷款	
人寿保单赔偿金额		投资贷款（房地产贷款等）	
其他现金账户		房屋抵押贷款、人寿保单贷款	
小　计		小　计	
股票、债券、共同基金等投资		费用	
合伙人投资收益		预期收入纳税支出	
其他投资收益		遗产处置费用	
小　计		临终医疗费用	
退休基金		葬礼费用	
养老金（一次性收入现值）		其他负债	
配偶年金收益现值		小　计	
其他退休基金		其他负债	
小　计		负债总计	
主要房产及其他房产			
收藏品、珠宝和贵重衣物			
汽车、家具、其他资产		资产总计（+）	
小　计		负债总计（-）	
资产总计		净遗产总计	

表 14-4 的格式类似于一般的资产负债表，只是在普通资产负债表的基础上增加了某些和遗产规划相关的项目，如人寿保单赔偿金额、临终医疗费用、遗产处置费用和葬礼费用等。

个人理财师可以从表 14-4 中的单个项目了解到客户的遗产种类，将资产总额与负债额度相比较得到遗产净值；再根据有关规定，计算出遗产的纳税金额。个人理财师和客户对有关的资产负债有了清晰的认识后，才能够决定客户的遗产规划目标。遗产验证是必要的，这是指在当事人去世后，有关部门对其遗嘱进行检查并指定遗嘱执行人的法定过程。在进行遗嘱验证后，遗嘱执行人将根据有关条款对遗产进行处理。

4. 遗产种类与价值计算中的注意事项

在填写表格时要注意以下 3 点。

（1）资产价值计算的依据是该财物目前的市场价值，而非其当初购买或取得时支付的原始价格。这一点对房地产的价值估算特别重要。房地产的价格每年都有较大幅度变化，其市场价值和历史成本通常相差甚远。对股票、债券等投资也需要准确估计其当前价值和相关收益。

（2）不要遗漏某些容易被忽略的资产和负债项目。很多客户对自身的财务状况并非十分了解，填写有关内容时容易遗漏掉一些重要项目，从而高估或低估遗产的价值。如资产项目中的无形资产（如著作权等）、负债项目中的临终医疗费用等，都是容易被忽略的项目，这些项目对客户编制遗产规划有重要影响。

（3）不必事无巨细，全部像流水账似地统统开列，如锅碗瓢盆、日用器物等价值低、繁杂琐碎的物品，大致区分即可，并非遗产规划的重心。

14.3.3　制订遗产分配方案

1. 制订遗产分配方案的目标

（1）分析遗产规划的个人因素。

（2）确定遗产规划的法律成本。

（3）理清不同种类、不同形式的遗嘱。

（4）对信托和遗产的不同类型进行评价。

（5）估计遗产税对遗产分配方案的影响。

2. 不同类型客户的遗产规划

制订遗产分配方案是遗产规划的关键步骤。客户的具体情况各不相同，每个客户的遗产规划使用的工具和策略选择，也有很大差别。这里仅针对几种不同客户的基本遗产分配方案做个简单介绍。

1）客户已婚且子女已经成年

这类客户的财产通常与其配偶共同拥有，遗产规划一般将客户的遗产留给其配偶，待其配偶将来去世，再将遗产留给客户的子女或其他受益人。采用这一计划时要考虑：① 客户财产数额大小；② 客户是否愿意将遗产交给其配偶继承。有些国家对数额较大的遗产征税很重，如客户很富有时可考虑采用不可撤销性的信托或捐赠的方式以减少税负。如客户不愿意遗产由其配偶继承，则可选择其他适合的方案。

2）客户已婚但子女尚未成年

和第一类客户对比，因其子女未成年，这类客户的基本遗产规划要加入遗嘱信托工具。如客户的配偶也在子女成年前去世，遗嘱信托可以保证由托管人管理客户的遗产，并根据其子女的需要分配遗产。如客户希望由自己安排遗产在子女之间的分配比例，则可以将遗产加以划分，分别委托几个不同的信托基金管理。

3）未婚/离异客户

对于这类客户，遗产规划相对简单。如客户的遗产数额不大，而其受益人已经成年，直接通过遗嘱将遗产留给受益人即可。如客户的遗产数额较大，也不打算将来更换遗产的受益人，则可以采用不可撤销性信托或捐赠的方式来减少纳税金额。如果客户遗产受益人尚未成年，则应使用遗产信托工具进行管理。

3. 制订遗产分配方案的原则

在制订遗产分配方案时，个人理财师需要注意以下几个原则。

1）保证遗产规划的可变性

客户的财务状况在不断变化之中，遗产规划目标必须具有可变性。个人理财师在制订遗产分配方案时，要保证它在不同时期都能满足客户的需要。遗嘱和可撤销性信托是保证遗产规划可变性的重要工具，可以随时修改和调整。客户可借此控制自己名下的所有财产，将财产指定给有关收益人，同时尽量减小纳税金额。客户还可以在信托资产中使用财产处理权条款，授予指定人在当事人去世后拥有财产转让的权利。被指定人可以在必要时改变客户在遗嘱中的声明，将遗嘱分配给他认为有必要的其他受益人。

值得一提的是，下面3种情况将会降低遗产规划的可变性。

（1）遗产中有客户与他人共同拥有的财产。客户没有完全拥有此项财产，不享有完全的财产处置权，除非持有财产的其他各方授权给客户，否则不能擅自改变原先约定。

（2）客户将部分遗产作为礼物捐赠给他人。客户可以在其生前将财产作为捐赠物而非在死后将遗产交给受益人，这样做能大幅降低遗产税收支出。这种方式一旦被采用，就不能随意撤销。为适应环境和客户意愿的改变，应慎重选用捐赠的形式分配遗产。

（3）客户在遗产规划中采用不可撤销性信托条款。这种信托条款可以减少客户的纳税金额。但因它是不可撤销的，就降低了遗产规划的可变性。客户可以限制这一条款的适用范围，从而保留对有关遗产的部分处置权。

2）确保遗产规划的现金流动性

西方国家的税法对遗产继承有严格规定，个人遗产有很大部分要用于缴纳遗产税。此外，客户死亡时，家人还要为其支付如临终医疗费、葬礼费用、法律和会计手续费、遗嘱执行费、遗产评估费等资产处置费用。在扣除这类费用支付并偿还其所欠债务后，剩余部分才可以分配收益。如遗产中的现金数额不足，反而会导致其家人陷入债务危机。为避免这种情况的发生，个人理财师必须帮助客户在遗产中能提供足够的现金以满足所需要的支出，确保遗产规划执行的现金流动性。

现金收入来源通常有以下方式：① 支付给客户配偶的社会保障金；② 银行存款；③ 存单；④ 人寿保险赔偿金额；⑤ 可变现的有价证券；⑥ 职工福利计划收益；⑦ 其他收益性资产。

如客户是某公司的合伙人，也可以签署出售协议，在其去世后将本人在公司所持的股份出售给他人。这样可保障持续的现金收入，又将公司的控制权转让给其信任的人，保持经营的持续性。

为了保证遗产规划中现金的流动性，客户应尽量减少遗产中的非流动资产，如房地产、长期债券、珠宝和收藏品等。这些资产不仅无法及时提供所需的现金，还会增加遗产处置费用。客户应尽量将其出售或捐赠给他人，从而降低现金支出。

3）减少遗产纳税的金额

多数客户都希望能尽可能地留下较多的遗产。然而，在遗产税很高的国家，客户尤其是遗产数额较大的客户都要支付很高的遗产税。遗产税不同于其他税种，受益人在将全部遗产登记后，必须先筹集现金把税款计算交清，才可以继承遗产。减少税收支出是遗产规划中的重要原则之一。一般而言，采用捐赠、不可撤销性信托和资助慈善机构等方式，可以减少纳税金额。

　　这里需要强调的是，尽管遗产纳税最小化在遗产规划中相当重要，但它并不适于所有的客户。像我国目前并未开征遗产税，即使将来开征，税率也不会很高，个人理财师在制订遗产分配方案时，首先要考虑如何将遗产正确地分配给客户希望的受益人，而非首先减少纳税。即使在遗产税较高的国家，个人理财师也不能过于强调遗产税的影响，因为客户的目标和财务状况在不断变化，如单单为了降低纳税额而采用某些遗产规划工具，可能会导致客户的目标最终无法实现。

　　4. 定期检查和修改遗产分配方案

　　客户的财务状况和遗产规划目标往往处于变化之中，遗产规划必须能满足其不同时期的需要，对遗产规划的定期检查修订是必须的，这样才能保证遗产规划的可变性。个人理财师应建议客户在每年或每半年对遗产规划进行重新修订。下面列出了一些常见的事件，当这些事件发生时，客户的遗产规划需要进行调整。

　　这些事件包括：① 子女的出生或死亡；② 配偶或其他继承人的死亡；③ 结婚或离异；④ 本人或亲友身患重病；⑤ 家庭成员已经成年或已成家；⑥ 遗产继承；⑦ 房地产出售；⑧ 财富变化；⑨ 有关税制和遗产法的变化。

　　个人理财师需要按照以上几个步骤，同时结合好有关遗产规划工具的内容，对客户的遗产分配方案提出合理建议，取得认同后做出遗产规划。

14.3.4　遗产规划风险与控制

　　相对其他金融财务规划，遗产规划的风险要低一些。但这类风险一般都在客户去世后才发生，无法为此采取补救措施。制定遗产规划时，需要尽量避免相关风险的发生。

　　1）客户没有留下遗嘱或遗嘱无效

　　在这种情况下，如继承人就遗产分配事项发生纠纷时，这时已不可能有当事人在场，将不得不报经有关部门出面，根据有关法律处理当事人的遗产分配，但其结果很可能背离了当事人的初衷。

　　2）客户未能将有效的遗产委托书授权他人

　　这一风险在客户突然生病或去世时经常发生。此时客户已经签署了有关文件如遗产委托书，却没有委托代理人经管此事，或代理人持有的只是普通的遗产委托书。在这种情况下没有客户信任的人选为其处理遗产，客户原有的遗产规划目标就可能落空。

　　3）遗嘱中未能全面反映客户实际资产的种类和价值

　　客户的资产状况一直处在变动之中，遗嘱中对资产和债务的安排也需要定期加以修改。一旦由于某些原因客户未能及时调整遗嘱，就无法充分满足客户原先的期望。

　　4）客户购买的保单中，保险条款未能保障当事人的利益

　　这种现象有两种情况：① 保单的条款过于严格，当事人去世时赔偿金额低于期望值，影响了遗产规划的实施；② 保单中对受益人的安排不恰当，导致收益额下降和税收支出增加。当事人在指定保单受益人时应该慎重选择，决定是将保险赔偿金额直接交给受益人，还是先将该金额并入遗产中一起分配。

　　在上述几种情况下，缺乏有效遗嘱或遗产委托书的风险，可能导致客户完全无法控制遗产的分配。个人理财师有必要帮助客户制定和完善相关文件，并定期检查，确保这些文件的

有效性和及时性。

本章小结
BENZHANG XIAOJIE

1. 遗产是指公民死亡时遗留的可依法转移给他人所有的个人合法财产，也可能是尚未归还的遗留债务。遗产包括当事人持有的现金、证券、公司股权、汽车、家具、债权、房地产和收藏品等，以及因死亡而带来的死亡赔偿费、寿险公司支付赔偿费等财产。

2. 遗产转移方式是指公民死亡后，其遗留财产转归亲属、非亲属或国家，或者生前所在单位所有的方式，具体包括的方式有法定继承、遗嘱继承、遗赠扶养协议和无人继承又无人受遗赠的遗产4种。

3. 遗产转移方式有法定顺序。有遗赠扶养协议的，首先按遗赠扶养协议办理；无遗赠扶养协议有合法遗嘱的，按遗嘱办理；没有遗赠扶养协议又无遗嘱的，按法定继承办理；无人继承又无人受遗赠的遗产归国家所有，死者生前是集体所有制组织成员的，归所在集体组织所有。

4. 遗产规划是指当事人在其生前有意识地通过选择遗产规划工具和制定遗产计划，将拥有的各种资产和负债进行妥当安排，确保在自己去世或丧失行为能力时，遗留的财产能够按照自己的愿望做出有效分配，以尽可能实现个人为其家庭所确定目标的安排。

5. 遗产规划的主要步骤具体包括以下内容：① 把所有遗产集中起来，编制遗产目录；② 对各项遗产进行估价；③ 填制遗产税表格；④ 处置各种对遗产的要求权；⑤ 执行遗嘱中所有的指示；⑥ 管理遗产；⑦ 保管遗产交易记录；⑧ 把剩余财产分配给有关受益人；⑨ 向法院与受益人递交遗产最终结算报表等。

▶ 小资料

父母应当留一笔财产给后代吗

父母应当留一笔财产给后代吗？一般来说是应该的，从代际财富传递和社会安定、家庭生活延续来看，也是必要的。这里想谈的只是怎样来看待这笔遗产，父母又应给后代留什么样的遗产。我们认为父母欠缺儿女的不是物质财富，而是精神财富。父母在品质修养、思想道德、事业进取、创新自立等方面给子女做出表率，教给儿女知识与能力、生活劳动的技能，就是父母留给子女的最好遗产。物质财富用得尽，精神财富则可供子女终身受用，并通过子女传授给孙子女，一直传承下去。父母即或要给子女留一笔财产，也应注意数额不必太多，够子女生活小补，事业有助即可，太多反为累赘。

我国许多传统观念浓郁的老人，将给儿孙后代多留些财产，视为自己的重要奋斗目标。据报道，从2003年开始，一些城市出现"零岁房主"，一些未成年的孩子成为豪宅的主人，其中最小的孩子居然是8个月大的婴儿。其中原因是一些手头富裕的家长为躲避还未开征的遗产税，早早为自己的孩子买下房产。

《幸福》杂志1996年第9期载文《应当把你所有的财产都留给下一代吗》，认为把大笔财产遗赠后代并非明智之举。美国某州有位亿万富翁，是位经营十分成功的大公司的董事长。但我们不必羡慕他的 3 个孩子。3 个孩子均已成年，过着自食其力的生活。这些儿女们每年可从父亲处收到数千美元的圣诞节贺礼，再多就不行。这位富翁的大笔财产已留给一个慈善基金会，而非留给子女。富翁的孩子并非一群"饭桶"，是无治产能力（不具备管理财产的能力）的人。相反，这些儿女都以优异成绩从名牌大学毕业，都在朝气蓬勃地准备像父亲一样干番大事业。这些孩子期望将来能从父母那儿继承得到一笔够干事业的钱，而非得到一笔数额相当大、什么事都不做就足以过得舒舒服服的巨额钱财。

案例剖析：

美国大富豪反对取消遗产税

2001 年，美国总统布什提出 1.6 万亿美元的庞大减税计划，包括普遍降低个人所得税税率，为已婚夫妇减税、取消联邦遗产税、增加慈善捐款的税收扣除等。收入越高，减税越多，这一减税计划将给拥有美国大部分财富的最富有阶层带来巨大好处。没想到此举遭到不少富人的群起反对。

2001 年 2 月，美国 120 位最有钱的富翁主动联名上书国会请愿，要求继续征收遗产税，造福穷人。请愿书说取消遗产税将会使亿万富翁的孩子不劳而获，继承人将更加富有，一般靠微薄收入为生的普通家庭将受损，富人永远富有，穷人永远贫穷，这将伤害穷人家庭的感情。他们认为，一旦取消遗产税将减少财政收入，从而减少政府对医疗保险、社会保障、教育等领域的投入。这些大公无私的富人包括金融大鳄索罗斯，石油巨子戴维·洛克菲勒，拥有 280 亿美元的投资大师沃伦·巴菲特，美国首富微软总裁比尔·盖茨及其父亲威廉·盖茨等。显然，富翁并不希望自己的子孙成为无所事事的"富裕垃圾"。

2003 年 1 月 27 日，威廉·盖茨撰文《遗产税万岁》，认为取消遗产税将使政府在未来 10 年中减少 8 500 亿美元的财政收入，今天遗产税只影响不到 2% 的最富裕家庭，一旦取消，则全体美国人都要为此付出代价，财富过于集中有悖社会公平，且会威胁美国的民主制度。巴菲特在接受《时代周刊》采访时说，"取消遗产税是个大错误，是极其愚蠢的。取消遗产税会造就一个贵族阶级。"沃伦·巴菲特、比尔·盖茨都表示自己死后要将绝大部分财富乃至所有的财富都捐献给社会，这一工作目前已在大力进行中。

▶ 小 贴 士 ◀

Robert Powe 的遗产传承规划策略

——审查遗嘱和财产规划，以确定需要做哪些调整，从而可受益于遗产税、赠予税的变化，避免代价高昂的潜在陷阱。尤其要考虑是否需要改变或取消现有免税信托的安排。

——利用可以最大限度节省遗产税的资产所有权形式，如有限责任或有限合伙的股权。

——审查对合资企业所有权的利用情况。确保配偶中每一方的名下都有足够资产放在免税信托或其他遗产避税工具中。

——不要浪费每年的免税赠予（2006 年为每人 1.2 万美元）。

——将预期能够增值的资产赠予子孙辈，他们的所得税率较低，资产的长期增值部分只需按5%缴纳所得税。

——为受赠者直接向教育机构或保健提供商支付学费或保健费。合适时，可考虑多年费用一次性集中赠予。

——将现有寿险保单转换成寿险信托，购买任何寿险保单都通过寿险信托进行。

——将迅速增值的资产放入让渡人持有的年金信托，或将这类资产出售给有意缺陷信托（intentionally defective trust）。

——重新考虑信托资产的组合情况，以利用较低的股利和资本所得税率。

——利用资产所有权的估值折价。

资料来源：Price waterhouse Coopers 2007 guide to tax and financial planning.

思考题

1. 简述遗产的特征。
2. 简述遗产的关系人及其之间的关系。
3. 简述遗产的范围。
4. 简述遗产规划的必要性。
5. 简述遗嘱的内容。
6. 简述遗产规划的工具。
7. 简述遗产规划的步骤。
8. 如何制订遗产分配方案的目标？
9. 制订遗产分配方案应遵循哪些原则？

第 15 章
以 房 养 老

15

学习 目标

1. 理解以房养老的含义及其指导思想
2. 理解以房养老的具体模式
3. 理解以房养老与个人理财规划的影响
4. 比较评析儿子养老、货币养老与以房养老的优劣

15.1 以房养老概述

以房养老目前正作为一个热门话题引起大家的关注，在个人理财规划行为中，以房养老同样可以发挥其巨大的影响。从某种程度上来说，以房养老将成为个人理财的一种高级形式，以房养老理念在个人理财中的引入，也必将对各项理财规划，尤其是住房规划、投资规划、养老规划、遗产规划等的编制运作等，产生巨大的波及效应。

15.1.1 以房养老出现的背景

近30年来，我国的生育率持续快速下降，人口老龄化趋势日益明显，目前正快速步入老龄化社会。突出表现就是人口抚养比在未来的20～30年内将有大幅攀升，养老压力日益加大。在这种状况下，除多方开拓养老资金的来源渠道，大力组织技术创新、制度创新和观念创新，开拓新的养老思路，养老模式多元化，就显得十分迫切和必要。

同时，随着住房改革的深入，越来越多的家庭拥有自己的房产，我国拥有自有住房的家庭已高达80%以上。但住房作为家庭的主要财富，在家庭生活中仅仅起到一种生活居住的功用或投资营利的目的，充分利用住房中蕴含的极高价值，使其在家庭的养老生活中也能很好地发挥保障功用，就是很需要开拓和挖掘的。

今日我国的经济社会生活与个人家庭生活中，养老、社会保障与住宅购建，更好地实现养老与"居者有其屋"的目标，已成为国民关心的重大事项。如何积极采取各种有效手段，筹措买房资金，开拓养老保障资金来源的新渠道，是国家和社会都非常重视的，广大家庭也为此做出了极大的努力，付出了太多的代价。比如，人们在工作期间，既要考虑攒钱买房，又要考虑晚年的养老问题，生活负担就表现得很沉重。如家中一方面要准备数十万元到数百万元用于购房，又需要再拿出数十万元到数百万元用于晚年的养老。众多的老年家庭既希望购买新房来安度晚年，又发愁养老费用会因此难以解决，陷入矛盾冲突之中。

这里需要提出的是，房屋的购建与晚年的养老，两者间是否有一定的连带关系，是否能通过一定的机制与办法，将住房与养老两大事项紧密结合起来，使得同一幢住房，既能够在平日发挥作为居住生活场所的功能，又能够将其视为一种养老的保障，以求在自己的晚年期间派上养老的用场，从而大大减轻乃至消除其中年期的养老保险负担。这显然是大家很感兴趣的。

15.1.2　以房养老的解说

首先对这里提到的以房养老模式给予简要说明。以房养老是将家庭的住房购建与养老保险两大行为，借助构思精巧的金融保险手段，达成一种有机的综合并融为一体，以期能利用住宅与住户生命周期阶段的差异，借用住宅价值自然增值的特性，通过一定的金融保险的特殊机制与运营方式，对拥有住宅资产的产权或使用权的转移出让以筹措养老费用，用住宅在老年人身故后仍然遗留的巨大的余值的提前变现，来养度老人的晚年余生。

简而言之，以房养老就是想方设法将老人死亡后尚遗留房产所具有的较大价值，通过一定的方法提前变现套现，形成一种稳定持续可靠并延续至终生的现金流入，用来补充晚年期养老生活中资金的不足，加固养老保障。从而大大减轻中年期的养老保险负担，为众多的老年人的养老问题寻找一种稳健可靠的新模式。这一养老方式的推出，正可以在传统的"儿子养老"，目前的"票子养老"的基础之上，增加一种新的养老模式，即"房子养老"。

以房养老可以说是一种特别的融资养老形式。它不仅可实现金融资产在个人一生期的合理配置与妥善安排，还可以实现住宅资产在个人一生期间的合理配置与妥善安排。如个人在中青年时代用按揭的方式购买住房，中年期逐步归还购房贷款，退休时为实现养老的目的再出售住房，并将住房资产的剩余价值逐步做提前变现套现，作为晚年期的养老用资。

买房子是家庭的一项重大工程，家人为此要倾注毕生的精力，如广为流传的中国老太太攒了一辈子钱，终于在临终的前一天买到了属于自己的新房的小故事，就形象生动地说明了这一点。房子为人们带来的收益也是很高的，既有作为生活居住场所充分发挥住房使用价值的功能，又有借用住房产权、使用权的转移、出租、转让、抵押担保、典当等，充分发挥其价值流动融资便利、投资获益、保值增值的功能。今日还又赋予住房在人们的晚年承担养老保障的功能。这一新型功能的发掘与开拓，正为积极发展房地产事业，激活房地产交易市场；为激发众多的中老年人投身于住房的投资改善，为将住房作为自己养老的保障工具，增加新的养老方式提供了最为坚实的理论依据。

15.1.3 以房养老运作的可行性

1. "房产有余，现金不足"的解说

民无居不安，人们大都拥有住房并为自己带来多方面的功用，但这些功用是否正好吻合养老生活对住房功用的需要呢？并不完全如此，它们之间还存在较大的差异。积极消除这些差异可能为人们带来的某些收益，就使得以房养老成为可能。老年人参与以房养老，缘由大都是"房产有余，现金不足"。这个"有余和不足"通常包括的事项有以下几点。

（1）老人居住房屋的面积过大，功能过于完善齐备，远远超出晚年阶段的正常养老生活对住房居住空间的实际需求，超出老人拥有的时间和精力对住房维护整洁的需要。住房在老年生活中并不需要的多余功能，就形同浪费。

（2）居住房屋尚有很长的使用期间，远远超出老人的可存活寿命，经常是住房尚可以长期完好地为住户提供服务，住户已是大限将至。住房在老人可存活寿命而外的使用期间，或者说老人身故后余存的房产尚具有的相当价值，虽然照样有经济利益（主要指居住收益）的流入，但对该老人来说已经不再需要，从而也就失去其应有的效用。该住宅的可使用寿命远远超出住户个人所存活的寿命，故此就可以将住户死亡后仍然遗留的住房价值提前变现套现来养老。

（3）众多老年人生活在并不适宜居住的大城市里，交通拥挤、噪声、污染等层出不穷，生活成本高昂，他们更可能向往的是风景秀丽、环境宜人、适宜居住且生活成本低廉的市郊或乡镇，或者每年至少能有一定时机到这些市郊乡镇生活若干个月份。异地养老就可以节约大量养老用费，大幅提升晚年生活的质量。

（4）老人晚年的养老生活，除住宅产生的居住收益外，还需要吃穿用行、医疗保健、旅游观光、文娱体育等多方面生活。这些生活需求的满足显然不是住宅不动产可以产生，而必须依赖于持续不断的现金流入，这笔持续的现金流入又是晚年养老生活最缺乏的。

以上差异的出现，如拥有住宅的空间面积过大、功能过多、使用期限过长、发挥功用过于单一，与满足养老生活综合需要的现金短缺之间就产生了较大矛盾。实际上，晚年生活中的住房相对"多余"与现金相对"短缺"是普遍现象。以房养老正可以通过房产转换的方式，将部分多余的面积、功能、地段等予以消解，对"损有余而补不足"发挥较大作用，从而保障老年人晚年生活得更好。

2. 以房养老运作的原理——"损有余而补不足"

如何做到"损有余而补不足"，可期望通过对房产资源的时间转换、空间转移、权属更换、住所变更等方法，实现养老保障的目标。

（1）时间转换。是将老人死亡后遗留房产的价值提前变现套现，用作生前的养老，通常讲到的反向抵押贷款、房产养老寿险、售房养老等，都属于这一方式。

（2）空间转移。是运用不同地域的住房价值、生活费用标准乃至生态环境的差异，将老年人从一个地域迁移到另一个地域长期生活居住，实现节约养老资源、提高养老质量的目的。

（3）房产权属改变。是通过房产的产权出售和使用权转让等，实现房产价值的流动化，从不动产转化为可用于养老的货币资产。

（4）住所变更。又称为住房置换或住房租换，是通过住户对住房的大换小、小换大或旧换新、新换旧等方式的改变，实现住房资源和货币资源的优化配置，更好地发挥住宅的养老功用。

以房养老是个大概念，概念之下有很多具体操作模式，如遗赠扶养、反向抵押贷款、住宅出典、住房租换、招徕房客、住房置换、售后回租及换住老年公寓、养老基地等，都可以为实施以房养老提供诸多有用的空间。这些具体养老模式的状况与操作，将在后文专门说明。

15.1.4　以房养老的指导思想与考虑事项

1. 以房养老的指导思想

在以房养老的行为实施中，确知需要遵循的指导思想是必要的。它大致可以表现为以下几个方面。

（1）充分满足家庭生活居住、养老保障的需要。

（2）家庭拥有各项资源的充分、有效的运用，合理配置，使效用发挥达到最大化。

（3）注重家庭设立的长期性，生活目标的设立，满足需要等，都应当从个人家庭的整个生命周期阶段，做长期考虑权衡，勿使各项行为短期化。

（4）为使住房资产更好地达到养老保障的目标，应对此问题有充分的意识和储备相应的知识技能。

2. 以房养老需要考虑的事项

以房养老模式的运作，需要考虑以下事项。

（1）相关理论依据的前期探讨。

（2）国际资料文献的搜集，国内外先进经验做法的借鉴。

（3）广泛的市场调研与舆论推动，了解能够接受并愿意参与本项业务的公众的数量。

（4）对政府机构颁布的相应制度法规的出台和不适用法规的修订。

（5）适用于金融保险业务运作的环境组建和相关金融保险产品研发。

（6）具体操作事项的精算，资金筹措运用、配置及相关成本收益的分析。

（7）舆论宣传倡导，促使大众转变养老模式与遗产继承观念，接受新生事物。

以房养老行为的具体运作，涉及房地产、金融保险、社会保障三大领域内容，需要以金融保险部门为中介，房地产部门、社会保障部门共同操作，还需要财政部门的税费减免等政策优惠。为此，仅有家庭的观念具备和资源拥有是远远不够的，还需要社会能够提供较充分施展以达到最终目标的平台。这些社会平台包括财税政策、房地产交易、价值评估、信息提供、金融保险等。

以房养老行为的具体运作，可首先选择若干经济发达、有活力、居民收入水平高、观念创新的大城市，如京、沪、杭、穗、深等给予试点，积累经验，再向全国各地推广普及。

15.1.5　以房养老的案例

笔者在对以房养老的宣传中，曾经用"60岁前人养房，60岁后房养人"的形象语言以概括介绍。即年轻时贷款买房生活居住，到年纪大时再将该住房反向抵押贷款用于养老生活。为便于理解"人养房"与"房养人"的组合，现在用一个简单的个案分析住房抵押贷款与反向抵押贷款的组合实施的可行性。

1. 以房养老例举的基本思路

王先生现年 40 岁，打算以抵押贷款（按揭）的方式购置一套住宅，采用首付三成、向银行按揭贷款七成并分 20 年逐月偿还贷款的计划。

（1）假设该住宅价值 50 万元，王先生首付 15 万元（总购房款的 30%），向银行按揭贷款 35 万元，在以后 20 年中，每月偿还约 2 340 元（等额本息还款法）。

（2）20 年后，王先生已全部还清银行贷款，拥有了对该住宅的全部产权。此时王先生刚好 60 岁，达到退休年龄并按规定退休。

（3）王先生向银行或其他金融机构申请住房反向抵押贷款。经资产评估机构评估后，该住宅价值变化为（50+Δ）万元（Δ 为该住宅从购买后至申办反向抵押贷款时整整 20 年的价值增量）。假定王先生预期能活到 80 岁，反向抵押贷款的年限为 20 年。

假定银行等相关机构在综合了各种风险因素后，将折扣系数定为 65%（该数值为估算值，由当时的利率、费率、房价、贷款期限等多种因素确定）。为计算简便，假定住房的价值增量 $\Delta=0$，即该物业未升值也未贬值，仍为 50 万元。

根据住房反向抵押贷款的计算公式 $G=\alpha \cdot E(P)/n$［每年应领取的养老款项=给付系数×房产评估价值/预期该成员存活期限；G 表示养老金支付总额度，$E(P)$ 表示房产评估价值，α 表示折扣系数，它表示房产残值和远期收益的现期折算率，综合考虑了房价及波动趋势等多种因素。］可得：

$$G=\alpha \cdot E(P)/n=65\% \times 50 \text{ 万元}/20=32.5 \text{ 万元}/20=16\,250 \text{ 元}$$

即住房反向抵押贷款每年能为王先生带来 16 250 元的养老金收入，使其退休生活能得到较好保障。

（4）待王先生于 80 岁去世后，该住宅的产权也随之全部转移到银行或其他金融机构，金融机构则通过出售住房等方式收回贷款累计本息。至此，住房抵押贷款与反向抵押贷款的组合应用结束。

通过以房养老，住房将由固定资产逐步转换为货币收入，表现形式就是老年户主每月均能从相应的金融机构领取一定数额的贷款用于退休后的生活。据对深圳的不完全调查统计，中青年置业者是置业队伍的主要群体。在置业人群中，80% 以上的比例分布在 30～45 岁，这表明置业者购置物业与其参加工作进入上升期、收入较为稳定、刚刚组建家庭等因素紧密相关。

2. 以房养老例举的模型建立

假设住房通过反向抵押贷款，每年能为老人带来货币收入 y^*，这笔货币收入在老人退休生活中扮演的角色，与老人工作时每年的劳动收入 yl 的角色相似，即在工作期后仍能带来 $y^*(\text{nl}-\text{wl})$ 的收入（这里 nl 为预期尚能存活的年数，wl 为剩余的工作年数）。

（1）仅考虑金融资产而不考虑住房在一生中的合理配置，则根据生命周期理论的消费函数可得某 t 年的消费 c_t 为：

$$c_t=1/T[\text{yl}_t+(\text{wl}-1)\text{yl}_{t+1}+\text{WR}_t] \tag{15-1}$$

式中：

c_t——t 期的消费；

yl_t——t 期的劳动收入；

yl_{t+1}——t 期以后的预期平均年劳动收入；

wl——工作期；

WR_t——t 期所拥有的实际财富。

由式（15-1）可以得到：

t 期收入的边际消费倾向：$dc_t/dyl_t = 1/T = 0.025$，

t 期后预期年劳动收入的边际消费倾向：$dc_t/dyl_{t+1} = (wl-1)/T = 19/40 = 0.475$

劳动收入的边际消费倾向：$dc_t/dyl_t + dc_t/dyl_{t+1} = 0.025 + 0.475 = 0.5$

财产的边际消费倾向：$dc_t/dWR_t = 1/T = 0.025$

（2）若考虑将住房也在整个生命周期做合理配置，则由前面的分析可得，反向抵押贷款将为老人的退休生活提供养老资金，即在工作期后仍能带来 $y^*(nl-wl)$ 的收入，住房带来的货币收入 y^* 在老人退休生活中扮演的角色就相当于老人在工作期间每年的劳动收入 yl 的角色，可将消费函数（15-1）通过扩展得到预期退休后参与反向抵押贷款的情形下第 t 年的消费 c_t：

$$c_t = 1/T[yl_t + (wl-1)yl_{t+1} + (nl-wl)y^* + WR_t] \qquad (15-2)$$

由式（15-2）可以得到：

t 期收入的边际消费倾向：$dc_t/dyl_t = 1/T = 0.025$，

t 期后预期年劳动收入的边际消费倾向：$dc_t/dyl_{t+1} = (wl-1)/T = 19/40 = 0.475$

劳动收入的边际消费倾向：$dc_t/dyl_t + dc_t/dyl_{t+1} = 0.025 + 0.475 = 0.5$

反向抵押贷款带来的年收入的边际消费倾向：$dc_t/dy^* = (nl-w)/T = 20/40 = 0.5$

财产的边际消费倾向：$dc_t/dWR_t = 1/T = 0.025$

将式（15-2）与式（15-1）进行比较即可得知，住房反向抵押贷款会通过增加 t 期后的预期收入（退休后住房还能提供 $(nl-w)y^*$ 的收入），使每年的消费增加。

沿用上例，假设王先生现在的年劳动收入 yl 和预期年劳动收入 yl_{t+1} 均为 20 000 元，现年 40 岁，60 岁退休，预期存活到 80 岁，则剩余的工作年数 $wl = 20$ 年，退休时期（$nl-wl$）= 20 年。为简便起见，这里假设实际财富 $WR = 0$。

（3）若王先生不打算退休后申请住房反向抵押贷款，则由消费函数式（15-1）$c_t = 1/T[yl_t + (wl-1)yl_{t+1} + WR_t]$ 可算出每年的消费 c_t^1 为：

$$c_t^1 = 1/T[yl_t + (wl-1)yl_{t+1} + WR_t] = 0.025 \times 20\ 000 + 0.475 \times 20\ 000$$
$$= 500\ 元 + 9\ 500\ 元 = 10\ 000\ 元$$

（4）若王先生打算在退休后申请住房反向抵押贷款，则由上例的讨论结果可知，反向抵押贷款能为王先生的退休生活每年提供 16 250 元的养老金收入，因此由式（15-2）$c_t = 1/T[yl_t + (wl-1)yl_{t+1} + (nl-wl)y^* + WR_t]$ 可算得每年的消费 c_t^2 为：

$$c_t^2 = 1/T[yl_t + (wl-1)yl_{t+1} + (nl-w)y^* + WR_t] = 0.025 \times 20\ 000 + 0.475 \times 20\ 000 +$$
$$0.5 \times 16\ 250 = 500\ 元 + 9\ 500\ 元 + 8\ 125\ 元 = 18\ 125\ 元$$

比较 c_t^1 和 c_t^2 可知，根据生命周期理论的消费函数，若打算在退休后申请住房反向抵押贷款，则每年的消费 c_t^2 将比不打算利用住房反向抵押贷款时每年的消费 c_t^1 多 18 125 元一

10 000 元＝8 125 元，使消费水平提升了 8 125/10 000×100%＝81.25%。这对一个老年人而言，是一个相当可观的数字。

15.2 以房养老模式

以房养老作为用房子蕴含价值养老的一种崭新的思想理念，又包括了 20 多种具体的操作模式。这些操作模式可以区分为金融模式和非金融模式两大类。前者需要借助于金融保险机构开发相关的金融产品才能实现，如反向抵押贷款、房产养老寿险等，后者则包括房产置换养老、房产租换养老、售房入院养老、租房入院养老、合居共住、基地养老、异地养老等多种办法。下面简要介绍几种。

15.2.1 反向抵押贷款模式

反向抵押贷款借助于金融保险这一构思精巧的工具，将住房与养老两大行为有机地结合在一起。它以产权独立的房产为标的，以老年人为对象，将其手中持有的房产以反向抵押的形式向银行或保险公司办理以房养老保险，再由保险公司通过年金支付形式，每一期向投保人支付养老金，从而解决养老问题，提高养老水平的保险制度。保险合约期限一般指合同生效时到投保人去世这段时间给付金额的计算，是按该房屋的当期评估价值减去预期折损（或升值）和预支利息，并按技术调整过的"大数"平均寿命计算，分摊到投保人的预期寿命年限中去。这一做法很像是保险公司用分期付款的方式，从投保人手中买房。它的出现将会促进社会保障制度的多元化，同时使得保险公司增加新的金融保险工具，拓展业务服务领域，开辟新的收益来源。

反向抵押贷款的基本运行机制如下。

（1）拥有房产的老人在向政府机构进行信息咨询并审视自身条件之后，向保险机构提出投保申请。

（2）保险机构初步审查合格，正式受理业务申请后，委托房产评估机构对房产进行客观估价，然后在双方自愿的前提下签订合同。

（3）养老保险合同生效，房产所有权转移到保险机构名下，保险机构有义务在老人去世之前，为其建立专门账户，按照约定金额每月续入保险金供其养老。

（4）等老人去世后，保险机构将该房产收回，并通过房地产市场拍卖出售，或者以改造再开发等形式处置该房产，并用所得收益补偿前期的养老金支付款项，取得利润。

（5）在整个事项的运作过程中，政府机构将在其中起到政策扶持、税费减免优惠、监管督查、信息咨询和必要时提供资金担保等作用。

反向抵押贷款的本质特征，就是老年人不需出售和搬出他们居住的房产就可以定期获得一笔现金或存款用来养老。这对那些拥有高价值的独立产权的房产，但每年的现金收入低下，即所谓的"不动产富人，现金穷人"的老年人来说，是一条优化资源配置，解决养老资金来源的有效途径。

15.2.2 以房养老的其他模式

以房养老的各种模式的状况及大致的实施情形可如下所述。

（1）子女养老，遗产继承。这是中国传统的养老模式。子女供奉赡养老人，老人过世后，房子作为遗产由子女继承。

（2）遗赠扶养。住房遗赠，即通常所称的遗赠扶养，老人晚年选择一位可靠的人员负责自身的赡养问题，住房则于去世后作为遗赠品送给赡养人。遗赠扶养适用于老人和关系亲密的年轻人之间达成协议。但这一模式是反经济学的，无法避免年轻人为了过早得到遗赠的住房而可能采取的某些败德行为。

（3）购房养老。实质上是晚年生活中购养老房养老。老人的经济状况较好，养老期间有较为持续稳定的现金收入，目前手头又有较高的积蓄，只是对现有住房状况颇为不满意，故可以选择购买新房的方式，在适于养老的新环境购买新房，以舒心适意地度过晚年。

（4）投房养老。这是发挥房产的投资盈利的功能，将房产作为投资赚钱养老。老年人的居住状况颇佳，只是手头积蓄较为拮据，或者希望能为晚年生活准备更多的积蓄，故投资房地产以赚钱养老。这一做法多见于有一定经济实力的中年白领人士。但对老年人而言，参与这类投资有较大风险，且需要有较多资本做后盾的"投房养老"项目，并非很为适宜。

（5）售房养老。这是出售住房产权、保留使用权养老。适用于住房状况较好，但现金流入颇为缺乏的老年人，此时在保留对住房使用权的状况下，出售住房的所有权，以期为晚年的养老生活建立一项持续稳定的现金流入，对老年人比较有益。

（6）租房养老，也称"售后回租"。这是将住房出售后另外租房住，用售房款养老。同售房养老的适用范围基本相同。这一模式有其可取之处，但也会导致某些弊病的产生。老年人将住房出售后，需要对得到的巨额房款以很好地投资运作，确保晚年生活中所需资金能源源不断地供应。

（7）典房养老。这是将房屋出典，用典价款投资赚钱来养老。老年人将住房出典后，对一次性收到的整笔出典价款能否很好地投资营运，以期赚取到大笔钱财，既可将出典之住宅重新赎回，又能为养老做出相应贡献，这是很关键的。但老年人是否有如此之能力和作为，尚需仔细权衡商榷。

（8）招租养老。这是将部分住房的使用权出租，用租金收入来养老。某些丧偶老人独自住在一幢大面积的住房里，既使得房产资源闲置浪费，日常生活也颇显清冷孤寂。若将多出的住房面积面向社会招徕青年房客，不菲的房租收入既可用来养老，又使晚年生活充满活力。这种方式适用于有住房但现金收入颇感缺乏，或者日常生活颇感孤单，很希望同青年人共同居住的老年人。

（9）合住养老。若干老年人将原有的小而破旧的住房出售，再合资购入或租入适合的住房，共同生活居住养老。这种方式适用于志同道合，乐于在一起共同生活居住的老人，养老生活成本可借此大幅降低，日常生活也增添众多乐趣。只是选用这一模式——养老合作体时，对人员的选择、众人心理、生活作息习惯的调适、合作体内财务制度的制订等，都有必要事先协商论定。

（10）基地养老。即选择若干生态环境优越、气候适宜的地域，运用民间集资加政府补贴的方式建造大规模的养老基地。基地内配置最好的现代化的养老服务设施、器具、人员，并运用先进的养老服务的理念，将基地打造为养老天堂，让大都市的老年人按照自愿的原则，迁移至基地来养老。

（11）异地移居养老。即将老年人按照自愿的原则从某个地域迁移到其他地域以舒适养老。都市生活是生活成本高、房价昂贵，而养老的环境品位又并不能让人十分满意，某些经济状况较差，都市生活难以存身的老人，迁移到房价便宜、生活成本相对较低，而自然生态环境资源又十分优越的乡镇生活居住，移居养老，就是一个非常明智的抉择。这种模式要求移居的老人适应新生活、新环境的能力较强，能够较快接受新的生活。异地养老不同于换房养老，后者仍然居住在同一城市，前者则是从大城市移居到小城市甚至是县镇乡村。

（12）换房养老。如将大房换为小房，小房换为大房，旧房换为新房，新房换为旧房，以期达到更好地养老、居住等目标，均可称为换房养老。大房换小房、优房换劣房、市区房换郊区房，是用差价款养老，可节约养老资源，降低养老成本，以使有限的房产资源能够在较长时期持续发挥功用。而小换大、旧换新，是手中财力较为充裕，居住条件不佳，故此将住房资源与货币资源的拥有状况给予相应的重新构架，供其在有生之年优化配置，提高生活居住的质量。

（13）寿险养老。即将住房出售，自己住到养老公寓后，将售房所得款项交给寿险公司办理年金寿险业务，以保障在整个生存期间都能从寿险公司逐期领取现金用于养老。它优越于房款储蓄的养老方式。这一模式可对老年人的长期的晚年生活居住和金钱都给予有效的保障。当然，从寿险公司可以得到的款项要大大少于模式（12）。

以上提出以房养老的多种运作方式，以期为老年人的养老问题提出一个切实可行的"菜单"，供各类老年人根据实际情形和意愿喜好等，给予相应的选择。各种以房养老的模式并不矛盾，可以综合融会，从一种模式自主随意地转为另一种更适用的模式。

15.3 以房养老与个人理财规划

个人理财规划素以向客户提供整个生命周期全过程的资源合理配置与运作，获益并防范风险为己任。个人理财规划的内容，如前面所讲，分别包括了对个人家庭生命周期的各个阶段的重大事项规划。以房养老事项的引入，将为个人理财规划的内容及规划方式等以全新的解释。

15.3.1 今日个人理财规划体系的缺陷

时至今日，个人金融理财或称个人理财规划已受到相当的注重，但个人理财规划的内容，本书认为还有以下数点不足。

（1）短期行为，一般只是就某个人或某个家庭的某一时期的经济活动、金融资产安排等给予规划安排，而很少涉及更为长远的内容。

（2）主要是对家庭金融资产的形成、运用、配置、耗费等给予规划，而对占据家庭财产最主要内容的住房资产的规划却很少给予考虑。

个人家庭的经济物质生活及与此相关的生活，如婚姻、教育、养老、遗产继承等，在整个人生的必经程序中是一个密不可分的整体，需要从整体状况对家庭收入、理财水平、家庭赚取收入的能力及消费支出的需要等，给予全面、系统地把握和解析；又需要考虑个人家庭生命周期及所处的不同阶段，面临的主要问题及应予解决的途径，根据该项理财最终要达到的目标等，分门别类地提出并解决问题，做好各方面的规划。对个人家庭的一生全过程或重大事项的分门别类地规划运筹，向客户提出完整的理财方案，供其实际运行实施，并在实施中做修订完善，是个人理财师引以为自豪的。

单个规划制作的最大缺陷，还在于对住房价值未能很好地利用。以房养老思路的提出并付诸实施，是个人理财规划的一种高级形式。它将家庭中支出开销最大的住房与养老两大项目，通过一定的金融保险机制或非金融保险机制，予以最好的对接。使同一幢住房，既能充分发挥其正常生活居住的功用，又能充分发挥住房价值提前变现套现的功用，将老年房主身故后仍旧遗留的房产价值给予提前变现套现，充分发挥对养老保障的功用。

15.3.2　推出以房养老模式对个人理财规划的影响

在以房养老的思路安排下，个人家庭理财规划的若干方面将受到以下程度不等的影响。

1. 住房购建规划

在住房购买的选择上，不仅要注意住房的朝向、地段、结构功能等使用价值及坐落环境等因素，还要考虑该住房的价值保值与升值、土地使用权限、该地段未来发展潜力等价值因素。住房是否能够很好地发挥养老保障的功用，不仅在于该住宅的结构功能是否适于老年人养老居住，还在于该住宅的价值能否保值与增值，增值的潜力有多大。再者，家庭考虑购买住房，很可能就不再是追求"毕其功于一役"，而可能会考虑一生中多次购房售房。

2. 养老保险规划

为养老早做财力准备，是个人理财规划中奉为经典的格言，且做这一准备的时期应是越早越好。但考虑到缴纳养老寿险年金的获益，在我国只能保持在很低的水平上，这种参与是很不合算的。减少甚至取消寿险费用的交纳，而将同样的钱财投资于房产更为适宜，效益也会更高，提升养老保障的力度会更为强大。目前，我国养老寿险的年收益率只有 2% 左右，储蓄存款的利率即使按 5 年期整存整取利率计也不足 3%，而住房的房价增值，则可保持在每年 5% 乃至 10% 以上。

考虑用房子养老，不妨将住房购买得大一些，档次高一些，功能多一些，升值的潜力也大一些。现在可舒适居住，将来到了养老时期也能建立起较为雄厚的物质资本。只要参与社会养老保障，每期缴纳养老金外，其他形式的养老金存储即可大为减少。到退休养老期就可以用建立的雄厚的住房价值为自己养老。

3. 投资规划

在以房养老的思路下，个人家庭的投资规划中，可尽量加大房地产的投资，如家中购买第二套住宅，用租金收入来贴补家用或每期缴付按揭贷款。到自己退休养老期，还可将该住宅出售，用出售价款来养老，足以度过幸福时光。至于像证券投资、期货、期权投资、黄金外汇投资、古玩集邮收藏品等投资，还是少涉及较好。

住房的投资收益应当高于养老寿险和养老储蓄的收益。尤其是在我国目前特定的经济社会发展的背景下，国民经济是持续快速增长，人均 GDP 20 年再度翻两番的宏伟目标必将能得以实现；数亿农民将进入城市，城市化进程在大大加快，而土地资源的严重短缺与不可再生性，居民收入与拥有财富的大幅提高，城市的地价、房价长期以来都将呈现快速上升态势。同时期的储蓄利率和养老寿险的收益率却并不高。在这种状况下，人们为未来养老而做的储蓄存款和寿险年金的交纳，远不如将其购买为住房更为合算。若以房养老成为现实，老年人居住在自己的住房内，既充分享有住房的使用价值，还能便利地享有自己身故后住房价值提前变现带来的现金流入，那么，中青年时代大力投资住房，晚年依赖以房养老，将显得更为合算。

4. 遗产传承规划

以房养老思路的建立及真正实施后，父母能够作为遗产传留给子女的最大资产——住房，已因用房养老而使价值几乎消耗殆尽，其他遗产项目并不多。故此，遗产传承规划这个很重要的规划也就变得可有可无。子女得不到来自父母的遗产继承，同样也不再需要为父母的经济资助事项而大伤脑筋，这对子女而言是经济上的一大解脱，而非一大利益伤害。在这一模式下，父母不再以为子女留取尽可能多的遗产作为自己人生的最大责任。换句话说，父母是为自己的人生幸福生活，而非是尽量为子女得到最大的享受而生活，这是两种差异很大的人生观。鉴于此种状况，遗产税的缴纳与规避，同样因可继承遗产的大幅缩减而变得可有可无。

5. 子女生育规划

养儿防老是凝结于国人心目中的重要情结所在，多子多福是过去一代人的人生的一大信条。以房养老理念的推出，将使养儿防老的传统观念进一步弱化，当子女不再需要担当养老的经济责任①，父母对生育子女，尤其是生育过多的子女，就会丧失经济上的充分理由，从而大大减少对子女数量上的需求，而在养育子女的质量上做较多的打算。有的新潮人士是不乐意生育养育子女的，但考虑晚年的养老，勉为其难地生养子女。有了以房养老模式后，父母并不一定要依赖子女养老，用投资住房的办法照样可以达到这一目的。

6. 税收筹划

以房养老理念的推出，同个人/家庭的税收筹划固然无太大关联，但也有一定的联系。老年人反向抵押住房或出售住房产权的目的，是为完成养老的重任，故此应当得到免除税费的优惠。假如，老年人是将住房一次性出售，用所得钱款居住于养老院养老，售房收入要依法向国家交纳房产税、契税、营业税、个人所得税等税费。但以反向抵押贷款为例，当老年人将住房抵押给银行，并于每期向银行借贷一定的款项用于养老。到该老年人死亡，将房产移交于银行以归还贷款本息时，其间看不到任何住房出售的事宜，也就不必缴纳任何税费了。

可行的方法是，人们于青年时代购买小面积住房，中年时代出售小面积住房换购大面积住房，此时出售小面积住房的收入应当缴纳的税金，依照各国的惯例，是完全可以在购买大套住房时给予抵扣，不必纳税。而到老年时代，将大套住房用于养老之时，依照上面所述，照样可以规避税费交纳，这对普通家庭而言确实节省很多费用。

---

① 这里只是说子女不必要从经济物质上过多地资助父母，而对父母的日常生活起居照料与精神慰藉等，子女则不能辞其责。这是需要予以说明的。

另外，遗产税的开征在我国已讨论时间很长，但迟迟未予开征。按照传统的养儿防老、遗产继承等做法，子女在承受父母转交来的遗产时，必须要交纳一笔为数不菲的遗产税。采取以房养老的新型养老模式后，遗产大幅度减少，遗产税的缴纳也就大大减轻了。

7. 教育规划

教育规划包括子女教育规划和父母本人继续接受教育的规划。依前者而论，中青年父母往往有这样的矛盾，家中有限的钱财结余，是应当尽量用于子女的身上，供其接受昂贵的大学、研究生教育；还是将这笔钱财尽量安排于自身的养老事宜，如每期多交纳寿险年金，以为未来退休养老做好坚实的物质保障。同时，还需要考虑自身购房规划的实施。这时的家庭负担是很沉重的。大多数父母尤其是中国的父母为了子女有出息而不惜一切代价，即使有损自身的利益也在所不惜。有的父母即提出，只要子女学习好，能考上大学，即使倾家荡产、负债累累也要将子女培养成才。这种精神令人敬佩，这一做法却未必令人完全赞同。

在以房养老的思路安排下，父母们就可以在中青年时代尽量减少养老金的交纳，而将节余的款项用于子女教育和对自身的教育上来。通过加大教育投资力度而在未来使自己和儿女的人力资本技能，即赚钱的能力得到提升，更易于实现养老的目标。到晚年时代，凭借较为雄厚的财力和住房，即可尽情享受晚年的幸福时光。对子女在教育上的高投入，也会在晚年时得到子女在物质资助、生活起居照顾和精神慰藉上的高回报。

8. 退休规划

人们将在何时退休，不仅是政府的制度规定，还更多地依赖于个人是否为养老准备了雄厚的财力，使其能在晚年时过上体面、尊严而又丰裕的养老生活。某篇文章里作者谈到了自己要在四十岁前赚钱达到数百万元，四十岁后即宣告退休周游世界，做自己喜欢做的，而不仅仅是为钱财打算的任何事项。不可否认的是，还有众多年逾七旬的老年人每天仍在辛苦地捡垃圾、拉板车，为一日三餐、衣食住用而紧张忙碌。农村的老年人更是活一天、干一天。以房养老理念的推出，将对退休规划产生相当的影响。这时老年人据以养老的资财不仅仅是货币钱财，还包括了价值更为可观的房产，这无疑会加大对养老生活满意度的预期，从而将真正结束工作、舒心养老的时期大为提前。

15.4 儿女养老、货币养老和房子养老

15.4.1 家庭的财富积累

老年人凭借自己中青年时代的劳动，积累了财富，也就有了依赖这些财富作为晚年养老的资本。但对这一"财富"的含义应作何理解呢？从广义的含义理解，可包括以下几点。

1）养育儿女

父母对子女的抚养教育，要历时 10 多年乃至 20 多年，花费父母金钱数万元乃至数十万元。父母为养育子女付出了巨大的时间、精力、钱财和心血，付出了无比艰辛的劳动，最终将子女培养成为一名合格的社会劳动者，直到他们能够自食其力为止。这是父母积累的第一大财富。由此产生的结果，就是子女在父母的晚年，应当为父母的养老问题做出相应的

回报。

2）积累金融资产

这表现为父母在整个中青年期的劳动期间，获取的各项收入在扣除当期的生活消费之外还具有的货币性结余。这笔货币结余表现为储蓄存款、商业性养老寿险、缴纳社会养老保障金、购买股票、债券，手持外汇等其他货币金融资产。这笔金融资产的积累，到晚年生活的目标指向是很明晰的，就是为了养老期间的各项生活医疗保健开销。

3）购置房产

老年人经过大半生的辛勤劳动，大都会购建属于自己的住房，这是家庭的一项重要财富。利用这笔房产的价值，尤其是自己死亡后预期还会遗留房产的巨大价值，采用一定的金融保险机制，将其予以提前变现套现，同样可作为养老的重要资金来源。

从某个角度而言，养老就是年轻时代积累财富，到年迈力衰时再消耗这笔财富。家庭拥有儿子、票子和房子三大财富，从而也就积累衍生出三大养老模式，即儿子养老、票子养老和房子养老。儿子养老是几千年的社会发展流传下来的产物，今天仍有极大的积极意义；票子养老是适应商品经济的发展而衍生出的产物，目前正是养老的主体形式；房子养老目前还是一个纯新理念，但已得到众人的极大关注，将来是大有发展前途的。

15.4.2　房子养老保障功能的发挥

1. 住房作为养老的有力保障有充分理由

住房作为养老的有力保障，应当是有充分理由的。

1）住房已经成为家庭财产的重要组成部分

据国家统计局于 2003 年对上海、北京、成都、广州 4 城市的若干居民的调查，住房已经成为家庭拥有财产的半壁江山，占到家庭拥有全部资产的 48.39%之多。美国的一项大规模调查也发现，房产的价值占到家庭总资产的 48%～50%之多。据有关资料统计，我国的城市家庭目前拥有完全产权住房者已达到 86%的高指标。房子与货币一样是家庭的重大财富，住房的价值通常要占到家庭全部财产的半数或以上。房子养老就是老年人获取养老资金来源的又一重要砝码。

2）住房能在长时期内实现价值的持续保值增值

住房能在长时期内实现价值的持续保值增值，且这种增值的幅率一般要超出同期物价和利率的增幅。最近几年，我国的各大中城市的房价都在持续快速地拉升，就充分反映了这一点。即使像日本东京、中国香港曾经出现了房价与地价的直线下落，楼市投资的财富大幅缩水，许多负债购房者一举成为"负产阶级"。目前北京、深圳、上海等地，房价虽然也出现了一定幅度的回落，但这只是特定时期的特定产物。如放到历史发展的长河中加以考虑，说到底也只是对多年前房价、地价上升过快、过多的一种调整和价值回归，从最终的进程看，应当认为房子是趋于升值的。

3）住房可在长时期内持续地给其拥有者带来相当可观的经济利益

住房是一种不动产，不会发生脱逃、遗失、被盗等事项，可在长时期内持续地给其拥有者带来相当可观的经济利益。这一经济利益或表现为通常的居住效用，或者表现为住宅出租而带来的租金收益。人们在住宅上的投资，除可为人们带来居住效用外，还会随着房价升值而得到可观的投资收益，最终再将其运用于晚年的养老保障上。

4）住房完全听从主人安排

住房是最为理智、听话的，不带有任何情感色彩。家中养个房子，房子是绝对听从主人的调度安排的。房子具有相当的价值，并在房主需要时可任由支配安排，如出售、出租、抵押等，充分发挥这一价值功用，为房主的利益最大化服务。而父母养个儿子，同父母之间还会有种种的"代沟"，儿子对父母的话听或不听，对老年父母是赡养孝敬，还是完全无视自己的应有职责，都有可能发生。到未来的"四二一"家庭里，即使儿女的孝心足够，但在4个老父母的赡养负担的重压下，也可能是力不从心。

2. 住房养老保障的功能发挥

将房子养老、儿子养老和票子养老置于一起，给予养老保障功能发挥的鲜明对比，是饶有趣味的。对比的标准，就是如何能够使人们生前积累的三大财富，在自己的晚年生活中最好地发挥养老保障的功能。评判标准如下。

1）确保功能发挥

住房和货币两种养老方式中，只要拥有对住房或货币的产权，就可以自由支配。依靠儿子养老，则有"是否愿意养父母的老，能否养得起父母"之虞。这就是说，儿女们并非在任何情况下都完全遵从父母的意旨办事，即使儿女希望赡养父母，也还有经济能力是否供养得起的问题。

2）方便功能发挥

养老功能的发挥需要具备一定的条件。子女养老需要具备一定的外在条件，才可直接发挥养老的功能，如最好是同父母完全住在一起，或者至少是同父母住得不远，才好切实发挥好对父母的赡养功能。但目前的子女结婚后，同父母仍旧共同生活居住者已是少而又少，赡养功能不能良好发挥。货币养老不需要具备何种特殊条件，只要有货币积蓄即可直接用来支付养老的种种费用，购买老年生活中希望享用的任何物品和劳务服务。反向抵押贷款等以房养老业务的开办，并非是一简单随意之事，还需要假以相当时日和资格、条件才可。当然，采取其他各种以房养老模式则相对要简单得多。

3）低成本功能实现

货币养老几乎不需要任何成本支付，但货币储存中却极可能因通货膨胀等遭致损失。以房养老的业务实现则必须支付相应的代价，如反向抵押时住房的市场价与借款人实际可到手的借款本息相比，会有较大的差距，各种相关费用成本的发生、风险补偿、贴息等，都是要付出的代价。子女养老除需要为此付出人力、精力和一定钱财物资外，中途没有任何中介费用、税费等相关费用缴纳。

4）风险小

以房养老操作中，金融保险机构有较大的运营风险，而参与此业务的老年人，除将住房的产权交付对方或是将该住房抵押于对方机构外，自身并无太多风险。但却可能发生机构将自身遭遇的各种风险向老年人身上转嫁的问题，如机构有意识地在此业务的运营中，以各种名目巧收相关费用；如在谨慎性原则的过度考虑下，每期向客户支付费用很少，使客户感觉参与这一业务显得不很合算。儿子养老有着较多的风险，如父母是否养育儿女，儿女的经济能力、收支财产的状况，能否承担得起对老父母的养育；或者儿女是否有较高的情商，愿意也乐意于将自己的财富、时间与精力与父母分享等。货币养老的风险不多，主要是货币是否会发生贬值，货币存储生息的状况如何，是否能将存储起来用于养老的货币以很好地运用支配等。

5）仔细核算

对住房养老功能的发挥，是可以认真组织算账的。如某人已有自己的住房，另有货币100 万元，可供选择的途径有二：

（1）将钱存储于银行或购买债券等，每年可获取投资收益 4 万元（通货膨胀率为零的情形下，4% 已经是正常情况下一个很不错的投资收益）。

（2）购买价值 100 万元的住房，每年可收取租金收益或减少租房费用为 3 万元（已扣除出租住房中需要支付的税费及其他成本），房价每年的增值为 2 万元。

经过 30 年以后，该人已进入养老期，存储于银行的货币仍是 100 万元，该幢住房的价值则已上升为 100 万元×（1+2%）^{30}＝200 万元，比前者的收益要增长 1 倍。对晚年养老生活的保障也要高得多。同样，这里选择 2% 的房价增值率仍显得过于保守。如购置房产的前期每年增值率为 5%～8%，而后期即使不发生任何增值，仍保持原状时，该房价的增长并非简单地翻一番，而是要增值得更多，对养老更有保障力度。

15.4.3　儿女养老、货币养老和房子养老的优劣评析

在谈到儿子养老、货币养老和房子养老的 3 种模式中，还需要细致认证 3 种养老模式的适用范围和适合条件，在不同状况下选择有差异、也是较适合的养老模式。对比 3 种养老模式是有益的，它可以促使人们对各种模式进行选择和决策。3 种财富的积蓄需要支付一定的代价，而依靠这 3 种财富养老又可以得到较高的收益，两者之间是可以给予很好的度量与核算的。

1. 儿女养老

父母与子女如关系融洽，大家共处一个屋檐下，和谐长久地生活在一起。对方的困难就是自己的困难，父母们拼尽心力帮助子女克服这些困难。父母生活中遇到了麻烦，儿女们是不辞辛苦为父母分忧解难。在这种状况下是不需要依靠房子养老的。依照最简单也是最为通行的自然法则，儿女担负养老职责，房产则作为遗产最终交由子女们继承就是。它减少了许多人为的麻烦、中介环节的盘剥、免除了不必发生的种种风险。

儿女是否能承担起赡养父母的职责，需要考虑具备以下三大事项：① 有较高的"智商"，并凭借这一高智商得到很好的教育，取得较高的社会地位；② 具有较高的"财商"，能够在今日的市场经济社会里积聚起自己的财富，从而为赡养好父母做出充足的物质准备；③ 有较高的"情商"，乐意奉养好父母。假如父母含辛茹苦地将子女养育成人，子女的智商、财商都完全具备，却是个六亲不认的"白眼狼"，则儿女养老也不可能实现。

从世界各国的子女养育成本与收益的对比来看，在各种养老模式中，养儿防老可能是最不合算的。中国尚有养儿防老的传统说法，有成年子女必须赡养老年父母的法律规定，儿女不赡养父母也为社会舆论坚决斥责。但不可否认的也有儿女不孝顺、不赡养父母的恶行。在欧美等经济发达国家里，父母一般不指望儿女养老，法律也没有这方面的硬性规定。在社会舆论上，父母将子女带到了这个社会，就必须将其抚育成人，虐待、遗弃子女甚至父母外出将幼小子女一人留在家中，都会受到法律的起诉。但却很少有成年子女必须赡养父母的法律

认可。在这种状况下，抚养教育子女，并在子女身上倾注的全部物质钱财、心血与时间、精力，是很难在自己老年时得到子女的相应回报，甚至是极小回报。

2. 货币养老

货币养老是必要的、可行的，即使是房子养老，最终还是要将该住房的价值给予提前变现套现，以获取持续稳定的货币流入来养老。货币养老的最大好处是不需要变现，就可将其直接用来养老。货币养老的缺陷则在于：货币购买力下降，价值容易萎缩，住房则可保值增值；货币的筹措和养老金储备过多时，会减少企业的投资经营能力和居民的购买消费能力，进而影响国民经济的整体发展减缓。货币筹措的额度过少，则会坐吃山空，形成养老保障金的空账运行、无钱使用等弊病。货币运行中还会出现某种人为的跑冒滴漏、截留挪用的现象。而住房作为不动产，则会一直完好地存在下去的。

3. 货币养老与儿女养老

货币养老与儿女养老两者并无矛盾。儿女养老只是囿于小家庭的范围内发挥作用，但家庭过于细小分散、力量过弱，一旦遇到天灾人祸，或者没有儿女承继时，靠儿女养老就立时成为泡影。在将来成为家庭结构主体的"四二一"家庭里，老年父母的数量将会远远大于成年子女的数量，人口年龄结构呈现为"头重脚轻"的倒金字塔式结构时，更不能对儿女养老做较乐观的预期。

货币养老的最大好处，就是可以脱离小家庭的束缚，在一个更大的范围内发挥作用，比如社会养老保障等，就是在全社会的范围内对养老金的余缺进行有效的调剂安排。这是小家庭所无法做到的。

4. 货币养老和房子养老

货币养老和房子养老对比而言，后者无疑要更胜一筹。加大住房投资后，尽量购买环境优、地段好、增值潜力大的住房，除了可以带来优厚的收益外，还可带来居住环境的彻底改善和身价、地位的提升，家人的愉悦和每日的好心情。而将同样的钱财存储于银行，在真正将其用于养老时，固然可发挥功效极大，但在平日除了"有备无患"的心理满足效用外，对日常实际生活并无实质性影响，只能起个价值符号的功用。

住房天然地具有保值、增值的特性，不会贬值缩水。住房的价值在币值趋于上升、物价出现下落时，不会下跌；在通货出现膨胀、币值趋于贬低时，则会以更为高涨的势头上升。货币养老的一个最大的缺陷就是通货膨胀，今日在银行存储数十万元，感觉很有钱，但到了真正养老的那一天，就会发现这笔钱财的购买力有可能大大降低。

储蓄存款同住房资产的相同点，是都可以发挥保值、增值的功效；而不同点则在于储蓄存款等金融资产积聚的数额适度时，可以起到生活保障的功效，是家庭财富的象征，对养老是很有用的，而积聚的数额很高，远远超越自身生活消费和养老的需要时，就只能是一些对自己毫无效用的数字，守着一大堆"价值符号"，除了满足心理情感对财富积累的渴求外，并无其他实际价值。而住宅资产则可在家庭日常生活中实实在在地发挥其居住功用，并带来生活质量的提高。尤其是在某些老年人手中积蓄有大量货币，居住环境却很差时更是如此。在货币养老的状况下，还有必要再加上相当的以房养老来作为补充，两者共同发挥作用，方可扬长避短。

货币养老是需要的，如人们于中青年时代将货币积蓄于银行，或交纳养老保险金给单位，或购买商业养老寿险，到晚年期即可取出供养老使用。当然，房子养老在这里并非完全不可行，只是不必要采取抵押贷款、售房养老等极端方法。可实行"投房养老"的方法，如集中较多的财力用于第二套住房的购买，待其价格上涨后再售出，获得相当的投资回报作为养老资本，可能比将货币存储于银行显得效益更高。

5. 儿女养老还是房子养老

在养儿女与养房子的深入研究中，首先需要深入地挖掘两者之间的共性和差异点。从共性来讲，养儿女与养房子，都是一项对家庭经济生活和资本预算带来显著影响的重大而又长期的投资。作为投资，它符合投资的最一般的定义，即以目前的较少付出，期望在将来得到较多的回报。

其次，在养儿女还是养房子的问题上，家庭应当持有何种观点，采取何种决策，并对此抱有何种观念，需要首先明确是站在何种角度来思考这一问题。若站在父母养老的角度加以分析，养房子即将较多的储蓄钱财投资于住房的购建，使其形成家庭的一项不动产，并于晚年时用房子的价值变现套现来实现养老目标。而养儿女则是将较多的钱财投资于子女接受高等教育，使其形成家庭的一项人力资本，并于父母晚年时依靠子女的孝敬供养来实现养老。一般而言，房子、儿女都是家庭长期生活与预算安排中的重大事项，也都为家庭长期生活安排、家庭延续等不可或缺。两者又属于不同范畴的事项，无法简单加以优劣对比。两者又都需要有一定的比例关系，并对比例协调与否给予相当的关注。

本章小结
BENZHANG XIAOJIE

1. 反向抵押贷款模式借助于保险这一构思精巧的金融工具，将住房与养老两大行为有机地结合在一起。它以产权独立的房产为标的，以中低收入老年人为对象，将其手中持有的房产以反向抵押的形式向保险公司办理以房养老保险，再由保险公司通过年金支付形式，每一期向投保人支付养老金，提高养老水平，从而解决养老问题的保险制度。保险合约期限一般指合同生效时到投保人去世这段时间，给付金额的计算，是按该房屋的当期评估价值减去预期折损（或升值）和预支利息，并按技术调整过的"大数"平均寿命计算，分摊到投保人的预期寿命年限中去。

2. 反向抵押贷款的本质特征，用一句话来阐述就是，老年人在不必出售房产所有权和继续保留住房使用权的前提下，将所居住宅的价值通过抵押或出售等予以提前转换套现，成为养老期间的一笔稳定可靠乃至延续终生的现金流入，该现金可用于日常养老事宜。

3. 以房养老模式的推出，是建立在一系列相关理论的基础之上，如家庭养老保障理论、生命周期理论、代际财富传递理论、资源配置理论、住房产权与两权分离理论、住房资产流动理论及地租地价理论等其他相关理论。

4. 家庭三大财富积累，即养育儿女、积累金融资产和购置房产。家庭的三大财富积累衍生出三大养老模式，即儿女养老、货币养老和房子养老。儿女养老是几千年的社会发展流传下来的产物，今天仍有着极大的积极意义需要发挥；货币养老是适应商品经济的发展而衍生出的产物，目前正是养老的主体形式；房子养老目前还是一个纯新理念，但已得到众人的极大关注，将来是大有发展前途的。

小 资 料

第三个老太太以房养老的故事

几年前的中国，上银行贷款买房还被冠以"透支明天""超前消费"的名头。为了刺激贷款消费，促动房地产业的发展，当时流行着这么一个笑话——一位中国老太太和一位美国老太太在天堂相遇，中国老太太感慨地说："我终于在临终的前一天，攒够了买房子的钱！买到了新房子，舒适地在新房子里住了一晚上，然后才心满意足地来到天堂。"而美国老太太则说："我年轻的时候贷款买到了新房子，在房子里安安然然地住了一辈子，临终的前一天总算还清了贷款买房的钱，没有给儿女们留下任何后遗症，也算兴高采烈地来到了天堂。"

如今，中国老太太觉得自己可以跟美国老太太交流同样的心得了，没想到，第三个老太太又一次登陆中国，拿出了全新的花招：同样是早年贷款买房，但并非临终时才还清贷款，而是60岁临近退休时就将住房的贷款全部还清。退休后再申请一项反向抵押贷款，把住了一辈子的住宅抵押给银行，每个月凭空多了几千元收入，自己就可以到世界各地潇洒地观光旅游，而银行则要一直等到她去世后，才会收回这套住房。"临终前，我还去中国爬了趟长城，去法国吃了顿大餐，到韩国做了把整容，都是银行给'报销'的。我那套50年房龄的老房子也没啥用了，就抵给银行还账了。"

美国老太太贷款买房理念的出台，曾经在我国引起相当大的轰动，带来的是我国老百姓购房观念的巨变和住房条件的极大改善；第三个老太太在今天的初始出笼，更引起社会公众的极大震动，它必将对我国未来老年人的养老保障问题的解决，发挥出巨大的功用。第三个老太太"玩"的，其实就是欧美等发达国家已非常成熟的倒按揭式的以房养老。

以房养老研究的内容有哪些

以房养老需要研究的内容很多，这里择其要大致列示如下：

1. 什么是以房养老，机理如何把握？

2. 怎样界定以房养老行为，才能做到用房子蕴含的巨大价值养老？

3. 目前，我国老年人拥有住房的数量、质量、价值的具体状况如何，能否担当得起养老的重任？

4. 房子为何能用来养老，我们应当如何以房养老？

5. 以房养老是否只能是倒按揭，有无其他更合适的多样化做法，以满足众多老年人的差异化需要？

6. 我国的老年人和子女是否乐意参与以房养老，这种参与需要具备哪些资格和条件？

7. 房子养老、货币养老和儿女养老，三者的关系是如何的，各自的利弊如何评价？

8. 儿女、货币和房子的养老保障新体系如何建立？

9. 以房养老模式的实施，会给整个社会、家庭和老年人带来哪些好处，产生何种积极效应？

10. 以房养老的运作会出现哪些负面效应？

11. 以房养老运作将会对整个经济社会生活进步，对家庭代际关系、传统观念、生活方式演变等，带来哪些强有力的冲击？

12. 以房养老模式能否得到大众的认同并积极参与，这一理念的推出将会遇到哪些阻力，大家对此还有哪些疑问和障碍，应怎样消除这些疑问和障碍？

13. 以房养老这种全新的养老事项应当怎样操作，具体操作模式、运营机制应如何建立，将涉猎到哪些层面？

14. 以房养老的具体实施将会遇到哪些风险，这些风险如何规避和防范？

15. 以房养老的模式运作，是对养儿防老、遗产继承传统的大调整，人们的观念对此能否接受，还有哪些习俗障碍需要消除？

16. 以房养老在整个养老体系中的地位为何，只是一种辅助和补充，还是可承担主力军的重要功用？

17. 以房养老相应的金融产品制度要素等应当怎样设计？

18. 倒按揭的产品运作机制与体制应当如何设定，运作机构需要具备哪些资质和条件？

19. 老年人将住房反向抵押给金融保险机构，每期从机构得到的养老款项是多少，这一数值如何给付，才能做到机构与个人双赢的局面？

20. 倒按揭业务开办中，对长寿、利率波动、房价变动等引致的风险，应如何消除？

21. 倒按揭产品定价如何计量匡算，长寿、利率波动、房价变动等引致的风险对产品定价带来哪些影响？

22. 以房养老这一庞大工程的施工中，都需要哪些机构和部门的大力参与？

23. 在以房养老行为的实施中，各部门应担负何种角色，承担哪些职责和义务？

24. 以房养老模式的实施中，相关联的观念伦理、制度法规将如何设计构建？

25. 阻碍以房养老模式实施的制度法规应如何修订与完善？

26. 政府应否对以房养老以相应的政策支持，这些支持和优惠应如何体现？

27. 为推动以房养老的实现，我们应当做好哪些工作？相关部门如金融保险、房地产、养老保障乃至财税部门的关系应当如何调处？

28. 要实施以房养老，需要国家和社会为此准备哪些社会基础与物质条件？

29. 以房养老研究的理论学术价值在于何处，如何对相关理论研究产生积极推动效应？

30. 居民百姓对以房养老尚存的种种质疑和误读，应当如何消化和正面宣传？

附录：

三个老太太合资购房养老的故事

这里从对三个老太太合资购房养老的事宜做出新的演绎。三个老太太日常养老生活的用费都是足够的，只是希望晚年的生活能从原来的既小且破的旧屋中迁出，在适宜养老的地段购买一套适合养老的新住宅，以期极大地改善居住生活条件。采取的办法不同，最终得出的结果也有较大差异。

话说某位中国老太太居住了一辈子的旧房子，退休时本来准备拿出积攒一辈子的钱财，换一套大的新住宅，以幸福地度过晚年时光。但晚年养老的资金就会因此而消耗殆尽，或者还需要承付较大一笔债务，再加之要考虑给子女留一笔遗产，故此只好放弃这一打算，仍旧在又小又破的住房中辛苦度日。

美国老太太同样住着一套旧住房，计划退休时拿出长期积攒的钱财购买一套新住宅，但同样遇到了资金短缺的问题，为此申请向银行按揭贷款，再加上旧住宅出售的钱款，在适宜养老的地域购买了一套舒心适意的新住宅供生活居住，晚年养老居住的问题解决了，但日常生活需要的现金则常感不足，且又背负了一笔巨额债务要随时准备还本付息，晚年成为新的"房产富人，现金穷人"，日子过得非常拮据。若不幸早逝还为儿孙们遗留了一套尚未归还完贷款的住房。

而来自 N 国的第三个老太太，临近退休时把长期居住的旧房变卖出去，用这部分房款再加上向金融机构申请的按揭贷款，购买了一套新房用于生活居住，整个贷款期内应归还的贷款本息不必再做特殊考虑，而是到自己死亡时直接用该住房蕴含的价值向银行还贷。这样，这个 N 国老太太不仅可以在晚年住上新房，还能节约出一笔钱财用于生活养老支出，大大改善了晚年生活。最终在她身故时住房的价值也花销得干干净净，资源配置达到了人们称道的最大化。未给儿孙们留取遗产，也未遗留相应的债务。

我们将三个老太太的住房与养老行为加以比较时，其间的优劣是异常清晰的。

1. 中国老太太的行为是典型的传统、守旧做法，年轻时辛勤劳作了一辈子，年纪大了仍不能如愿住上新房，还需要继续在不中意的旧房中抱憾终生。大多数老人目前仍然采取这一模式，即使考虑向银行贷款购房，但因已超过了 60 岁，按照我国银行日前的贷款制度规定，已不能纳入申贷放贷的范围。

2. 美国老太太的行为是我们目前的大多数人赞同而未实际操办的，这一行为固然较前者前进了一大步，但需要老年人储备有较多的钱财，经济状况一般者显然无法达到。再者，老太太在世时是住上了新房子，但养老期间却要背负沉重的债务负担，随时要考虑还贷付息事项。到老太太去世时，该住房还有较高的余值未能很好利用，银行中还有众多负债未能全部清偿，显然也非良策。

3. 第三位老太太是"贷款买房养老，最终用房还贷"，新房居住地舒心适意，漫长的晚年生活又不必考虑任何债务负担，到自己身故后，正好将购买的住房抵给银行用来还债。同一套住房同时发挥了居住、消费的两大功能。用不多的钱财同时实现住房环境的改善和养老生活水平的提高，实现了养老资源可发挥功用的最大化，住房价值也得到了充分利用。

附录：

姚女士如何购买二手房

《广州日报》2003 年 6 月 16 日曾经发表文章《不要轻信"包搞掂"》。文中指出，"姚女士今年刚好 60 岁，膝下无儿无女，遂打算在越秀区买套二手房养老。因姚女士只有积蓄 12 万元，而看中的二手房的价格为 20 万元，余 8 万元一时无法筹借。某中介公司为促成这桩交易，极力游说姚女士办理按揭贷款，并应承按揭手续可很快搞掂"。姚女士经不起经纪人多次怂恿，决定购置该套住房，当场与中介公司签署买卖合约并交 1 万元定金。可事隔两星期，该经纪人告诉姚女士因"年龄偏高，银行方面不能通过贷款审批，无法办理按揭手续"。因资金无法准时到位，令姚女士陷入借钱购房或"挞定"的两难境地。文章认为，"市民在购售房产时应对中介所说的话留一个心眼，并在签署合同时尽量要求对方将先前一些承诺写进合同中，以保障自己的权益。如'自某年某月某日起至某年某月某日止共计×天内，仍无法办理按揭手续应马上退还定金'等字句"。

记者的意见无疑是正确的，但这里却希望反其道而行之，要提出以下询问：

1. 为什么银行不能给姚女士发放按揭贷款？银行是否应当将发放贷款的范围大幅度放宽，像姚女士这样的退休老人，也能在需要时从银行获得贷款融资。

2. 姚女士单身一人，为何要通过购买二手房的形式养老，将手头的 12 万元积蓄存储于银行，或者趸交一笔养老寿险金，自己单身居住到养老公寓过集体生活，是否可将问题解决得更为简单？

3. 姚女士无儿无女，即使是一套使用日久的二手房，也足以使用相当长的时间，至少是超出了姚女士本人的寿命。且显而易见的是，人死亡后即不会再有任何耗费，而住房"死亡"后仍有较高的地价尚待利用。姚女士身故后遗留的房产尚具有的相当价值，于临终时就只能无偿交付于社会，成为一大浪费。

4. 姚女士拥有 12 万元现金，对养老而言是既不算多，也不算太少。但要度过长期的晚年生活，尤其是预备养老中可能会发生的生病、残疾等意外变故，手头显然需要有一笔额外钱财预做准备。现将这笔积蓄全部用于购买房屋，并为此而负债多多，显然有欠思虑。

许多老人会考虑选择在环境优越的地段购买适宜养老的住所，以舒心适意地度过晚年生活。众多老人并不完全具备晚年购买新房的经济实力，却向银行申请按揭贷款购房时，按照目前的房贷政策，又不具备申贷资格，这一融资需求难以实现。当然，老年人即使贷款买到了新房，也非全是好事。即使银行同意给予老人贷款，日后每一时期的还款也是一大负担。老人贷款购买新房后，每月有限的经济收入除供给日用生活开销外，也不可能有更多的现金用于归还购房贷款。老年人在养老期间，应是"轻装上阵"，为买房背负如此大笔债务，显然很不明智。在此状况下，老年人购买新房的愿望又将如何实现呢？

购房养老的思路需要创新

老年人晚年需要有合适的居住环境以供养老居住，相比较年轻人而言，这种购买新房居住的愿望更为强烈。一般而言，大多数老人手中都有了一定数额的积蓄款，每期也都有了一定的养老金支付日常用度，但如仅靠这笔款项支撑购买新房的开销，显然有相当的欠缺。囿于没有较适宜的居住环境，如考虑用手中的积蓄款购买新房，款项尚有严重不足，或只能继续居住在面积小、地段差、环境劣、功能少的旧房子里，不能适心适意地安度晚年。如何满足这一需要呢？姚女士应当如何做法才是最为明智的呢？笔者设想提出以下举措，供姚女士和类似的老人作为参考。

1. 姚女士用这笔 12 万元的积蓄款住进养老院，或档次较高的老年公寓。这对老人养老而言应是最为理想的，对无儿无女无牵挂的老人更为合适，可保证晚年生活的舒心适意。养老院、老年公寓乃至类似的养老机构，将是国家、社会今后大力发展的重点事项。

2. 姚女士将积蓄的 12 万元一并交纳寿险公司，办理寿险年金业务，自己则居住于养老公寓，每期再从寿险公司领取一笔钱财用于公寓的房租和生活费，如此做法可保障晚年一直到生命最终为止，经济钱财都不会再发生短缺，即使岁数无限延长，也有寿险公司源源不断的年金支持，个人不会出现任何的经济恐慌。

3. 同亲属合资购房。姚女士用这笔钱财同其他关系亲近的人员，特别是有意于此的亲友合资购买住房，同时签订合约。合资买到的住房也由姚女士首先居住，一直住到寿终正寝为止，等姚女士死亡后再将该住宅的产权和使用权完全交付给对方所有，这可称为"合资购房，顺序居住支配"。双方各自出资的比例，则应由大家协商决定。为避免日后可能发生的纠纷，签订合约并最好由公证处再给予公证服务。

4. 如欲使本"合资购房"业务举办得更为郑重、规范，减少一般合资购房中可能出现的违约行为，合资购房的对方也可以是银行、寿险公司或房产公司。即由银行等金融保险机构与老年人共同出资购买住房，老年人首先居住直到死亡，死亡后房子产权全部归属于合资机构，由其自由处理。这相当于是老人向银行申请一笔贷款用于购房，待老人身故后再用该住房的价值来归还贷款本息。

5. 异地移居养老。异地养老是鼓励老年人退休时选择到养老环境好、房价和生活费标准较为低廉的地域购房养老，使得花费同等的钱财能得到好得多的养老环境。这就可以利用不同地区之间的物价差异和生活环境的差异，节约养老成本，提升养老的品位和质量，使得老人的有限资源能发挥出大得多的效用。某些居住在大城市但收入较差，和子女间联系也较少的老年人，可选择到中小城市甚至是乡村养老。

6. 集聚若干志同道合的老人，大家将自己的旧房出售，然后共同集资，选择到适于养老的市郊乡镇购房居住，共同居住、一起生活，也是其乐融融。目前，这种做法已得到很多老人的青睐，未来将会成为众多老人的积极选择，成为一种新的养老模式和生活理念。

7. 在生态环境优越而经济状态又不甚发达的地域，筹措大额资本打造大规模的养老基地，倡导大都市的老年人自愿前来入住，基地内配备以最好的设施服务和护理人员，为老年人提供天堂一般的养老服务。有必要时，还可以将此作为一项大规模的养老产业，在神州大地普遍开办。

以上提出的7大事项，现实生活中是大量发生却又不大为大家关注。上述第4种方式意味着金融保险部门应当推出一种新的金融产品。这种新金融产品是将我国目前盛行的住房抵押贷款，与目前在美国等国出现的一种专用于老年人的被称为"反向抵押贷款"的金融产品相结合，即"抵押贷款买房，反向抵押贷款养老"。

思考题

1. 简述以房养老的指导思想和应考虑的事项。
2. 简述反向抵押贷款的基本运行机制。
3. 简述以房养老的具体模式。
4. 简述养老保障功能发挥的评判标准。
5. 评析儿女养老、货币养老和房子养老的优劣。

参 考 文 献

[1] 柴效武. 以房养老模式. 杭州：浙江大学出版社，2008.

[2] 柴效武. 反向抵押贷款功用. 杭州：浙江大学出版社，2008.

[3] 柴效武，孟晓苏. 反向抵押贷款制度. 杭州：浙江大学出版社，2008.

[4] 柴效武，孟晓苏. 反向抵押贷款运作. 杭州：浙江大学出版社，2008.

[5] 柴效武. 反向抵押贷款运作风险与防范. 杭州：浙江大学出版社，2008.

[6] 柴效武. 反向抵押贷款产品定价. 杭州：浙江大学出版社，2008.

[7] 柴效武. 以房养老漫谈. 北京：人民出版社，2009.

[8] 孟晓苏，柴效武. 反向抵押贷款. 北京：人民出版社，2009.

[9] 柴效武. 高校学费制度研究. 北京：经济管理出版社，2003.

[10] 柴效武. 教育资助暨助学贷款制度研究. 北京：人民日报出版社，2005.

[11] 柴效武. 人力资本投资主体研究. 北京：中国劳动出版社，2001.

[12] 柴效武，王淑贤. 家庭金融理论与实务. 北京：经济管理出版社，2003.

[13] 刘玉华，柴效武. 个人金融服务研究. 南昌：江西科学技术出版社，2003.

[14] 柴效武. 对教育助学贷款个人家庭效应的思考. 西部金融，2001（8）.

[15] 柴效武. 论家庭金融研究的构想. 当代经济研究，2000（5）.

[16] VENTI S F，WISE D A. Aging and housing equity. University of Pennsylvania Press and the Pension research council，2002.

[17] Home made money：a consumer's guide to reverse mortgages. AARP，2000.

[18] 阿瑟. 个人理财：怎样把钱变成财富.2版. 北京：经济科学出版社，2005.

[19] 沃恩 J，沃恩 M. 危险原理与保险.8版. 张洪涛，译. 北京：中国人民大学出版社.2002.

[20] 霍尔曼，诺森布鲁门. 个人金融理财计划.6版. 何自云，何永晨，译. 北京：中国财政经济出版社，2003.

[21] 雪莉. 营造一生幸福的理财之道. 天津：天津人民出版社，1998.

[22] 贝克尔. 家庭论. 王献生，王宇，译. 北京：商务印书馆，1988.

[23] 马歇尔，班赛尔. 金融工程. 宋逢明，译. 北京：清华大学出版社，1998.

[24] 博迪. 投资学精要. 陈雨露，译. 北京：中国人民大学出版社，2003.

[25] 博迪，默顿，克利顿. 金融学.2版. 曹辉，译. 北京：中国人民大学出版社，2010.

[26] 夸克，克里斯. 个人理财策划. 陈晓燕，徐克恩，译. 北京：中国金融出版社，2003

[27] 丹尼斯，雷德尔. 养老金计划管理. 林义，译. 北京：中国劳动社会保障出版社，2004.

[28] 埃弗里特. 退休金计划：退休金、利润分享和其他延期支付. 北京：经济科学出版社，2003.

[29] 黄夏风．商业银行与个人金融服务．经济师，2001（7）．

[30] 陈工孟，郑子云．个人理财规划．北京：北京大学出版社，2003．

[31] 李善民，毛丹平．个人理财规划理论与实践．北京：中国财政经济出版社，2004．

[32] 谢怀筑．个人理财．北京：中信出版社，2004．

[33] 宋雪平．个人业务：农业银行构建竞争优势的首选．现代金融，2002（2）．

[34] 任碧云．我国银行发展个人金融业务之探讨．金融研究，2001（7）．

[35] 余宏．日本商业银行的私人金融服务业务．金融论坛，2000，5（4）．

[36] 赵永秀．个人理财．深圳：海天出版社，2005．

[37] 何金球．日本商业银行的私人金融服务．现代商业银行，2000（4）．

[38] 李新彬，陈峰．香港个人银行业务竞争策略．现代商业银行，2001（4）．

[39] 金维虹．现代商业银行个人银行业务营销、管理与实务．北京：中国金融出版社，2001．

[40] 胡苏云．医疗保险和服务制度．成都：四川人民出版社，2001．

[41] 尹伯成，边华才．房地产投资学．上海：复旦大学出版社，2002．

[42] 王全民．房地产经济学．大连：东北财经大学出版社，2002．

[43] 何文炯．保险学．2版．杭州：浙江大学出版社，2003．

[44] 林羿．美国的私有退休金体制．北京：北京大学出版社，2002．

[45] 戴德生．遗产税立法若干问题探讨．政法论丛，2000（1）．

[46] 肇越，杨燕绥，于小东．员工福利与退休计划．北京：中信出版社，2004．

[47] 左祥琦．工资与福利．北京：中国劳动社会保障出版社，2002．

[48] 乌日图．医疗保障制度国际比较．北京：化学工业出版社，2003．

[49] 仇雨临．医疗保险．北京：中国人民大学出版社，2008．

[50] 仇雨临．员工福利管理．上海：复旦大学出版社，2010．

[51] 蔡粤屏．西方私人银行业务的现状及在我国发展的前景．南方金融，2000（9）．

[52] 张宝春．资产定价模型与套利定价模型的应用比较．湖北财经高等专科学校学报，2005（1）．

[53] 孙超，黄福广．投资组合业绩成分解析．石家庄经济学院学报，2003，26（1）．

[54] 阳建伟．行为金融的主要投资策略．财经政法资讯，2001（3）．

[55] 曹凤岐，贾春新．金融市场与金融机构．北京：北京大学出版社，2002．

[56] 刘峰，尹小兵．投资规划．北京：中信出版社，2004．

[57] 文宗瑜，唐俊．公司股份期权与员工持股计划．北京：中国金融出版社，2000．

[58] 方卫平．税收筹划．上海：上海财经大学出版社，2001．

[59] 蔡昌．税收筹划方法与案例．广州：广东经济出版社，2003．

[60] 朱凌玲．员工职业生涯规划的设计思路．人力资源开发，2005（2）．

[61] 刘昕．薪酬管理．4版．北京：中国人民大学出版社，2014．